DIANZI ZHIFU YU WANGLUO JINRONG

电子支付
与网络金融

主　编　邢继军　侯莎莎
副主编　王卫东　方丽娟
　　　　王　辉　付肖龙

西北大学出版社
·西安·

图书在版编目（CIP）数据

电子支付与网络金融 / 邢继军，侯莎莎主编.
西安：西北大学出版社，2025.3. -- ISBN 978-7
-5604-5572-3

Ⅰ. F713.361.3

中国国家版本馆 CIP 数据核字第 2025YP6511 号

电子支付与网络金融
DIANZI ZHIFU YU WANGLUO JINRONG

主　　编　邢继军　侯莎莎

出版发行　西北大学出版社

（西北大学校内　邮编：710069　电话：029-88302621　88303059）

http：//nwupress.nwu.edu.cn　　E-mail：xdpress@nwu.edu.cn

经　销	全国新华书店	
印　刷	西安华新彩印有限责任公司	
开　本	787 毫米×1092 毫米　1/16	
印　张	20.5	

版　次	2025 年 3 月第 1 版	
印　次	2025 年 3 月第 1 次印刷	
字　数	374 千字	

书　号	ISBN 978-7-5604-5572-3	
定　价	65.00 元	

前　言

　　自 20 世纪下半叶以来，互联网以迅雷不及掩耳之势覆盖全球，如今互联网已经进入我们生活中的每一个领域。在经济发展方面，全球历史进程中有以土地为主要资源的农业经济，有以资本和生产要素为主要资源的工业经济，也有正在形成的以信息网络为主要资源的信息经济。随着信息技术及网络技术的不断发展，经济网络化的趋势也在不断显现出来，网络经济也随之应运而生。网络经济的产生，从行业发展来看是一种必然结果，是工业经济的延续，同时又不同于工业经济。网络经济的应用与因特网的发展、信息资源的作用密不可分，其中，电子商务及与之相关的电子支付和网络金融是网络经济应用的具体化和产业基础。

　　2005 年 10 月，中国人民银行公布《电子支付指引（第一号）》，规定："电子支付是指单位、个人直接或授权他人通过电子终端发出支付指令，实现货币支付与资金转移的行为。电子支付的类型按照电子支付指令发起方式分为网上支付、电话支付、移动支付、销售点终端交易、自动柜员机交易和其他电子支付。"电子支付从诞生之日起至今共经历了五个阶段，当前正处在第五阶段，也就是基于 Internet 的电子支付，它将第四阶段的电子支付系统与 Internet 进行整合，实现随时随地地通过 Internet 直接转账结算，形成电子商务交易支付平台。

　　所谓网络金融，又称电子金融（e-finance），是指基于金融电子化建设成果在国际互联网上实现的金融活动，包括网络金融机构、网络金融交易、网络金融市场和网络金融监管等方面。它不同于传统的以物理形态存在的金融活动，它是存在于电子空间中的金融活动，其存在形态是虚拟化的、运行方式是网络化的。它是信息技术特别是互联网技术飞速发展的产物，是适应电子商务（e-commerce）发展需要而产生的网络时代的金融运行模式。

　　电子支付与网络金融是互联网环境下金融创新的一个新产物，是未来金融业及互联网发展的一个重要方向。而"电子支付与网络金融"这门课程是一门融合信息科学、网络技术、金融学和通信技术的新兴跨专业学科课程，是电子商务及相关专业及金融专业学生的专业基础和核心课程，同时也可以作为保险实务、证券投资等其他专业学生学习的专业必修课程或者选修课程，越来越受到国内外众多学生的重视。

本书是电子支付与网络金融课程的配套教材，教材编撰以两条主线为基础：支付及网络金融。支付线主要内容包括：货币概述、支付与结算、支付机构简介、国内外支付系统介绍、跨境支付、网络银行、支付安全及监管、第三方平台等。网络金融线主要内容包括：网络金融概述、金融科技、网络金融新模式等。同时在教材编撰过程中追踪当前网络金融及网络支付的发展方向，穿插介绍其最新的发展趋势及动向，使学生能够紧跟专业及学科发展前沿。

本书由邢继军和侯莎莎共同主编，其中，邢继军负责具体规划、统稿。西北政法大学王卫东教授负责第三章及第十章，方丽娟老师负责第八章及第九章，侯莎莎副教授负责第四章及第五章，其余章节由邢继军编写，最终的排版、校对等工作由邢继军及其研究生毕靖康和本专业研究生钟海艳、西北大学法学专业研究生高雨馨共同完成。

本书的编写和出版得到了西北政法大学的资助，编写过程中还得到了西北政法大学副校长张荣刚教授、西南财经大学帅青红教授的支持和帮助，在此表示真诚的感谢。同时，编写过程中还参考了很多专家、教授的著作及论文，引用了多篇业内顶尖研究机构发布的专业报告及相关数据，在此一并表示感谢，希望本书出版能给支付及网络金融领域的发展做出一些贡献。

最后，由于编者水平有限，加之本书所涉及的支付及网络金融领域发展迅猛，因此难免会出现一些不尽不实之处，衷心恳请读者提出批评。

邢继军

2024 年 4 月于西安

目

录

第一章　货　币

本章学习重点

● 了解货币产生和发展的历史、货币形式的特点及演变趋势。

● 掌握货币的概念、本质与职能。

● 了解货币制度的基本内容，理解货币制度演变的原因。

● 理解货币层次划分的意义和依据，了解西方国家货币层次划分的内容，重点掌握中国货币层次的划分。

● 了解国内外电子货币的发展现状，掌握电子货币的概念及其对金融业和货币体系的影响。

● 了解支付制度的演化趋势。

货币是财富交换的工具，是人类文明发展的重要标志之一。货币的发展历程可以追溯到远古时期的物物交换，随着人类社会的发展，货币也经历了物物交换、贵重物品、金属货币、纸币、电子货币等多个阶段。对一个国家或者地区而言，货币币值是衡量其物价和汇率水平的重要指标，同时，货币供应量也直接影响了国民经济的运行速度。本章以介绍货币为基础，同时以其相关的基础知识展开，其中包含货币的起源、发展趋势、职能、制度、层次及电子货币等，同时还涉及支付制度的内容。

第一节　货币的起源与发展

一　货币的起源

古往今来，中外关于货币起源的学说有许多。中国古代具有代表性的货币学说有：

（1）先王制币说——先秦时代，《管子》。这种观点认为货币是有权势的统治者或者贤明的人为解决民间交换困难而创造出来的。

（2）自然产生说——汉代，司马迁。司马迁在《史记·平准书》中提道："农工商交易之路通，而龟贝刀布之币兴焉。"他认为货币是为了满足商品交换的需求而自然产生的，随着农、工、商三业交换的发展，货币的流通应运而生。

而在国外，比较有代表性的货币学说有：

（1）创造发明说——古罗马，鲍鲁斯。他认为货币是国家或者先哲创造发明出来的。

（2）便于交换说——亚当·斯密。亚当·斯密在《国富论》中提出货币是为了满足商品交换而产生的。

（3）保存财富说——西斯蒙第。法国经济学家西斯蒙第认为货币是人们为了保存自身财富而产生的。

另外，还有关于货币是法律的产物的法学观点等，如此种种，不一而足。这些学说虽然从特定的历史背景下看，都存在一定的合理性，但是如果放在历史的长河中来看，却无一能说清货币的本质或科学地揭示货币的起源。唯有马克思货币理论，从辩证唯物主义和历史唯物主义的观点出发，采用了历史和逻辑相统一的方法，真正科学地阐释了货币的起源与本质。

马克思认为，商品交换过程必然产生货币。商品是使用价值与价值的矛盾统一体，这对矛盾需要在交换过程中才能解决。而商品交换本身存在着矛盾，一方面交换是个人过程，通过交换换取自己需要的产品；另一方面是社会过程，因为商品需要满足社会需要。换言之，商品之间的价值与使用价值之间存在矛盾，表现为商品价值实现既在流通领域又不在流通领域，商品通过交换实现价值。从历史角度看，交换发展的过程可以浓缩为价值形态的演化过程。价值形式经历了"简单的价值形式—扩大的价值形式——般价值形式—货币形式"这样一个历史沿革的过程。从这一发展过程可以看出：

（1）货币是一个历史的经济范畴，是随着商品和商品交换的产生与发展而产生的。

（2）货币是商品经济自发发展的产物，而不是发明、人们协商或法律规定的结果。

（3）货币是交换发展的产物，是社会劳动和私人劳动矛盾发展的结果。

二　货币形式的演变及其发展趋势

货币的发展和演进不但关系到一个国家或地区的经济发展情况，同时也是社会生产力得以发挥作用的重要条件。在货币发展演进的进程中，有两条主线：一条是货币形式的演进，另一条是货币职能的发展。从货币形式的主线来说，主要经历了"实物货币→金属货币→代用货币→信用货币→电子货币"的过程。

（一）实物货币

人类使用货币的历史产生于物物交换的时代，人们使用以物易物的方式，交换自己所需要的物资，如用一只羊换一把石斧。牲畜、盐、稀有的贝壳、珍稀鸟类的羽毛、宝石、沙金、石头等不容易大量获取的物品都曾经作为货币使用过。这些物品因其自身具有价值和使用价值，在特定的时期和区域为人们所共同认定而成为货币，它们都是实物货币。实物货币随着商品交换的发展，其局限性日益明显。一方面是由于许多实物货币自身的物理性能很不稳定，不易保管和计量；另一方面是由于出现第二次社会大分工，手工业从农业中分离出来，随着商品生产和商品流通规模的扩大，对充当交换媒介物的货币产生了新的要求，实物货币价值小、数量大，无法担任理想的交换媒介，难以满足交换的需要。

（二）金属货币

经过长年的自然淘汰，在绝大多数社会里，原先作为货币使用的物品逐渐被金属所取代。使用金属货币的好处是它的制造需要人工，无法从自然界大量获取，同时还易储存。数量稀少的金、银和冶炼困难的铜逐渐成为主要的货币金属，某些国家和地区使用过铁质货币。

早期的金属货币是块状的，使用时需要先用试金石测试其成色，同时还要称量其重量。中国最早的金属货币是商朝的铜贝。商代在我国历史上也称青铜器时代，当时相当发达的青铜冶炼业促进了生产的发展和交易活动的增加。于是，在当时最广泛流通的贝币由于来源的不稳定而使交易发生不便，人们转而寻找更适宜的货币材料，青铜币应运而生。但这种用青铜制作的金属货币在制作上很粗糙，设计简单，形状不固定，没有使用单位，在市场上也未达到广泛使用的程度。由于青铜币外形很像贝币，因此被称为铜贝。据考古材料分析，铜贝产生以后，与贝币同时流通，铜贝发展到春秋中期，又出现了新的货币形式，即包金铜贝，它是在普通铜币的外表包一层薄金，既华贵又耐磨。铜贝不仅是我国最早的金属货币，也是世界上最早的金属货币。

（三）代用货币

随着经济的进一步发展，金属货币同样显示出使用上的不便，在大额交易中需要使用大量的金属货币，其重量和体积都带来不便。另外，金属货币在使用中还会出现磨损的问题，据不完全统计，自从人类使用黄金作为货币以来，已经有超过两万吨的黄金在铸币厂里，或者在人们的手中、钱袋中和衣物口袋中磨损掉，于是作为金属货币的象征符号的代用货币出现了。代用货币一般是纸币，是中央政府或银行发行并能够代替金属货币执行流通手段及支付能力的货币。作为金属货币的代用，纸币使用时要求能够足额兑付相应的金属。世界上最早的纸币是中国宋朝年间于中国四川地区出现的交子，另外还有川引、银会子等。

（四）信用货币

信用货币产生于金属货币流通时期，早期的商业票据、纸币、银行券都是信用货币。信用货币最初可以兑现为金属货币，逐渐过渡到部分兑现和不能兑现。信用货币在发展过程中，由于政府滥发而多次发生通货膨胀，在破坏兑现性的同时也促进了信用货币制度的发展与完善。到了 20 世纪 30 年代，由于世界性的经济危机，许多国家被迫脱离金本位和银本位，所发行的纸币不再能兑换金属货币，信用货币应运而生。目前世界各国发行的大都是信用货币，其主要形式就是纸币。

（五）电子货币

20 世纪 80 年代以来，随着信息技术的迅猛发展，计算机在金融业中得到广泛应用，为金融业的业务扩展提供了新的电子化技术，催生了电子货币的产生，网络经济的发展更是极大地加速了电子货币的发展。电子货币是依赖电子信用发展起来的，以电子计算机技术和现代通信技术为手段，以商用电子机具和各类交易卡为媒介，以电子脉冲进行资金传输和存储的信用货币，也是货币支付手段职能不断演化的表现，在某种意义上代表了货币发展的未来。目前的电子货币主要有基于银行卡的信用货币和网上虚拟货币——网络货币这两种主要形式。

货币形态的演进见表 1-1。

表 1-1　货币形态演进表

货币形态	实物货币/金属货币	纸币/信用货币	电子货币/银行卡	数字货币
支付方式	当面支付	当面支付	电子支付（ATM、POS 支付）	网络支付
职能	价值尺度	价值尺度	支付手段	支付手段
	流通手段	流通手段	流通手段	流通手段
	贮藏手段		价值尺度	
	支付手段			
	世界货币			

第二节 货币职能

货币是在商品经济的发展过程中自发产生的，它是商品内在矛盾运动的必然产物。货币的本质是固定地起一般等价物作用的商品，它体现了商品经济条件下人们的相互关系。

货币出现以后，整个商品世界分化为两极：一极是各种各样的具体商品，它们分别代表不同的使用价值；一极是货币，即专门起一般等价物作用的商品，它只代表商品的价值。在货币价值形式下，商品内部使用价值和价值的矛盾，就表现为商品和货币的矛盾。商品换成了货币，商品的使用价值和价值的矛盾就解决了。货币的本质体现在它的职能上，货币的职能是随着商品经济的发展而逐渐完备起来的。在发达的商品经济中，货币具有以下五种职能。

一 价值尺度

（一）定义

货币作为衡量和计算一切商品价值量的尺度，就是货币的价值尺度职能。货币所以能够用来衡量一切商品的价值，是因为它本身也有价值；如果它本身没有价值，就无法衡量别的商品的价值。

马克思说："货币作为价值尺度，是商品内在的价值尺度即劳动时间的必然表现形式。"这就是说，商品价值并不是因为有了货币才可以被衡量的，而是由于商品价值就是凝结的人类劳动，所以它本身就可以由劳动时间来衡量，货币作为价值尺度不过是商品内在价值的外在表现。

（二）表现形式

商品价值的货币表现就是价格。但是，货币要计量和比较各种商品的价值，它本身也必须以固定的计量单位作为标准，如以白银作为货币，就需要把白银划作两、钱、分等计量单位。这种统一规定的用以衡量货币本身的计量单位，叫价格标准（或称价格标度）。有了价格标准，货币才能更好地发挥价值尺度的作用。货币作为价格标准，所起的作用和价值尺度是不同的。作为价值尺度，它是人类劳动的社会化身，用以衡量商品的价值，使之表现为价格；作为价格标准，是规定贵金属重量的技术标准，是用来衡量和计算货币金属本身的数量的。但二者又有密切联系，规定价格标准是为了使货币能够更准确地执行价值尺度职能。

（三）特点

（1）货币在执行价值尺度职能时，并不需要有现实的货币，只需要观念上的货币。例如，一块手表值 100 克黄金，只要贴上一个标签就可以了；当人们在进行价值估量的时候，只要在他的头脑中有黄金的观念就行了。

（2）执行价值尺度职能的货币本身必须具有价值，因为货币本身是一种商品，所以货币具有价值。

二　流通手段

（一）定义

货币作为买卖商品的手段来使用，就是货币的流通手段职能。货币作为流通手段，起着商品交换的媒介作用，以货币为媒介的商品交换就是商品流通。货币充当价值尺度的职能是它作为流通手段职能的前提，而货币的流通手段职能是价值尺度职能的进一步发展。

（二）物物交换转化为商品流通

在货币出现以前，商品交换是直接的物物交换。货币出现之后，它在商品交换关系中则起媒介作用。以货币为媒介的商品交换就是商品流通，它由商品变为货币（W—G）和由货币变为商品（G—W）两个过程组成。

（1）W—G 即卖的阶段，是商品的第一形态变化。

（2）G—W 即买的阶段，是商品的第二形态变化。

（3）货币执行支付手段职能后，商品流通中所需要的货币量可用公式表示如下：

商品价格各总额次数/同一单位货币的平均流通次数=商品流通中所需要的货币量

（4）货币形成的发展：金银条块→铸币→纸币→电子货币。

三　贮藏手段

（一）定义

货币退出流通而作为社会财富被人们贮藏起来，就是货币的贮藏手段职能。

货币能够执行贮藏手段职能是因为它是一般等价物，可以用来购买一切商品，因此货币贮藏就有必要了。

（二）特点

（1）货币在保存过程中不易损坏和变质。

（2）当需要使用时，货币可以比较方便地与其他商品交换，转换成需要的形式。

（3）货币的价值是稳定的，在贮藏前后能够转换成数量相同的其他物品。

四　支付手段

（一）定义

货币的支付手段是指货币不作为交换的媒介，而是作为独立的价值形式进行单方面运行时执行的职能。如用来清偿债务、支付租金、利息、工资和赋税等。

（二）特点

货币作为支付手段，可以使商品在缺乏现金的情况下得以流通，从而有利于商品经济的发展；而且由于有些债务可以互相抵消，不再需要以货币作为流通手段，这就可以节省流通中所需要的货币量。

同时，货币作为支付手段也扩大了商品经济的矛盾。在存在支付手段的条件下，许多商品生产者以赊账买卖的方式发生了债务关系，形成债务链。例如，甲欠乙的钱，乙欠丙的钱，丙欠丁的钱，如果其中任何一个人因故未能按期偿还债务，就会影响债务链中其他一系列人支付欠款，由此引起的连锁反应会使许多商品生产者因缺乏货币而无法继续生产。

五　世界货币

（一）定义

所谓世界货币，就是在世界市场具有普遍接受性的能够发挥价值尺度、流通手段、支付手段、贮藏手段职能的货币。

铸币和纸币的制造和发行，都是由一定的国家政府机关负责和认可的。因而，作为世界货币就不能采取铸币和纸币的形式，而必须采取原来的贵金属条块的形式。黄金曾发挥过世界货币的作用，在国与国之间执行货币的各种职能。但目前黄金只是一般的商品，偶尔在国与国之间作为最后的清偿支付手段。在现实生活中，某个国家由于经济力量十分强大和某些特殊的历史原因，该国的铸币和纸币可以在一定时期在世界范围内起着世界货币的作用，如第二次世界大战后的美元。

（二）职能

（1）作为一般的购买手段，用来购买外国的商品。

（2）作为一般的支付手段，用来支付国际收支的差额，如偿付国际债务、支付利息和其他非生产性支付等。

（3）作为社会财富的代表，由一国转移到另一国，如支付战争赔款以及财产转移等。在当代，世界货币的主要职能是作为国际支付手段，用以平衡国际收支的差额。

（三）充当世界货币的条件

（1）发行这种信用货币的国家要有强大的经济实力，在国际经济领域中占有重要地位或统治地位。

（2）这种信用货币必须具有极大的稳定性。

（3）某个国家的货币虽然可以在彼此经济联系密切的国家之间充当支付手段，但要在世界范围内正式取得储备货币的资格，还要得到所有国家的确认，就必须通过国际协议来实现。

当前，充当国际货币的纸币有美元、欧元、英镑、人民币和日元等。

货币的各种职能，都共同表现了货币作为一般等价物这一本质特征。在货币的五种职能中，价值尺度和流通手段是它的基本职能，货币一旦产生就同时具有了这两种职能，其他几种职能是随着商品经济的发展而逐渐产生的。

第三节　货币制度

一　货币制度及构成

货币制度简称"币制"，是一个国家以法律形式所规定的货币流通的组织形式。

货币制度大体涉及这样一些方面：货币材料的确定、货币单位的确定、流通中货币种类的确定、不同种类货币的铸造及发行和管理、对不同种类货币的支付能力的规定等。这些方面被称为货币制度的构成要素。

（一）货币材料的确定

国家规定哪种或哪几种商品（可能是金属，也可能是非金属）为货币材料，实际上都是对已经形成的客观现实从法律上加以肯定。一种或几种商品一旦被规定为货币材料，即称该货币制度为这种或这几种商品的本位制。如以金为货币材料的货币制度称为金本位制；把金银同时规定为法定货币材料的货币制度称为金银复本位制。现代社会广泛实行不兑现的货币制度，法律中没有任何商品充当货币材料的规定，过去货币制度中极为重要的构成要素——货币材料的规定已经消失了。

（二）货币单位的确定

货币单位的确定主要包括两方面的内容：货币单位的名称和货币单位的"值"。

法律对于货币单位名称的规定通常都以习惯形成的名称为基础。同时，按照国际习惯，一国货币单位的名称往往就是该国货币的名称，如俄罗斯使用的卢布、意大利使用的里拉；几个国家同用一个单位名称，则在前面加上国家名，如法郎，法国使用的称法国法郎，瑞士使用的则称瑞士法郎。

货币单位的确定更重要的是确定币值。在铸币流通时期，货币单位的确定是在不同的货币流通条件下，确定货币所包含的货币金属重量和成色，以及本国货币的"理论含金量"或确定其与世界主要货币的比价关系。

在现代信用货币条件下，货币币值的确定并不是一国当局随心所欲地完成的，而是需要综合考虑诸多因素，如国内、国际经济的发展，综合国力的目标对比，国与国之间的比较优势等。

（三）本位币和辅币的发行及流通程序的确定

用法定货币金属按照国家规定的规格经国家造币厂铸成的铸币称为本位币，本位币是一国流通中的基本通货。现在在流通中完全不兑现的钞票也被称为本位币，其含义是用来表示它是标准的、基本的通货。本位币的最小规格是 1 个货币单位。低于 1 个货币单位的流通货币则称为辅币。辅币多由贱金属铸造，是非足值通货，它的发行和流通多在国家的高度监管下进行。

本位币具有无限法偿能力，即法律规定的无限制偿付能力，其含义是：法律保护取得这种能力的货币不论每次支付数额如何大，不论属于何种性质的支付，即不论是购买商品、支付劳务、结清债务、缴纳税款等，支付的双方均不得拒绝接受。相对于本位币的无限法偿，辅币则只有有限法偿能力，其含义是：在一次支付行为中，若超过一定的金额，则收款人有权拒收；但在法定限额内，拒收则不受法律保护。

银行券和纸币是因贵金属储量以及相应的金银货币不能满足商品经济发展扩大的需要而出现的产物。银行券是由银行发行、以商业信用为基础的信用货币。早期银行券流通的前提和背景是持券人可随时向发行银行兑换金属货币。1929—1933 年世界范围的经济危机之后，西方各国中央银行发行的银行券停止兑现，其流通已不再依靠银行信用，而是依靠国家政权的强制力量。

（四）其他方面内容的确定

货币制度除了以上三个方面的内容以外，还包括一些其他方面的内容，如规定发行准备，规定货币的对外关系（能否自由兑换、汇率的规定原则）等。

发行准备的规定由来已久，其主要目的在于限制银行无限制地发行银行券的权力，使银行券与其他一些信用货币的总量能与一国经济发展的需要相吻合，而不出现过度发行。从历史上看，发行准备制度有以下三种类型：

（1）部分准备制，也称部分信用发行制。法律规定银行券在一定发行限额内，可用信用保证（用中央银行所掌握的商业票据和国家债券作为保证，超过其限额以上的部分必须有 100% 的黄金保证）。英国银行券发行制度就属于这种类型。

（2）比例准备制。在银行券的发行总额中法律规定黄金保证所占的法定最低百分比，其余部分则可用信用保证。德国和美国的银行券发行制度属于这种类型。

（3）最高限额发行制。法律规定银行券发行额的最高限额，在最高限额外不得增加发行。但此限额常由法律加以修改。法国的银行券发行制度属于这种类型。

二　货币制度的类型

货币制度通常以货币材料标准来分类，迄今为止，世界各国采用的主要货币制度如图 1-1 所示。

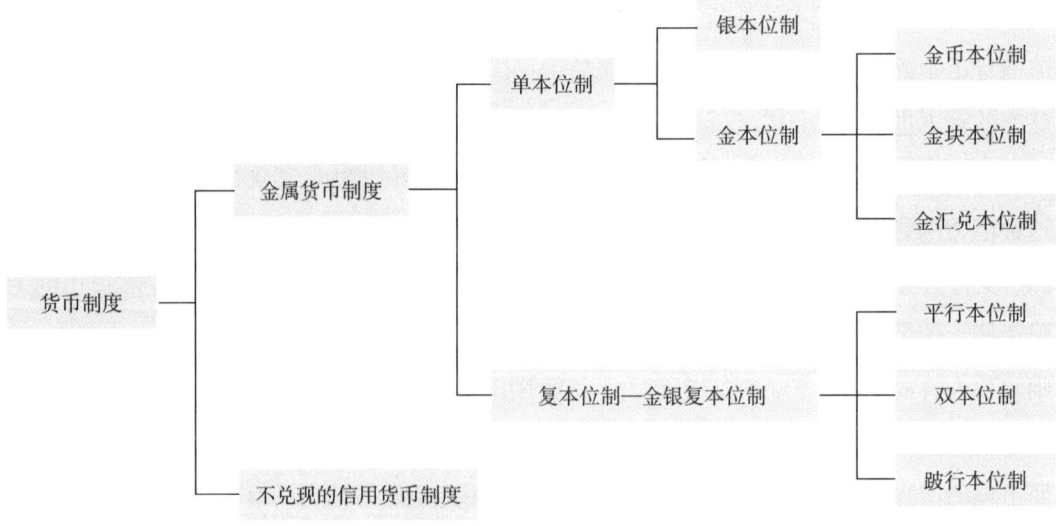

图 1-1　主要货币制度

（一）银本位制

银本位制是最早的金属货币制度。银本位制是指以白银为本位币币材的货币制度，其主要内容是：以白银作为本位币币材；银币为无限法偿货币；本位币的名义价值与其他所含一定成色、一定重量的白银价值相等；银币可以自由铸造、自由熔化；白银和银币可以自由输出和输入；银行券可以自由兑换银币或等量白银。

银本位制的历史较为久远，远在货币制度萌芽期的中世纪，许多国家就已经实行了。但是，银本位制作为一种独立的货币制度在一些国家存在的时间并不长，实行的范围也不广，主要原因如下：

（1）白银价值不够稳定，特别是白银采掘劳动生产率不断提高，银价猛跌，使白银不再适宜执行价值尺度和流通手段职能。

（2）白银本身价值较低，给大宗交易带来不便，不能适应资本主义商品经济的发展。

（3）从19世纪40年代起，世界黄金产品激增，当时在美国、南非和澳大利亚相继发现了富金矿。黄金产量的大增为当时以金银复本位制或金本位制代替银本位制提供了丰富的物质基础，因此，在19世纪70年代后，各国相继放弃银本位制，转为金银复本位制或金本位制，只有少数落后国家仍保持银本位制。

（二）金银复本位制

金银复本位制是指金币和银币同为本位货币的货币制度。复本位制是资本主义国家在发展初期（16世纪至18世纪）广泛使用的货币制度，如英国在1717—1816年，美国在1792—1900年均实行复本位制。在复本位制下，金币和银币同时作为本位币流通，并可以自由兑换。复本位制主要有三种类型。

（1）平行本位制。金币和银币同为本位币，都可以自由铸造和熔化，自由输出与输入，两种货币的交换比率由金银的市场比价确定，国家不规定金银的法定比价。缺点是：商品具有金币和银币表示的双重价格，商品双重价格比例随金银市场价格的波动而经常变动，不利于商品交换和经济发展。

（2）双本位制。国家以法律形式规定金银铸币之间的法定比价，两者的交换比率不再受市场上金银价格波动的影响，双本位制克服了平行本位制下"双重价格"表现的弊病。双本位制最大的问题在于，当金银币的法定比价与市场比价背离时，市场上又产生了"劣币驱逐良币"的现象，即法律上低估的货币（实际价值高于法定名义价值的货币，称良币）必然被人收藏、熔化或输出到国外，而法律上高估的货币（名义价值高于实际价值的货币，称劣币）则独占市场，市场上往往只有一种货币流通。这种规律又被称为"格雷欣法则"。

（3）跛行本位制。在此种本位制下，金银币均为本位币，但国家规定银币不能自由铸造，并限制每次的支付额，只有金币能自由铸造，两者有法定比价。在此货币制度中，银币事实上处于辅币地位，故称跛行本位，它是复本位制向金本位制过渡的形式。

与银本位制相比，金银复本位制有以下优点：

（1）金银并用，币材的资源充足，满足了当时生产扩大对通货的需求。

（2）便利交易。金币价值较高，银币价值较低，可分别用于大宗批发交易与小额交易。

金银复本位制是一种不稳定的货币制度。货币作为一般等价物，其本性具有独占性和排他性，复本位制由于金银币同为本位币，违背了商品货币的本质要求，随着黄金产量的增加和各种条件的成熟，西方主要国家先后过渡到金本位制。

（三）金本位制

金本位制有金币本位制、金块本位制和金汇兑本位制三种形式。

（1）金币本位制，是典型的金本位制，有以下三个特点：第一，金币可以自由流通，价值符号（辅币和银行券）可以自由兑换金币。由于价值符号能按面值随时向发行机构兑换金币，所以它们能稳定地代表一定数量的黄金进行流通，从而保证货币价值和价格的相对稳定。第二，金币可以自由铸造、自由熔化。自由铸造是指人们可以将黄金条块向国家铸币厂申请铸成金币；自由熔化是指人们可自行将金币熔化成金块或向铸币当局换成金块。金币实行自由铸造与自由熔化，使金币数量能自发地满足流通中的货币需求，也使金币的币值与其他所含黄金的商品的价值保持一致。第三，黄金可以自由输出与输入。由于黄金在国与国之间自由流动，并起到世界货币的作用，从而促进了国际贸易的发展和外汇汇率的稳定。

（2）金块本位制，特点是金币停止流通而以银行券（或政府发行的纸币）代替金币流通。银行券（或纸币）仍规定一定的法定含金量，其发行以一定数量的黄金为准备，人们可在一定范围内按法定含金量自由地兑换金块。

（3）金汇兑本位制，又称虚金本位制，其特点是：国内市场上没有金币流通，本国纸币仍规定有一定含金量，但在国内不能兑换黄金。实行这种本位制的国家规定国内货币与另一实行金币或金块本位制国家的货币保持固定汇率，并在该国存放黄金外汇储备作为发行准备，人们可按法定汇率购买外汇，在联系国（货币与黄金挂钩的国家）兑换黄金。

金币本位制是典型的金本位制，存在于金本位制的全盛时期，它是一种比较稳定的货币制度。它的特点决定了它对资本主义经济发展具有如下重要的历史作用：

（1）促进了生产的发展和国内商品流通的扩大。在金币本位制下通货稳定，为企业确定计算成本、价格和利润创造了有利条件，同时为扩大商品流通创造了有利条件。

（2）促进了国际贸易、国际信贷和国际投资的发展。因为各国货币均以黄金为基础，外汇汇率相对稳定，使贸易双方、信贷双方和投资双方不必承担汇率波动的风险。

（3）促进了信用制度的发展。在金币本位制下，币值稳定，使债权人和债务人的利益均不受通货贬值的影响，从而保证信用事业的进一步发展。金币本位制在第一次世界大战前夕被主要资本主义国家广泛采用。

随着黄金在世界各国分布的日益不均，金币本位制也让位于金块本位制和金汇兑本位制，金本位制进入衰退时期。金块本位制和金汇兑本位制都是残缺不全且极不稳定的金本位制，原因在于：第一，在金块和金汇兑本位制下没有黄金的自由铸造和自由流通，黄金的流通手段和贮藏手段职能不能发挥，币值难以稳定。第二，纸币不能自由兑换黄金，多种限制削弱了货币制度的基础。第三，采用金汇兑本位制的国家，使本国货币依附于与之挂钩的国家货币，一旦该国币制混乱，依附国的币制也必然受到严重影响，无法独立自主地保持本国货币的稳定。

（四）不兑现的信用货币制度

不兑现的信用货币制度又称管理纸币本位制，是以不兑现的纸币为本位货币的货币制度，它是自20世纪30年代以来世界各国普遍实行的一种货币制度。

不兑现的信用货币制度取代金本位制度而成为世界通行的货币制度，是世界经济发展的必然选择。

金属货币制度本身存在着弱点和矛盾。从货币的特性来看，即便是金本位制，也不是理想的货币制度。表现在以下几点：第一，金属藏量和产量的有限性与商品生产和交换扩大的无限性的矛盾是金本位制崩溃的根本原因。商品生产和交换的不断扩大也要求作为交易媒介的货币数量不断增加，以适应流通对货币的需求，而金属本位制下的金属藏量和产量是有限的。第二，金属货币的价值稳定是相对的。在金本位制下，通常所说的币值稳定是指本位货币稳定地代表一定数量的黄金。但是，黄金本身的价值受黄金生产的劳动生产率变化影响，历史上，美洲和南非大金矿的开采都曾使欧洲发生过金价大跌和物价猛涨现象。因此，在金本位制下，本位币代表固定数量的黄金，从而币值和物价稳定也是相对的。第三，金本位制下不利于国家实行独立的经济政策。金本位制条件下的黄金在国际自由流动，使各国很难实行独立的经济政策。

不兑现的纸币之所以能取代金属货币成为本位货币，原因如下：第一，在金属货币流通的条件下，由于流通造成的磨损或人为削刮，使铸币的名义价值与实际价值经常背离。"使铸币的金属存在同它的职能存在分离，所以在货币流通中就隐藏着一种可能性：可以用其他材料做的记号或用象征代替金属货币执行铸币的职能。"（马克思《资本论》）第二，不兑现的纸币也能有效执行货币的各项职能。因为不兑现的纸币直接代表一定的价值，且受到社会的普遍接受，因此纸币也能充当价值尺度、流通手段、支付手段和价值贮藏手段，独立地发挥货币的各项职能。

不兑现的信用货币制度的特点是：一是它以不兑现的纸币为本位币，一般是由国家授权中央银行发行的，具有无限法偿能力。二是不兑现的纸币不代表任何贵金属，不能直接兑现黄金等贵重金属，纸币的发行实行准备制度，发行准备的品种主要是政府债券、黄金、外汇和商业票据等，其数额由政府确定。三是非现金结算占据主导地位。绝大多数交易均通过支票和电汇转移存款的方式进行支付，而较少采纳法偿货币（纸币和辅币）的直接交付。四是信用货币的性质可以保证流通中的货币量与经济增长的需求相一致，从金本位制下的金属货币自发调节转移到各国政府机构人为控制。同时信用货币制度是通货膨胀加剧的制度基础。

第四节　中国的人民币制度

一　人民币制度的确立

人民币自 1948 年 12 月 1 日发行以来，已发行了五套纸币、四套硬币以及多套普通纪念币（钞）和贵金属纪念币，除 1 分、2 分、5 分这三种硬币外，第一套、第二套和第三套人民币已经停止流通，第四套人民币于 2018 年 5 月 1 日起停止流通（1 角纸币、5 角纸币、5 角硬币、1 元硬币除外）。目前流通的人民币主要是于 1999 年发行的第五套人民币。

二　人民币制度内容

《中华人民共和国中国人民银行法》规定，人民币是我国的法定货币，由中国人民银行统一印制、发行。主要包括以下几个方面：

（1）人民币主币的单位为"元"，辅币的单位为"角"和"分"，1 元分为 10 角，1 角分为 10 分。

（2）人民币是价值符号，是商品价值计价的尺度，没有含金量的规定，它属于不兑现的信用货币。人民币的发行保证是国家拥有的商品物资，黄金外汇储备主要作为国际收支的准备金。

（3）人民币是我国唯一合法的货币，具有无限法偿的能力，严禁伪造、变造和破坏国家货币。

（4）人民币的发行高度集中统一，中国人民银行是人民币唯一合法的发行机构并集中管理货币发行基金。

（5）人民币是独立自主的货币，是国家经济主权的象征。国内一切货币收付、计价单位和汇价的确定都由人民币承担。

（6）人民币对外国货币的汇率由国家外汇管理局统一制定，每日公布，一切外汇买卖和国际结算都据此执行。人民币汇率采用直接标价法。

随着我国经济体制改革的不断深入和对外开放的进一步发展，我国的货币制度还有待进一步完善。如何协调人民币与港币等的货币流通，建立与新时期的新要求相适应的货币制度，仍然是一个需要研究的课题。此外，随着我国市场经济体制的不断发展和完善，特别是人民币加入特别提款权（Special Drawing Right, SDR）货币篮子，成为继美元、欧元、英镑和日元后特别提款权中的第五种货币，各国央行都将增持人民币，货币制度中有关金银、外汇的规定也需要做出适当的调整。

第五节　货币的层次

一　货币范畴的扩展

在简单的商品经济时期，充当货币的必须是具有价值和使用价值、能够为交换双方共同接受的商品。因此，出现了贝壳、牲畜、金属等货币形式。

银行券出现以后，它不能以其自身的价值充当价值尺度，也不能以自身的价值被贮藏。银行券之所以成为货币，在于它是黄金的价值符号。银行券作为货币执行价值尺度、流通手段、支付手段、贮藏手段职能是以可随时兑换金银、有金银作后盾为基础的。但银行券不具备世界货币的职能。

当纸币取代金属货币成为流通中唯一的货币形式时，纸币只执行流通手段与支付手段职能，其本身不能执行价值尺度职能，纸币可以贮藏的程度取决于币值的稳定程度，人们判断货币的准则在发生变化。

20世纪以来，银行机构的普遍设立以及银行业务的广泛开展使得活期存款可以执行货币的支付职能，从而进入货币范畴。现在，由于定期存款和其他类型的存款甚至某些流动性很强的短期证券也可以很容易地转换为现金及活期存款，而后者也很容易转换为前者，同时以电子货币为代表的新型货币形式也大量出现了，货币范畴在进一步扩大，因此，在定义货币时，不能不考虑各种非现金及活期存款等金融资产的存在。但作为货币，它们之间的重大区别依然存在。因此，有必要对货币层次进行划分。

二 划分货币层次的目的和标准

20 世纪 60 年代，美国联邦储备银行为实施货币政策，率先对货币进行了层次的划分，公布了不同层次的货币供应量。目前各国中央银行已普遍采用了将货币供应量划分成若干层次的做法，并以此为基点选择某一层次作为控制的重点。将货币划分为不同层次的目的在于方便中央银行进行宏观经济运行的监测和货币政策的操作。特别是当中央银行把货币供应量作为货币政策中介指标时，货币层次的划分具有十分明显的政策操作意义。货币当局对不同层次的货币进行监测和控制，也可以促使金融机构做出反应，增强政府的宏观调控能力。对于如何划分货币层次，大多数国家的中央银行都以金融性资产的流动性作为标准。流动性是指金融资产转化为现金而不受损失或少受损失的能力，也就是变为现实的流通手段和支付手段的能力。

三 货币层次的划分

关于货币层次的划分，国际货币基金组织采用两个口径：货币和准货币。

"货币"等于银行以外的通货加私人部门的活期存款之和，相当于各国通常采用的 M1。

"准货币"相当于定期存款、储蓄存款与外币存款之和。"准货币"与"货币"之和相当于各国通常采用的 M2。

以流动性为标准把货币划分为多少个层次，这在各国是不统一的。由于各国经济环境、金融状况不同，可充当货币的金融证券的种类也不同，因此，将货币划分为几个层次应从各国的具体情况出发。

美国将货币划分为以下四个层次：

· M1，包括：处于国库、联邦储备系统和存款机构之外的通货；非银行发行的旅行支票；商业银行的活期存款，不包括存款机构、美国政府、外国银行和官方机构在商业银行的存款；其他各种与商业银行体系活期存款性质相近的存款。

· M2，为 M1 加上存款机构发行的隔夜回购协议和美国银行在世界上的分支机构向美国居民发行的隔夜欧洲美元；货币市场存款账户；储蓄和小额定期存款；货币市场互助基金余额等。

· M3，为 M2 加上大额定期存款、长于隔夜的限期回购协议和欧洲美元等。

· L，为 M3 加上非银行公众持有的储蓄券、短期国库券、商业票据和银行承兑票据等。

日本银行对货币层次的划分如下：

· M1，为现金加上活期存款（包括企业活期存款、活期储蓄存款、通知即付存款、特别存款和纳税准备金存款）。

· M2，为 M1 加上定期存款、可转让存款和可转让大额定期存款。

· M3，为 M2 加上邮局、农协、渔协、信用合作社和劳动金库的存款及信托存款。

我国货币层次的划分如下：

· M0，流通中的现金。

· M1，为 M0 加上单位活期存款。

· M2，为 M1 加上个人储蓄存款和单位定期存款。其中，M1 代表狭义的货币量；M2 代表广义的货币量；M2-M1 代表准货币。

2015—2016 年我国 M0、M1、M2 货币供应量情况见表 1-2。

表 1-2　2015—2016 年我国 M0、M1、M2 货币供应量情况

数据日期	货币和准货币 M2		货币 M1		流通中现金 M0	
	数量/亿元	同比增速/%	数量/亿元	同比增速/%	数量/亿元	同比增速/%
2015.1	1 242 710.22	10.77	348 109.50	10.55	63 040.51	−17.60
2015.2	1 257 380.22	12.51	334 439.50	5.63	72 896.19	17.00
2015.3	1 275 332.78	11.62	337 210.52	2.91	61 949.81	6.20
2015.4	1 280 779.84	10.07	336 388.24	3.67	60 772.46	3.70
2015.5	1 307 357.63	10.82	343 085.86	4.65	59 075.97	1.80
2015.6	1 333 375.36	11.75	356 082.86	4.27	58 604.26	2.90
2015.7	1 353 210.92	13.31	353 122.19	6.57	59 010.71	2.90
2015.8	1 356 907.98	13.31	362 793.73	9.27	59 061.79	1.80
2015.9	1 359 824.06	13.13	364 416.90	11.37	61 022.97	3.70
2015.10	1 361 020.70	13.49	375 806.45	14.01	59 900.48	3.80

续表

数据日期	货币和准货币 M2		货币 M1		流通中现金 M0	
	数量/亿元	同比增速/%	数量/亿元	同比增速/%	数量/亿元	同比增速/%
2015.11	1 373 956.01	13.68	387 618.32	15.67	60 328.24	3.20
2015.12	1 392 278.11	13.34	400 953.44	15.20	63 216.58	4.90
2016.1	1 416 319.55	13.97	412 685.64	18.55	72 526.51	15.10
2016.2	1 424 618.68	13.30	392 504.70	17.36	69 421.50	−4.80
2016.3	1 446 198.03	13.40	411 581.31	22.05	64 651.21	4.40
2016.4	1 445 209.59	12.84	413 504.84	22.92	64 403.17	6.00
2016.5	1 461 695.11	11.81	424 250.70	23.66	62 780.71	6.30
2016.6	1 490 491.83	11.78	443 643.70	24.59	62 818.89	7.20
2016.7	1 491 558.72	10.22	442 934.43	25.43	63 276.01	7.20
2016.8	1 510 982.91	11.35	454 543.60	25.29	63 454.70	7.40
2016.9	1 516 360.50	11.50	454 340.25	24.70	65 068.62	6.60
2016.10	1 519 485.40	11.64	465 446.65	23.85	61 214.93	7.20
2016.11	1 530 432.06	11.39	475 405.54	22.65	64 903.50	7.60
2016.12	1 550 066.70	11.30	486 557.20	21.40	38 303.90	8.10

数据来源：国家统计局。

第六节　电子货币

按照马克思政治经济学的定义，货币的本质是起一般等价物作用的特殊商品，同时体现一定的社会生产关系。货币经历几千年的发展，其形态历经实物货币、金属货币、纸币、存款货币、电子货币等，其中，电子货币是现代商品经济高度发达和银行转账与结算技术不断进步的产物，代表了现代信用货币形式的发展方向，体现了现代支付手段的不断进化。

一　电子货币概述

电子货币作为当代最新的货币形式，自20世纪70年代以来，其应用越来越广泛，尤其是近几年，电子货币呈现多种发展形态，如数字现金、电子钱包等一系列的货币。虽然现在世界各国推行和研制的电子货币千差万别，但基本形态是类似的，即电子货币的使用者以一定的现金或存款从发行者处兑换并获得相同金额的数据，并以可读写的电子信息方式存储起来，当使用者需要清偿债务时，可以通过某些电子化媒介或方法将该电子数据直接转移给支付对象。实质上，电子货币是利用银行的电子存款系统和各种电子清算系统进行金融资金转移的方式。

1998 年，巴塞尔银行监管委员会将电子货币界定为"在零售支付机制中，通过销售终端、各类电子设备，以及在公开网络（如互联网）上执行支付的'储值'产品和预付支付机制"。所谓"储值"产品，是指保存在物理介质（硬件或卡介质）中可用来支付的价值，这种物理介质可以是智能卡、多功能信用卡、电子钱包等，所储价值使用后，可以通过电子设备追加。而"预付支付机制"则是指存在于特定软件或网络中的一组可以传输并可用于支付的电子数据，通常被称为"数字现金"，也有人将其称为"代币"（token），由一组二进制数据（位流）和数字签名组成，可以直接在网络上使用。巴塞尔银行监管委员会的定义包含了电子货币中的在线交易和离线交易，是较为准确、完整的电子货币概念。

张卓其在其《电子银行》一书中提道："电子货币是以计算机、通信以及金融和商业专用工具为基础，以各种银行卡为介质进行电子资金转账的一种货币流通形式。"此定义实质上将电子货币界定为成熟的银行卡支付应用体系，而将新型的网络货币排除在外。

从以上机构和专家学者的论述中可以看出，电子货币既包含传统的在金融专用网上使用的基于卡介质的电子货币，也涉及在互联网上的各种支付方式。本书支持这种较为广泛的观点。广义而言，电子货币是指以电子化机具和各类交易卡为媒介，以计算机技术和通信技术为手段，以电子数据流形式存储在银行的计算机系统，并通过计算机网络以信息传递形式实现流通和支付功能的货币。电子货币可广泛地应用于生产、交换、分配和消费领域，集储蓄、信贷和非现金结算等多种功能于一体，具有比现金更简便、安全、快捷等优势，从而得到了广泛应用。

二　电子货币的种类

依据广义电子货币的含义，采用不同的标准，电子货币有多种划分方法。

（一）按被接受程度划分

电子货币按被接受程度可分为单一用途电子货币和多用途电子货币。单一用途电子货币由特定发行者发行，只能用于购买特定的产品或服务，或被单一商家所接受，如各种电话卡、就餐卡等。多用途电子货币是根据发行者与商家签订协议范围的扩大，被多家商户所接受，可购买多种产品或服务，并且可以储存、支取货币，如银行信用卡、借记卡等。

（二）按使用方式和条件划分

电子货币按使用方式和条件可分为认证（identified）或匿名（anonymous）系统以及在线（on-line）或离线（off-line）系统，通过组合，可分成四类：在线认证系统、在线匿名系统、离线认证系统、离线匿名系统。

（三）按结算方式划分

电子货币按结算方式分为支付方法电子化的电子货币和支付手段电子化的电子货币。前者指以电子化方法传递支付指令给结算服务提供者以完成结算，如自动柜员机（Automated Teller Machine，ATM）转账结算或通过销售终端（Point of Sale，POS）机进行的信用卡结算等；后者则是本身即具有价值的电子数据，如由荷兰的求索现金公司（Digi-Cash Inc.）研制的网络型电子货币的代表电子现金（Ecash）以及英国西敏寺银行研制的Mondex等。

（四）按依托的计算机网络方式划分

从电子货币的发展历程来看，它经历了从专有金融网络向开放式互联网发展的过程。随着使用网络的扩展，其使用范围、条件以及结算方式都发生了变化，这种划分依据基本涵盖上述三种不同的划分方式。因此，本书依据电子货币的使用范围和成熟度的不同，即根据使用电子货币所依托的计算机网络是传统的封闭型还是基于互联网的开放型，将其分为以下两大类：

（1）卡基电子货币，也称金融交易卡，是由商业银行或金融机构（在我国包含邮政金融机构）向社会发行的具有消费、转账结算、存取现金等全部或部分功能的信用支付工具，也是客户用以启动 ATM 和 POS 系统等电子银行系统进行交易的必备工具。其支付方式建立于封闭的金融专有计算机网络基础之上，是一种较为成熟的并被广泛接受的电子货币形式。此类典型的代表是银行卡。当然，以此为基础衍生出来的利用各种消费终端或电子设备进行支付的"储值"产品或预付机制，如电话卡、消费卡、等值 IC 卡和公交卡等是电子货币的另一种卡基类型。

（2）网络货币，又称网络虚拟货币，它是电子货币发展的高级形式。以腾讯公司发行的 Q 币为例：2002 年 5 月，该公司发行了一种虚拟的网络产品，称为 Q 币，网民可以通过银行卡、电话银行、手机充值、实物 QQ 卡等多种方式购买这种货币，并存入与 QQ

号相对应的个人账户中，公司规定 Q 币与人民币兑换的比例是 1∶1，更进一步地，一些消费者可以在淘宝网上与其他 Q 币持有者进行交易。这种方式在一定程度上解决了小额支付的麻烦以及对银行账户泄密的担心，因此赢得了不少消费者的青睐，也给公司带来了盈利。一些网络公司为了推广自己的服务，也加入了发行网络"虚拟货币"的行列，出现了新浪 U 币、网易 POPO 币、百度币、魔兽币、天堂币以及盛大点券等各种各样的网络虚拟货币。除此之外，新的产品还在不断出现。目前国际金融机构和各国货币当局尚无法在法律上对网络货币做出严格的界定。在本书中，网络货币指以公用信息网为基础，以电子数据形式存储在计算机系统中，并通过开放的网络系统以电子信息传递形式实现流通和支付功能的货币。这种货币支付方式突破了原有的金融专有封闭型网络体系，建立在开放的互联网上，是电子商务活动广泛发展的产物。安全、通用的网络货币尚处于研制、探索和认证阶段，各项基础准备、支付系统技术以及国际监管协调机制等仍需要时间进行准备。

三 电子货币的功能与特性

（一）电子货币的职能分析

在货币理论中如何给电子货币定位是电子货币发展中必须解决的理论问题之一。电子货币能否成为通货，主要取决于电子货币能否独立地执行通货的职能。也就是说，电子货币必须能独立地执行通货的三个基本职能，即流通手段、价值尺度和贮藏手段，才能成为真正的通货。

从流通手段职能上看，通过银行卡媒体的使用以及在计算机网络上发生的货币信息的传输，实现了商品和货币的交换，为持卡人在特约商户购物服务，这种货币信息的不断传输还引起转账划拨活动，正体现了货币电子流的无形运动和商品流通领域中商品与货币的交换媒介作用。

从价值尺度职能上看，电子货币以一定的货币单位及其倍数通过电子数据形式显示商品的价格及其价格总额。同时，这种显示也广泛地扩展到非商品价值领域，一笔商品价款、一项债权债务、一笔货币结存等资料均可简明无误地通过计算机及其他电子设备显示出来。

从支付手段职能上看，银行卡（尤其是贷记卡）的支付及透支、赊销的清偿，无不体现出电子货币的支付手段职能。

从贮藏手段职能上看，作为电子货币运行基础的客户、计算机账户、存款余额反映了一定货币额的贮藏和积累，这种贮藏和积累不仅表现在持卡客户的保证金、备用金上，也反映在各种结算收款上，当客户的信用卡账户同普通存款账户之间能够实现自动转账时，这种贮藏手段范围将更大。

从世界货币职能上看，具有外汇支付功能的银行卡，尤其是跨国联网的电子货币可以便捷地通过计算机实现不同货币的兑换，在国际网络上进行跨国收付和结算。

因此，从本质上讲，电子货币仍是商品交换的一般等价物，是真实货币的代表或符号，是传统货币形式的变革，它正以全新的形式完成货币的各项职能。

（二）电子货币的特性

由于电子货币系统将现金同存款有机地结合在一起，通过计算机的信息处理、存储和显示作用，使得电子货币具备以下几个显著特性：

（1）存款特性。电子货币不仅能以电子信号形式将客户存款记录在银行系统的记录介质上，而且可按照客户指令在不同账户间实现转账划拨，方便快捷且安全可靠。

（2）现金通货特性。使用银行卡购物时，实际是一手交货、一手交钱，这种便捷的购物活动无异于使用现金购物。新一代智能卡的这种特性表现得更为突出，它省去了验证、授权等环节，自动减值付款，其流通手段得到充分发挥。

（3）现金与非现金相互转化的特性。通过电子货币系统，可实现现金与非现金存款的相互转化。这主要表现在利用银行卡在 ATM 上进行的存款和取现。但从主流方面看，电子货币更多地吸纳和回笼了流通中的现金量，从而加大了非现金流通的比重。

（4）信息显示特性。电子货币以计算机为主要载体，它是信息存储、处理、传输、显示的有效工具，持卡人可以凭卡通过计算机进行账户查询、其他金融信息查询等活动，以便及时做出自己的理财安排。

（5）可分性。虽然目前主要电子货币仍与传统货币保持一定比例的兑换关系，但由于电子货币的存在形式只是数字化的信息，并不需要像传统货币那样分主币和辅币统一发行，因此电子货币具有无限可分性。这又是电子货币的一大特点。

（6）发行特性。通货由各国中央银行或特定机构垄断发行权，由中央银行承担其发行成本与收益。而从目前电子货币的发行来看，更多的是商业银行等金融机构，甚至是成立特别发行公司的非银行机构。

（7）信用特性。通货是以国家信誉为担保的法定货币，由各国货币当局设计管理和更换，被强制接受和广泛使用。而电子货币目前大部分是由不同信用机构自行开发设计的带有各自特征的产品，其担保主要依赖于各个发行者自身的信誉和资产规模，消费者、商家拥有选择的自由。

从以上分析不难看出，电子货币同纸币相比，既具有巨大的优越性，也存在一些不同。可以预见，地方性的中小银行所发行的电子货币由于受到其业务范围和信誉的影响，很难被全球的网上金融市场所接受，市场竞争的结果势必形成由一家或几家大银行联合发行统一的电子货币的局面，将形成更有效率的在线数字货币发行、流通的制度安排。一般货币的使用具有严格的地域限定，除欧元区外，一国货币一般都是在本国被强制使用的唯一货币。电子货币将逐步打破地域界限，在全球统一货币出现之前，商家、消费者可以较容易地获得。

四　电子货币的发展对金融业的有利影响

（一）电子货币大幅简化了支付结算过程

电子货币本身虚拟化、低成本的特征及遍布全球的快速便捷的网络支付体系大幅降低了支付结算费用，加快了跨国金融资产间的转换。

（二）电子货币的发展使中央银行在公开市场进行大笔买卖操作时可以节约大量成本

公开市场操作是各国中央银行最常用的货币政策操作，相比调整再贴现率和准备金率的操作具有更高的精确性、灵活性和更强的调控能力，并且能大幅缩短货币政策调控的反应时滞，因此对中央银行具有重要意义。

（三）电子货币的发展有利于推动商业银行服务理念的更新

商业银行在多元化、国际性的竞争环境中，应致力于提供更加安全高效和人性化的服务，在提高中间业务的品质的同时，应积极寻求业务拓展和创新，加大在保险代理、资产负债管理、证券交易、投资咨询等方面的投入，减少对基础货币的依赖，以应对支付结算领域的竞争。

（四）电子货币的发展加快了我国金融业现代化的步伐

为了在竞争中获得优势，更多金融机构会对自己的电子货币交易系统进行技术改造和创新，提高其安全性和方便性以招揽更多顾客。这将提升支付结算行业整体技术含量，从而提高一国的国家支付体系的运转效率，在全球经济一体化的环境中降低支付系统的风险。

电子货币的发展使商业银行可以通过各种金融产品的创新拓宽筹资渠道，提高资金流动性，从而合法规避金融监管，降低金融成本。

五　电子货币对中国货币体系的不利影响

（一）电子货币对货币供给的影响

（1）使货币划分层次模糊。由于电子货币是以虚拟的形式出现在网络上的，用户可以随时通过自己的指令改变现金与储蓄、活期与定期之间的转换，所以货币划分层次的界限因为电子货币正在日益减少，原来认为货币供应量有着明确的内涵和外延的优点将消失。

（2）电子货币对基础货币的影响。基础货币是中央银行实行法定准备金制度以控制存款扩张和货币创造的一个特殊的货币层次。随着电子货币的不断完善和成熟，当电子现金可以成为新形式的现金货币加入基础货币行列时，则可能使基础货币虚拟化。电子货币的发展将减少流通中的现金，同时，如果电子货币替代银行存款，由于目前各国法律尚未规定电子货币要交纳准备金，因此这将会减少商业银行的存款准备金，也会导致基础货币的减少。

（3）使货币供应主体变大。在电子货币无须准备金和市场准入的条件下，很多金融组织甚至企业加入了电子货币的发行。从电子货币的职能与特性、电子货币的发生与主体等方面看，进入电子货币时代后，货币的发行权将趋于分散化。

（二）电子货币对货币需求的影响

电子货币对货币需求的影响主要表现在电子货币部分替代流通中的现金，加快了货币流通速度，从而对货币的需求会减少。另外，电子货币还有信用创造的作用，这也使得对货币的需求处于不稳定的状态，从而导致利率的波动，利率的波动反过来导致货币需求的不稳定。货币需求的波动加大，就会降低利率作为货币政策传导机制的传导作用。由于流通中现金的减少，必然导致现金需求的下降。货币流通速度的加快、货币需求数量的减少导致持有货币机会成本的提高，也就是说，会有更多的现金与利率挂钩，从而导致利率在货币需求中作用的增强，致使货币需求中与利率有关的部分日益增加，导致货币需求日益不稳定。货币需求与利率密切相关，并在很大程度上受其影响，加上流通中的现金减少，从而对货币需求的影响会难以预测，将加大中央银行调控的难度。

（三）对货币政策工具的影响

（1）对法定存款准备金政策的影响。一是金融机构为了避免由于准备金被占用而影响了资本的扩张，必然会大量发行电子货币。二是由于客户通过电子指令可以在瞬间实现现金与储蓄、定期与活期之间的转换，由于这几项的法定准备金又有所不同，必然会产生中央银行准备金的不断变化。而由于客户的指令是随机的、难以预测的，必然给中央银行带来操作上的困难，从而使中央银行通过调控准备金实施货币政策的难度加大。

（2）削弱中央银行再贴现政策。在实施再贴现政策的过程中，中央银行处于被动地位，因为商业银行和其他金融机构可以发行不用上缴法定存款准备金的电子货币，使再贴现政策工具的有效性受到了很大的制约，甚至变得无效。另外，再贴现政策工具灵活性较小，再贴现率的频繁调整会引起市场利率的经常性波动，使大众和商业银行无所适从。

（3）对公开市场业务的影响。因为公开市场业务主要通过银行系统准备金的增减变化起作用。当中央银行购进有价证券时，无论是由社会大众还是金融机构出售证券，都表现为银行准备金的增加，从而造成扩张货币的效果；相反，当中央银行出售有价证券时，无论是由社会大众还是金融机构购买，都无异于向市场收回一笔资金，并表现为银行准备金的减少，从而减少货币供应量。然而由于电子货币的发行可以使金融机构和其他商业机构无须缴纳准备金，其完全可以通过发行无准备金的电子货币弥补超额准备金由于公开市场业务的变化而带来的影响。例如，中央银行出售有价证券以紧缩货币供应量，而金融机构和其他商业机构则可发行新的电子货币以减少政策对其的影响。所以说，电子货币会对公开市场业务带来消极影响。

（四）对货币政策中介目标选择的影响

电子货币的使用淡化了货币层次的界限，减少了对基础货币的需求，加大了利率的波动幅度，导致利率的决定因素日益复杂，从而使货币政策的中介目标的可测性、可控性和抗干扰性大幅降低。从信用机构转向金融市场的传导媒介和过程加大了中央银行的认识时滞和行动时滞，在外部时滞上更加不确定。

电子货币是信息技术和网络经济发展的内在要求和必然结果。从实物货币、金属货币、纸币到电子货币，是提高货币流通效率、降低货币流通费用，从而降低商品交易费用的货币制度安排的变迁过程。尽管存在着各种各样的弊端和风险，但作为货币形态演变最新形式的电子货币，逐步取代传统通货已经成为一种不可逆转的世界性发展趋势。

六 支付制度的演化

支付制度是经济社会中进行交易的方法，随着货币形式的变化，支付制度也在逐步演化。黄金等贵金属曾经被当作主要的支付手段并且是货币的主要形式。后来纸币和支票等纸制品在支付制度中使用并作为货币。支付形式的变化对于货币的定义及管理有着重要的影响。

（一）支付 1.0 时代

最原始的交易，以物易物，各取所取。到了商朝人们用天然的贝类进行交易，商周时代人造贝类以及冶炼技术的掌握，慢慢出现了金属铸贝类货币。秦汉时代以黄金、圆形方孔铜钱为货币。宋代，出现了世界上最早的纸币——交子。明朝时期，白银和铜钱组成了货币主体。中国最早的机制洋式银圆于光绪年间面世，也就是"光绪元宝"，俗称"龙洋"，因银圆背面铸有龙纹而得名。在这之前的支付方式称为"支付 1.0 时代"。

（二）支付 2.0 时代

20 世纪 50 年代至 80 年代，国家实行统购统销政策，发放各种商品票证。在那个"票证时代"，各式各样的票证成了生活的基本保障，几乎所有的生活日用品都要通过票证和现金来购买。党的十一届三中全会之后，商品市场开始活跃，票证慢慢退出历史舞台，现金支付逐渐成为主流。20 世纪 80 年代，银行卡随着电子计算机应用的发展被广泛使用。现金和支票的流通减少，银行业务发生了根本性变化。1985 年中国出现了第一张银行卡——中银卡；1988 年 6 月，中国银行发行国内第一张外汇卡——长城万事达国际卡。现金支付是交易中最简单的支付方式，在很长的一段时间里，现金支付都承担着非常重要的角色，这一时期是"支付 2.0 时代"。

（三）支付 3.0 时代

21 世纪，互联网、云计算和大数据飞速发展，支付方式发生了翻天覆地的变化。2003 年，支付宝登上历史舞台；2010 年年底，互联网上第一次出现二维码及相关技术，标志着国内二维码支付开始被广泛普及；2011 年支付宝推出条码付业务，开启线下扫码支付；2013 年，微信支付出现。但在 2014 年我国央行叫停了二维码支付，直到 2016 年 8 月 3 日，支付清算协会明确指出支付机构开展条码业务需要遵循的安全标准，这也是官方首次承认二维码的支付地位。2016 年 10 月 13 日，支付宝正式推出收款二维码。2017 年 5 月 27 日，中国银联联合 40 余家商业银行推出银联云闪付二维码产品，持卡人通过银行 App 即可实现银联云闪付扫码支付。移动支付时代，出门基本上不带现金，轻轻一扫就能完成支付。从凭票到付现再到刷卡，直至如今的"扫一扫"支付，支付方式发生了翻天覆地的变化。

（四）支付 4.0 时代

当下新一轮的支付模式已经拉开了帷幕，逐渐进入了"支付 4.0 时代"——生物识别支付。

我们每个人的指纹从出生时就注定是独一无二的，所以指纹支付可以说是一种先进且较为安全的支付方式。近几年，很多手机厂商推出的新型手机，大多就带有指纹支付的功能。每个人可以通过扫描指纹来对手机进行开锁，同样也可以通过指纹扫描来进行支付交易。与传统的密码支付不一样，因为密码支付是由数字组成，很容易被黑客攻克。而且输入密码的时候，极有可能泄露密码信息，但是指纹支付相对来说是较为安全的，因为只有自己的指纹可以进行支付。

除了指纹支付，刷脸支付也进入了人们的视野。2013 年 7 月芬兰一家创业公司推出了史上第一款基于脸部识别系统的支付平台。2015 年的德国汉诺威展上，马云在现场演示了刷脸支付技术。2018 年 8 月 15 日，在蚂蚁金服开放日广州站上，支付宝宣布刷脸支付正式商业化。2019 年 1 月 16 日，全国首条刷脸支付商业街在温州五马街亮相。2019 年 3 月 19 日，微信的刷脸支付设备"青蛙"也正式上线。艾媒咨询（iiMedia Research）发布的《2019 年中国刷脸支付技术应用社会价值专题研究报告》显示，2019 年成为刷脸支付的"元年"，刷脸支付用户达到 1.18 亿人。

相对于前面的两种支付方式而言，无感支付可能知道的人较少。如，当开车上高速公路的时候，入口处有一个电子不停车收费（Electronic Toll Collection，ETC）通道，在此处就实现了无感支付；或者是天猫无人超市，主打"即拿即走，无需掏出手机"的无感支付体验。

而随着网络数据安全泄密事件频出，用户隐私被频频侵犯，不少支付机构开始担忧现有支付方式是否安全，于是开始探索新的安全支付方式。刷脸支付、指纹支付还不够，全球支付解决方案巨头万事达卡开始研究步态、心跳和静脉方式识别用户了。近日，全球支付解决方案巨头万事达卡在接受媒体采访时透露，每个人都有自己独特的走路方式，并且公司目前正在研究创新的行为生物识别技术，例如走路方式或步态识别、心跳和静脉识别，以适应未来更尖端、更前沿的创新支付系统。

对于未来的支付方式，相信大家也都充满期待，同时随着技术的发展，支付方式也将会向着更加便捷、更加安全的方向发展。

📝习题

1. 马克思主义货币学说的主要内容是什么？

2. 货币的基本职能及含义。

3. 简述金银复本位制的几种形式及各自特点。

4. 简述货币制度演进的过程及特点。

5. 电子货币分类形式及每种分类所包含的货币类型。

6. 简述支付制度的演进过程及每个时代的特点。

第二章 | **支付与清算**

本章学习重点

● 掌握支付与清算的概念、支付与清算的联系和区别。

● 从传统支付手段的发展历程、支付工具的技术演进、移动支付以及全球支付发展的趋势四方面了解支付的发展历史。

● 了解支付工具的概念和分类，了解票据。

● 掌握电子支付的分类、流程、电子支付系统以及相关法律法规和安全措施。

第一节 支付与清算的概念

一 支付的概念

支付指通过货币或货币等价物交换商品或服务的过程。多数是为了清偿商务伙伴间由于商品交换和劳动活动引起的债权债务关系，这项金融服务业务由银行提供，目的是将现金实体从付款人传送到收款人。支付的内涵在于交易产生的货币债权转移，即交易双方最终完成交易而形成的付款人对收款人的货币债权转移。

支付可以使用各种支付工具，例如现金、支票、信用卡、借记卡、电子钱包等。支付是商业活动中最基本的环节之一，也是互联网金融中最重要的服务之一。在网络金融和电子支付的背景下，支付通常是通过使用数字资产和互联网技术进行的。如在电子商务交易中，消费者通过互联网购买了一件产品，他/她需要用信用卡、电子钱包等方式对该产品进行支付，完成交易。

根据支付的特点和方式，可以将支付分为现金支付、转账支付、电子支付、实时支付、批量支付等多种形式。例如，当我们在线购物时，可以通过网上银行转账、支付宝、微信等支付方式来完成交易。

二、清算的概念

清算是指发生在银行同业之间的货币收付,用以清讫双边或者多边债务债权关系的过程的方法,银行清算是各金融机构之间通过支付中介(中国人民银行)进行审查及转入的金融活动。

通俗来说,就是在交易双方之间安全、快速地移动资金的过程。在现代金融市场中,清算过程通常由清算机构实现,作为交易所的一部分,通常在投资、贸易和银行等业务中,双方通过一定的计算方法,计算彼此应得的权益,并进行相应的转移和扣划。也就是说,清算是双方在交易完成后,对交易金额进行清算处理的过程。同时,清算是一种法律程序,未经清算就自行终止的行为不具有法律效力,不受法律保护。

在债权的转移过程中,实际涉及两个方面(图2-1所示支付体系中的资金流和信息流):

资金流转移(对应结算过程):涉及账户间的资金划转与账务处理,主要依托资金结算系统实现(如大额实时支付系统等)。

信息流转移(对应清算过程):包括账务信息的交换、计算与清分,主要依托支付清算系统实现〔如银联、人民币跨境支付系统(Cross-border Interbank Payment System,CIPS)等〕。

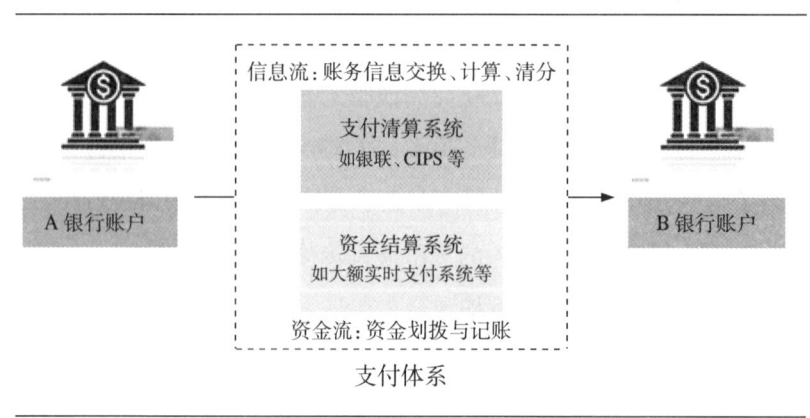

图 2-1 支付体系中的资金流和信息流

三 支付和清算的联系和区别

支付与清算是金融体系中两个密切相关的环节,它们紧密联系并互相依赖。

（一）联系

交互关系。支付和清算是在金融交易过程中相互配合、相互关联的环节。支付是指消费者或商家通过各种支付工具实现货币资金的转移,将资金从一个主体转移给另一个主体来履行购买商品或服务的义务。清算是指支付交易最后的资金清算过程,包括计算、对账、资金清算等环节。

信息关系。支付与清算之间有大量的信息交换和共享。在支付过程中,支付机构和金融机构需要共享支付信息,如支付金额、支付时间、交易双方身份等,以便进行有效的资金流动和风险控制。而清算过程中涉及的交易和支付信息也是必要的,以便进行资金清算、账户余额的调整和记录等。

资金流动关系。支付和清算均涉及资金的流动。支付过程中,资金从支付发起方的账户转移至收款方的账户,完成支付交易。而清算过程中,涉及多个支付机构和银行之间的资金清算和调整,确保最终资金到账并完成清算。

金融机构关系。支付与清算需要金融机构的参与和支持。支付机构(如商业银行、第三方支付机构)负责提供支付服务,处理支付指令,保证支付的顺利完成。而清算机构(如支付清算机构、中央银行)负责资金的清算和风险管理,确保支付过程中的资金安全和清算的准确性。

风险管理关系。支付与清算都需要有效的风险管理措施。在支付环节,支付机构需要通过风控系统和反欺诈技术,对交易进行实时监控和风险预警,以防止欺诈和非法交易。而在清算环节,清算机构需要对交易进行核对、对账和风险管理,确保清算过程安全、合规。

总结起来,支付和清算是金融体系中两个紧密联系的环节。支付是实现资金转移的过程,清算是最后的资金清算和处理过程。二者需要信息交换、资金流动、金融机构的参与和风险管理等方面的支持,共同确保金融交易安全、高效和顺利地进行。

（二）区别

支付和清算这两个概念虽然有些类似,但其实存在一定的区别。支付是购买商品或服务的行为,而清算是在商品或服务已经完成交易后对款项的处理。支付是前置动作,而清算则不同。

支付是指购买商品或服务时,将货币资金从一个主体转移给另一个主体的过程。支付是交易的实施环节,是完成交易的一种方式。支付过程中,消费者或商家通过使用各种支付工具(如现金、银行卡、移动支付等)将款项转移给交易对方,以履行购买商品或服务的义务。清算是指支付交易最后的资金清算过程，包括计算、对账、资金清算等。清算是对支付交易进行最终的确认和处理，确保交易的安全、顺利和准确。清算过程涉及多个支付机构和银行之间的资金清算和调整，以确保最终的资金到账并完成清算。

定义不同。支付是将货币资金从一个主体转移到另一个主体，完成交易的一种方式；而清算是对支付交易的最终确认和处理，包括计算、对账、资金清算等环节。

功能不同。支付是交易的实施环节，实现资金转移；清算是支付交易的最后一步，清算、调整资金，确保交易的准确性和安全性。

时间顺序不同。支付在交易发生之前或同时进行，以完成交易的支付义务；而清算是支付交易的最终处理，发生在支付之后。

主体参与不同。支付涉及交易的双方或多方主体，如消费者、商家、支付机构等；而清算主要涉及支付机构、银行以及其他清算机构之间的资金清算和调整。

尽管存在区别，但支付和清算也是密切相关的。只有完成支付过程，才能进行清算；而没有清算就不可能真正完成整个支付过程。因此，支付和清算是不可分割的整体。

第二节　支付发展历史

一 传统支付手段的发展历程

随着社会的进步和科技的不断创新，支付方式也在不断发展。从最初的以物易物式商品交换，到货币的发明，再到电子化支付的出现，支付方式的发展历程如下：

（一）实物货币

最早的支付手段是物物交换，在货币发明之前，商品作为原始货币在各个国家都得到了发展，出现了锤形金条、盐、大石头等，这些都属于现金货币。马克思主义政治经济学认为，商品交换发展到一定阶段必然产生货币。现金支付是最早的支付方式，人们用实物货币（如铜钱、纸币）进行交易。随着人们财富的累积和社会的发展，纸币逐渐取代了实物货币成为主流支付手段。

（二）纸币

纸币是现金货币的一种更为轻便、更易于携带的表现形式。我国宋朝开始发行纸币"交子"，这也是当时全球范围内最早的纸币。交子从外形来看与现代的支票很像，它是社会政治经济发展的必然产物。几百年后，西方国家也开始发行纸币，它随着经济发展迅速普及，成为当代社会使用最多的支付工具之一。

（三）支票

支票支付出现于 16 世纪末，当时英格兰的商人们为了方便跨城交易而将现金存在银行，以便在需要时使用支票交易。19 世纪，美国率先普及支票支付，后来逐渐扩展到其他国家。

支票是一种由银行代理、以金融业者为付款人的即期票据的书面工具，支票的出现极大地方便了交易。它是跨境交易的重要支付手段，但缺点是交易完成和到账时间较长。

（四）信用卡

信用卡支付出现于 20 世纪初，最初用于旅行者在国外的交易，随后在美国被广泛应用。信用卡的出现对人们的生活带来了巨大的改变。信用卡的种类很多，包括了普通信用卡、白金卡等。信用卡具有授信方便、使用方便、在授信额度内可透支等特点，不仅方便了外出购物、旅游时的消费，也推动了消费市场的发展。

（五）电子支付

随着互联网商业的发展，电子支付逐渐兴起。电子支付主要包括电子钱包、网银支付、第三方支付、移动支付、扫码支付、充值卡支付等多个支付方式，既方便快捷，又具有安全、效率高的优点，已成为人们进行各种交易和消费的主要支付工具。

总的来说，支付工具不断地演变和创新，使得人们的生活和商业交易都更加方便、快捷、安全。未来，随着科技的不断发展，人们在支付方式上还将会有更多选择。

二 支付工具的技术演进

进入电子支付时代后，支付工具随着计算机和材料技术的发展也在不断演进中，从电子货币发展到了现代二维码支付。支付工具的技术演进如图 2-2 所示。

图 2-2 支付工具的技术演进

（一）机械式银行卡

机械式银行卡是在 20 世纪 70 年代问世的，它常被用作提现卡，持卡人需到银行柜台或自动提款机取现。

（二）磁条式银行卡

磁条式银行卡是一种卡片状的磁性记录介质，与各种读卡器配合作用。磁卡是利用磁性载体记录了持卡人及卡片流水等信息，是在 20 世纪 80 年代普及的，可以刷卡支付，持卡人只需要签字即可完成交易。

（三）芯片式银行卡

芯片式银行卡也被称为金融 IC 卡，是在 20 世纪 90 年代问世的。芯片卡容量大，可以存储密钥、数字证书、指纹等信息，其工作原理类似于微型计算机，能够同时处理多种功能，为持卡人提供一卡多用的便利。

金融 IC 卡是由商业银行（信用社）或支付机构发行的，采用集成电路技术，遵循国家金融行业标准，具有消费信用、转账结算、现金存取全部或部分金融功能，可以具有其他商业服务和社会管理功能的金融工具。目前市场上有两种芯片卡标准，一种是国际上应用较多的 EMV 标准，一种是中国人民银行的 PBOC2.0 标准。

（四）二维码支付

二维码支付是近年来出现的新型支付方式，它将二维码技术和电子支付结合了起来，用户用手机扫描二维码进行支付，无需刷卡，操作简单便捷。

三　移动支付

移动支付是指使用移动设备进行支付的交易方式。与传统的购买方式不同，移动支付让用户可以随时随地购买商品和服务，而不需要携带现金或信用卡。移动支付在全球范围内越来越受欢迎。

（一）发展历程及现状

1. 发展历程

移动支付最早出现在赫尔辛基的一台可口可乐自动售卖机,这是由芬兰梅里塔（Merita）银行第一个推出的移动支付银行服务，通过手机短信来完成支付指令。

日本是全球移动支付发展最早的国家,日本电报电话公司移动通信公司（NTT DOCOMO）在 1999 年推出"iMode 行动"上网模式，将手机由原本简单的通信及短信发送向 PC 靠拢。通过手机，使用者可以利用互联网来进行邮件的发送，完成音乐的下载，浏览网页等，也通过这个平台，让他们更容易接受之后手机的近场支付。20 世纪 90 年代日本与韩国出现二维码支付技术，在中国，直到 2010 年年底，国内的二维码才开始被广泛使用。我国支付清算协会对移动支付消费者进行调查发现，一半以上移动支付消费者会选择或者认可二维码支付，其中直辖市占 75.2%，省会城市有 70.7%，接受度最低的农村用户也有 56.1%。

步入 2000 年后，在无线射频识别技术（Radio Fregueney Identification，RFID）的基础上逐渐衍生出近场通信技术（Near Field Communication，NFC）。NFC 在 2004 年被研发，但是并没有受到太多关注，直到 2010 年谷歌发布 Android2.3，才从根本上实现了 NFC 广泛使用，并且为移动支付发展带来转折。现在，主流的手机品牌均支持 NFC 支付，在手机销售排前五名的三星、苹果、华为、OPPO、VIVO 和在中国很受欢迎的小米在近两年新发布的手机大都带有 NFC 功能，在更早期就开始发展的欧美国家，使用 NFC 技术更加普及。

国内移动支付相比国外来说，起步较晚，但是近年来在市场份额、支付总额度、增长比例等方面已经处于全球领先的位置。

2. 现状

移动支付作为电子支付业务中重要组成部分，随着智能手机以及移动支付的普及，已逐渐成为居民日常支付最常用的支付手段，其在电子支付业务中占比也逐年提升。资料显示，2021 年我国移动支付业务量占电子支付业务量比重达 55%，较 2015 年增长了 485%。随着近年来我国移动支付行业的快速发展，在智能手机、互联网等技术不断发展以及微信、支付宝为首的支付系统平台对移动支付功能的深入探索和大力推广下，我国移动支付创新速度及普及程度已经走在世界前列。资料显示，2021 年我国移动支付业务量达 15128 亿笔，同比增长 27%。从业务金额情况来看，随着我国移动支付业务量的逐年增长，我国移动支付业务金额也随之不断增长。截至 2022 年 6 月，移动支付业务 346.53 亿笔，金额达 131.58 亿元，同比分别增长 6.24% 和 1.11%。移动支付用户规模达 9.04 亿，较 2021 年 12 月增长 81 万，占网民整体的 86%。

移动支付发展初期，随着市场的快速发展，行业投资市场逐渐火热。近年来，随着行业市场的逐渐成熟，行业投资数量逐渐下降。资料显示，2021 年我国移动支付行业投资数量为 11 起，投资金额为 17.27 亿元。我国的移动支付早期可以追溯到 2001 年，但由于受当时手机用户的人数限制，移动支付早期发展相当缓慢，2005 年以后，随着互联网技术的发展，智能手机的普及以及手机增值业务的推广，移动支付逐渐渗透到广大居民生活中的方方面面，形成较大的业务规模。

作为移动支付的主要方式，数字人民币不断融入互联网平台，支付生态逐步形成。截至 2021 年 12 月，已有 50 余个第三方平台支持数字人民币交易，数字人民币支付生态愈加丰富。主要表现为：一是生活服务类平台为数字人民币提供多元消费场景，吸引用户使用。以美团、京东、携程等为代表的互联网生活服务平台，连接海量线下实体商户及用户，助推数字人民币快速进入网民日常生活。二是第三方支付平台积极参与数字人民币试点，寻求业务机会。2021 年 11 月，易宝支付开通数字人民币受理业务，并正式在厦门航空官网上线；截至 2022 年 1 月，拉卡拉参与了全部数字人民币试点地区的试点工作，并开发出一系列数字人民币应用产品；4 月，微信宣布在试点区域中，开放对数字人民币的支持；同年，支付宝上线数字人民币搜索功能，更方便地帮助新用户开通数字人民币钱包。

移动支付持续向乡村下沉，推动普惠金融进一步发展。数据显示，截至 2022 年 6 月，我国农村地区网络支付用户规模为 2.27 亿，占农村网民的 77.5%。一是政策持续推动农村网络支付普及。2022 年，《数字乡村发展行动计划（2022—2025 年）》《"十四五"推进农业农村现代化规划》《关于做好 2022 年金融支持全面推进乡村振兴重点工作的意见》等政策相继出台，通过加强农村数字基础设施建设、加大"三农"领域金融支持等措施，推动网络支付加速普及。二是农村网络支付场景不断丰富，使用更加便利。近年来，移动支付便民工程进一步向乡村纵深发展，除覆盖交通、医疗、零售、教育、公共缴费等传统生活服务领域外，还在农村特色产业、农产品收购等领域深入应用，创新助农服务模式，提升农村地区支付便利化水平，带动农村网民使用。

（二）分类

1. 按获得商品的渠道分类

根据获得商品的渠道不同，移动支付分为以下三种类型：

（1）移动服务支付。用户购买的是基于手机的内容或应用（如手机铃声、手机游戏等），应用服务的平台与支付费用的平台相同，即皆为手机，以小额支付为主。

（2）移动远程支付。远程支付有两种方式：一是支付渠道与购物渠道分开的方式，如通过有线上网购买商品或服务，而通过手机来支付费用；二是支付渠道与购物渠道相同，都通过手机。

（3）移动现场支付。是指在购物现场选购商品或服务，而通过手机或移动 POS 机等支付的方式。现场支付分为两种：一种是利用移动终端，通过移动通信网络与银行以及商家进行通信完成交易；另一种是将手机作为 IC 卡的承载平台以及与 POS 机的通信工具来完成交易。

2. 按交易金额分类

根据交易金额的大小，移动支付分为以下两种类型：

（1）微支付：指交易额少于 10 美元，通常是指购买移动内容业务，例如游戏、视频下载等。

（2）宏支付：宏支付是指交易金额较大的支付行为，例如在线购物或者近距离支付（微支付方式同样也包括近距离支付，如交停车费等）。

3. 按业务模式分类

根据业务模式的区别，移动支付分为手机代缴费业务、手机钱包、手机银行和手机信用平台等。

4. 按接入方式分类

移动支付接入方式主要有五种：第一种是利用短信（STK）方式；第二种是语音方式交互式语音应答（Interactive Voice Response，IVR）；第三种是利用非结构化补充服务数据业务（Unstructured Supplementary Service Data，USSD）方式；第四种是使用 WAP 协议实现；第五种是利用 WEB 方式实现。目前主要采用的是语音、短信和 WEB 方式，其余两种方式则较少被使用。

总的来说，移动支付的兴起是移动技术发展的必然结果，是传统支付方式的一次革新和创新，它方便了消费者的支付体验，同时也带动了移动经济的发展。预计未来随着技术和产品的不断优化，移动支付行业将进一步发展壮大。

四　全球支付发展的趋势

（一）移动支付趋势

移动支付是指通过移动设备（如智能手机、平板电脑等）进行支付的方式，具有便捷、快速、安全等特点，当前已经成为全球支付行业发展的明显趋势。相对于传统支付，移动支付在用户消费支付体验和支付场景拓展方面具有很大的市场需求。随着智能手机的普及和移动互联网的发展，移动支付已经成为支付领域的重要趋势。移动支付的发展趋势包括智能化支付体验、手机硬件升级、跨界合作和整合、无现金社会的推进。

（1）移动通信技术的发展和移动互联网的普及应用将推动移动支付增长。通信技术的发展有效提高了移动通信运营效率，提升服务质量，智能手机的普及为移动支付未来的发展奠定了良好的用户基础。移动技术标准的统一使产业链各方有了更为清晰的发展方向，移动支付产品和服务的创新、支付场景的拓展将满足用户日益增长的多样化需求。

（2）随着二维码支付标准的建立，移动支付应用场景仍然有巨大的市场空间，基于移动支付应用场景，实现线上线下应用模式的市场空间很大。随着近场支付基础设施和安全措施逐步完善，这种支付方式将在小额、便民支付领域得到进一步推广和应用。

（3）移动支付社交化趋势明显，为客户提供便捷多样化服务，支付宝钱包、微信支付带来的市场效益充分表明，集服务内容于一体的智能手机受到广大消费者的青睐，未来在时间碎片化、信息化的时代背景下，用户随时随地获取信息、分享信息的需求将更加强烈。移动支付将通过社交平台的整合精准把握用户的需求，创造更为良好的环境，拓展市场空间。

（4）数字人民币的推广和应用有利于法定数字货币在全球范围内的普及。数字人民币自 2018 年推出至今，已经在全国多个城市、多个场景得到应用，它具有安全、双离线、能保护使用者隐私、易于追踪等优点。

（二）跨境支付趋势

在跨境支付和清算方面，建立区域支付清算系统可以促进不同国家之间的跨境支付的便利和快速性，如亚洲支付清算协会（APCA）就是为了提高亚洲地区的支付和清算效率而成立的。推动统一标准与合作是为了降低国际支付的成本和风险，提高全球支付的互操作性，以便各国支付系统能够相互连接和协调工作。新型支付通道的发展，如数字货币、区块链技术等的应用，可以为跨境支付和清算提供更快速、更便捷、更安全的渠道，加快资金的流动与清算。此外，加强数据共享和风险监控，通过国际合作与信息共享，可以更好地监测和防范跨境支付和清算中的风险和欺诈行为。

1. 政府和私营部门支付愿景与目标将走向统一

跨境支付摩擦主要来自利益相关者中的政府部门和私营部门。随着支付摩擦问题的显现突出，政府部门和私营部门已共同承诺推动全球范围内有意义的、协调的、可持续性的变革，减少跨境支付摩擦。一方面，未来跨境支付愿景和目标将实现统一。在汇款成本之外，跨境支付目标范围将会扩大到为批发和零售业提供更快、更便宜、更透明和更包容的支付等。另一方面，与跨境支付相关的国际指南和原则将会在全球各地区逐步实施。国际标准对于促进全球支付系统的互操作性和统一性至关重要，但许多地区国内与国际标准存在冲突，给跨境支付带来额外摩擦。由此，有关跨境支付的清算最终性规则等国际指南和原则严格执行成为趋势，这将减少跨境支付在政治、监管和操作方面的摩擦。

2. 监管协调和监督框架优化是跨境支付的必然趋势

消除跨境支付摩擦的重点通常是在技术和操作方面。然而，各辖区不同的监管、立法、监督和监察框架会限制这些举措可能带来的好处。在此背景下，在不影响个别司法管辖区的自由裁量权或降低标准的情况下，跨境支付监管协调和监督框架的完善优化成为必然方向。其一，支付监管、监督和监控框架走向协调。当前，复杂的合规要求导致跨境支付摩擦，通过监管协调，实现跨境支付"相同业务、相同风险、相同规则"，并一致、全面地应用反洗钱/反恐怖融资（AML/CFT），具有必然性。其二，安全支付通道是发展趋势。通过严格有效的风险评估，降低与合规检查相关的成本，将会推动风险较低支付通道的市场竞争力不断上升。

3. 改善现有的支付基础设施和安排将更受重视

对跨境支付所依赖的现有国际支付基础设施进行技术和运营方面的改进，能够有效解决因不同的工作时间、冗长的交易链、高额的资金成本、准入制度和弱竞争而产生的跨境交易摩擦问题。其一，更多地采用实时汇款同时交收（Payment versus Payment，PvP）。通过 PvP 降低外汇交易的结算风险，减少依赖外汇交易的跨境支付不确定性。其二，完善对支付系统的直接访问制度。通过改变准入政策、技术标准和监督制度，扩大结算账户合格候选人的范围。其三，探索互惠流动性安排。分析大额支付系统运营商和中央银行之间双边安排的可行性，促使在不同司法管辖区过账的抵押品能够互相支持流动性发行。其四，延长并调整支付系统工作时间。调整关键基础设施的运营时间表，以实现支付窗口的更大重叠。其五，追求支付系统的互联。通过在不同国家的支付基础设施之间建立联系，减少对传统代理银行的依赖。

4. 央行数字货币（Central Bank Digital Currencies，CBDC）成为跨境支付发展模板

技术进步和创新为新的支付基础设施构建和推广创造了潜力，特别是中央银行数字货币。CBDC 采取点对点传输模式，能够减少中间环节，降低支付成本，提高便捷性、安全性，进一步提升跨境支付结算效率。在支付方式上，CBDC 跨境支付主要通过前端零售和后端批发两种方式实现，二者作用于不同层面，相互协同。从长期看，零售前端方式难以单独施行，通过多重 CBDC（mCBDC）安排，实现跨境、跨货币互操作性，可以有效促进 CBDC 跨境支付，完善全球支付清算体系。

（三）区块链支付趋势

近年来，随着区块链技术飞速发展，也推动着支付行业的全球化发展。采用区块链技术可以保护交易数据的安全性和消费者数据隐私，并能够提高支付的效率和定位，如处理跨境支付、清算寿命周期、个性化支付等。同时，数字货币发展壮大，未来区块链技术的应用将带来更多的支付创新、更加低成本的支付模式和更高效的风险管理机制。区块链技术是一种去中心化的分布式账本技术，具有不可篡改、去信任第三方、高效快速等特点。在支付与清算领域，区块链技术有着广阔的应用前景，它能够给支付行业带来的变革，激发从业者推进区块链在行业中的应用。目前，银行等中心化支付机构已纷纷开始探索区块链技术来对自身支付业务的升级改造；同时，行业内不断涌现出 Ripple、Stellar、PundiX、AlchemyPay、SUPER ZERO 等区块链支付项目，致力于提高交易速度、降低交易成本，消除传统支付交易中烦琐的中间程序。数字资产的使用也创造出了数字资产的支付和转账需求。

除稳定币外，市场上的支付类项目大多以解决支付行业现存的问题、普及数字资产的使用、构建更开放的支付生态作为愿景和目标。在提高支付效率和降低成本方面，多数项目强调全球交易的即时实现和低廉或无交易成本；针对不同支付网络间互通性低的问题，部分项目提出了聚合支付的概念，支持接入不同的现有的支付基础设施，同时提供多样化的币种选择。

1. 数字身份认证

使用客户身份的验证（Know-Your-Customer, KYC）是全球金融监管的一个关注重点。现状是金融机构在 KYC 的流程中普遍存在信息搜集冗余、信息流转迟滞所导致的低效和巨大合规成本。基于区块链的数字身份可以在跨地区的组织机构之间进行数据的流转，增加效率、降低成本，这是区块链能够为传统金融机构的某个特定场景所带来的价值。更为重要的是，基于区块链的数字身份可以作为实现数字普惠金融的基础性协议。

2. 更广泛的金融安全（监管）基础架构

和传统的基于密码学的"防御性"安全技术不同，区块链并非把需要保护的敏感数据集中在"云端"，然后试图构筑一道抵御外部入侵的"安全长城"。区块链所代表的安全基础架构是一种全局性的安全，区块链中的数据被"集体共管共存"，存储的位置随时变动；只有真实有效的数据才会被接入链条中，而伪造的数据将会被系统自动丢弃。

3. 助力实现更安全的智能合约

智能合约是一种基于区块链技术的自动化合约，可以自动执行、验证和协调合同条款。智能合约具有自动化、透明、高效、安全等特点，被广泛应用于金融、物联网、数字版权等领域。在金融领域，智能合约可以实现多方协作、减少中间环节和风险，同时可为各种金融衍生品和补偿机制提供技术支持。

支付与清算领域正朝着移动支付普及化、区块链技术应用、跨境支付创新等方面迈进，以提高支付的效率、降低成本，并增强支付系统的安全性和稳定性。

第三节 支付工具

支付工具是指用于支付过程中的各种手段和工具，包括现金支付、支票支付、电子银行汇款、信用卡、借记卡、预付卡、第三方支付工具等。随着电子商务和移动支付等新兴业态的出现，支付工具的种类和使用越来越丰富。

一 支付工具的分类

支付工具按照不同的内容来划分，可以分为不同类型。

（一）按是否使用现金划分

1. 现金支付工具

现金是最基础的支付工具之一，是指物理货币本身。现金支付是指将现钞和硬币交付给收款人，即完成交易的过程。这种支付工具使用方便、隐私性高，但也有安全和存储上的难题。

2. 非现金支付工具

非现金支付工具是指不使用物理货币实现交易支付的支付工具。根据不同的支付方式，非现金支付可分为票据类支付工具、银行卡类支付工具、电子支付工具。

（二）按介质物理形态划分

支付工具按照介质物理形态可分为票据类支付工具和卡基类支付工具。

（三）按应用特点划分

支付工具按照应用特点可分为以下三种类型：借记支付工具，如支票、直接借记等；贷记支付工具，如有纸张贷记、电子贷记；其他支付工具，如借记卡、贷记卡。

（四）按应用范围划分

支付工具按应用范围可分为以下两种类型：同城支付工具；异地支付工具。

二 票据

根据中国人民银行有关支付结算办法规定，企业发生的货币资金收付业务可以采用票据、信用卡、汇兑、委托收款等，通过办理银行转账结算。我国从 20 世纪 80 年代开始在商贸实务过程中普遍使用的支付方式是所谓的"三票一卡"，即汇票、本票、支票和银行卡。

票据，是对按票面记载的金额在一定期限内完成支付行为的书面约束凭证，是国际通行的结算和信用工具。

（一）票据的特性和行为

票据包括以下特性：

（1）流通性，一切票据不论是否采用任何形式支付票款给持票人，该持票人都有权把票据流通转让给别人。

（2）无因性，票据汇兑时无须过问原因，这里所说的原因是指产生票据权利和义务关系的原因。

（3）要式性，票据的组成，从形式上看必要项目记载必须齐全。

（4）提示性，票据上的债权人（持票人）请求债务人（付款人）履行票据义务时，必须向付款人提示票据，方能请求付给票款。

（5）返还性，票据的持票人收到支付的票款时，应将签收的票据交还付款人。

票据的行为有：出票、背书、提示、承兑、付款、退票、退票通知、拒付证书、追索权、参加承兑、参加付款、保证或担保。其中主要行为有出票、背书、承兑、参加承兑和保证五种。

（1）出票，包括两个动作：一个是写成汇票，即将法定内容记载于汇票之上，并在汇票上签字；另一个是将汇票交付收款人。

（2）背书，包括两个动作：一个是在汇票背面背书，另一个是交付给被背书人。背书是以票据权利转让给他人为目的的行为。

（3）承兑，是远期汇票的付款人明确表示同意按出票人的指示付款的行为。承兑行为是一种附属票据行为。

（4）参加承兑，参加承兑是汇票遭到拒绝承兑而退票时，非汇票债务人在得到持票人同意的前提下，参加承兑已遭拒绝承兑的汇票的一种附属票据行为。其目的是为防止追索权的行使，维护出票人和背书人的信誉。

（5）保证，是指非票据债务人对于出票、背书、承兑、参加承兑行为所发生的债务予以保证的附属票据行为。

（二）票据类型

1. 支票

支票，是单位或个人签发的，委托办理支款业务的银行在见票时无条件支付确定的金额给收款人或持票人的票据。支票清算方式是同城清算中应用比较广泛的一种清算方式，部分银行使用范围覆盖本区域或全国范围。支票的付款期限为自出票日起 10 天。

支票一律记名，可以背书转让，一旦遗失，可以向付款银行申请挂失；如在挂失之前已经支付，那么付款银行拒绝挂失。

2. 汇票

汇票分为银行汇票和商业汇票。

银行汇票，是汇款人将款项交存当地出票银行，由出票银行签发的，由其在见票时按照实际清算金额无条件支付给收款人或持票人的票据。它具有使用灵活、票随人到、兑现性强等特点，适用于先收款后发货或货款两清的商品交易。付款期限为自出票日起 1 个月。银行汇票一律记名，可以背书转让，如果未指定代理付款人的银行汇票遗失，银行可以拒绝受理。

商业汇票，是出票人签发的，委托付款人在指定日期无条件支付确定的金额给收款人或持票人的票据。付款期限由交易双方商定，最长不超过 6 个月。已承兑的商业汇票丢失，可由失票人通知付款人挂失止付。

3. 银行本票

银行本票，是银行签发的，承诺自己在见票时无条件支付确定的金额给收款人或持票人的票据，具有信誉高、支付功能强等特点。销货方可以见票供货，购货方可凭票提货，债权债务双方可以凭票清偿。付款期限为自出票日起最长不超过 2 个月，在付款期内银行本票见票即付。银行本票可以背书转让，但是如果填写了"现金"二字的本票不可背书转让。

第四节　电子支付

电子支付（Electronic Payment），是指以电子计算机及其网络为手段，将负载有特定信息的电子数据取代传统的支付工具用于资金流程，并具有实时支付效力的一种支付方式。电子支付包括支付手段的电子化和支付方法的电子化，支付手段是指等价物，支付方法是指等价物的转移方式。电子支付是将现有的支付系统与信息通信技术相结合的电子服务系统，包括专用网络上支付和在开放网络上支付。从结算手段方面定义，电子支付又指新的电子化的结算方式。

一 电子支付的分类

根据实现方式的不同，电子支付可以分为以下几种：

（一）网上银行支付

通过银行机构提供的网上银行系统进行支付交易的方式，需要用户在交易过程中输入银行账户、密码等敏感信息。

（二）外部支付工具支付

包括信用卡、借记卡和预付卡，用户可以通过这些支付工具进行线上支付或者零售交易。

信用卡，是由商业银行或信用卡公司对信用合格的消费者发行的信用证明。信用卡的形式是一张正面印有发卡银行名称、有效期、号码、持卡人姓名等内容的卡片，持有信用卡的消费者可以到特约商业服务部门购物或消费，再由银行同商户和持卡人进行清算，持卡人可以在规定额度内透支。

借记卡，是发卡银行向持卡人签发的没有信用额度、持卡人先存款后使用的银行卡。借记卡按功能不同分为转账卡、专用卡和储值卡。借记卡具有刷卡消费、存取现金、转账汇款、代收代付、资产管理等功能。理财产品、开放式基金、保险、个人外汇买卖、贵金属交易等均可通过借记卡进行签约、交易和清算，是电子贸易中最普遍使用的支付工具之一。

预付卡，是指发卡机构以营利为目的，通过特定载体和形式发行的，可在特定机构购买商品或服务的预付凭证。按是否记载持卡人身份信息分为记名预付卡和不记名预付卡；按信息载体不同分为磁条卡、芯片（IC）卡。

（三）移动支付

移动支付使用移动通信设备来实现支付，不受时间和空间限制，便捷快速，受到越来越多的用户喜欢。移动支付的实现方式有很多种，包括移动 App 支付、短信支付、二维码支付等。这种支付方式包括银行与第三方支付两种模式，其中第三方支付业务量更大。国内外知名的第三方移动支付平台包括支付宝、微信支付、Apple Pay 等。

二 电子支付的流程

电子支付的支付流程通常包含以下几个环节（图 2-3）。

图 2-3 电子支付的支付流程

1. 订单生成

用户在商户的网站或 App 上，浏览商品/服务后选择需要购买的商品，并填写接收商品的地址、联系方式等信息，提交订单。商户会生成一个唯一的订单号，记录订单的详细信息，包括商品名称、数量、总价等交易细节。

2. 支付选择

提交订单后，用户会进入支付页面，选择自己想要使用的支付方式，如支付宝、微信支付、银联卡支付等。用户需要根据所选的支付方式，输入相关的支付账户或银行卡信息。

3. 发起支付请求

用户确认支付信息无误后，商户的支付系统会调用支付接口，向支付平台或发卡银行发送支付请求。请求中带有订单信息，如订单号、交易金额等详情。

4. 支付确认

收到支付请求后，支付平台或银行会进行一系列验证，如验证用户身份、账户余额是否充足、交易风险等。验证通过后，会进行支付授权，准备扣款。

5. 向商户发起支付通知

支付完成后，支付平台或银行会主动回调通知商户支付结果。通知中带有商户需要的信息，如订单号、交易号、支付金额等。

6. 商户确认收款

商户接收到支付通知后，会确认交易金额，并根据订单号查询订单信息。如果确认收款成功，则会开始准备商品，或者为用户提供相应服务。

7. 支付反馈

最后，支付平台或银行也会向用户发送支付成功或失败的通知。用户会收到类似"支付成功""扣款成功"等信息。至此，整个电子支付流程完成。

上述是电子支付的典型支付流程，包含订单生成、支付选择、发起支付请求、支付确认、向商户发起支付通知、商户确认收款和支付反馈环节。具体的支付流程可能会因支付方式、商户和支付平台或银行的不同而有所区别，但总体流程基本相同。

三　电子支付系统

电子支付系统是指由提供支付服务的中介机构、管理货币转移的法规以及实现支付的电子信息技术手段共同组成的，用来清偿经济活动参加者在获取实物资产或金融资产时所承担的债务的系统。即把新型支付手段（包括电子现金、信用卡、借记卡、智能卡等）的支付信息通过网络安全传送到银行或相应的处理机构，来实现电子支付。因此，电子支付系统是电子交易顺利进行的重要的社会基础设施之一，也是社会经济良好运行的基础和催化剂。

（一）分类

目前的电子支付系统可以分为四类：大额支付系统、联机小额支付系统、脱机小额支付系统和电子货币。

1. 大额支付系统

大额支付系统是一个国家支付体系的核心应用系统，它通常由中央银行运行，采用实时全额支付系统（Real Time Gross Settlement, RTGS）模式。该系统主要处理银行间大额资金转账，通常支付的发起方和接收方都是商业银行或在中央银行开设账户的金融机构。当然也有由私营部门运行的大额支付系统，这类系统对支付交易虽然可做实时处理，但要在日终进行净额资金清算。大额系统处理的支付业务量很少，但资金额却很大。

2. 联机小额支付系统

联机小额支付系统指 POS 机系统和 ATM 系统，其支付工具为银行卡（信用卡、借记卡或 ATM 卡等）。它的主要特点是金额小、业务量大，交易资金采用净额结算。

3. 脱机小额支付系统

脱机小额支付系统也被称为批量电子支付系统，它主要指自动清算所（Automated Clearing House, ACH），主要处理预先授权的定期借记（如公共设施缴费）或定期贷记（如发放工资）。支付数据以磁介质或数据通信方式提交清算所。

4. 电子货币

伴随着银行应用计算机网络技术的不断深入，银行已经能够利用计算机网络将"现金流动""票据流动"进一步转变成计算机中的"数据流动"。资金在银行计算机网络系统中以肉眼看不见的方式进行转账和划拨，是银行业推出的一种现代化支付方式。这种以电子数据形式存储在计算机中（或各种卡中）并能通过计算机网络而使用的资金，被人们越来越广泛地应用于电子交易中，这就是电子货币。

目前，常用的电子货币有以下几种：储值和信用卡型，如储蓄卡和信用卡；智能卡型，如 IC 卡；电子支票型，电子支票指启动支付过程后，计算机屏幕上出现的支票图像，出票人用电子方式做成支票并进行电子签名而出票；数字现金型，指依靠互联网支持在网络上发行、购买、支付的数字现金。

（二）构成

基于互联网的电子交易支付系统由客户、商家、认证中心、支付网关、客户银行、商家银行和金融专用网络七个部分组成。

客户，一般是指利用电子交易手段与企业或商家进行电子交易活动的单位或个人。其通过电子交易平台与商家交流信息，签订交易合同，用自己拥有的网络支付工具进行支付。

商家，是指向客户提供商品或服务的单位或个人。在电子支付系统中，商家必须能够根据客户发出的支付指令向金融机构请求清算，这一过程一般是由商家设置的一台专门的服务器来处理的。

认证中心，是交易各方都信任的公正的第三方中介机构，主要负责为参与电子交易活动的各方发放和维护数字证书，以确认各方的真实身份，保证电子交易整个过程的安全稳定进行。

支付网关，是完成银行网络和互联网之间的通信、协议转换和进行数据加密、解密，保护银行内部网络安全的一组服务器。它是互联网公用网络平台和银行内部的金融专用网络平台之间的安全接口，电子支付的信息必须通过支付网关进行处理后才能进入银行内部的支付结算系统。

客户银行，是指为客户提供资金账户和网络支付工具的银行，在利用银行卡作为支付工具的网络支付体系中，客户银行又被称为发卡行。客户银行根据不同的政策和规定，保证支付工具的真实性，并保证对每一笔认证交易的付款。

商家银行，是为商家提供资金账户的银行。因为商家银行是依据商家提供的合法账单来工作的，所以又被称为收单行。客户向商家发送订单和支付指令，商家将收到的订单留下，将客户的支付指令提交给商家银行，然后商家银行向客户银行发出支付授权请求，并进行它们之间的清算工作。

金融专用网络，是银行内部及各银行之间交流信息的封闭的专用网络，通常具有较高的稳定性和安全性。

四　相关法律法规和安全措施

（一）电子支付中存在的法律问题

电子支付作为新型的金融交易工具，对传统工作研究的法律体系提出了挑战，在其发展中不可避免地面临着以下几方面的法律问题。

1. 电子支付的安全问题

电子支付的技术安全性是网络银行、商家、消费者最关心的问题，主要是关于数据的保密性和完整性方面，如系统技术失效，网上交易发生故障，数据的完整性和可靠性出现问题，造成交易错误损失；黑客侵入系统内部，破解金融交易密码，客户保密信息被第三方非法截获等。

2. 电子支付规范标准不统一的问题

中国目前的网络银行业务由各银行独立开发、推销，开发模式、业务范围和发展规模有较大差异，发展不均衡。如信用卡业务，在各银行间展开了激烈的竞争，却不能达成内部的一致协议，实现信用卡的跨行结算。这种规范标准不统一的局面既造成重复建设、浪费资金，又使得整个金融结算系统不能满足消费者方便、快捷的要求。

3. 各方权利义务不明确、法律责任不清晰的问题

由于法律法规对网络银行与有关商家、客户的权利义务关系没有明确规定，也未明确规定网络银行在业务流程中对客户承担的义务种类以及适用范围，各方在电子支付中所应承担的法律责任不清晰，极易发生纠纷，而且，由于缺乏有关此类纠纷诉讼程序的法律规定，纠纷发生也因无法可依而不易及时解决。

4. 电子支付的监管问题

传统的资本管制手段对网络银行失去意义，而针对网络银行的监管体制还未建立，因此，网络银行开展电子支付业务，还面临着监管失控的风险。监管当局必须研究电子货币可能对国家的货币政策产生的冲击、对资本市场的资金流产生的影响，以及使用电子货币进行网上支付可能引发的交易风险等电子支付监管中发生的新问题。

（二）相关法律法规以及监管措施

随着电子支付规模的不断扩大，电子支付的安全和监管问题越来越受到关注。各国政府和监管机构纷纷出台相关法律法规和监管措施，加强电子支付的安全性和监管。

1. 国内

中国的电子支付法规主要包括《中华人民共和国中国人民银行法》《非金融机构支付

服务管理办法》《非金融机构支付服务管理办法实施细则》《非银行支付机构网络支付业务管理办法》《关于促进互联网金融健康发展的指导意见》《非银行支付机构风险专项整治工作实施方案》《关于将非银行支付机构网络支付业务由直连模式迁移至网联平台处理的通知》《非银行支付机构重大事项报告管理办法》《中华人民共和国电子商务法》等，这些法律法规涉及了电子支付的行为主体、业务申请、运营管理、安全保障等各方面，规范了行业发展和用户权益保护，保障了电子支付的合法性、安全性和健康性。

2. 国外

国际上的电子支付法规包括欧盟的《金融服务行业、支付服务与电子货币—支付服务指令》，美国的《电子签名法》和《网络安全法》等。这些法规也涉及了电子支付的各方面，规范了电子支付行业，保障了用户权益。

同时，国际上的电子支付安全机制包括以下方面：强化支付授权和认证，保护用户账户信息；改善数据加密和保护机制，防止数据泄露；建立反欺诈和风险控制机制，保障交易的安全和可靠性；采用多重身份认证和智能报警机制，对于怀疑不安全操作的账户及时报警和锁定。

电子支付是一个技术密集、法律法规严格、安全性关键的产业，需要不断加强技术创新和安全防范，建立完善的监管体系和安全机制，为用户提供安全、便捷的服务。第三方电子支付领域逐渐成为我国产业结构中十分重要的组成部分。在此基础上，学界对第三方电子支付平台的监管研究应当加强而非减弱，这既由第三方电子支付平台处于第三方电子支付领域的核心地位所决定的，又因为实践中第三方电子支付平台存在较多问题亟须解决。因此，未来第三方电子支付平台的监管研究方向，既要继续加强对平台准入、信息披露、备付金监管支付差错以及退出机制的深入研究，又要对第三方电子支付平台实践过程中出现的问题进行思考，以此形成完整的法律监管体系，防止第三方电子支付平台出现"监管逃逸"，进而最大限度保护支付用户的合法利益，实现第三方电子支付领域的良性发展。当然，实际的法律监管效果仍需要通过实践进行检验。

习题

简答题

1. 什么是支付？什么是清算？

2. 移动支付有几种类型？

3. 支付工具有几种类型？

4. 电子支付的分类有哪些?

5. 什么是电子支付系统?

论述题

1. 简述支付与清算的联系与区别。

2. 简述支付工具的技术演进。

3. 简述电子支付的流程。

4. 简述电子支付系统的分类及其特点。

5. 分析中国电子商务支付系统的结构及实现原则。

第三章　支付机构

本章学习重点

● 了解金融机构及金融体系的定义和构成、我国金融体系的发展历程及组成。

● 掌握商业银行的分类和组织形式、商业银行的职能。

● 了解建立中央银行的必要性，掌握中央银行的类型、特点、性质及职能。

● 了解中国银联的发展历程，掌握中国银联在支付领域的职能和中国银联的支付业务和服务。

● 掌握非金融机构的概念和特点，理解非金融支付机构的职能，了解非金融支付机构的产品和服务。

第一节　金融机构及体系

金融是以货币本身为经营目的，通过货币融通使货币增值的经济活动，包括有金融机构介入的间接投融资和没有金融机构介入的直接投融资两种形式。

金融机构是主要从事货币流通和信用活动的机构，例如银行、证券公司、保险公司、基金公司、信托公司等。这些机构提供各种金融服务，例如资金融通、投资、保险、信用评级等。其中，银行是最为常见的金融机构之一，它为存款人提供保管存款的服务，并为贷款人提供贷款等融资服务。

一　金融体系的定义和构成

金融体系是指一定时期在国家范围内由不同的金融机构构成的金融系统，包括中央银行、商业银行、证券市场和保险市场，它为社会经济发展提供了支持和保障，是经济社会发展的重要支撑。根据金融机构从事金融活动的不同目的，当前各国金融机构体系大致包括以下三类：

（一）商业性金融机构

商业性金融机构是按照现代企业制度改造和组建起来的以营利为目的的银行和非银行金融机构，它们承担了全部商业性金融业务。商业性金融机构根据市场法则，出于商业标准的行为目标，以在流动性和安全性允许的前提下实现盈利的最大化。

（二）政策性金融机构

政策性金融机构是由政府或政府机构发起或出资，以某种特定政策性金融业务为其基本业务活动的金融机构，包括政策性银行机构和政策性非银行金融机构。更确切地说，它是指那些由一国政府或政府机构发起、出资创立、参股、保证或扶植的，不以利润最大化为其经营目标，专门为贯彻配合政府特定的社会经济政策和意图，在法律限定的业务领域内，直接或间接地从事某种特殊政策性融资活动，从而充当政府发展经济、促进社会发展稳定、进行宏观经济调节管理工具的金融机构。

政策性金融机构具有以下一些特征：

第一，有政府的财力支持和信用保证。政策性金融机构的基本运作方式是信贷，通常情况下要保证资金的安全运营和金融机构的自我发展能力，因此，在符合国家宏观经济发展和产业政策要求的前提下，行使自主的信贷决策权，独立地进行贷款项目可行性评价和贷款审批，以保证贷款的安全和取得预期的社会经济效益以及相应的直接经济效益。

第二，不以追求利润最大化为目的。与商业性金融机构追求营利为目标不同的是，政策性金融机构的经营目标不是为了营利而是为了完成国家在某一方面的建设目标。

第三，具有特殊的融资机制。政策性金融机构的融资机制既不同于商业性金融机构，也不同于政府财政。它的资金来源除国家财政拨款外，主要通过发行债券、借款和吸收长期性存款获得，是高成本负债；它的资金运用则主要是长期低息贷款，通常都是商业性金融机构所不愿或无法经营的。这样的负债和资产结构安排是通过由国家进行利息补贴、承担部分不良债权或相关风险等来实现的。

第四，具有特定的业务领域。政策性金融机构不与商业性金融机构进行市场竞争，它的服务领域或服务对象一般都不适于商业性金融机构，而是那些受国家经济和社会发展政策重点或优先保护，需要以巨额、长期和低息贷款支持的项目或企业。

目前，在全世界各国，大致存在以下几类政策性金融机构：

第一，经济开发政策性金融机构，是指那些专门为经济开发提供长期投资或贷款的金融机构。这种金融机构多以"开发银行""复兴银行""开发金融公司""开发投资公司"

等为称谓，如日本开发银行、德国复兴信贷银行等。

第二，农业政策性金融机构，是专门为农业提供中长期低利贷款，以贯彻和配合国家农业扶持和保护政策的政策性金融机构，如美国农民家计局、英国农业信贷公司等。

第三，进出口政策性金融机构，是一国为促进进出口贸易，促进国际收支平衡，尤其是支持和推动出口的政策性金融机构，如美国进出口银行、加拿大出口发展公司等。

第四，住房政策性金融机构，是专门扶持住房消费，尤其是扶持低收入者进入住房消费市场，以贯彻和配合政府的住房发展政策和房地产市场调控政策的政策性金融机构，如美国联邦住房贷款银行、美国联邦住房抵押贷款公司等。

（三）中央银行

作为国家货币发行机构和金融机构的最高监管机构，主要职责包括制定货币政策、管理国家外汇储备等。此外，中央银行还为商业银行提供贷款和储备金服务，同时作为银行和政府之间的桥梁，它也是货币政策执行的主要机构。

二　我国金融体系的发展历程及组成

（一）我国金融体系的发展历程

当前，我国的金融体系是通过在 1948 年 12 月 1 日组建中国人民银行，之后合并解放区银行、没收官僚资本银行、改造私人银行及钱庄以建立农村信用合作社、中国人民保险公司等方式逐步建立起来的，之后经过几十年不断发展，建立起了高度现代化高度完善的系统。

1949—1978 年：计划经济时期"大一统"的金融体系。建立中华人民共和国金融体系的两个首要任务是建立统一的人民币制度和成立中华人民共和国的金融机构体系。"大"是指全国覆盖中国人民银行分支机构；"一"是指中国人民银行集中央银行和商业银行双重职能于一身，集现金中心、结算中心和信贷中心于一体，中国人民银行是该时期中国唯一的银行；"统"是指全国实行"统存统贷"的信贷资金管理体制。

1979—1983 年：多元混合型金融体系。这一时期，主要形成了两类金融机构。其中银行类金融机构有中国农业银行、中国银行、中国建设银行；非银行类金融机构有中国信托投资公司和中国人民保险公司等。

1984—1993 年：以中国人民银行为中心，国有专业银行为主体，多种金融机构分工协作的金融体系逐步形成。1990 年 12 月，上海证券交易所、深圳证券交易所先后开业，标志着中国股票市场正式开始运作。1992 年 10 月，国务院证券委员会和中国证券监督管理委员会成立，标志着中国资本市场开始逐步被纳入全国统一监管框架。

1994—2003 年：逐步改革和完善的市场化金融体系。国家开发银行、中国进出口银行、中国农业发展银行相继成立，专门承担政策性金融业务，同时完成了对国有专业银行实行商业化改造，改革中国人民银行分支机构，成立资产管理公司，银行业与信托业、证券业分离等任务。

2004—2011 年：多种所有制和多种经营形式、结构合理、功能完善、高效安全的现代金融体系。2003 年 4 月，中国银行业监督管理委员会成立，标志着我国确立了"分业经营、分业监管"的金融体系。

2012 年至今：基本金融制度逐步健全、对外开放程度不断提高的现代金融体系，改革开放的进一步深化提高了金融体系的整体水平。

（二）我国金融机构的组成

按照目前我国金融机构的地位和功能进行划分，主要体系如下：

（1）中央银行。

（2）金融监管机构。我国金融监管机构主要有：中国银行保险监督管理委员会，主要承担由中国人民银行划转出来的银行业的监管职能等，统一监督管理银行业金融机构及信托投资公司等其他金融机构；依法对证券、期货业实施监督管理。

（3）国家外汇管理局。国家外汇管理局为中国人民银行管理的国家局，是依法进行外汇管理的行政机构。

（4）国有重点金融机构监事会。监事会由国务院派出，对国务院负责，代表国家对国有重点金融机构的资产质量及国有资产的保值增值状况实施监督。

（5）政策性金融机构。我国的政策性金融机构包括三家政策性银行：国家开发银行、中国进出口银行和中国农业发展银行。政策性银行不以营利为目的，其业务的开展受国家经济政策的约束并接受中国人民银行的业务指导。

（6）商业性金融机构。我国的商业性金融机构包括银行业金融机构、证券机构和保险机构三大类。

（7）信用合作机构和非银行金融机构。信用合作机构包括城市信用社及农村信用社，非银行金融机构主要包括保险公司、证券公司、信托投资公司、金融租赁公司、基金公司等。

第二节 商业银行

一 商业银行的分类和组织形式

商业银行是一种以营利为目的的金融机构，通过吸收储户存款、发放贷款、提供理财和外汇交易等金融服务，为社会经济活动提供货币信用资源。商业银行在金融体系中的地位十分重要，它们可以向企业、个人提供资金支持，促进经济发展。

（一）分类

商业银行根据业务经营范围的不同，可以分为职能分工型银行和全能型（全业型）银行。

职能分工型银行是以专业化服务为特点的商业银行，其业务重点主要集中在某些领域或某些客户群体上。职能分工型商业银行是协调经济发展、促进产业转型的关键因素之一。这种商业银行一般不涉足多元化业务领域，主要经营范围包括：企业金融、零售金融、资产管理、证券服务等。这种商业银行简单明了，经营范围窄，便于跟客户建立良好的关系，提供更加专业的金融服务。但是，也面临着市场份额小的局限。

全能型银行也称综合型商业银行，是多元化金融服务提供商，可以开展各类商业银行业务，如储蓄、贷款、信用卡、银行卡等，还可以开展股票、基金、债券等类金融产品交易。全能型商业银行在经营范围方面更加广泛，具有更大的市场份额，能够更好地调动社会资源，满足不同客户的金融服务需求。全能型银行在提供多样化金融产品、满足各类客户的金融需求和提升竞争力方面具有优势。

（二）组织形式

商业银行组织形式可以分为外部和内部，外部组织形式可以分为单一银行制、总分行制、集团控股制、连锁银行制、代理行制等。

单一银行制，又称独家银行制，特点是银行业务完全由各自独立的商业银行经营，不设或限设分支结构，目前只有美国采用这种形式。

总分行制，实行这一制度的商业银行可以在总行以外，普遍设立分支机构，分支银行的各项业务统一遵照总行的指示办理。按管理方式不同又可进一步划分为总行制和总管理处制。总行制即总行除了领导和管理分支行处以外，本身也对外营业；而在总管理处制下，总行只负责管理和控制分支行，本身不对外营业，在总行所在地另设分支行或营业部开展业务活动。

集团控股制，是指由一家控股公司持有一家或多家商业银行股份的组织结构模式，各商业银行的实际业务与经营决策权统属控股公司掌握。集团控股制最初产生是为了解决商业银行业务发展中的实际问题，即规避跨地区设立分支机构的法律障碍。

连锁银行制，是指由某一个集团或企业购买若干家具有独立法人资格的商业银行的多数股票，从而集中控制这些商业银行的经营决策权。连锁银行制模式与集团控股制模式的作用相同，其中主要的差别在于连锁银行制模式中没有集团公司的形式存在，即不必成立控股公司。

代理行制，是指银行间签署代理协议，委托对方银行代办指定业务。

现代商业银行一般都是按照公司治理形式组建的股份制企业，其内部组织结构通常由决策、执行和监督等三个组织层次构成。其中决策层由股东大会、董事会以及董事会下设的有关委员会组成，执行层由总经理（或行长）及其所领导的有关职能部门组成，监督层则由监事会、总稽核以及董事会下设的各种检查委员会组成。

二　商业银行的职能

（一）信用中介职能

商业银行信用中介职能是商业银行最基本、最能反映其经营活动特征的职能。这一职能的实质，是通过银行的负债业务，把社会上的各种闲散资金集中到银行里来，再通过资产业务，把它投向社会经济的各部门、各行业，从而增加国民经济的生产能力。

对于商业银行来说，充当信用中介，能够实现对资本进行再分配，使货币资本得到充分有效的运用，加速资本的周转，促进生产的发展。同时可以实现资本盈余与短缺之间的融通，并不改变货币资本的所有权。

（二）支付中介职能

商业银行的支付中介职能即商业银行在吸收存款的基础上，通过向客户提供支付工具，实现存款在账户上的转移，从而清算客户间的债权债务，同时也为客户兑付现款。这使商业银行成为工商企业单位、团体和个人的货币保管者、出纳和支付代理人。在此基础上，又逐步发展了代客保管贵金属、珠宝、有价证券及其他代理收费业务等。为客户办理账户间划拨和转移，最大限度地节约现钞实用和降低流通成本，加快结算过程和货币资本的周转。

（三）信用创造职能

商业银行能够吸收各种存款，并用其所吸收的各种存款发放贷款，在支票流通和转账结算的基础上，贷款又能转化为存款，在存款不提取现金或不完全提现的基础上，增加了商业银行的资金来源，最后在整个银行体系内部，形成了数倍于原始存款的派生存款。

（四）金融服务职能

随着经济的发展，工商企业的业务经营环境日益复杂，银行间的业务竞争也日益激烈。银行作为联结国民经济各环节的"纽带"，信息比较灵通，特别是电子计算机及网络技术在银行业务中的普遍应用，使商业银行具备了为客户提供多种金融服务的条件。在传统的为企业代理货币收付、代理支付各种费用业务基础上，发展出为企业经营决策提供咨询服务、理财服务、融资服务以及发放工资等业务，为客户提供信息咨询、融资代理、信托租赁、代收代付等各种金融服务。

（五）调节经济职能

调节经济职能是指商业银行通过其信用中介活动，调剂社会各部门的资金短缺，同时在中央银行货币政策和国家其他宏观经济政策的指引下，实现经济结构、消费比例投资、产业结构等方面的调整。此外，商业银行通过在国际市场上的融资活动，还可以调节本国的国际收支状况。

三 商业银行的业务

（一）负债业务

负债是银行由于授信而承担的将以资产或资本偿付的能以货币计量的债务。存款、派生存款是银行的主要负债，约占资金来源的80%以上，另外联行存款、同业存款、借入或拆入款项或发行债券等，也构成银行的负债。

第一，资本金。商业银行资本金就是指银行投资者为了正常的经营活动及获取利润而投入的货币资金和保留在银行的利润。资本比例增加，银行的安全性也随之提高。主要包括两个部分：一是商业银行在开业注册登记时所载明、界定银行经营规模的资金，二是商业银行在业务经营过程中通过各种方式不断补充的资金。

第二，存款业务。存款业务是商业银行最基本的业务之一，它主要是为客户提供安全、方便、高效的储蓄服务。商业银行的存款业务主要分为活期存款、定期存款和储蓄存款三种。活期存款通常是指随时可以支取、存取的存款，而定期存款则是指为了获得更高的利率而将资金定期存放一段时间的存款,储蓄存款是居民个人为积蓄货币而将款项存入银行的存款。

第三,其他负债。商业银行的其他负债业务包括以下三种:

借款,包括同业借款(同业拆借、转抵押和转贴现借款)、向中央银行借款(再贷款或再贴现)、回购协议和境外借款等。这是商业银行短期资金来源之一。

发行金融债券,指为筹集中长期资金而向社会公开发行的一种债务凭证,债券持有人享有到期收回本金和获得利息的权利。可以发行的债券主要有资本性债券、一般性债券和国际金融债券三种。

占用资金,指商业银行在办理中间业务及同业往来过程中临时占用了他人资金,也是商业银行重要的资金来源。随着银行管理水平和服务效率的提高,特别是电子计算机运用于资金清算调拨,银行占用客户或同业资金的周期不断缩短,占用机会也相对减少。但由于商业银行业务种类不断增加,银行同业往来更加密切,因而占用资金仍然是商业银行资金来源的重要途径。

(二)资产业务

资产业务是商业银行运用其经营资金从事各种信用活动的业务,是其获得收益的重要途径。资产业务一般有三类:现金资产、贷款资产及投资。

第一类,现金资产。银行现金资产主要包括以下四项:

库存现金。库存现金指银行为应付每天的现金收支活动而保存在银行金库内的纸币和硬币。我国商业银行的库存现金由业务库存现金和储蓄业务备用金两部分构成。

在中央银行的存款。商业银行存放在中央银行的资金可分为一般性存款和法定存款准备金两部分。一般性存款又称超额准备金,是商业银行可以自主运用的资金,主要用于转账结算、支付票据交换的差额、发放贷款和调剂库存现金的余缺。法定存款准备金是商业银行按法定比例向中央银行缴纳的存款准备金,其初始目的主要是使商业银行能够有足够的资金应付提存,避免发生挤兑而引起银行倒闭。

同业存款。同业存款是指商业银行存放在代理行和相关银行的存款。在其他银行保持存款的目的,是为了便于银行在同业之间开展代理业务和结算收付。

在途现金。在途资金,也称托收未达款,是指在本行通过对方银行向外地付款单位或个人收取的票据。在途资金在收妥之前,是一笔占用的资金,又由于通常在途时间较短,收妥后即成为存放同业存款,所以将其视同现金资产。

第二类,贷款资产。贷款是商业银行作为贷款人按照一定的贷款原则和政策,以还本付息为条件，将一定数量的货币资金提供给借款人使用的一种借贷行为。贷款是商业银行最大的资产业务，大致占其全部资产业务的 60% 左右。

贷款业务按照不同的分类标准，有以下几种分类方法：

一是按贷款主体的不同，可分为单独贷款和联合贷款。单独贷款是指贷款的发放主体由一家银行来承担；联合贷款又称银团贷款或辛迪加贷款，是指由数家银行联合、共同发放的一笔数额较大的贷款，这是在国际金融市场上经常使用的一种贷款形式。

二是按贷款的客体，即借款人所提供的申请贷款的保证，可分为抵押贷款、信用放款和票据贴现放款。抵押贷款是商业银行开展的一种风险较低的贷款；信用放款指银行放款时不收任何担保品，完全凭借款人的信用发放的贷款，能获得这种贷款的企业一般都具有较高的信用级别；票据贴现放款指持票人所持票据未到期而又临时资金短缺时，持票人可持票到银行办理贴现。贴现时，由银行买进未到期票据，但并不是全额照付，而是要从票面金额中按一定贴现率扣除贴现利息。

第三类，投资业务。商业银行的投资业务是其将资金用于投资获取收益的活动，主要是通过证券市场买卖股票、债券进行投资的一种方式。为了增加资金流动性，商业银行一般会投资信用可靠、风险性小、流动性强的项目，主要对象是各种证券，包括国库券、中长期国债、政府机构债券、市政债券或地方政府债券以及公司债券。在这些证券中，由于国库券风险小、流动性强而成为商业银行重要的投资工具。同时，商业银行对于国家发行债券的购买行为也是国家对于货币市场调控的一种方式。

（三）中间业务

商业银行的中间业务，是指商业银行不需要运用自己的资金，而是代理客户承办支付和其他委托事项，并据以收取手续费的业务。这类业务是在资产负债业务发展的基础上产生的，因为商业银行与客户存在存贷款关系，它要接受客户的各种委托，要提供结算、汇兑等各种服务；同时，商业银行通过提供多种金融服务，又可以进一步增加其对存款的吸引力和扩大资产业务的规模。为此，各国商业银行非常注意发展中间业务。

（1）结算业务，是指银行承办的客户有关资金收付方面的业务，是由银行的存款业务衍生出来的一种业务。

（2）承兑业务，是指银行为客户开出的汇票或票据签章，承诺到期一定付款的业务。由于票据的兑付一般无须银行投入自己的资金，因此对票据的承兑实际上是以银行的信用来确保客户的信用。

（3）代理业务，是指银行接受客户委托，以委托人的名义代办经济事务的活动，主要是代收业务、代客买卖业务和代保管业务。

（4）信托业务，是指银行作为受托人，接受他人委托，代为经营、管理、处理有关经济事务的行为。

（5）租赁业务。租赁是出租人以收取租金为条件，在一定期限内将某项财产交付承租人使用的经济行为。它由财产所有者（出租人）按合同规定将财产出租给使用者（承租人）使用，按期收取租金，承租人只有使用权，所有权仍归出租人。

（6）银行卡业务。银行卡是由银行发行、供客户办理存取款和转账支付的新型服务工具的总称。依据清偿方式，银行卡业务可分为贷记卡业务、准贷记卡业务和借记卡业务。借记卡可进一步分为转账卡、专用卡和储值卡。依据结算的币种不同，银行卡可分为人民币卡业务和外币卡业务。

当商业银行业务活动的空间跨越国界时，上面介绍的各类业务也就演变成商业银行的国际业务了。商业银行经办的国际业务主要有：国际结算业务，包括国外汇款、信用证和托收；国际信贷业务，包括出口信贷、打包放款、进出口押汇、包买票据等；外汇买卖业务，包括即期外汇买卖、远期外汇买卖、掉期外汇买卖等。当然，由于国情的不同，商业银行跨国经营上述业务与在国内经营又有所差别。

四　存款货币的创造与收缩

存款货币，是一种特殊类型的信用货币。银行为工商业者开立活期存款账户，存户可依据存款向银行签发支付命令书——支票，或通过其他方式将存款转到收款人账户上。这些方式代替货币充当流通手段和支付手段，因此被称为存款货币或信用货币。

（一）创造存款货币的先决条件

存款货币的创造有两个先决条件：部分存款准备金制度和转账结算。

对于商业银行而言，如果每增加1元存款就必须有1元准备金的话，就是全额存款准备金制度；而如果准备金的金融相比存款的比值不到1的话，就是部分存款准备金制度。

转账结算是相对于现金结算而言的，又被称为非现金结算。在此制度下，银行可以通过记账的方式发放贷款，也就是银行可以将款项从付款单位或个人直接划转到收款单位或个人的银行账户，以创造存款的方式来提供信用。

（二）相关概念

原始存款。分为狭义和广义两种概念。其中，狭义的原始存款即客户以现金形式存入银行的款项，而广义的原始存款是指能增加商业银行准备金存款的存款。

派生存款。商业银行通过贷款、贴现、投资等业务转化而来的存款。

原始存款是商业银行进行信用创造和派生存款的基础。

存款准备金。存款准备金是金融企业为应付客户提取存款和资金清算而准备的货币资金。国际上，存款准备金主要包括两部分：一是库存现金；二是按存款总额或负债总额的一定比例缴存中央银行的存款，称为法定准备金，如果在中央银行存款中超过法定准备金的部分，称为超额准备金。

法定准备金计算公式如下式 3-1：

$$R_d = D \times r_d \qquad (3-1)$$

其中，R_d 是法定存款准备金，D 为活期存款总额，r_d 是法定存款准备金率。

超额准备金是银行实际准备金与法定准备金之差，其计算公式如下式 3-2：

$$E = R - D \times r_d \qquad (3-2)$$

其中，E 是超额准备金，R 是商业银行实际准备金。上式中如果 E 为正值，表示准备金有超额；如果 E 为负值，表示准备金不足。

法定准备金率的高低会直接影响银行创造存款货币的能力。法定准备金率越高，银行吸收的存款中用于放款的比率就越低，创造存款货币的数额则越少；反之，创造存款货币的数额则越大。由此可见，法定准备金率决定了银行创造存款的能力，与信贷规模的变化密切相关，这使得法定存款准备金率成为各国中央银行调控货币供给的重要手段。

（三）存款货币的创造与收缩

为了更好地说明存款货币的创造过程，我们假设：第一，银行体系由中央银行及至少两家以上的商业银行构成；第二，法定存款准备金率为 20%；第三，存款准备金由商业银行的库存现金及其在中央银行的存款构成；第四，银行客户将其一切货币收入存入银行体系。现有甲企业将 10 000 元存入第一家银行，该银行增加原始存款 10 000 元，按 20% 提留 2 000 元作为法定准备金后，将超额准备金 8 000 元全部贷给乙企业，乙企业用来支付丙企业货款，丙企业将款项存入第二家银行，使其准备金和存款均同额增加 8 000 元。该银行提留 1 600 元法定准备金后，又将超额准备金 6 400 元贷给丁企业，丁企业又用来支付另一家企业的货款，该企业将款项存入第三家银行，该银行又继续贷款，如此循环下去，可将整个过程列示为表 3-1。

表 3-1　存款货币的创造过程

单位：元

银行名称	存款增加数	法定准备金	增加放款
第一家银行	10 000.00	2 000.00	8 000.00
第二家银行	8 000.00	1 600.00	6 400.00
第三家银行	6 400.00	1 280.00	5 120.00
第四家银行	5 120.00	1 024.00	4 096.00
第五家银行	4 096.00	819.20	3 276.80
第六家银行	3 276.80	655.36	2 621.44
第七家银行	2 621.44	……	……
……	……	……	……
总计	50 000.00	10 000.00	40 000.00

表 3-1 中的数字说明，在部分准备金制度下，一笔原始存款，由于整个银行体系扩张信用的结果，可产生大于原始存款若干倍的存款货币。扩张的数额主要决定于两大因素：一是原始存款的大小；二是法定准备金率的高低，用公式表示如下式 3-3 及式 3-4：

$$D = A \times \frac{1}{r_d} \qquad\qquad (3-3)$$

$$\Delta D = D - A \qquad\qquad (3-4)$$

在式 3-3 中，D 代表经过派生后的活期存款总额，r_d 代表法定存款准备金率，A 代表原始存款额。在公式 3-4 中，ΔD 代表派生存款总额。

将表 3-1 中数据代入公式 3-3 中，可以计算出 D 为 50 000 元，显然，活期存款变动与原始存款的变动存在一定倍数关系，详细可见式 3-5：

$$K = \frac{D}{A} = \frac{1}{r_d} \qquad\qquad (3-5)$$

K 代表存款派生倍数，它是法定存款准备金率的倒数。法定存款准备金率越高，存款扩张的倍数值就越小；反之，存款扩张的倍数值越大。

银行系统派生存款倍数创造原理在相反方向上也适用，即派生存款的紧缩过程也成倍数紧缩，仍以上例说明。

当一客户从银行提取 10 000 元现金，则引起原始存款减少，在银行体系无超额准备金的前提下，也必然会出现消减存款货币的情况，即该银行为了维持其法定准备金水平，必须收回一笔同等数量的贷款，以弥补法定准备金出现的不足。而贷款的收回是通过自己的客户收到其他银行的客户所签发的支票实现的，从而该银行将减少 10 000 元活期存款和 10 000 元准备金。按 20% 法定准备金率计算，活期存款减少 10 000 元，法定准备金最多减少 2 000 元。这一过程一直进行下去，直到银行系统的活期存款变化到以下水平：

$$-10\,000-8\,000-6\,400-5\,120-4\,096-\cdots\cdots=-50\,000（元）$$

可见，派生存款的缩减过程与其扩张过程一样，都成倍数效应，二者是相互对称的。

第三节　中央银行

当今世界上大部分国家实行中央银行制度，这也是社会经济发展到一定阶段的必然产物。中央银行是国家居主导地位的金融中心机构，是国家干预和调控国民经济发展的重要工具。负责制定并执行国家货币信用政策，独具货币发行权，实行金融监管，有些国家的中央银行还要监管商业银行等金融机构。

一　建立中央银行的必要性

1844 年英国通过的《英格兰银行条例》使英格兰银行垄断了英国银行券的发行权，标志着中央银行的诞生。中央银行产生的必要性在于以下几个方面：

（一）统一发行银行券的需要

随着资本主义的发展，商品流通规模不断扩大，原来商业银行发行的银行券给日渐扩大的市场交易带来了困难。主要表现为两点：一是周期性爆发的经济危机常使一些小银行经不起冲击而倒闭，导致其发行的银行券不能兑现，并引起连锁反应，影响经济的稳定；二是众多小银行发行的银行券限于其自身的信用能力，一般只能在有限的范围内流通，不能适应日益扩大的生产和流通的需要。因此，客观上要求有一种能在全国范围内流通的银行券，而这种银行券必须要由一家资力雄厚、信用卓著的大银行发行。

（二）集中办理全国票据清算的需要

银行产生以后，随着其业务范围的不断扩大，经济生活的债权关系日趋复杂。在这种情况下，票据交换及清算若得不到及时处置，就会阻碍经济活动的顺畅进行。于是，客观上需要建立一个全国统一的权威机构，集中办理全国的票据清算。

（三）为商业银行提供最后的资金支持的需要

当商业银行或其他金融机构发生资金周转困难、出现支付危机时，中央银行为其提供全力支持，以防银行挤兑风潮的扩大导致支付链条中断，引起金融恐慌，甚至整个银行业崩溃。

（四）代表政府管理全国金融业的需要

银行业和金融市场的发展，需要政府出面进行必要的管理，这就要求中央银行这一专业机构来实施政府对银行业和金融市场的管理。

正是为了适应上述需要，在经历了漫长的过程之后，中央银行的职能才不断得以丰富。

二　中央银行的类型

目前世界各国中央银行，按照其制度分类来看，有单一型、复合型、跨国型以及准中央银行型。

（一）单一型中央银行

单一型中央银行只承担一个职责，如发行货币和控制货币流通量等单一职责。单一型中央银行构建简单，由于内部结构单一，决策效率高，决策权也相对集中，比较适合维护货币利益的稳定。单一型中央银行制根据其表现形式可分为一元式和二元式，前者采用总分行制，后者是指在一个国家采用中央和地方两种中央银行制，两者各司其职。

（二）复合型中央银行

中央银行除承担货币政策职责以外，还需要掌握监管系统的职责。比如，改变存款准备金率和利率，同时也会采取一些管制措施，如信贷紧缩、限制某些金融机构的业务。复合型中央银行与单一型中央银行相比，其特点是较为便捷，可以实现金融细节的调控。美国联邦储备系统和欧盟的欧洲央行就属于复合型中央银行。

（三）跨国型中央银行

跨国型中央银行是由多个国家组成的联合机构。它可以通过调整多种货币的利率来实现货币政策。正因为其本身的特殊性，这种中央银行在国际市场中有很强的影响力。以欧洲央行为例，因为欧元的特殊性，跨国型中央银行在欧元区域的货币政策中具有强大的权力，且可以通过欧元汇率的变化和制定特定的条例来进行国际货币干预。

（四）准中央银行型中央银行

准中央银行型中央银行的独立性比较强，政府的干预程度比较弱。准中央银行型中央银行在一定范围外绝对独立，但在另一些方面则需要得到政府的批准。如美国联邦储备系统就是准中央银行型中央银行，考虑到美国联邦储备系统负责督导金融稳定并调节物价，其权力必须处在政府监管的范围之外，同时还要防止它过于强大而导致金融危机。

三 中央银行的特点和性质

（一）中央银行的特点

中央银行作为一个金融机构，其主要业务活动仍然具有银行"存、贷、汇"的主要特征，但是它作为管理机构，与普通金融机构的业务活动有区别，主要特点如下：

（1）中央银行的业务经营活动不以营利为目的。中央银行是独立的经济实体，虽然经营活动过程中也会有利润产生，但其主要宗旨是稳定货币、发展经济，不与商业银行以及一切经济部门争利，没有自身的营利目标。

（2）中央银行与国家政府关系密切，享有国家法律上授予的特权。

（3）中央银行具有特殊的业务对象，不向工商企业和个人直接办理业务，只与政府和各类金融机构发生资金往来关系。

（4）中央银行作为一个国家管理机构，它是保障金融稳健运行、调控宏观经济的国家行政机构，它通过国家特殊授权，承担着监督管理普通金融机构和金融市场的重要使命。同时，由于中央银行处于整个社会资金运动的中心环节，是国民经济运行的枢纽，是货币供给的提供者和信用活动的调节者，因此，中央银行对金融业的监督管理和对货币、信用的调控以及对宏观经济运行具有直接的、重要的影响。因此，中央银行又是宏观经济运行的调控中心。

（二）中央银行的性质

作为国家管理金融业和调控宏观经济的重要部门，中央银行自然具有一定的国家机关的性质，负有重要的公共责任。并且，随着国家对金融和经济实施干预或调控的加强，中央银行的国家机关性质也趋于强化。中央银行具有国家机关的性质，但与一般的行政机关又有很大不同，主要体现在以下三个方面：

（1）中央银行履行其职责主要是通过特定的金融业务进行的。对金融和经济的管理调控基本上是采用经济手段，如调整利率和准备金率、在公开市场上买卖有价证券等，这些手段的运用更多地具有银行业务操作的特征，这与主要依靠行政手段进行管理的国家机关有明显不同。

（2）中央银行对宏观经济的调控是分层次实现的。即通过货币政策工具操作调节金融机构的行为和金融市场运作，然后再通过金融机构和金融市场影响各经济部门，其作用比较平缓，市场的回旋空间较大，这与一般国家机关的行政决定直接作用于各微观主体而又缺乏弹性有较大不同。

（3）中央银行在政策制定上有一定的独立性。这是由中央银行在金融机构体系和国民经济中处于特殊的地位、承担着特殊的职责所决定的。当然，这种独立性是相对的。

总之，从中央银行业务活动的特点和发挥的作用看，中央银行既是为商业银行等普通金融机构和政府提供金融服务的特殊金融机构，又是制定和实施货币政策、监督管理金融业、规范与维护金融秩序、调控金融和经济运行的宏观管理部门。

四　中央银行的职能

（一）发行的银行

中央银行是发行的银行，是指中央银行垄断货币发行权，是一国或某一货币联盟唯一授权的货币发行机构。统一货币发行与流通是货币正常有序流通和币值稳定的保证，在信用货币流通情况下，中央银行凭借国家授权以国家信用为基础而成为垄断货币发行的机构，中央银行按照经济发展的客观需要和货币流通及其管理的要求发行货币。

当今社会，币值稳定是社会经济健康运行的基本条件，若存在多家货币发行银行，中央银行在调节货币供求总量时可能出现因难以协调各发行银行从而无法适时调节银根的状况。另外，统一货币发行是中央银行实施货币政策的基础，独占货币发行权是中央银行实施金融宏观调控的必要条件。

（二）银行的银行

银行的银行职能是指中央银行充当商业银行和其他金融机构的最后贷款人，这一职能体现了中央银行是特殊金融机构的性质，是中央银行作为金融体系核心的基本条件。

（1）作为银行固有的业务特征。办理"存、放、汇"仍是中央银行的主要业务内容，只不过业务对象不是一般企业和个人，而是商业银行与其他金融机构。

（2）作为金融管理机构。中央银行对商业银行和其他金融机构的活动施以有效的影响，具体表现在以下三个方面：

①集中存款准备。通常法律规定，商业银行及有关金融机构必须向中央银行交存一部分存款准备金。交存的存款准备金，通常是对商业银行及有关金融机构所吸收的存款确定一个交存的法定比例，有时还分别对不同种类的存款确定几个比例。

②最终的贷款人。19世纪中叶前后，连续不断的经济动荡和金融危机使人们认识到，金融恐慌或支付链条的中断往往是触发经济危机的导火线。因此，有人提出应有一个"最

后贷款者"的主张，其责任是全力支持资金周转困难的商业银行及其他金融机构，以免银行挤兑风潮的扩大而最终导致整个银行业的崩溃。"最后贷款者"原则的提出确立了中央银行在整个金融机构体系中的主导地位。

商业银行从中央银行融进资金的主要方式是将其持有的票据（包括国库券）向中央银行办理再贴现、再抵押，或直接取得贷款，从而获得所需资金。有时为配合政府经济政策，中央银行主动采取降低或提高再贴现率的措施，以调节商业银行的信贷规模。

③组织全国的清算。这一职能始于英国。19世纪中期，随着银行业务的扩大，银行每天收到票据的数量日益增加，各银行之间的债权债务关系日趋紧密，必须及时清算。1854年，英格兰银行采取了对各种银行之间每日清算的差额进行结算的做法，后来其他国家也相继效仿。与集中存款准备金制度相联系，由于各家银行都在中央银行开有存款账户，则各银行间的票据交换和清算业务就可通过这些账户转账和划拨，整个过程经济而简便。

（三）政府的银行

政府的银行职能是指中央银行为政府提供服务，是政府管理国家金融的专门机构。具体体现在以下几个方面：

（1）经理国库。国家财政收支一般不另设机构经办具体业务，而是交由中央银行经理，主要包括按国家预算要求办理国家预算收入的收纳、划分和留解、拨付财政支出、向财政部门反映预算收支执行情况等。

（2）代理政府债券发行。中央银行代理发行政府债券，办理债券到期还本付息。

（3）为政府融通资金。在政府财政收支出现失衡、收不抵支时，中央银行具有为政府融通资金以解决政府临时资金需要的义务。中央银行对政府融资的方式主要有两种：第一种，为弥补财政收支暂时不平衡或财政长期赤字，直接向政府提供贷款。为防止财政赤字过度扩大造成恶性通货膨胀，许多国家明确规定，应尽量避免发行货币来弥补财政赤字。第二种，中央银行直接在一级市场上购买政府债券。

（4）为国家持有和经营管理国际储备。国际储备包括外汇、黄金、在国际货币基金组织中的储备头寸、国际货币基金组织分配的尚未动用的特别提款权等。

（5）代表政府参加国际金融活动，进行金融事务的协调与磋商，积极促进国际金融领域的合作与发展。参与国际金融重大决策，代表本国政府与外国中央银行进行两国金融、贸易事项的谈判、协调与磋商，代表政府签订国际金融协定，管理与本国有关的国际资本流动，办理政府间的金融事务往来及清算，办理外汇收支清算和拨付等国际金融事务。

（6）为政府提供经济金融情报和决策建议，向社会公众发布经济金融信息。中央银行处于社会资金运动的核心，能够掌握全国经济金融活动的基本信息，为政府的经济决策提供支持。

第四节　中国银联

一　中国银联的发展历程

中国银联，简称"银联"，是由中国人民银行授权设立，于 2002 年 3 月 26 日正式成立的具有法人资格的专业银行卡支付机构。它的主要职责是推广、管理、运营银行卡业务，同时也管理和运营各类电子支付业务，包括 POS 机、ATM 机、互联网支付、移动支付等。

中国银联作为中国银行卡行业的重要组成部分，经历了以下发展历程：

（一）第一阶段（2002—2010 年）：联网通用阶段

2002 年 3 月，经国务院同意，中国人民银行批准，中国银联成立，标志着我国银行卡产业开始向集约化、规模化发展。

2002 年，在党中央、国务院和人民银行的指导下，银联组织各家商业银行，以行政和市场相结合的方式进一步推动联网通用，实现了联网通用"314"目标（300 个城市行内联网通用、100 个城市同城跨行通用、40 个城市发行银联标识卡并实现异地跨行通用），国内银行卡跨行交易的省际"高速公路"初步搭建。

2003 年 1 月，全国地市级以上城市基本实现银行卡联网通用。2008 年，实现银行卡在全国范围内跨地区、跨银行联网通用。

（二）第二阶段（2011—2016 年）：多元化发展阶段

2012 年 6 月，银联与微软公司在上海签署全球合作备忘录，开展互联网支付业务合作。2012 年 12 月，银联在上海宣布成立负责运营国际业务的子公司——银联国际有限（责任）公司。2013 年 8 月，银联与中国银行、中国移动共同推出 NFC 手机支付产品。

2014 年 4 月，银联单位结算卡在北京发布，银联卡首次涉足企业账户体系，成为企业金融服务创新的重要标志。

（三）第三阶段（2017年至今）：开拓创新阶段

2017年5月，银联联合40多家商业银行，共同推出了银行卡的扫码支付业务。2017年12月，银联联合各商业银行按照"统一接口标准、统一用户标识、统一用户体验""共商、共建、共享"的原则，打造银行业移动支付新入口——云闪付App。

2018年6月，银联正式发布全球首款手机POS产品，率先将POS机从一个硬件终端产品转变成一款智能手机上的应用产品。

2019年9月，成立云计算中心，与华为联合成立"金融网络科技实验室"，联合国家信息中心等5家单位共同建设并发布区块链服务网络。10月，携手工商银行、农业银行、中国银行、建设银行、交通银行等60余家机构，联合发布全新智能支付产品"刷脸付"。

近年来，经过大力发展，云闪付App的用户规模快速增长，产品功能与用户体验不断完善，云闪付App作为银行业移动支付统一入口的作用逐步增强，以云闪付App为核心的移动支付产品体系基本建立，并逐步得到市场认可。

二 中国银联在支付领域的职能

中国银联是我国的银行卡支付机构，主要职能包括以下几个方面：

（一）提供卡联及交换清算服务

卡联服务。作为银行卡支付机构，银联的首要职能是对全国银行卡业务实现卡联。它建立了一个覆盖全国的银行卡网络，实现了各银行卡的互联互通，使不同银行发行的卡片能够在各自的银行内或在境内其他银行自动柜员机、POS机和网上商城等营销渠道中进行交易和结算。

交换清算服务。银联实现商业银行之间的交换清算服务，即实现商业银行之间的付款、结算等操作。此项服务可以实现不同商业银行之间的业务交换和收付款项。此项服务满足了各商业银行之间的多种结算方式的需求。

（二）推广和管理银行卡业务

银联推广和管理银行卡业务，包括各银行卡的发行、应用、管理和维护等。以银联卡产品为主要工具，作为银行卡支付市场的主导力量，运用市场化、商业化思路推进市场营销和品牌推广，实现银联卡的推广和改进。

（三）卡片管理和应用创新

卡片管理。银联规范卡片的管理和生命周期，确保交易的安全和可靠。除了平时的安全检测和维护，中国银联还根据风险情况和技术趋势的变化，关注卡片的新特性和功能以适应更多场景的支付需求。

应用创新。银联积极推进移动支付、AI 支付和云支付等新技术的应用，针对不同的支付场景和客户需求，不断创新支付方式和产品，推动支付创新和银行卡业务的升级，满足数字化支付的需求。

（四）技术服务和安全保障

技术服务。银联为商业银行提供技术支持和服务，致力于提高银行卡支付系统的独立、高效、安全和可持续性，加速中国银行卡支付业务的发展，进一步推进我国金融行业的现代化和数字化。

安全保障。作为支付领域的监管机构，中国银联负责制定和推广支付行业的安全规范和标准，对支付机构进行监管和评估，加强风险控制和管理，防范非法活动给金融行业带来的风险，保护用户的支付安全和利益。

总之，中国银联在支付领域的职能主要是：提供卡联及交换清算服务，推广和管理银行卡业务，卡片管理和应用创新，以及技术服务和安全保障，以此不断推进金融领域的发展和变革。

三、中国银联的支付业务和服务

（一）银联卡业务

银联借记卡。银联借记卡俗称储蓄卡，主要用于各类银行机构的本地交易，具有安全、方便等优势。

银联贷记卡。银联贷记卡也被称为信用卡，是根据客户申请额度，持卡人可在一定范围内透支的信用卡。在全球范围内，银联贷记卡可与 Visa、Master Card 等进行交易。

银联预付费卡。银联预付费卡是一种预先存款再使用的卡，持卡人可以将预存款花费完后再进行充值，广泛适用于移动支付等场合。

（二）移动支付业务

中国银联积极推进移动支付业务的发展，包括以下一些产品：

银联钱包。银联钱包是中国银联开发的手机钱包产品，可实现手机扫码付款、声波支付等功能。

云闪付。云闪付是中国银联开发的移动支付产品，可支持刷卡、NFC、扫码、声波四种支付方式，同时支持用户在任意终端通过银联标识（UnionPay）进行交易。

银联二维码。银联二维码是中国银联推出的展示用途和扫码支付的产品，支持融合了微信、支付宝等多个支付工具。

（三）跨境支付业务

中国银联在跨境支付方面也有很多的发展，如跨境电商支付和旅游出境支付。

跨境电商支付。为了适应环球购物的趋势，银联推出了环球购物付及快速货币转账等产品，使得跨境电商支付能够变得更加方便。

旅游出境支付。在国外的消费，可以利用银联卡或其他支付手段进行交易，实现境外消费。

（四）其他支付服务

中国银联除提供上述服务之外，还有一些其他的支付服务。

大额支付。为解决个人或企业大额资金结算的痛点，中国银联开发了大额支付服务，可实现大额资金的跨行、跨境转账等服务，提升支付服务质量和效率。

商业银行服务。中国银联还为商业银行提供代理清算、收单、ATM 服务等，为银行支付业务提供有效保障。

总之，中国银联在支付领域的支付业务和服务方面覆盖面广，涵盖了银联卡业务、移动支付业务、跨境支付业务、大额支付等多个方面，同时也不断创新，引领了支付领域的科技进步和发展。

第五节　非金融支付机构

一　非金融支付机构的概念和特点

非金融支付机构在收付款人之间作为中介机构提供下列部分或全部货币资金转移服务，包括网络支付、预付卡的发行与受理、银行卡收单和中国人民银行确定的其他支付服务等。

经过十多年发展，截至 2021 年年底，我国共有支付机构法人 224 家、分公司 1569 家、从业人员 4.94 万名，为广大人民群众、个体工商户和小微企业等提供了安全、便捷的零售支付服务。

（一）国家发展新格局对支付行业提出新要求

"十四五"时期，我国进入新发展阶段，加快构建以国内大循环为主体、国内国际双循环相互促进的新发展格局,需要具有高度适应性、竞争性、普惠性的现代金融体系,对金融数字化水平提出了更高的要求。

作为金融体系的重要组成部分和实体经济数字化发展的基石,支付产业在实现经济循环流转、推动产业关联畅通、促进国民消费、保障资金安全等方面发挥着重要作用。在数字化浪潮的推动下,支付服务覆盖面逐步扩大,支付产品供给不断提升,资金安全水平稳步提高。支付机构作为我国支付产业的重要组成部分,深耕各类支付场景,契合疫情防控需要和发展趋势,加快推进支付服务向支付空白区域纵深发展,成为支付产业数字化转型的"排头兵"。

(二)消费者对高效智慧支付服务需求强烈

相关调查显示,截至2021年年底,近9成的移动支付用户已成为移动支付长期稳定的使用者,移动支付已成为人们日常生活中不可或缺的支付方式。随着支付服务的供给覆盖面越来越广泛,交通、餐饮、零售、教育、医疗、公共缴费等支付结算场景加速拓展,在多样化的复杂场景和需求下,支付机构唯有在数字化转型发展的道路上不断前行,进一步做好各参与方的高效统筹管理、优化分账记账机制、提高运营效率和用户支付体验、保障数据资金安全,才能为消费者提供更加智慧、安全、便捷、高效的支付服务,助力经济稳增长。

(三)金融科技创新为支付机构带来更多机遇

随着移动互联网的飞速发展和新一代信息技术不断普及,金融业务与新兴技术的融合持续深化,催生出大量的金融科技创新应用,为支付机构数字化转型带来更多机遇。一是支付交易成本进一步降低。近场通信(NFC)、二维码等电子支付工具的普及大大降低支付服务边际成本,5G、区块链等新兴技术在支付渠道、价值载体上的融合应用,进一步推动支付服务向便捷度高、安全性好发展。二是创新服务模式。利用物联网、移动通信技术,将线上线下的边界打破并深度融合,推动商业模式重塑,使线上线下的商业服务和支付服务更加一体化。三是支付风控水平显著提升。大数据、人工智能等数字化风控手段能够透过复杂业务表象,精准识别风险商户、可疑交易行为,并通过模型算法及时开展自动化拦截和智能化处置,有效防范支付欺诈、非法洗钱等违法违规事件,提高行业整体风控水平。

(四)相关政策为推动支付数字化发展提供新动力

2021年12月,国务院印发了《"十四五"数字经济发展规划》(国发〔2021〕29号),其中明确指出要"加快金融领域数字化转型,合理推动大数据、人工智能、区块链等技术在金融领域的深化应用，发展智能支付、智能网点、数字化融资等新模式，稳妥推进数字人民币研发，有序开展可控试点"。

2021年年底，中国人民银行印发《金融科技发展规划（2022—2025年）》（银发〔2021〕335号），提出新时期金融科技发展指导意见，明确金融数字化转型的总体思路、发展目标、重点任务和实施保障。在实施保障方面，一是注重试点示范，鼓励积极开展先行先试，形成一批可复制、可推广的经验做法和制度成果；二是加大支撑保障，完善与金融科技创新发展相配套的支撑保障体系，加大对重点领域、重点工作的投融资力度；三是强化监测评估，对落实情况进行持续跟踪监测和定期成效评估；四是营造良好环境，充分发挥行业协会的桥梁纽带作用。

二　非金融支付机构的职能

非金融支付机构在支付领域也有着重要的职能和作用，主要包括以下几个方面：

（一）第三方支付服务

第三方支付机构是非金融支付机构中最重要的一种，其作为支付中介、信息技术提供者和数据管理者，为消费者和商家提供支付服务，方便各方在互联网环境下的支付和结算。第三方支付机构的主要职能包括：①为消费者提供支付代理服务，实现网上、线上等各种支付的便利和创新，如支持银行卡支付、电子钱包支付、移动支付等。②为商家提供支付结算服务，提高支付安全和效率，如提供网络银行与第三方支付接口、移动支付接口等。③为金融机构等提供支付技术、运营、数据分析等相关服务。

（二）虚拟货币服务

虚拟货币主要交易在互联网金融领域，其交易和支付通常不需要银行、信用卡等中介机构支持，而是由虚拟货币发行人和支付接收人之间的交易系统进行支持。虚拟货币机构的主要职能包括：提供虚拟货币的发行和交易服务；为虚拟货币交易提供支付，从而实现对各类虚拟业务的支付服务和结算；提供虚拟货币的市场推广和运营服务。

（三）其他支付服务

除第三方支付和虚拟货币等领域以外，非金融机构在支付领域还有一些其他的作用和职能，包括：①提供金融普惠服务。②通过提供数据服务和风险测评等技术，帮助贫困地区和中小微企业实现金融包容和普及金融服务，特别是在非传统商业银行，从而扩大金融服务的覆盖范围和效率。③信用评估和风险控制。借助大数据算法和机器学习技术，非金融机构可以为金融机构、第三方支付机构等提供信用评估和风险控制服务，从而提高支付行业的信用度和管理水平。④服务外包。非金融机构还可以为其他支付机构提供服务外包，如为银行、商户提供支付系统、风险控制系统等解决方案，从而提高金融机构和商户的支付服务质量和效率。

总之，非金融支付机构在支付领域发挥着重要的作用，如第三方支付、虚拟货币等服务，为消费者和商家提供了便利，同时也在信用评估、风险控制和服务外包等领域起到了重要作用，推动了支付行业的技术进步和发展。

三　非金融支付机构的产品和服务

非金融支付机构在支付领域推出了不少具备创新性和便捷性的支付产品和服务。下面就几个常见的支付产品和服务进行介绍：

（一）第三方支付

第三方支付是非金融支付机构最重要的一种支付产品和服务，主要为消费者和商家之间提供支付服务，方便各方在互联网环境下的支付和结算。常见的第三方支付包括：

支付宝。由阿里巴巴集团旗下公司蚂蚁金服运营，支持多种支付方式和多种行业服务，如当地生活、医疗、旅游等，并且支持移动支付、二维码支付等多种支付方式。

微信支付。由腾讯公司旗下公司微信支付运营，支持银行卡支付、微信零钱支付、扣费业务等，常用于购物、餐饮、旅游等场景。

中国银联。由银联商务有限公司运营，支持银行卡支付和 POS 机、二维码等多种支付方式，为商户提供一站式电子支付解决方案。

（二）移动支付

移动支付是通过移动设备，如手机、平板电脑等进行支付和结算的方式。常见的移动支付产品和服务包括：

Apple Pay。由苹果公司推出的一种移动支付服务，支持 iPhone、iPad、Apple Watch 等苹果设备进行支付，提供多层加密和安全认证保障。

Samsung Pay。由三星公司推出的一种移动支付服务，支持包括 NFC、磁条刷卡和磁信号代替等多种支付方式，用户也可以通过三星手机、可穿戴设备实现支付。

银联闪付。由中国银联联合多家商业银行推出的一种移动支付服务，支持银行卡和手机 NFC 支付方式，覆盖了全国近 2000 万家商户。

（三）虚拟货币支付

虚拟货币是一种以互联网为平台，通过加密技术分布式存储的货币。常见的虚拟货币支付服务包括：

比特币支付。比特币是目前最有代表性的虚拟货币，通过区块链技术实现交易，并且充分考虑用户隐私、货币发行等问题。

莱特币支付。莱特币是比特币的改进版，交易速度快、交易费用低，因此在一些小额支付场景中比较受欢迎。

（四）机构服务

非金融支付机构也为金融机构、商户等提供了一系列支付领域的机构服务，如支付处理、技术服务、风险控制、安全防范等。常见的非金融机构服务包括：

可信电子存证。通过可信电子存证技术，将各项数据进行不可抵赖性的保管和保存，为金融机构等提供银行卡授权、网银授权等具有高地址精准度的证明材料。

金融普惠服务。通过大数据分析技术，非金融机构也可提供金融普惠服务，帮助贫困地区和中小微企业实现金融包容和普及。

云计算服务。云计算技术为支付领域提供了很好的支持，非金融支付机构也可以通过云计算技术提供支付处理、风控等服务，为金融机构等提供更加高效的支付服务。

总之，非金融支付机构在支付领域推出了众多具有创新性和便捷性的支付产品和服务，涉及第三方支付、移动支付、虚拟货币支付等领域，同时也为金融机构、商户等提供了支付处理、技术服务、风险控制、安全防范等。这些支付产品和服务的出现，为支付行业的快速发展和创新提供了有力保障。

📝习题

简答题

1. 什么是金融体系？

2. 商业银行的职能有哪些？

3. 中央银行分为哪些类型？

4. 什么是中国银联？

5. 非金融机构的概念和特点分别是什么？

论述题

1. 请任选一国（中国除外），研究其金融机构的发展历程。

2. 简述商业银行的业务。

3. 简述中央银行的职能。

4. 简述非金融支付机构的职能。

5. 谈谈你对非金融支付机构产品与服务的看法。

第四章 支付系统

本章学习重点

- ◉ 掌握传统支付的多种方式及各自的优缺点。
- ◉ 了解电子支付系统的发展阶段。
- ◉ 掌握各种电子支付方式及其特点。
- ◉ 掌握二维码支付、数字人民币和 NFC 支付的概念、特点及应用。

支付系统是一种金融基础设施，用于货币交换和资金转移。它是一个整合各种金融机构、支付工具和技术系统，旨在为个人和企业提供方便、安全和高效的支付服务。在日常生活中，我们使用支付系统进行各种支付，例如购物、转账、缴费等。支付系统可以处理各种支付方式，包括现金、信用卡、电子支付和移动支付等。它通过安全的通信和结算网络，将资金从一个账户转移到另一个账户，记录交易细节，并确保资金的安全和准确。

支付系统的主要功能包括支付授权、资金清算、交易记录、结算等，涵盖验证和授权支付请求；将支付交易的资金从付款方账户清算到收款方账户；记录和存储每笔交易的详细信息；对支付交易进行结算。支付系统的存在确保了支付验证和身份验证的合法性，确保了款项的准确转移，确保了账户余额的正确，方便了后续的结算和审计。

第一节 支付系统发展历程

支付系统的发展经历了多个阶段。在过去，现金是主要的支付方式，但随着技术进步，非现金支付方式如信用卡、电子支付和移动支付成为主流。现在，越来越多的人选择使用电子支付和移动支付，以便快速、方便地完成支付。同时，支付系统不断创新和改进，引入新技术如大数据分析、人工智能和区块链技术等，提升支付的效率、便利性和安全性。

一　中国手工联行时代

1984 年，中国人民银行开始专门行使中央银行职能，负责社会支付清结算活动，并确立了法定存款准备金制度。此时，中国的支付清算体系尚未形成，因为各银行内部仍然处于数据分散、手工记账的阶段。全国手工联行系统跨行支付流程如图 4-1 所示。

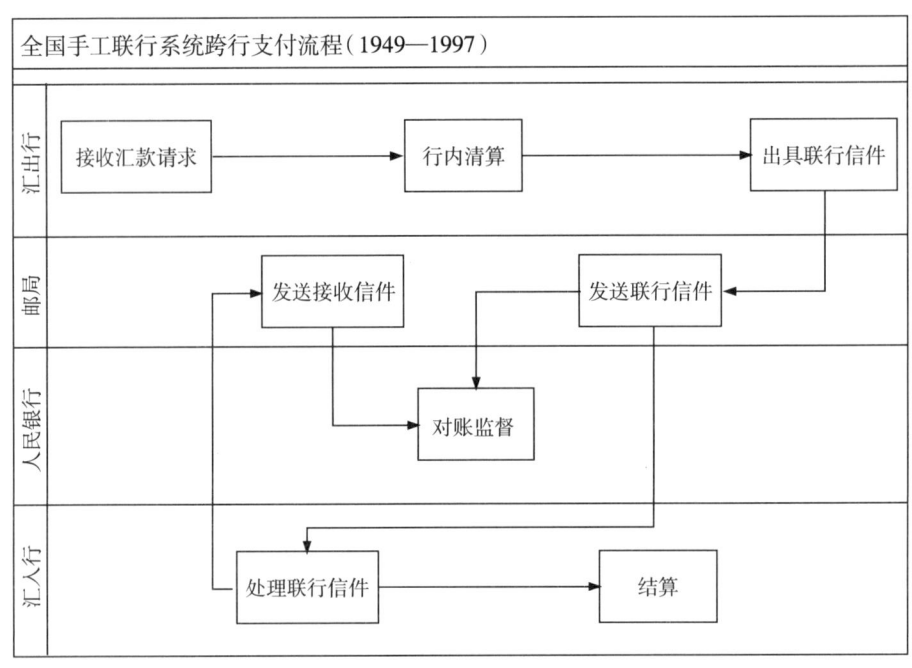

图 4-1　全国手工联行系统跨行支付流程

中国人民银行和四大国有商业银行都有自己的全国手工联行系统。对于异地纸凭证支付交易的处理采用了所谓"先横后直"（先跨行后行内）的处理方式。在这种意义上，只存在同城跨行系统和异地行内系统。在许多方面，这些行内清算系统非常类似于发达国家的跨行清算系统。各商业银行行内手工联行系统尽管存在着某些差别，但基本框架都相同。

1996 年年底以后，四大国有商业银行都以全国电子资金汇兑系统代替了原来的手工联交易以及中国人民银行分（支）行之间的资金划拨。我国的四大国有商业银行的联行清算系统对其每一家分行计算出净额结算头寸，定期经中国人民银行联行系统进行资金结算。由于某一系统的参与者是一家商业银行的各个分行，所以通常不存在信用风险。但是，参与者有可能面临流动性风险，尽管采用了多联报单验证和核对支付交易，但系统并不能保证每一笔支付指令都有足够的清偿资金。

对于中国人民银行的手工联行系统来说,不允许透支,即一家商业银行分行只有在其清算账户有足够余额的情况下才能发出支付指令。

二 中国电子联行时代

1989 年 12 月 6 日,中国人民银行发布了《中国人民银行关于改革联行清算制度的通知》,并在 1990 年建成了中国人民银行清算中心,该中心专门提供支付清算服务。同年 4 月 1 日,全国电子联行系统(EIS)开始试运行,这个系统是人民银行专门用于处理异地(跨行和行内)资金清算和资金划拨的系统。图 4-2 即为全国电子联行系统跨行支付流程。

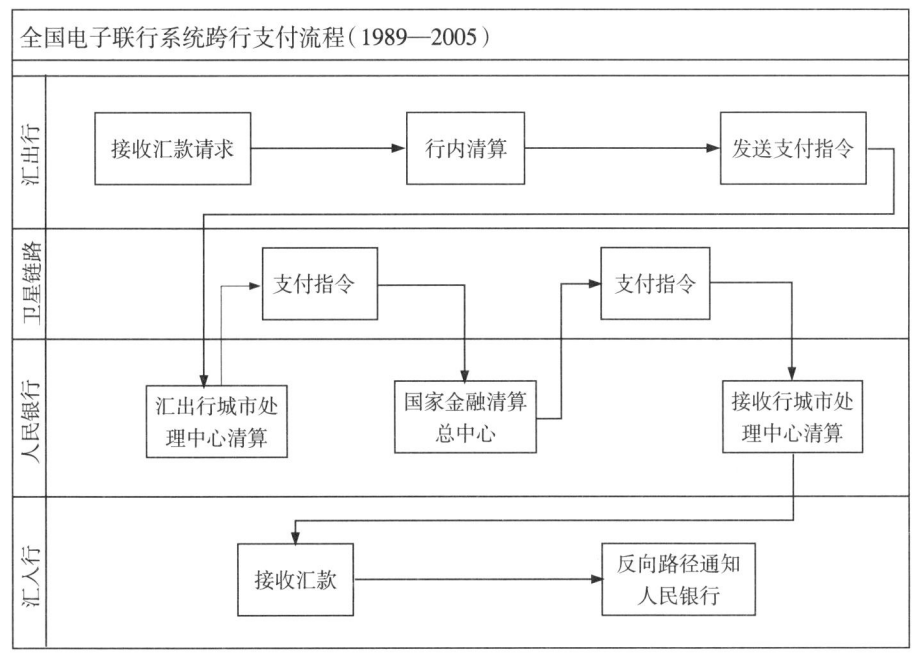

图 4-2 全国电子联行系统跨行支付流程

电子联行系统采用卫星通信技术,在位于北京的全国总中心主站和各地中国人民银行分(支)行的小站之间传递支付指令。目前,已有 600 家中国人民银行分(支)行连接入网,该系统计划将连接全国 2000 家中国人民银行分(支)行。该系统的设计可以处理跨行和行内、贷记和借记异地支付业务,但目前主要处理跨行贷记支付交易。1996 年年底,该系统每天处理 30 000 笔支付,金额约为 300 亿元。

全国电子联行系统是一个分散式处理系统,所有账务活动(账户的贷记和借记)都发生在中国人民银行分(支)行,即发报行和收报行,全国总中心主要作为报文信息交换站。根据《全国电子联行制度》，所有的资金转账指令必须在账户余额足以支付的情况下才能被执行。在支付指令发送给全国总中心之前，首先借记汇出行账户。如果账户余额不足，则支付指令只好排队等待资金。所以，汇入行将不会面临任何费用或流动风险，它接到支付指令后便可以无条件地贷记收款人账户。

三　中国现代化支付系统时代

1991 年 10 月，中国人民银行开始建设中国现代化支付系统（China National Advanced Payment System, CNAPS），从此，全国电子联行系统逐步过渡到 CNAPS 系统。CNAPS 系统的建成将中国的支付清算带入了世界前列。2002 年 10 月 8 日，作为 CNAPS 核心系统的大额支付系统率先在北京、武汉两地投产试运行，之后推广到全国省会城市和深圳市。2005 年 6 月 24 日，全国电子联行系统完成了历史使命，退出了生产序列，伴随着我国经济金融活动对支付清算服务需求的快速增长，CNAPS 系统也进入了快速发展阶段。2006—2009 年，多个清算业务系统相继上线运行，包括小额支付系统、支票影像交换系统、境内外币支付系统和电子商业汇票系统等。随着我国经济持续发展、金融改革的深入以及金融市场的完善，CNAPS 系统第一代已不能满足社会支付活动的需求。因此 2009 年年底，中国人民银行要求清算总中心启动第二代 CNAPS 系统的建设工作。2010 年 8 月，网上支付跨行清算系统成为第二代 CNAPS 首个投产的业务系统。随着大额支付系统和小额支付系统在 2013 年升级为第二代，银行以法人为单位以"一点接入、一点清算"的模式接入第二代 CNAPS 系统，从而实现了资金结算的统一，提高了支付清算效率和银行资金使用效率，改善了银行流动性状况，并有效控制了风险。

2002 年 10 月 8 日，大额实时支付系统在北京、武汉成功投产试运行，标志着中国现代化支付系统建设取得突破性进展。

2003 年 4 月 14 日至 12 月 1 日，大额实时支付系统分三批在全国 29 个省会（首府）城市和深圳市推广运行。至此，大额支付系统已成功推广覆盖到全国所有省会（首府）城市，大额支付系统建设取得阶段性成果。

2004 年 7 月 27 日，中国人民银行决定对支付系统布局结构进行重大调整，即只在全国 31 个省会（首府）城市和深圳市建设城市处理中心，不再按原计划将城市处理中心建设到全国 337 个地市级以上城市，以适应商业银行数据大集中和现代网络信息技术的发展。

2005 年，中国人民银行大额实时支付系统在全国建成运行，系统支持各政策性银行、商业银行和绝大多数农村信用社的接入，实现了资金实时到账，提高了资金周转速度，通过连接中央债券综合业务系统、公开市场业务交易系统、银行卡跨行支付系统、全国银行间外汇交易系统以及香港、澳门人民币清算行业务系统，为金融市场资金结算和跨境贸易人民币结算提供了有力支持。

2006年，中国人民银行小额批量支付系统建成运行，通过支撑多种支付工具的应用，为银行业金融机构跨行清算和业务创新提供了公共平台。

2007年，全国支票影像交换系统建成运行，通过引入影像技术实现实物支票截留，支持支票全国通用，便利了企事业单位和个人的异地支付活动。

2008年，境内外币支付系统建成运行，为境内银行业金融机构提供美元等八个币种的境内外币清算服务，提高了外币清算效率，降低了外币结算风险。

2009年，电子商业汇票系统建成运行，为电子票据的签发、流转等提供基础设施支持，标志着我国商业汇票进入电子化时代，有效防范了票据风险，繁荣了票据市场。

2010年，网上支付跨行清算系统建成运行，进一步提高了网上支付等新型电子支付业务跨行清算的处理效率，支持并促进电子商务的快速发展。

第二节　传统支付

一　现金支付

现金支付是指以实体货币形式进行交易支付的方式。它是一种传统的支付方式，通常使用纸币和硬币进行交易。与电子支付和非接触式支付不同，现金支付是直接将实际货币交给收款人。在如今电子支付已经广泛普及的今天，现金支付仍是一种使用广泛的支付方式。

现金支付具有实时交易、匿名性和便捷性的优点，交易双方可以实时完成交易并收到款项，保护支付者的隐私信息，没有与之相关联的个人账户或交易记录，无须依赖任何特定的技术设备或网络连接，在任何地方和任何时间都可以进行交易。

相对地，现金支付的缺点是：存在较大的安全风险；交易的过程没有明确的电子记录，很难追踪和核实交易的信息；现金支付需要对货币的真伪进行辨别，对于大额交易来说，携带大量现金也不方便；对于商家来说，现金支付需要管理和记录现金收支，增加了管理成本和风险。

因此，无论是商家还是消费者，都需要提高现金支付的风险控制能力，能够检验现金的真伪，并加强现金管理能力。加强现金管理是减少现金风险的关键。在电子支付不断普及的今天，推广和鼓励使用电子支付方式，如移动支付也是降低现金风险的主要措施。

二 非现金支付

（一）支票支付

支票支付是指以支票作为支付工具进行交易支付的方式。支票是由银行账户持有人向收款人开具的一种书面支付凭证。支付人在支票上填写收款人的姓名、支付金额、日期和签名等信息，并通过银行进行兑现或转账，将指定金额从支付人的账户中划出。

支票支付的步骤通常包括：

（1）发行支票：支付人填写支票上的必要信息，包括收款人的姓名、支付金额、日期和签名。

（2）收取支票：收款人收到支票后，可以将其存入自己的银行账户或提取现金。

（3）银行处理：支票经银行处理，包括验证支付人的账户余额是否充足，确认收款人的身份和支票的真实性。

（4）支付或转账：如果一切正常，银行会将支付人账户中的相应金额划出，转入收款人的账户或支付现金给收款人。

支票支付具有转账性质、可追溯性、可逆转性、银行核准等特点，通过银行进行资金转账的方式，可以实现不同账户之间的支付；在交易过程中产生书面记录，方便双方进行核查和跟踪；支票支付可以在一定时间内通过银行进行退票，即支付人要求银行取消付款；支票的兑现是需要银行确认的，要求支付人账户有足够的余额或信用额度。当然，支票支付也存在着不足，如支票的兑现可能需要一定的时间，支票的假冒和欺诈风险较高等。随着电子支付的发展，支票支付正在不断地减少。

（二）信用证支付

信用证是一种银行开立的有条件的承诺付款的书面文件，它是一种银行信用。它是国际贸易中常用的支付方式之一，可以用于各种贸易方式，如进口、出口、代理、转口等。根据是否跟随单据，分为光票信用证和跟单信用证两大类。在国际贸易中主要使用的是跟单信用证。

信用证是银行（开证行）依照进口商（开证申请人）的要求和指示，对出口商（受益人）发出的、授权进口商签发以银行或进口商为付款人的汇票，保证在将来符合信用证条款规定的汇票和单据时，必定承兑和付款的保证文件。

（三）汇票支付

汇票支付是一种以汇票作为支付工具进行货款结算的方式。汇票是一种由付款人（出票人）向收款人（持票人）开具的书面支付凭证，用于指示银行支付一定金额给持票人或指定的受益人。图4-3为某某银行汇票的样票。

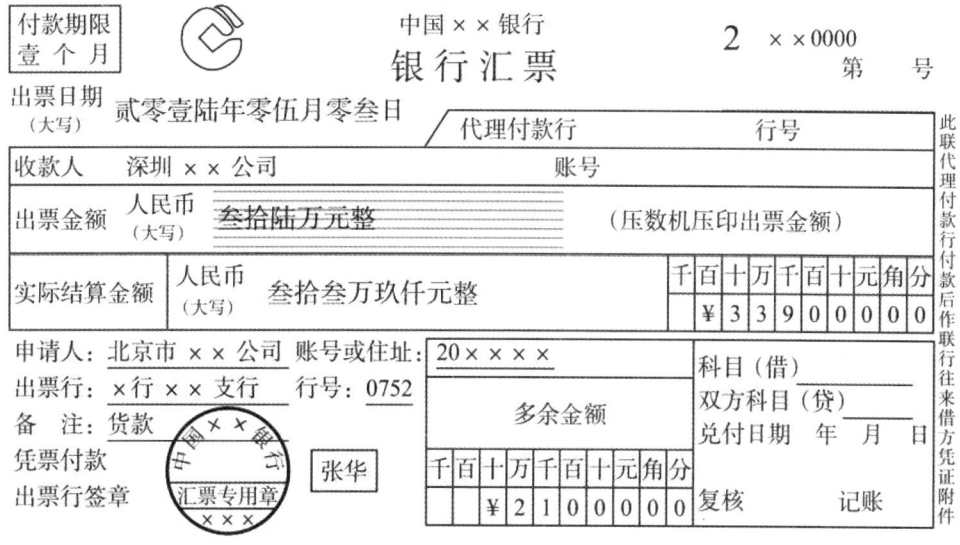

图 4-3　银行汇票样票

汇票是随着国际贸易的发展而产生的，国际贸易的买卖双方距离遥远，使用的货币也不同，不能像国内贸易方便地结算。从出口方发运货物到进口方收到货物的过程是漫长的，这段时间内需要买卖双方其中一方向另一方以信用担保，如：进口商先提供货款、出口商赊销货物。但这种以信用为担保的交易是脆弱的，若没有强力的中介人担保，进口商会担心付款后收不到货，出口商会担心发货后收不到款，国际贸易就难以顺利进行。

因此，银行参与国际贸易，作为进出口双方的中介人，进口商通过开证行向出口商开出信用证，向出口商担保。货物运出后，出口商按时向议付行提交全套信用证单据就可以收到货款，议付行开出以开证行为付款人的汇票发到开证行，开证行保证见到议付行汇票及全套信用证单据后付款，同时又向进口商担保，能及时收到他们所进口的货物单据，到港口提货。

汇票支付具有灵活性、安全性、可逆转性、辅助贸易融资、相对成本较低的特点。相对应地，汇票支付无法获得赔款的风险较高、融资风险较大、坏账风险较高。

三　传统支付的局限性与挑战

传统支付的局限性主要体现在现金支付的安全风险和管理成本高、支票等清算效率低、跨境支付费用高昂和汇率风险大、个人交易数据的安全问题，以及支付方式覆盖面有限的情况等。

现金支付存在被盗窃、伪造等安全风险，这给个人和商家带来了潜在的损失。同时，现金管理成本高，需要投入大量人力和物力进行保管、运输和计数，增加了企业和金融机构的成本。支票、汇票等支付方式的清算效率相对较低，需要等待银行兑换，从而造成资金的占用和流动性的不足。跨境支付和汇款的局限性则主要表现在手续费高昂和汇率风险大。传统跨境汇款一般需要通过银行等金融机构进行，手续费较高，并且在汇款过程中汇率的浮动可能会带来不可预知的风险。此外，用户的个人交易数据易被攻击和泄露，传统支付方式在隐私安全保障方面存在不足。

（1）传统支付方式的覆盖面有限，部分偏远地区和弱势群体无法获得金融服务。在一些偏远地区，由于银行网点的缺失或不便利的交通条件，人们难以使用传统支付方式进行金融交易。同时，弱势群体如农民工、贫困人群等也可能因为缺乏传统支付手段而面临金融服务的障碍。此外，个别支付机构采用刚性兑付，可能在资金调配不当时给投资者造成损失。例如，某些支付机构可能过度投资于高风险项目，一旦项目出现问题，支付机构无法保证资金兑付，从而给投资者带来损失。

（2）传统支付所面临的挑战则体现在电子支付的竞争、金融科技创新、监管压力和合规要求、用户需求的演变、互联网公司的冲击以及全球化和数字化趋势等方面。

随着支付宝、微信支付等电子支付方式的快速发展，传统支付方式面临的竞争压力日益增大。电子支付具有实时性和便利性等优势，满足了用户对高效支付方式的需求。金融科技的进步也对传统支付系统产生深远影响。区块链、分布式账本技术、智能合约等新型金融技术的出现使得支付系统的效率和安全性得到提升，同时也引发了对传统支付方式的冲击和变革。不仅如此，反洗钱、反恐怖融资、税收监管等新规的实施，对传统支付行业的合规性提出更高的要求，监管压力也进一步加大。

（3）用户需求的演变也对传统支付方式提出了新的挑战。随着社会的发展和技术的进步，用户对支付方式的要求愈发多样化。他们更加注重支付的安全性、便捷性和个性化。用户希望支付能够实现即时到账、零售环节资金的链上流动以及多种支付工具的便捷切换。同时，用户对于支付信息的隐私和安全也提出更高的要求，希望能够通过有效的技术手段保护个人交易数据的安全。

（4）互联网公司的冲击也给传统支付市场带来了巨大压力。互联网巨头通过利用技术和数据优势，快速进入金融领域，推出创新的支付产品和服务，对传统支付机构形成了强大的竞争。这些互联网公司通过便捷、高效和智能化的支付方式吸引了大量用户，使得传统支付机构面临着用户流失和市场份额下降的风险。

（5）另外，全球化和数字化趋势对传统支付方式提出了更高的要求。全球跨境支付需求不断增长，对支付系统的效率和灵活性提出更高的要求。随着全球贸易和跨境业务的增加，传统支付方式在处理跨境交易和支付的速度和成本方面存在不足。因此，传统支付方式需要提升技术水平，加强国际合作，以满足全球化和数字化趋势的需求。

为了应对这些挑战，传统支付机构需要采取相应的策略，并关注未来的发展趋势。首先，加强支付系统的安全性和稳定性，通过采用先进的技术手段和加强风控措施，防范金融风险，保障金融消费者的权益。其次，传统支付机构应积极与金融科技创新融合，推动创新的支付业务，提高支付系统的效率和灵活性。例如，可以引入区块链技术和智能合约等，实现更快速、安全和可追溯的支付方式。此外，拓展跨境支付服务的覆盖范围，降低交易成本，并加强跨境监管合作，以提升国际支付的便捷性和安全性。落实金融惠民政策，提高金融服务的普惠性，降低金融服务费用，以满足偏远地区和弱势群体的金融需求。为了在国际支付领域保持竞争力，传统支付机构应积极参与全球支付规则的制定，发挥引领作用，促进全球支付业务的发展。

第三节　电子支付系统

电子支付是一种以在线或电子方式进行的货币交易。它消除了纸质现金和支票等传统支付方式的需要，通过电子渠道完成资金的转移。电子支付可以通过多种方式进行，包括但不限于信用卡、借记卡、电子钱包、移动支付等。电子支付系统是支持这些交易的基础设施，包括网络、支付网关、加密技术和数据库等。

那么究竟何谓电子支付呢？《布莱克威尔金融百科辞典》认为，它是通过计算机和电子通信设备进行金融交易的系统，它无须任何实物形式的标记，而是纯粹电子形式的货币，一般以二进制数字的方式保存在计算机中。

一　电子支付系统概述

目前，最主要的电子支付创新是电子资金转账（Electronic Funds Transfer, EFT）系统的应用。EFT 系统产生于 20 世纪 60 年代，是银行同客户进行数据通信的一种电子系统，它是银行之间利用自有的网络进行电子资金转换，传输同金融交易有关的电子资金和相关的数据、信息，为客户提供支付服务的系统。EFT 系统利用电子支付系统提供的缴付信息将电子付款进行最佳处理，大幅改变了金融市场。如今有许多电子资金转换方式，例如在商店及零售等销售点普遍使用的赊账卡，以及自动转账的员工支薪的方式等。

电子支付系统的发展是与电子银行业务（Electronic Banking）的发展密切相关的。从历史的角度来看，电子支付系统经历了下述五个发展阶段。

第一阶段：银行内部电子管理系统与其他金融机构的电子系统连接起来，如利用计算机处理银行之间的货币汇划、结算等业务。

第二阶段：银行计算机与其他机构的计算机之间资金的汇划，如代发工资等。

第三阶段：通过网络终端向客户提供各项自助银行服务，如 ATM 系统。

第四阶段：利用网络技术为普通大众在商户消费时提供自动扣款服务，如 POS 系统。

第五阶段：网上支付方式的发展，电子货币可随时随地通过互联网直接转账、结算，形成电子商务环境。目前，EFT 系统是银行同其客户进行数据通信的一种有力工具，通过 EFT 系统，银行可以把支付系统延伸到社会的各个角落，如零售商店、超级市场、企事业单位以至家庭，从而为客户进行支付账单、申请信贷、转账、咨询、缴纳税金、进行房地产经营等金融活动提供方便、快捷的服务。

尤其是在网络时代，EFT 系统的应用已经发展成一个集内联网（Intranet）、外联网（Extranet）和互联网（Internet）于一体的广泛的电子支付网络系统，如图 4-4 所示。

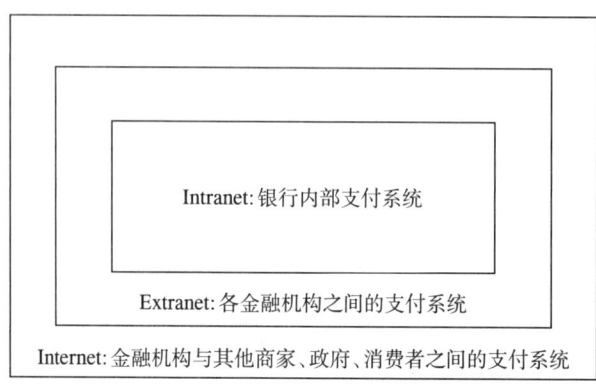

图 4-4　电子支付网络系统

二 银行卡支付

当今世界上流行着各种介质制造的卡片，其中尤以磁卡和集成电路卡（IC 卡）使用得最多。由于各行各业都在发行自己的卡片，因此卡片的种类繁多，而且应用范围非常广泛。银行卡也称金融交易卡，是由商业银行（含邮政金融机构）向社会发行的具有消费信用、转账结算、存取现金等全部或部分功能的信用支付工具，也是客户用来启动 ATM 系统和 POS 系统等电子银行系统并进行各种金融交易的必备工具。

（一）银行卡的种类

目前，银行卡的主要品种有信用卡、专用卡、电子钱包卡、购物卡、转账卡、提款卡等多种，根据结算方式、使用权限、使用范围、持卡对象以及所用载体材料的不同，可以划分为多种类型的银行卡。按照结算方式划分是最常用的方法。

按结算方式，银行卡分为信用卡、借记卡、复合卡和现金卡 4 种。

（1）信用卡。信用卡是最早发行的银行卡，也称贷记卡，是银行向金融上可信赖的客户提供无抵押的短期周转信贷的一种手段，它是目前国际上广泛流行的一种支付手段与结算工具，是由银行或专门的信用卡公司签发的证明持卡人信誉良好并可以在指定的商店或场所进行直接消费的一种信用凭证。发卡银行根据客户的资信等级给信用卡的持卡人规定一个信用额度，信用卡的持卡人就可以在任何特约商店先消费、后付款，也可以在 ATM 系统上预支现金。依照信用等级的不同，信用卡可分为普通信用卡、金卡、贵宾卡等多个品种。

（2）借记卡。在信用卡的基础上，银行推出了借记卡。借记卡的持卡人必须在发卡行有存款。持卡人在特约商店消费后，通过电子银行系统直接将顾客在银行中的存款划拨到商店的账户上。除了用于消费外，借记卡还可在 ATM 系统中用于取现。依据借记卡的使用功能，借记卡还可以有多种品种，如专用于转账的转账卡、用于特定用途的专用卡等。

（3）复合卡。为方便客户，银行也发行一种兼具信用卡和借记卡两种性质的银行卡，这种银行卡称为复合卡，我国称之为准贷记卡。复合卡的持卡人必须事先在发卡银行交存一定金额的备用金，持卡人持卡消费或取现后，银行即做扣款操作；同时，发卡银行也可以为这种持卡人提供适当的无抵押的周转信贷。因此，持卡人用复合卡时，当备用金账户余额不足时，允许在发卡行规定的信用额度内适当透支。

（4）现金卡。现金卡与前述信用卡、借记卡和复合卡不同，在现金卡内记录有持卡人持有的现金数。持卡人持卡消费后，商户直接从现金卡内扣除消费金额，这样，现金卡中的现金数也就相应减少了。因此，现金卡同现金一样可以直接用于支付，不同的是现金卡内的货币是数字货币。数字货币是货币的高级发展形式，体现了银行卡向网络货币融合和两者接轨的发展趋势。

（二）银行卡的应用领域

早期 EFT 系统所使用的银行卡多属单功能卡，如取款卡不能用来购物，信用卡不能用来提款。因此，一个人往往需要申请多种卡才能满足不同需要。一人多卡的缺点是携带、使用、保管不方便，持卡人还往往记不清每张卡的个人标识码（Personal Identification Number, PIN）；对银行来说，对一人发多张卡时，成本也会相应提高。为解决这个问题，各国银行普遍采用发行多功能卡的办法，使卡片向单一规格发展。银行发行的金融交易卡在金融界主要用于与电子银行系统有关的作业处理，包括持卡消费、启动 ATM 系统、企业银行联机、家庭银行联机、网上支付、银行柜台交易和个人资产管理等。

三　数字货币

数字货币也称电子现金，在英语中表示为 e-money, digital money, e-cash, electronic money 等。目前数字货币的发展尚处于初期，其内容形式不断演变，因此对数字货币定义的界定一直没有明确。

（一）数字货币的概念

目前国内很多学者认为，数字货币属于电子货币，电子货币主要分为基于票据、银行卡等物理实体流转而完成款项支付的传统电子支付、网络支付和数字货币，同时又将数字货币分为两类：法定数字货币和私人数字货币，私人数字货币又分为虚拟货币与区块链币，电子货币分类如图 4-5 所示。

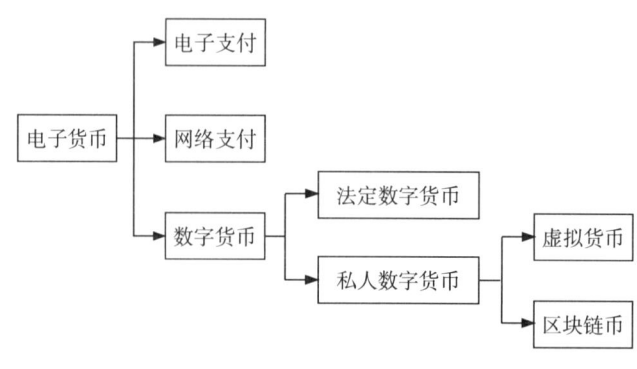

图 4-5　电子货币分类图

数字货币是依靠密码技术创建、发行和实现流通的电子货币,它是电子货币形式的替代货币,目前流行于世界各国的数字货币有上百种,如比特币、莱特币、无限币、夸克币、泽塔币、元宝币等。

(二)数字货币支付与网络支付的区别

网络支付,尤其是第三方支付的兴起与发展是现代支付体系的一个重要补充,其在支付体系、交易媒介、支付效率等方面有着传统电子支付不可比拟的优越性,例如微信钱包、支付宝等,其某些属性特征与数字货币支付较为相似。对比来看,数字货币支付与网络支付的最大差异集中在两个方面:支付成本与跨境支付。

支付成本。数字货币可以通过互联网绕开某些来自传统银行体系与国家边界的资金流动障碍,尤其是在进行跨境贸易的时候,资金划拨与支付仅承担少量的费用,潜在地为商家与客户节省了手续费。反观网络支付,尽管相较传统支付降低节约了很大的支付成本,但费用的节省相对有限。

跨境支付。2013年,国家外汇管理局下发《支付机构跨境电子商务外汇支付业务试点指导意见》(以下简称《指导意见》)后,第三方支付机构跨境支付开始试点,允许参加试点的支付机构集中为电子商务客户办理跨境收汇和结售汇业务,一定程度上推动了跨境业务支付,《指导意见》同时对跨境业务范围、交易金额等做出了规定和限制。但数字货币支付则不受时间、区域、金额的限制,能够实时完成跨国贸易和跨境支付,显示出其在跨境支付方面的优越性。

四 电子支票

在通过电子商务所形成的资金流中,B2B方式占80%,且其所占比例仍呈上升态势。网上支付作为实现电子商务资金流转的关键,正日益引起人们的关注。据统计,在B2C交易中,网上支付额约占总交易额的20%,而B2B中采用网上支付的部分仅为总数的3%。这主要是由于B2B交易涉及金额较大,适用于B2C网上支付的电子现金和银行卡交易方式不再适合B2B交易。为了满足B2B方式交易的需求,一种新的网上支付手段——电子支票诞生了。

(一)电子支票的概念

电子支票的运作类似于传统支票。顾客从他们的开户银行收到数字文档,并为每一个付款交易输入付款数目、货币类型以及收款人的姓名。为了兑现电子支票,需要付款人在支票上进行数字签名。收款人将支票拿到银行进行兑现,然后银行又将支票送回给付款人。电子支票是一种借鉴纸质支票转移支付的优点，利用数字传递将钱款从一个账户转移到另一个账户的电子付款形式。电子支票的支付是在商户与银行相连的网络上以密文的方式传递的。

电子支票系统是电子银行常用的一种电子支付工具。支票一直是银行大量采用的支付工具之一。将支票改变为带有数字签名的电子报文，或利用其他数字电文代替传统支票的全部信息，就是电子支票。

比起电子现金的支付方式，电子支票的出现和开发是较晚的。1996年，美国通过的《改进债务偿还方式法》是推动电子支票在美国应用的一个重要因素。该法规定，自1999年1月起，政府部门的大部分债务通过电子支付方式偿还。1998年1月1日，美国国防部以及由银行和技术销售商组成的旨在促进电子支票技术发展的金融服务技术联合会（FSTC）通过美国财政部的财政管理服务支付了一张电子支票，以显示系统的安全性。

利用电子支票，可以使支票的支付业务和支付过程电子化。电子银行和大多数金融机构通过建立电子支票支付系统在各个银行之间发出和接收电子支票，向用户提供电子支付服务。电子支票系统通过剔除纸面支票，最大限度地利用了当前银行系统的自动化潜力。例如，通过银行自动提款机网络系统进行一定范围内普通费用的支付，通过跨省市的电子汇兑、清算实现全国范围的资金传输，以及大额资金在世界各地银行之间的资金传输等。

（二）电子支票的特点

（1）节省时间。电子支票的发行不需要填写、邮寄或发送，而且电子支票的处理也很省时。在使用纸质支票时，卖方必须收集所有的支票并存入其开户行。使用电子支票，卖方可即时发送给银行，由银行为其入账。所以，使用电子支票可节省从客户写支票到为商家入账这一段时间。

（2）减少了处理纸质支票时的费用。

（3）减少了支票被退回情况的发生。电子支票的设计方式使得商家在接收前先得到客户开户行的认证，类似于银行本票。

（4）不易丢失或被盗。电子支票在用于支付时不必担心丢失或被盗。如果被盗，则接收者可要求支付者停止支付。

（5）电子支票不需要安全存储，只需要对客户的私钥进行安全存储。

（6）电子支票与传统支票工作方式相同，易于被理解和接受。

（7）电子支票适于各种市场，可以很容易地与电子数据交换（Electronic Data Interchange, EDI）应用结合，推动EDI基础上的电子订货和支付。

电子支票方式的付款可以脱离现金和纸张进行。购买者通过计算机或 POS 机获得一个电子支票付款证明，而不是寄一张支票或直接在柜台前付款。电子支票传输系统目前一般是专用网络系统，国际金融机构通过自己的专用网络、设备、软件及一套完整的用户识别、标准报文、数据验证等规范化协议完成数据传输，从而控制其安全性。目前这种方式已经较为完善，主要问题是如何扩展到互联网上操作。今后的发展趋势是它将逐步过渡到互联网上进行传输。这种方式尤其适合电子商务中的 B2B 应用。

五 电子钱包支付

（一）电子钱包的概念及形式

电子钱包是指装入电子现金、电子零钱、安全零钱、数字信用卡、在线货币、数字货币和数字现金等电子货币，集多种功能于一体的电子货币支付方式。它是顾客在电子商务活动中使用的一种支付工具，是在小额购物时常用的新式钱包。

微软公司在 1999 年 11 月就发布了在线电子钱包，它允许客户在任何个人计算机利用各种电子信用卡购物。实际上，电子钱包有多种形式，它可以是一种具有存储货币值和重要信息的智能卡，装有存储在银行的或来自电子钱夹的数字现金，从而可以在配套的 POS 装置上完成电子支付和消费。电子钱包也可以设计成装有各种电子现金、电子信用卡、安全零钱和在线货币的"小钱包"，取代现金和许多消费者经常支付的 10 美元以下的硬币；电子钱包也可以将多张电子信用卡输入到电子钱包内，随时进行在线支付。

（二）电子钱包的产生

英国国民西敏寺银行开发的电子钱包 Mondex 是世界上最早的电子钱包系统，于 1995 年 7 月首先在有"英国硅谷"之称的斯温顿市试用。电子钱包使用起来十分简单，只要把 Mondex 卡插入终端，3 至 5 秒之后一笔交易即告结束，读取器将从 Mondex 卡中的钱款中扣除本次交易的花销。此外，Mondex 卡还大都具有现金货币所具有的诸多属性，如作为商品尺度的属性、储蓄的属性和支付交换的属性，通过专用终端还可将一张卡上的钱转移到另一张卡上，而且，卡内存的钱一旦用完或者卡遗失或被窃，Mondex 卡内的金钱价值便不能重新生成；Mondex 卡损坏时，持卡人向发行机关申报卡内所剩余额，由发行机关确认后制作新卡发还。

使用电子钱包的顾客通常要在有关银行开立账户。顾客在使用电子钱包时，将其通过应用软件安装到电子商务服务器上，利用电子钱包服务系统就可以把自己的各种电子货币或电子金融卡上的数据输入进去。在发生收付款时，如顾客需要使用电子信用卡，如 VISA

卡和 Mondex 卡等，只要单击相应项目（或相应图标）即可完成。这种电子支付方式称为单击式或点击式支付方式。在电子钱包内只能装电子货币，即装入电子现金、电子零钱、安全零钱、电子信用卡、在线货币、数字货币等。这些电子支付工具都可以支持单击式支付。

（三）电子钱包的优势

1. 电子钱包给商家、客户和银行都带来了极大的方便

电子钱包中的钱款以数字的形式被存储，使用时可以准确无误地被减除。消费者无须携带大量的现钞，也无须在 ATM 系统上取现，既减少了携带现钞的不便，又使交易因无须找零而加快了速度。对商业组织而言，付款方直接将电子钱包中的现金或支票发到收款方的电子信箱，并通过网络将电子付款通知单发送给银行，银行便可以立即将款项转入收款方的账户。这一支付过程仅需数秒即可完成，不仅使银行简化了手续，而且节约了用户的时间。

2. 电子钱包较现金系统具有更大的可靠性

电子钱包内置密码、证书概要和其他用户个人数据，完全脱离启动装置及中介装置，即使计算机资源丢失或被盗，电子钱包中的信息仍然能够得到保护。

3. 电子钱包给予用户较大的隐私保护

在使用电子钱包时，计算机可以为每个"电子代币"建立随机选择序号，且把此号码隐藏在加密的信息中。这样就没人能清楚地知道到底是谁提取或使用了这些电子现金，从而保护了个人隐私权。

4. 电子钱包有利于降低交易成本和管理费用

电子钱包的问世有效地减少了持有现金的成本，降低了庞大的现金流通费用，节约了各分支机构用于现金管理上的人力、物力和时间。电子钱包中设有软件程序，可以根据场所的不同而被指定用于各种特殊的用途，另外，卡上的费用是分次输入的，有助于消费者更合理地使用现金。

5. 电子钱包有利于银行法定准备金的管理

库存现金的增减会引起法定准备金的变化，从而使银行的准备金发生额外变动。而当电子现金发生变化时，仅仅是以一种负债（电子现金账户上的负债）的增减代替另一种负债（存折上的负债）的增减。由于库存现金并不发生变化，所以当准备金率不变时就不会影响法定准备金的总体运作。

第四节 移动支付系统

一 移动支付概述

移动支付，也被称为手机支付，它是指通过移动设备（如智能手机、平板电脑）进行的电子金融交易。移动支付使用户能够进行实时在线支付，且与传统电子支付相比具有独特的移动性和便利性。传统电子支付主要依赖计算机终端进行网上购物等金融交易，而移动支付则利用移动设备技术和移动互联网为用户提供随时随地的支付服务。支付过程通常需要利用移动设备上的移动支付应用程序，如电子钱包或第三方支付平台。

移动支付已广泛应用于各个领域，改变了用户的消费模式。在零售购物领域，用户可以通过移动支付完成付款，无须携带现金或银行卡；在餐饮领域，用户可以扫描店内二维码完成点餐和支付，提高用餐效率；在交通领域，用户可以使用移动支付购买地铁、公交车票或支付打车费用，避免充值和找零的麻烦；在旅游景点，用户可以直接使用移动支付完成购买门票、餐饮和住宿等交易。此外，移动支付还方便了生活缴费，如水电煤气费、话费等各类生活费用。

（一）我国移动支付的发展历程

自 1999 年移动支付试点开始，我国移动支付大致经历了四个发展阶段，分别是 1999—2000 年的起步阶段、2001—2010 年的缓速发展阶段、2011—2015 年的快速发展阶段及 2016 至今的引领全球发展阶段。

1. 起步阶段

1999 年，中国移动与几大银行展开合作，以广东等地为试点地区，开展相应的移动支付业务，意味着移动支付在我国最早出现。

2. 缓速发展阶段

2001 年，作为国内移动支付领域的探索者，广东省在广州市推出了移动 POS 机刷卡服务，2002 年推出了手机小额支付业务，服务于当地的酒店、商超、地铁等。2004 年支付宝诞生。除此之外，银行和金融机构也加入移动支付产业的布局中来，中国银联于 2004 年开展手机和银行卡绑定的移动支付合作。2006 年，中国移动在厦门市开展了近场支付商业应用试验；2008 年 2 月，支付宝发布了基于手机支付业务的移动电子商务战略；2010 年，中国银联联合部分手机终端供应商、18家商业银行以及中国联通和中国电信共同成立"移动支付产业联盟"。

3. 快速发展阶段

2011年6月，中国人民银行给支付宝、银联商务等公司下发了第三方支付牌照，移动支付业务也获得了国家的认可，在政策和法规层面得到了保障。2012年6月21日，中国银联和中国移动签署了移动支付业务合作协议，确定移动支付的标准为13.56MHz，直接促进了移动支付在中国的发展进程。2013年8月5日，微信支付上线；同时，支付宝手机支付全年高达27.8亿笔，交易金额9 000多亿元，成为全球最大的移动支付公司。2014年1月27日，微信红包功能上线，2015年2月18日，开创了春晚红包活动，10.1亿次收发记录，创新了春节期间全国人民红包互动的高潮。

4. 引领全球阶段

2016年5月20日，三星Samsung Pay和支付宝宣布在相关领域达成全面合作计划。2017年5月24日，支付宝推出香港版电子钱包——支付宝HK，正式为香港居民提供无现金移动支付服务；次年10月1日起，微信香港钱包为香港用户提供内地移动支付服务。自2018年1月起，支付宝先后进入了以色列、瑞士、巴基斯坦、澳大利亚等国家，并先后与其开展了移动支付合作。

（二）移动支付方式

随着移动支付行业的快速发展，早期的短信支付、WAP支付和App支付逐渐演变为更加多样和便利的移动支付方式，并不断涌现出新的支付技术和应用。

除了短信支付、WAP支付和App支付，近年来还出现了许多其他移动支付方式。其中最常见的是扫码支付。通过扫描商户二维码，用户可以直接使用支付宝、微信支付、银联等支付平台进行支付，无须输入任何额外信息，更加快速和便捷。扫码支付在零售、餐饮、停车等各个领域广泛应用，在国内已经成为主流支付方式之一。另一个新兴的移动支付方式是NFC支付。NFC技术允许移动设备与读卡器之间进行近距离的通信，实现无线支付。用户只需将手机靠近支持NFC支付的读卡器或终端，即可完成支付。NFC支付已经在公交、地铁、超市等场所得到广泛应用。

除了以上几种移动支付方式，还有人脸支付、声纹支付等多种新兴支付技术不断涌现，移动支付变得更加灵活、安全、便捷和多样化。

二 二维码支付

（一）二维码支付的概念

二维码也称为二维条码、快速响应（Quick Response, QR）码，是指在一维条码的基础上扩展出另一维具有可读性的条码，使用黑白矩形图案表示二进制数据，被设备扫描后可获取其中所包含的信息。二维码的长度、宽度均记载着数据。二维码有一维条码没有的"定位点"和"容错机制"。容错机制在即使没有识别到全部的条码或是说条码有污损时，也可以正确地还原条码上的信息。同时，二维码在代码编制上巧妙地利用构成计算机内部逻辑基础的 0、1 比特流的概念，使用若干个与二进制相对应的几何形体表示文字数值信息，通过图像输入设备或光电扫描设备自动识读，以实现信息自动处理。典型的二维码有PDF417 码、DM 码、QR 码等。

（二）手机二维码支付产品分类

按手机二维码的生成主体，可将手机二维码支付产品分为以下四类：

（1）生成二维码的主体是第三方支付平台，例如支付宝公司的二维码收款业务。支付宝用户免费领取"向我付款"的二维码。付款方只需打开支付宝手机客户端的"扫码功能"扫描收款方的"向我付款"的二维码，即可跳转至付款页面，在付款成功后，款项将直接到达二维码绑定的支付宝账户中，收款人也会收到短信及客户端通知。

（2）生成二维码的主体是银行支付系统，也称二维码银联模式。以民生银行手机银行为例，收款人进入手机银行 App，点击二维码，选择二维码账户管理，再选择自己收款的银行卡和户名，这样就生成了二维码。当客户有资金往来需要时，无须再记忆烦琐的账户名、开户行等信息，收款人只需将二维码图片进行保存并发给付款方，付款方登录民生手机银行，轻松扫一扫，输入付款金额，即可完成付款。操作简易，实时到账，免收手续费。

（3）生成二维码的主体是商家 App，例如"一拍即付"应用，通过手机银行客户端中的二维码解码技术，拍摄网站、报纸、平面广告或者网点宣传单上的商品二维码图片后，自动在手机客户端生成商品订单，客户只需执行后续的订单支付手续，即可完成商品的购买。

（4）生成二维码的主体是通信营运商，例如，从第三届中国—东盟博览会开始，中国移动广西公司就启用二维码门票，移动客户通过手机支付平台，在手机账户话费中扣费成功后获取二维码凭证，在规定时间到博览会移动电子入场券专用检票处验证通过后即可入场。

（三）手机二维码支付要素及流程

一个手机二维码支付工具的应用至少要有七个基本结构要素：

（1）身份，即谁发出支付指令，谁要把货币的贮藏价值转移走。该结构有两个子结构，分别是"用户所拥有的"与"用户所知道的"，与身份认证中的双因素认证一一对应。

（2）指令（二维码）生成主体，即是谁生成的指令。

（3）支付终端，即发出和接收指令的终端或载体是什么。

（4）这个指令通过什么渠道传递。

（5）谁处理这个支付指令以及如何实现支付服务。

（6）付款账户，即价值从哪里转出。

（7）收款账户，即货币将流向哪里。

这些基本结构要素可以通过多种方式联系起来，而每一个联系都受到属性的影响和约束。手机二维码支付工具有三个基本属性：第一是安全，这个应用应具有较高的安全性；第二是监管，互联网金融可持续的健康发展离不开中国人民银行的金融监管；第三是金额，即这个应用可以用在多大规模金额的转移上。当然还可以用其他属性描述以及约束结构，如便捷性、可靠性、性价比、可接受性、普及度等附加属性。这些附加属性与上述的三个基本属性共同刻画并影响一个支付产品的应用。

手机二维码支付流程如图 4-6 所示：

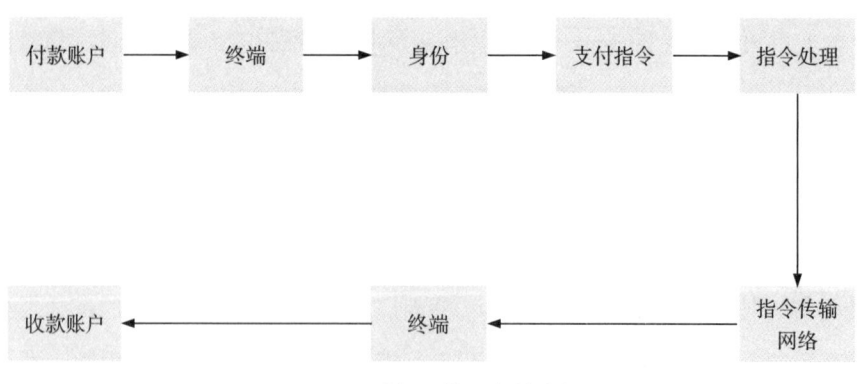

图 4-6　手机二维码支付流程

（四）二维码在移动支付中的应用

手机二维码在我国的主要应用模式有三种，分别为解码识读信息、解码链接上网、解码验证真伪。

1. 解码识读信息

利用手机摄像头扫描二维码，解码软件在解码后显示数据信息，以减少用户的输入，方便用户获取信息。

2. 解码链接上网

手机扫描二维码，显示相关的统一资源定位（Uniform Resource Locater，URL）链接，用户可以点击这一链接以访问相关网站进行数据浏览或数据下载。这种模式在公交系统广告中的应用较多。

3. 解码验证真伪

手机扫描二维码之后将数据提交给验证服务器，由服务器核实产品或服务的有效性。这种应用模式在电子票务、产品防伪应用较多。

三 数字人民币

（一）数字人民币的发展历程

随着互联网的普及和移动设备的广泛应用，数字货币逐渐成为人们日常生活和商务活动中不可或缺的一部分。作为全球最大的经济体之一，中国也在积极探索数字货币的发展和应用。2014—2016年，中国人民银行成立法定数字货币研究小组，启动法定数字货币相关研究工作。研究小组对法定数字货币发行和业务运行框架、关键技术、流通环境、国际经验等进行了深入研究，形成了第一阶段法定数字货币理论成果。2016年，中国人民银行搭建中国第一代法定数字货币概念原型，成立数字货币研究所，并于当年提出双层运营体系、M0定位、银行账户松耦合、可控匿名等数字人民币顶层设计和基本特征。

在此思路框架下，经国务院批准，中国人民银行自2017年年底开始数字人民币研发工作，并依据资产规模和市场份额居前、技术开发力量较强等标准，选择大型商业银行、电信运营商、互联网企业作为参与研发机构，中国人民银行和参与研发机构以长期演进理念贯穿顶层设计及项目研发流程，经历开发测试、内部封闭验证和外部可控试点三大阶段，打造并完善数字人民币App，完成兑换流通管理、互联互通、钱包生态三大主体功能建设。同时，围绕数字人民币研发框架，探索建立总体标准、业务操作标准、互联标准、钱包标准、安全标准、监管标准等较为完备的标准体系。

2019年以来，中国人民银行遵循稳步、安全、可控、创新、实用的原则，在深圳、苏州、雄安、成都，以及2022北京冬奥会场景开展数字人民币试点测试，以检验理论可靠性、系统稳定性、功能可用性、流程便捷性、场景适用性和风险可控性。2020年11月开始，增加上海、海南、长沙、西安、青岛、大连 6 个新的试点地区。数字人民币研发试点地区的选择综合考虑了国家重大发展战略、区域协调发展战略以及各地产业和经济特点等因素，目前的试点省市基本涵盖长三角、珠三角、京津冀、中部、西部、东北、西北等不同地区，有利于试验评估数字人民币在我国不同区域的应用前景。

截至 2021 年 6 月 30 日，数字人民币试点场景已超 132 万个，覆盖生活缴费、餐饮服务、交通出行、购物消费、政务服务等领域。开立个人钱包 2 087 万余个、对公钱包 351 万余个，累计交易 7 075 万余笔、金额约 345 亿元。在地方政府的积极参与和支持下，在一些地区开展了数字人民币红包活动，实现了不同场景的真实用户试点测试和分批次大规模集中测试，验证了数字人民币业务技术设计及系统稳定性、产品易用性和场景适用性，增进了社会公众对数字人民币设计理念的理解。

（二）数字人民币的特点

数字人民币是中国人民银行发行的数字形式的法定货币，由指定运营机构参与运营，以广义账户体系为基础，支持银行账户松耦合功能，与实物人民币等价，具有价值特征和法偿性。其主要含义是：

第一，数字人民币是中国人民银行发行的法定货币。一是数字人民币具备货币的价值尺度、交易媒介、价值贮藏等基本功能，与实物人民币一样是法定货币。二是数字人民币是法定货币的数字形式。从货币发展和改革历程看，货币形态随着科技进步、经济活动发展不断演变，实物、金属铸币、纸币均是相应历史时期发展进步的产物。数字人民币的发行、流通管理机制与实物人民币一致，但以数字形式实现价值转移。三是数字人民币是中国人民银行对公众的负债，以国家信用为支撑，具有法偿性。

第二，数字人民币采取中心化管理、双层运营。数字人民币发行权属于国家，中国人民银行在数字人民币运营体系中处于中心地位，负责向作为指定运营机构的商业银行发行数字人民币并进行全生命周期管理，指定运营机构及相关商业机构负责向社会公众提供数字人民币兑换和流通服务。

第三，数字人民币定位为现金类支付凭证（M0），将与实物人民币长期并存。数字人民币与实物人民币都是中国人民银行对公众的负债，具有同等法律地位和经济价值。数字人民币将与实物人民币并行发行，中国人民银行会对二者共同统计、协同分析、统筹管理。国际经验表明，支付手段多样化是成熟经济体的基本特征和内在需要。中国作为地域广阔、人口众多、多民族融合、区域发展差异大的大国，社会环境以及居民的支付习惯、年龄结构、安全性需求等因素决定了实物人民币具有其他支付手段不可替代的优势。只要存在对实物人民币的需求,中国人民银行就不会停止实物人民币供应或以行政命令对其进行替换。

第四,数字人民币是一种零售型中国人民银行数字货币,主要用于满足国内零售支付需求。中国人民银行数字货币根据用户和用途不同可分为两类:一种是批发型中国人民银行数字货币,主要面向商业银行等机构类主体发行,多用于大额结算;另一种是零售型中国人民银行数字货币,面向公众发行并用于日常交易。数字人民币是一种面向社会公众发行的零售型中国人民银行数字货币,其推出将立足我国国内支付系统的现代化,充分满足公众日常支付需要,进一步提高零售支付系统效能,降低全社会零售支付成本。

第五,在未来的数字化零售支付体系中,数字人民币和指定运营机构的电子账户资金具有通用性,共同构成现金类支付工具,商业银行和持牌非银行支付机构在全面持续遵守合规(包括反洗钱、反恐怖融资)及风险监管要求,且获得中国人民银行认可支持的情况下,可以参与数字人民币支付服务体系,并充分发挥现有支付等基础设施作用,为客户提供数字化零售支付服务。

(三)数字人民币的作用

中国研发数字人民币体系,旨在创建一种以满足数字经济条件下公众现金需求为目的、数字形式的新型人民币,配以支持零售支付领域可靠稳健、快速高效、持续创新、开放竞争的金融基础设施,支撑中国数字经济发展,提升普惠金融发展水平,提高货币及支付体系运行效率。

第一,丰富中国人民银行向社会公众提供的现金形态,满足公众对数字形态现金的需求,助力普惠金融。随着数字技术及电子支付发展,现金在零售支付领域的使用日益减少,但中国人民银行作为公共部门有义务维持公众直接获取法定货币的渠道,并通过现金的数字化来保障数字经济条件下记账单位的统一性。数字人民币体系将进一步降低公众获得金融服务的门槛,保持对广泛群体和各种场景的法定货币供应。没有银行账户的社会公众可通过数字人民币钱包享受基础金融服务,短期来华的境外居民可在不开立中国内地银行账户情况下开立数字人民币钱包,满足在华日常支付需求。数字人民币"支付即结算"特性也有利于企业及有关方面在享受支付便利的同时,提高资金周转效率。

第二,持零售支付领域的公平、效率和安全。数字人民币将为公众提供一种新的通用支付方式,可提高支付工具的多样性,有助于提升支付体系效率与安全。中国一直支持各种支付方式协调发展,数字人民币与一般电子支付工具处于不同维度,既可互补也有差异。数字人民币基于 M0 定位,主要用于零售支付,以提升金融普惠水平为宗旨,借鉴电子支付技术和经验并对其形成有益补充。虽然支付功能相似，数字人民币和电子支付工具也存在一定差异：数字人民币是国家法定货币，是安全等级最高的资产；数字人民币具有价值特征，可在不依赖银行账户的前提下进行价值转移，并支持离线交易，具有"支付即结算"特性；数字人民币支持可控匿名，有利于保护个人隐私及用户信息安全。

第三，积极响应国际社会倡议，探索改善跨境支付。社会各界对数字人民币在实现跨境使用、促进人民币国际化等方面较为关注。跨境支付涉及货币主权、外汇管理政策、汇兑制度安排和监管合规要求等众多复杂问题，也是国际社会共同致力推动解决的难题。货币国际化是一个自然的市场选择过程，国际货币地位从根本上看是由经济基本面以及货币金融市场的深度、效率、开放性等因素决定的。数字人民币具备跨境使用的技术条件，但当前主要用于满足国内零售支付需要。未来，中国人民银行将积极响应二十国集团（G20）等国际组织关于改善跨境支付的倡议，研究中国人民银行数字货币在跨境领域的适用性。根据国内试点情况和国际社会需要，中国人民银行将在充分尊重双方货币主权、依法合规的前提下探索跨境支付试点，并遵循"无损""合规""互通"三项要求，与有关货币当局和中国人民银行建立法定数字货币汇兑安排及监管合作机制，坚持双层运营、风险为本的管理要求和模块化设计原则，以满足各国监管及合规要求。

第四，数字人民币可以增强金融监管和风险防控能力。数字人民币的使用可以增强金融监管和风险防控能力。数字人民币可以实现交易记录的公开查询和审计，提高金融交易的透明度和可监管性；数字人民币的多层次安全机制可以保障用户信息和资金的安全，防止金融风险的发生；数字人民币可以实现快速、准确的资金流动监测和管理，提高金融风险的预警和应对能力。

四　NFC 支付

（一）NFC 概念

NFC 是 Near Field Communication 的缩写，即近距离无线通信技术，允许电子设备之间通过非接触式点对点数据传输（在 10cm 内）交换数据。

NFC 支付系统需要具备这样一些组成部分：安全单元（Secure Element，SE），负责确保支付系统的安全，可以固化在手机中，也可以存在于 SIM 卡、SD 卡这样的可拆卸装置中；NFC 前端芯片，通过连接的天线负责无线通信；空中下载控制部分（Over-the-Air Technology，OTA），负责对存储在 SE 中的 NFC 支付应用进行下载和管理。

NFC 从本质上和目前存在的 Wi-Fi、蓝牙是类似的，但是 NFC 采用的是 13.56MHz

的频率，与目前广为流行的非接触智能卡（ISO14443）所采用的频率相同，所以移动支付市场是 NFC 技术的主打领地。

NFC 支付是指消费者在购买商品或服务时，即时采用 NFC 技术通过手机等手持设备完成支付，是一种新兴的移动支付方式。支付的处理在现场进行，并且在线下进行，不需要使用移动网络，而是使用 NFC 射频通道实现与 POS 收款机或自动售货机等设备的本地通信。NFC 支付的实现需要以下两种设备：NFC 手机，指带有 NFC 模块的手机；NFC 支付终端，主要包括 NFC 收款机（NFC POS 机）、NFC 自动售货机、NFC 读卡设备等。

（二）NFC 在移动支付中的应用

NFC 的应用模式一般有三种：卡模式、读卡器式、点对点式。卡模式就是将具有 NFC 功能的设备模拟成一张非接触智能卡；读卡器式是指从 NFC 标签上读取信息；点对点式指两个具备 NFC 功能的设备相连接，实现点对点数据传输。NFC 技术在手机上的应用主要有以下六类：

（1）通过（touch and go）。如门禁管理、车票和门票等，也可用于物流管理。用户将存储着票证或门控密码的设备靠近读卡器读取内容。

（2）支付（touch and pay）。如非接触式移动支付，用户将设备靠近嵌有 NFC 模块的 POS 机即可进行支付并确认交易。日本的电信运营商在很早之前就开始普及 NFC 功能，在日本的大城市中几乎每个商铺和自动售货机均支持 NFC 支付。

（3）连接（touch and connect）。把两个 NFC 设备相连接以进行点对点数据传输，如下载音乐、图片互传和交换通讯录等。

（4）浏览（touch and explore）。用户可将 NFC 手机接靠近街头具有 NFC 功能的智能公用电话或海报浏览交通信息等。

（5）下载（load and touch）。用户可通过移动通信网络接收或下载信息，用于支付或通过门禁等功能。如用户可发送特定格式的短信至家政服务员的手机以控制家政服务员进出住宅的权限。

（6）刷卡充值。如下载"和包支付"客户端，在手机上注册北京市政一卡通的后台账户，并通过银联向账户中充值。一旦余额不足，可以选择"圈存"选项，从一卡通注册账户中圈存几十元放入刷卡账户。此外，还能在手机上实时查询北京市政交通一卡通账户余额和消费明细。

（三）NFC 支付的安全性

NFC 支付系统作为一种基于近距离无线通信技术的移动支付方式，涉及用户的财务信息和交易数据，因此安全性是其核心关注点之一。为确保用户数据的安全，NFC 支付采用了多种严密的安全措施，其中包括以下方面：

（1）安全单元（Secure Element）的关键作用。安全单元被视为 NFC 支付系统的保障，负责妥善存储和管理敏感支付应用数据。这一安全单元可以是嵌入在手机芯片中的硬件安全模块，也可以存在于可拆卸的 SIM 卡等存储介质中。其物理隔离特性确保了支付数据的隐私，从而防止了恶意软件和黑客的入侵。

（2）加密和认证机制的关键应用。NFC 支付的数据传输通常采用高强度的加密算法，以确保交易数据的保密性。同时，交易参与方之间进行严格的认证，确保了交易合法性和双方身份的验证。这些安全机制有助于减少中间人攻击和潜在的数据泄露风险。

（3）智能交易限额和双重认证策略。NFC 支付系统一般设定交易限额，限制了单笔交易金额，以减少可能的风险。在某些情况下，系统可能会要求进行双重认证，例如用户在高额交易时需要额外的验证，如指纹识别或密码输入，以确保交易的合法性和安全性。

（四）NFC 支付面临的挑战

随着 NFC 支付技术的普及，其也面临一些潜在的挑战和风险，需要用户保持警惕并采取相应的防范措施。

（1）设备丢失或被盗的潜在威胁。一旦用户的 NFC 设备丢失或被盗，黑客可能试图访问其中的支付应用和敏感信息。因此，用户在发现设备丢失时，应立即报告，并启用远程擦除功能以清除支付数据、降低潜在风险。

（2）恶意软件和病毒的潜在危害。尽管安全单元提供了一定程度的保护，但恶意软件和病毒仍然可能对用户设备的安全性构成威胁。为减少潜在风险，用户应始终保持设备操作系统和安全软件的最新更新，以提高设备的整体安全性。

（3）社会工程学攻击的威胁。攻击者可能通过欺骗、诱导或欺诈等手段，诱使用户泄露支付信息。为减少这一威胁，用户应接受相关教育，了解如何辨别和防范社会工程学攻击，如在提供个人信息和支付密码时保持谨慎。

（五）NFC 支付的未来展望

随着技术的不断创新和应用的拓展，NFC 支付有着广阔的未来前景，将在多个方面呈现出更为丰富的发展可能性。

（1）多元化的支付场景。NFC 支付的未来不再局限于商店购物，它将渗透到更多领域，如公共交通、景区门票、会议报名等。这种多元化的应用场景将为用户提供更多选择，加速 NFC 支付的普及。

（2）跨平台互联互通。随着 NFC 支付技术的日益成熟，不同品牌和型号的手机之间实现互通支付的跨平台解决方案将逐渐成为可能。这将为用户创造更加无缝、便捷的支付体验，提升用户的支付满意度。

（3）融合多技术的应用。NFC 技术有望与其他前沿技术，如物联网（IoT）技术融合，进一步扩展其应用领域。用户或许能够通过 NFC 支付实现智能家居的控制，或在智能汽车中进行便捷支付，这将带来更多的创新和便利。

（4）不断提升的安全性。未来，随着技术的不断进步，NFC 支付系统的安全性将持续提升。更加强大的加密算法、生物识别技术以及智能风控系统的应用，将有效预防各类安全威胁。用户可以更加放心地使用 NFC 支付，享受安全便捷的支付体验。

习题

1. 什么是支票支付？支票支付有哪几个步骤？

2. 什么是数字货币？数字货币支付与网络支付的区别是什么？

3. 电子支票有何特点？

4. 什么是电子钱包支付？电子钱包支付的优势有哪些？

5. 简述二维码在移动支付中的应用。

6. 简述数字人民币的作用。

第五章　**中国现代化支付系统**

本章学习重点

- ● 掌握大额实时支付系统的概念、结构和功能。
- ● 掌握大额实时支付系统的时序、支付流程和处理的支付业务。
- ● 掌握小额批量支付系统的结构、运行时序和业务。
- ● 掌握第二代现代化支付系统的概念、核心系统和作用。
- ● 了解中国网联的背景和发展历程。
- ● 掌握网联系统架构、交易流程和主要业务。

随着中国经济的迅速发展，在 20 世纪 90 年代末，电子联行系统已难以满足社会需要，人民银行借鉴国际先进经验，结合中国的国情，着手设计现代化支付系统的体系结构，2000 年 10 月，人民银行党委决定调整定位、借鉴吸收、完善需求、以我为主，加快中国现代化支付系统建设，逐步取代电子联行系统，果断决定采取"借鉴吸收，自主开发，先大后小，边建边用"的方针，加快了现代化支付系统的建设。2005 年 3 月 14 日、4 月 11 日、5 月 23 日和 6 月 27 日，大额实时支付系统分 4 批完成了在全国的推广应用。

中国现代化支付系统，主要提供商业银行之间跨行的支付清算服务，是为商业银行之间和商业银行与中国人民银行之间的支付业务提供最终资金清算的系统，是各商业银行电子汇兑系统资金清算的枢纽系统，是连接国内外银行的重要桥梁，也是金融市场的核心支持系统。

中国现代化支付系统主要由大额实时支付系统、小额批量支付系统、清算账户管理系统和支付管理信息系统组成。

第一节　大额实时支付系统

一　大额实时支付系统概述

大额实时支付系统（High Value Payment System，HVPS）是由中国人民银行清算总中心开发和运营的系统。大额实时支付系统是中国人民银行按照我国支付清算需要，利用现代计算机技术和通信网络开发建设，处理同城和异地跨行之间和行内的大额贷记及紧急小额贷记支付业务，人民银行系统的贷记支付业务以及即时转账业务等的应用系统。该系统于 2002 年 10 月投产，并在 2013 年 10 月升级至第二代。2022 年，大额实时支付系统处理业务 4.16 亿笔，同比下降 13.72%，金额 7 425.74 万亿元，同比增长 20.32%。日均处理业务 166.32 万笔，金额 29.70 万亿元。

我国的大额实时支付系统属于中央银行负责运行，有日间借贷的全额实时结算系统，是办理商业银行之间、商业银行与人民银行之间支付业务资金清算的系统，是各银行连接同业拆借市场、债券市场和外汇市场的重要核心支持系统。

（一）大额实时支付系统的结构

大额实时支付系统作为一个业务逻辑系统，在物理结构上分成两个部分：一个国家处理中心（National Process Center，NPC）和包括深圳市在内的 32 个城市处理中心（City Clearing Processing Center，CCPC）。国家处理中心 NPC 是大额实时支付系统的中枢节点，负责接收、转发各参与者提交的大额支付业务，并将大额支付业务逐笔实时提交给清算账户管理系统（Settlement Account Processing System，SAPS）清算。城市处理中心 CCPC 是大额实时支付系统的城市节点，连接 NPC 和各直接参与者，负责在 NPC 和直接参与者之间接收、转发大额支付业务。大额实时支付系统的主要功能有：报文处理、业务识别、提交清算指令、支付业务撤销与退回、支付信息管理和支付业务核对等。中国人民银行地市以上中心支行（中央银行会计集中核算系统，ABS）、库（国家金库会计核算系统，TBS）作为直接参与者与城市处理中心直接连接，通过城市处理中心处理其支付清算业务；中国人民银行县（市）支行作为间接参与者，通过各自系统经中心支行（库）连接大额实时支付系统处理支付业务。

中央结算公司等特许参与者与大额实时支付系统国家处理中心连接，以办理支付交易的即时转账业务。

大额实时支付系统提供了两种接入模式：分散接入模式和一点接入模式。分散接入模式是指各银行以省级分支机构为单位接入 CCPC，而一点接入模式是金融机构以法人主体为单位直接接入 CCPC 或者直接接入 NPC。例如，某银行以总行为单位接入 NPC，该银行的所有分支机构的大额支付都通过总行的业务接口进行统一接入大额系统。

（二）大额实时支付系统处理的功能

（1）实现跨行大额支付的实时清算：采用逐笔发送、实时清算的方式，一笔支付不到 60 秒即可到账；

（2）支持货币政策的实施；

（3）增强商业银行的流动性：系统提供日间透支、自动质押回购、预期头寸查询等功能，以提高商业银行的支付能力；

（4）高效的货币市场清算功能：国家处理中心与债券市场、外汇市场、同业拆借市场直接连接；

（5）具有较强的支付风险防范和控制机制：大额支付实时清算，小额支付净额清算，不足支付排队处理，头寸预警功能；

（6）培育公平竞争环境：大额支付系统提供了一个公共的支付清算服务平台；

（7）支持异常支付的预警监视：中国人民银行总行和各分、支行根据需要对大额交易和可疑资金交易进行实时监测，并可以对一定时期内的往来支付活动进行统计分析。

二　系统运行时序及支付流程

（一）系统运行时序

大额实时支付系统按照国家法定工作日运行。将每一个工作日分为日间业务处理时间、清算窗口处理时间、日终业务处理时间和营业准备时间四个时间段，具体见图 5-1。8：00—17：00 为日间业务处理时间；17：00—17：30 为清算窗口处理时间，用于各清算账户筹措资金；17：30 进行日终业务处理，日终业务处理完后进入下一个工作日营业准备时间。因为大额实时支付系统只在工作日运行，所以在法定节假日停止运行前，央行、银行或支付机构都会发布延迟大额结算的公告。当大额实时支付系统遇到节假日停止运行的时候，通常会上调小额支付系统的单笔上限额度。

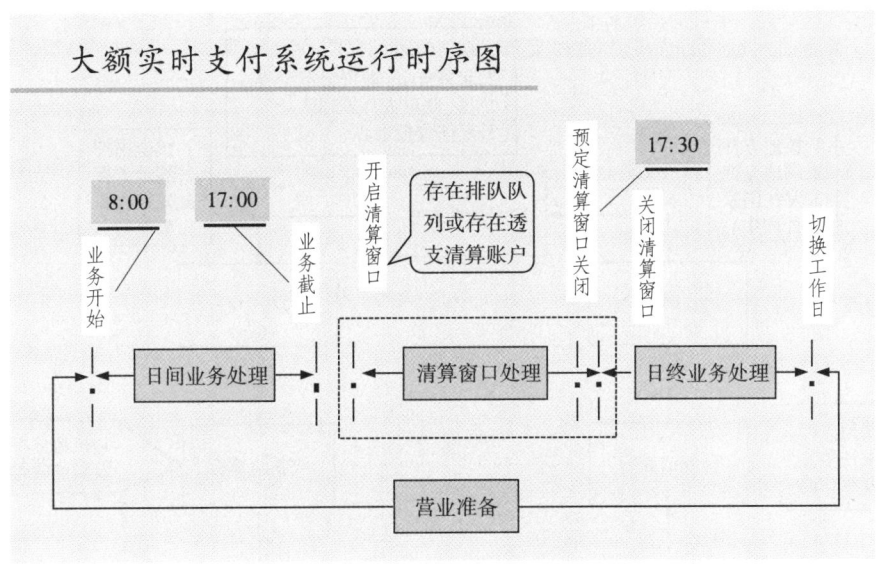

图 5-1　大额实时支付系统运行时序图

（二）系统支付流程

大额实时支付系统采取逐笔实时处理、全额清算资金的方式处理业务。系统支付流程主要包括以下几个步骤：

首先，发起人在企业网银端发起支付请求，发起行的业务后台处理系统判断该笔交易为大额支付，将业务数据生成的电子支付指令提交给发报中心；

其次，国家处理中心接收并确认发报中心的支付指令，并进行资金清算；

再次，判断该笔交易是否是同城交易，若是同城，判断是否有同城系统支持，有则提交同城系统处理；若不是同城系统或者该笔交易是异地交易，判断当前大额实时支付系统是否开放，若开放，大额实时支付系统实时轧差清算；

最后，对轧差成功的数据，通过发报中心提交付款发起行，付款发起行收到已轧差响应报文，告知付款发起人支付成功。通过收报中心告知收款接收行，收款接收行收到已轧差报文，实时调整收款接收人的银行账户余额。

如果大额实时支付系统未开放，则等待大额系统下一个工作日开放后再处理。大额业务处理流程如图 5-2 所示。

在图 5-2 中，涉及参与者如下：

（1）付款行：向付款清算行提交支付业务的参与者。

（2）付款清算行：向支付系统提交支付信息并开设清算账户的直接参与者或特许参与

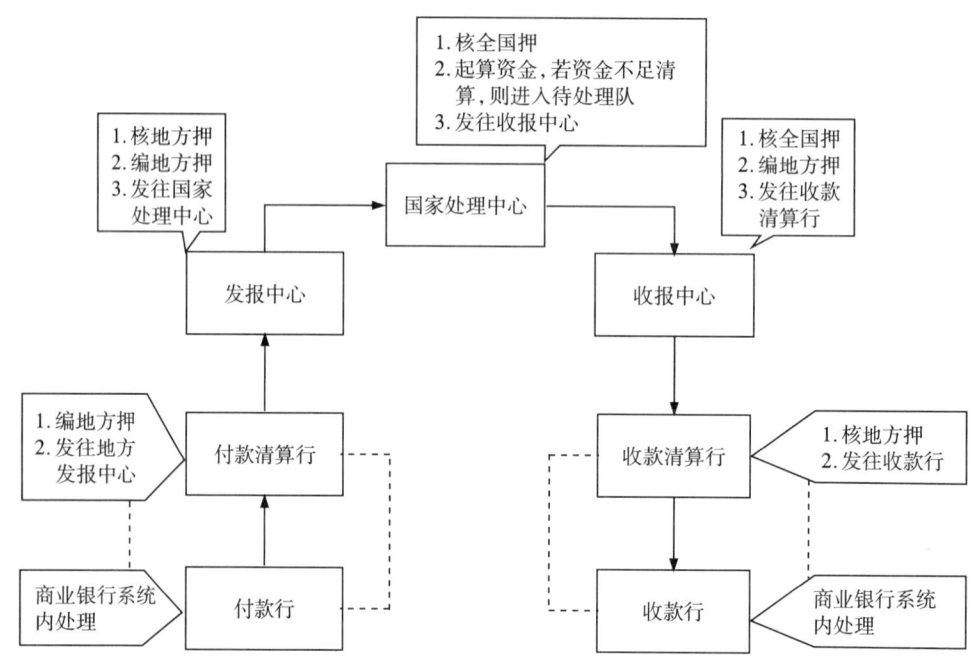

图 5-2　一般大额业务处理流程

者（也可以作为付款行向支付系统发起支付业务）。

（3）发报中心（发报城市处理中心）：向国家处理中心转发付款清算行支付信息的城市处理中心。

（4）收报中心（收报城市处理中心）：向收款清算行转发国家处理中心支付信息的城市处理中心。

（5）收款清算行：向收款行转发支付信息并开设清算账户的直接参与者（也可以作为收款行接收支付信息）。

（6）收款行：从收款清算行接收支付信息的参与者。

中国人民银行于 2005 年 6 月建成运行的大额实时支付系统，目前该系统连接了各银行业金融机构行内支付系统、中央债券综合业务系统、银行卡支付系统、人民币同业拆借和外汇交易系统等多个系统，是金融基础设施的核心系统，成为社会经济活动及资金运行的大动脉，因此相关系统的安全稳定运行将严重依赖大额实时支付系统的运行状况。我国支付清算网络体系如图 5-3 所示：

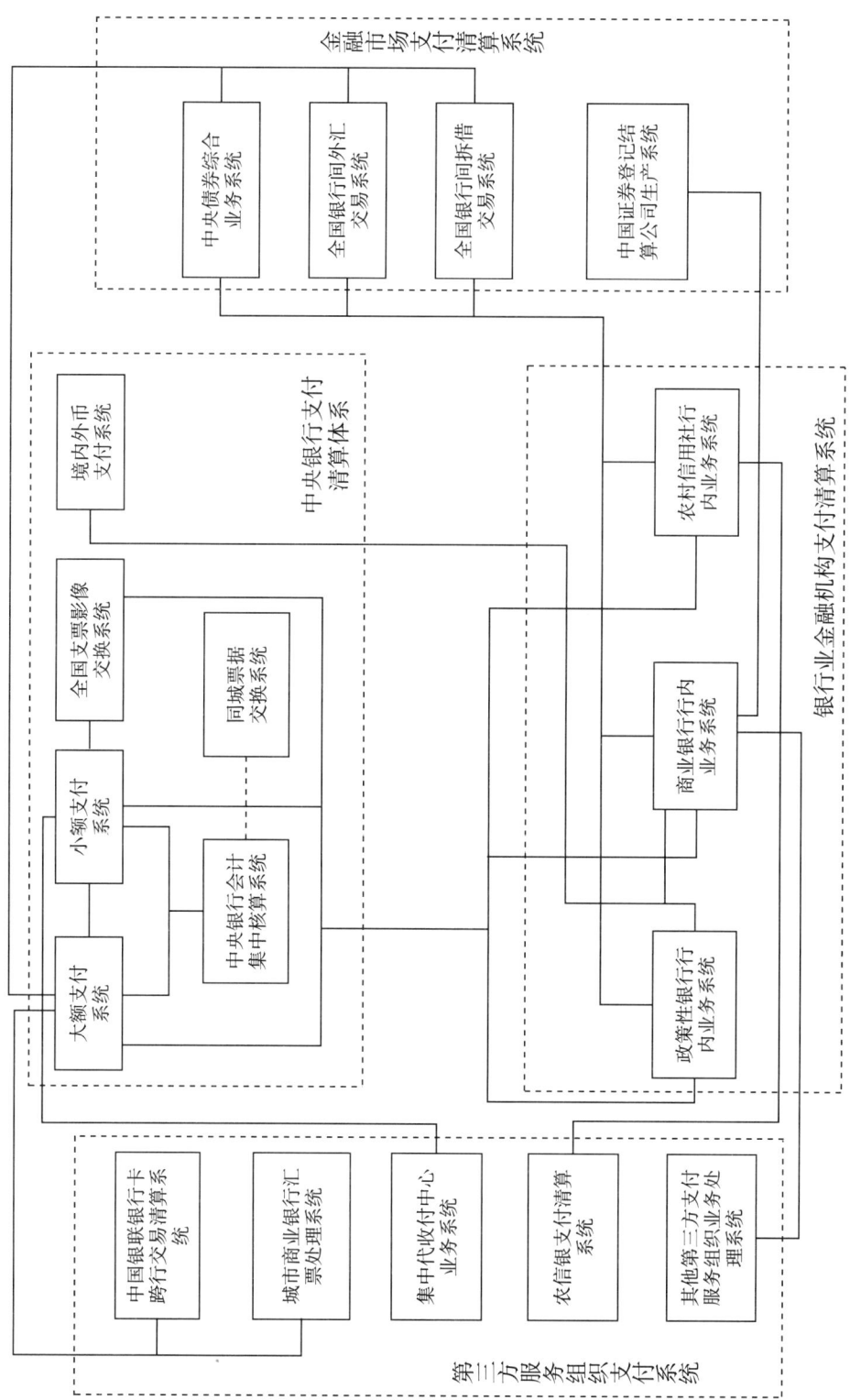

图 5-3 支付清算网络体系

三　大额实时支付系统处理的支付业务

（一）普通贷记业务

普通贷记业务是指由本行客户发起、本行进行操作以减少本行资产的大额跨行付款。这种业务包括汇款、委托收款划回、托收承付划回和国库贷记汇划等。在大额实时支付系统中，商业银行发起的跨行转账、银行间同业拆借业务和外汇交易中的人民币资金清算都属于普通贷记业务。

银行间同业拆借业务分为场内和场外两种模式。场内拆借是指银行自行进行的拆借业务，场外拆借是指通过中国外汇交易中心暨全国银行间同业拆借中心进行的拆借业务。大额实时支付系统在处理银行间同业拆借业务时，不区分场内和场外，仅负责执行付款指令。

（二）即时转账业务

即时转账业务由特许参与者发起，并在 SAPS 清算资金之后通知特许参与者和相关银行。该业务由人民银行公开市场操作室、中央国债登记结算公司、中国银联、网联、电子商业汇票系统和中国人民银行批准的其他机构发起。即时转账业务的具体类型包括人民银行公开市场操作业务、中央国债发行缴款和兑付资金清算、银行卡跨行交易的资金清算等。

主要特许参与者有中国人民银行公开市场操作室、中央国债登记结算公司、中国银联、网联、电子商业汇票系统、中国人民银行批准的其他机构（如上海清算所）。

（三）自动质押融资业务

自动质押融资是指银行业金融机构在支付系统清算账户日间头寸不足时，向人民银行质押债券融入资金弥补头寸。该业务属于负债减少的操作，待资金归还后解押质押债券。

（四）城市商业银行银行汇票业务

城市商业银行银行汇票处理中心(简称汇票处理中心)通过与大额支付系统上海CCPC的连接，实现城市商业银行签发和兑付银行汇票的信息传输和资金清算功能。汇票处理中心在人民银行会计营业部门开立特许账户，接收和处理银行汇票的签发、兑付登记信息，接收银行汇票资金移存和发起银行汇票兑付资金清算，办理银行汇票的查询查复等事宜。参加汇票处理系统的各会员行（代理兑付行）通过大额实时支付系统，发送和接收规定报文格式的银行汇票业务信息。

（五）信息类业务

信息类业务是指大额实时支付系统参与者之间相互发起和接收的信息数据，不涉及资金清算。该类业务包括查询查复、退回申请及应答、业务撤销和业务状态查询等。

第二节 小额批量支付系统

小额批量支付系统（Bulk Electronic Payment System，BEPS）是中国人民银行建设并运行的用于提供银行间支付清算的系统。小额批量支付系统处理同城、异地借记支付业务以及金额在规定起点以下的贷记支付业务、批量发送支付指令、轧差净额清算资金。其中，同城业务是指同一城市处理中心的参与者相互间发生的支付业务，异地业务是指不同城市处理中心的参与者相互间发生的支付业务。小额批量支付系统于 2005 年 11 月投产，2013 年 10 月升级至第二代，可以提供 7×24 小时服务，主要用于处理广大人民群众和企事业单位的支付需求。小额批量支付系统充分发挥了其作为我国零售支付系统的重要作用，为社会提供了业务种类齐全的支付清算服务，便利了社会公众的日常支付。

一 小额批量支付系统结构及运行时序

（一）小额批量支付系统的结构

小额批量支付系统是以国家处理中心为核心，以城市处理中心为接入节点的两层星形结构，并与大额实时支付系统在同一支付平台上运行；中央银行会计集中核算系统（Accounting and Banking System，ABS）、国家金库会计核算系统（Central Bank Treasury Book System，TBS）、同城清算系统通过城市处理中心接入小额批量支付系统；商业银行、清算组织等机构通过商业银行前置系统（Merchant Bank Front End，MBFE）与城市处理中心连接。小额批量支付系统结构如图 5-4 所示：

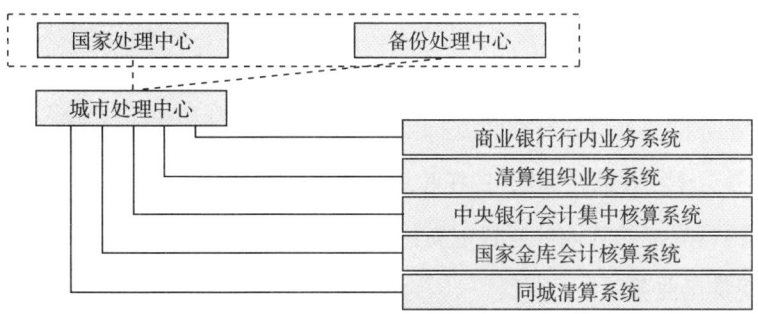

图 5-4 小额批量支付系统结构图

国债、银联、外汇和城市商业银行汇票等处理系统不接入小额批量支付系统，只处理大额实时支付业务。

（二）小额批量支付系统的运行时序

小额批量支付系统实行 7×24 小时连续运行，系统每日 16：00 进行当日日切处理，即系统每一工作日运行时间为前一自然日 16：00 至本自然日 16：00。清算日为国家法定日，清算时间为 8：30—17：00。中国人民银行可以根据需要设定清算场次及清算时点。

二　小额批量支付系统业务

小额批量支付系统的业务具有种类多、金额较低、对支付时效性要求不强等特点。

按照业务处理范围来看，小额批量系统的业务一般可以分为同城和异地。

（1）小额批量支付系统处理的同城贷记支付业务，其信息从付款行发起，经付款清算行、城市处理中心、收款清算行，至收款行为止。

（2）小额批量支付系统处理的异地贷记支付业务，其信息从付款行发起，经付款清算行、付款行城市处理中心、国家处理中心、收款行城市处理中心、收款清算行，至收款为止。

（3）小额批量支付系统处理的同城借记支付业务，其信息从收款行发起，经收款清算行、城市处理中心、付款清算行、付款行，由付款行按规定时限发出回执信息，原路径返回至收款清算行止。

（4）小额批量支付系统处理的异地借记支付业务，其信息从收款行发起，经收款清算行、收款行城市处理中心、国家处理中心、付款行城市处理中心、付款清算行、付款行，由付款行按规定时限发出回执信息，原路径返回至收款清算行止。

其中，付款清算行是指向小额批量支付系统提交贷记支付业务信息或发起借记支付业务回执信息的直接参与者；收款清算行是指向小额批量支付系统提交借记支付业务信息并接收借记支付业务回执信息或贷记支付业务信息的直接参与者。

按照业务流程分类，主要有以下几类：

（一）普通贷记业务

普通贷记业务指的是付款行向收款行主动发起的跨行付款业务。它包括以下几种业务类型：汇兑业务；委托收款（划回）；托收承付（划回）；国库贷记汇划业务；网银贷记支付业务；人民银行规定的其他普通贷记支付业务。

（二）定期贷记业务

定期贷记业务指的是收付款双方事先签订的定期合约，汇出行根据合约约定的周期向收款行支付资金。典型的定期贷记业务包括代付工资和缴纳保险金等。这类业务由人民银行全国数据集中的会计核算系统（TCBS）和商业银行发起。

（三）实时贷记业务

实时贷记业务是指通过实时汇划方式进行的贷记业务。在付款行的指令完成后，资金立即划转至收款行，因此更快速地处理了紧急汇款需求。该业务类似于实时转账业务，但实时转账业务是由普通商业银行发起，而实时贷记业务是由特许参与机构发起，且交易无须排队等待。

（四）普通借记业务

普通借记业务是指收款人发起的扣款付款人账户的业务。典型的普通借记业务包括国库资金借记划拨，如中央级预算收入、省级预算收入、地市级预算收入、预抵税收返还分成、分成收入、养老保险收入、医疗保险收入等。

普通借记业务需要收款行"发起借记业务"，付款行"处理借记回执"后才算完成。如果借记业务双方达成一致，那么借记业务处理成功；如果第二步付款行拒绝了，则借记业务失败。

（五）定期借记业务

定期借记业务是指双方事先签署的定期收款合约，并由收款行定期收取借款人的款项。典型的定期借记业务案例包括水、电、燃气费的定期代收。

定期借记业务的一些常见特点和流程：

扣款周期：定期借记业务按约定的时间周期进行，可以是每月、每季度、每年或其他特定的时间周期。

扣款方式：根据客户需求与约定，扣款可以由客户授权通过自动转账、电子支付系统等方式进行。

划款对象：在定期借记业务中，资金会被划拨给收款方的指定账户，这通常是为了履行合同或服务的支付，如贷款还款、保险费用等。

事先通知：在定期借记业务执行前，通常会提前向客户发出通知，提醒客户资金划拨的日期和金额。

定期借记账户管理：客户可以在银行或金融机构开立定期借记账户，将其中的资金用于定期借记业务的付款。

定期借记业务通常由银行或金融机构提供，以方便客户按时向收款方支付款项。这种业务可用于各种定期付款需求，如贷款的还款、保险费用的支付等。通过将账户设定为定期借记账户，客户可以确保及时履行支付义务，并提前进行资金规划。

（六）实时借记业务

实时借记业务与实时贷记业务类似，是指付款行即时完成的借记业务。付款行向收款行发起借记指令，并在 20 秒内收到收款行的处理回执。如果付款行的净借记限额检查不通过，则该笔业务会被拒绝，不会排队等待处理。

实时借记业务的一些特点和流程：

（1）即时划拨：在实时借记业务中，支付请求发起后，资金会立即从客户账户中扣除并即时划拨到收款方账户，实现资金的即时到账。

（2）实时确认：在资金划拨完成后，相关方会立即收到支付系统发出的确认通知，以确保交易的及时性和准确性。

（3）在线支付系统：实时借记业务通常在在线支付系统中进行，以确保交易的实时处理和资金的即时划拨。

（4）即时记账：实时借记业务的资金划拨过程会同时生成相应的记账凭证和交易记录，以便后续的账务处理和查询。

（5）可追溯性：实时借记业务的资金流转过程具有可追溯性，各方可以随时查询交易记录和资金的流向。

（6）实时借记业务广泛应用于电子支付、移动支付以及在线购物等场景，为客户提供方便快捷的支付方式。该业务模式的实施提高了支付的及时性和便利性，确保资金的快速和准确划拨，并提供实时的交易确认和查询功能。同时，实时借记业务也需要保障交易的安全性和风险防控，以确保资金的安全和客户的利益。

第三节　第二代现代化支付系统简介

2011 年，中国现代化支付系统升级成为第二代，随后投入使用。第二代支付系统（CNAPS2）以清算账户管理系统为核心，大额支付系统、小额支付系统、网上支付跨行清算系统、支票影像交换系统为业务应用子系统，公共管理控制系统和支付管理信息系统为支持系统，系统结构图如图 5-5 所示。CNAPS2 立足第一代支付系统的成功经验，引入先进的支付清算管理理念和技术，进一步丰富系统功能，提高清算效率，拓宽服务范围，加强运行监控，完善灾备系统，建设适应新兴电子支付发展的、面向参与者管理需要的，功能更完善、架构更合理、技术更先进、管理更简便，以上海中心建设为起点、以北京中

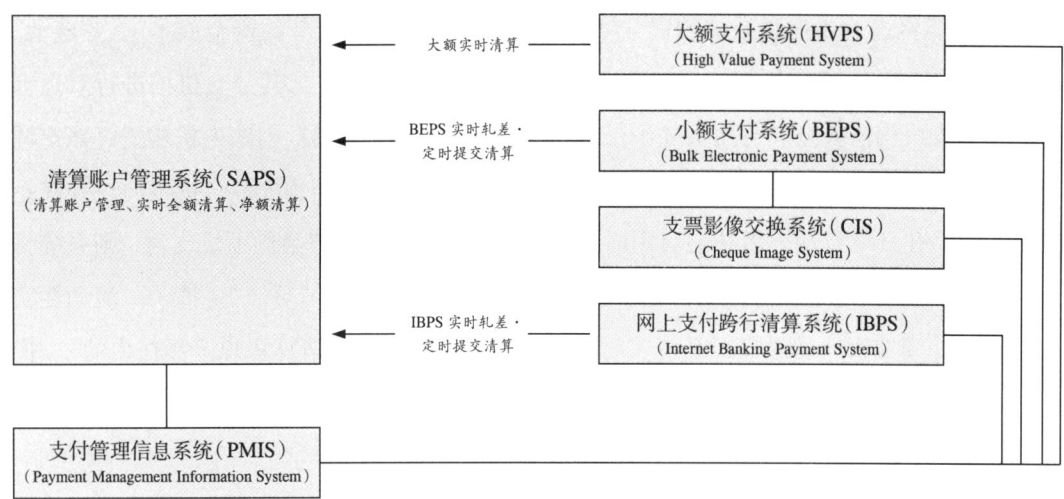

图 5-5 CNAPS2 系统结构图

心投产为建成标志的新一代支付系统。

一 CNAPS2 的特点

与第一代人民币跨行支付系统相比，第二代支付系统主要有以下新增功能及特点：

（一）灵活支持多种接入方式、清算模式

第一代支付系统以 CCPC 作为接入节点。全国性银行业金融机构以省级分行为单位通过所在地 CCPC 接入，地方性银行业金融机构以法人为单位通过所在地 CCPC 接入。第二代支付系统在保留现有接入方式的基础上，同时提供法人一点接入方式，支持银行业金融机构从 CCPC 或 NPC 一点接入。管理上可要求业务量达到一定规模的参与者通过 NPC 一点接入，其他参与者通过所在地 CCPC 一点接入。

第二代支付系统将同时支持"一点清算"和"多点清算"，在一点接入方式下，银行机构可灵活选择资金清算模式，既可开设单一清算账户，所有支付业务通过该账户结算，也可开设多个清算账户，支付业务分别通过指定账户结算。在多点接入方式下，现有清算模式保持不变，支付业务通过统一接口发送或接收，资金清算分别从指定账户完成。

（二）提供全面的流动性风险管理功能

在保留第一代支付系统排队管理、清算窗口、自动质押融资、小额业务撮合等流动性管理功能的基础上，新增大额清算排队业务撮合、"资金池"管理、日终自动拆借、"一揽子"流动性实时查询等功能，为参与者提供更加全面的流动性管理。

大额清算排队撮合主要处理因直接参与者清算账户头寸不足而导致的清算排队的业

务。该功能将进一步提高系统的资金清算效率，为直接参与者节约资金成本。"资金池"管理是指根据法人机构授权，系统将其在支付系统的清算账户与其分支机构进行双边绑定，当分支机构清算账户可用头寸不足支付时，自动从"资金池"内法人机构清算账户调拨资金以完成资金清算。日终自动拆借是指支付系统参与者之间预先签订拆借协议并在系统中存储，在日终自动拆借功能启用时，如果协议一方清算账户余额不足支付，则系统将自动从其协议另一方清算账户拆入资金，完成排队业务的资金清算。"一揽子"流动性实时查询是指商业银行通过支付系统实时查询包括清算账户和非清算账户余额在内的"一揽子"流动性。

（三）实现网银互联

网银互联跨行支付系统为个人和单位用户提供跨行实时的资金汇划、跨行账户和账务查询，以及当下支付系统无法实现的跨行扣款、第三方支付、第三方预授权等业务功能，为商业银行在电子商务、跨行资金管理等方面提供创新服务奠定了有力基础。网银互联又被称为"超级网银"（Super-Bank）。使用传统网银，想知道自己在各家银行账户情况如何，需要进行多次登录、查询操作。而 Super-Bank 可通过统一的操作界面查询和管理多家商业银行开设的结算账户资金余额和交易明细，一个工行 U 盾即可完成所有银行网银登录。使用 Super-Bank 可直接向各家银行发送交易指令并完成汇款操作。Super-Bank 还有强大的资金归集功能，可在母公司结算账户与子公司结算账户之间建立上划下拨关系。

（四）支持外汇交易市场的 PvP 结算

目前，我国境内银行间外币询价交易主要通过外汇交易市场完成，外币资金结算通过外币支付系统完成，人民币资金结算则主要通过支付系统完成，人民币与外币之间资金结算不同步，存在结算风险。第二代支付系统与境内外币支付系统连接，支持人民币与外币交易的 PvP（Payment vs Payment，同步交收）结算，提高了结算效率，降低了结算风险。

（五）支持人民币跨境支付业务发展

近年来，人民币在我国周边部分国家和地区大量流通，被周边国家和地区的居民作为交易媒介和支付手段大量使用。2009 年，国务院批准上海、广州等部分城市开展人民币跨境支付试点业务；2010 年，国务院批准 18 个省（市）开展人民币跨境支付试点，人民币正逐步向国际化货币发展。为支持人民币跨境支付业务的资金结算，第二代支付系统设计了相关功能，支持人民币用于跨境支付以及境外支付的最终结算。

第二代支付系统在功能上支持参与者之间办理以电汇、保函、托收、信用证为主要国际贸易结算方式产生的人民币跨境支付业务的信息流转及资金清算。支付系统参与者未来有可能扩展至其他国家地区，对于收、付款人开户银行均为支付系统参与者的跨境人民币支付业务，可直接通过支付系统办理；对于收、付款人开户银行不是支付系统参与者的，可通过代理行方式委托支付系统参与者完成资金结算。

除以上功能及特点外，第二代支付系统还具备健全的备份功能和强大的信息管理与数据存储功能，以建立高效的运行维护机制，进一步强化安全管理措施，并逐步实现支付报文标准国际化。

二 CNAPS2 的两个核心系统

（一）清算账户管理系统（SAPS）

清算账户管理系统（Settlement Account Processing System，SAPS）负责资金的搬运工作，SAPS 维护了所有金融机构的清算账户，并且资金的转移也在该系统中完成。在 SAPS 中，账户被分类为一般清算账户、特许清算账户、联行类账户和汇总平衡类账户。该系统具有管理账户、记账、清算计算和异常处理等功能。

在 SAPS 中，账户的分类有：

（1）一般清算账户：即政策性银行、商业银行以及城乡信用社在人行开设的准备金存款账户。

（2）特许清算账户：人行特许的参与者开设的专门用于办理人民币资金结算的存款账户，比如银联的账户。

（3）联行类账户：人行会计营业部门、国库部门开设的账户，主要用在大小额联行类科目下。

（4）汇总平衡类账户：这是一个特殊的账户，人民银行会计营业部门、国库部门才有这类账户。

每一个账户都有一些属性，如账号、户名、余额、类型（存款类、联行类、汇总平衡类）、借贷方向、状态（待开户、开户、销户、待销户、借记控制）、最低余额、日间透支限额、质押融资配置等。

当大额系统向 SAPS 发出一笔大额转账的支付请求时，SAPS 会进行以下操作：

（1）SAPS 会检查发起清算行的清算账户是否有足够的可用头寸来支付。可用头寸的计算方式为清算账户余额减去圈存资金和余额最低控制金额。圈存资金在此处被视为临时冻结的资金，例如在证券交易中，需要先冻结一部分资金，等到证券业务系统完成交割后，这一部分圈存资金才会被触发使用。因此，这部分资金不能用于其他清算。

（2）如果可用头寸足够支付，SAPS 会立即对收付双方的清算账户进行逐笔记账（具体的会计分录不在此处详述），然后将处理结果返回给大额实时支付系统。

（3）如果可用头寸不足，SAPS 将支付请求放入队列等待处理。对于不同的支付请求，排队的优先级是不同的，从高到低分别是：错账冲正→特急大额支付（救灾战备款）→日间透支利息和支付业务收费→同城票据交换轧差净额→小额借方轧差净额和网银借方轧差净额的清算→单边业务→紧急大额支付→普通大额支付和即时转账。

在队列中的支付请求可以通过以下方法进行解救：

（1）大额清算排队撮合机制：该方法通常在大额实时支付系统当日营业截止后、下一个清算窗口开启前启用。需要至少有 2 个支付指令在队列中，撮合的过程是进行净额轧差，如果轧差之后余额仍然不足以支付，则只能将支付请求退回。

（2）自动质押融资：该方法需要事先在系统中配置规则。当银行的日间流动性不足时，根据规则可以自动或手动触发质押债权以补充流动性。

（3）日间透支：人民银行根据参与者的信誉给予一个日间透支额度，该额度内的部分业务可以透支，如大小额支付、网银支付。

（4）资金池管理：银行在人民银行开设的清算账户可能有多个，如以分行为单位开设多个账户。如果某个分行的头寸不足，可以根据事先的配置，在其他分行的清算账户中调动流动性。

（5）日终自动拆借：参与者之间可以事先签订拆借合同，并在系统中配置合适的规则。当合约中的一方清算账户余额不足以完成支付时，系统将自动从合约的另一方清算账户中借入资金，完成排队业务的资金清算。这通常在清算窗口预关闭时触发。

SAPS 是一个被动系统，只有在支付应用系统（大额支付、小额支付、网银支付）触发其运行时，资金才会在金融机构之间进行转移。

（二）支付报文传输平台（PMTS）

在第一代支付系统中，每个支付系统都内置了一个通信模块。尽管这些通信模块在不同的系统中非常相似，但在开发第二代支付系统时，这些通信模块被单独提取出来形成了一个独立的通信平台，即 PMTS（Payment Message Transmission System），该平台专门用于各系统之间的消息传递和报文处理，无论是参与者自己的内部系统还是在 NPC&CCPC 中部署的支付应用系统都可以通过 PMTS 进行消息传递。将 PMTS 通信系统单独提取出来的好处是显而易见的，它能为整个支付系统提供统一的通信标准，避免了重复工作、信息冗余的情况。

针对不同的接入者和场景，PMTS 也提供了不同的方案。例如：

PMTS-NPC：部署在 NPC 上，也就是集中交换网关；

PMTS-CCPC：部署在 CCPC 上，也就是区域接入网关，专注地用来转发消息、安全检查等；

PMTS-MBFE：部署在参与者本地，也就是我们常听说的"商业银行前置系统"（MBFE：Member Bank Front End），负责打包商业银行行内系统向支付系统发出的各类报文、负责接收、解包、校验支付系统返回的各种报文等；

PMTS-CLIENT：客户端，大小额等支付系统调用它与 PMTS 通信；

PMTS-Console：管理控制台。

PMTS 的核心是报文，这些报文是各个系统之间进行通信和交流的语言。针对不同的业务，PMTS 定义了多种不同的报文类型，其中包括一代 PKG/CMT 报文格式和二代 XML 报文格式（部分支持 ISO20022 标准）。

三　CNAPS2 的作用

中国现代化支付系统的作用主要体现在以下三个方面：

（一）加快资金周转，提高社会资金的使用效益

在社会经济、金融的运行中，每天都有大量巨额资金进入支付清算环节，处于流转状态。支付清算效率的高低、资金流转的快慢对市场经济的发展将会产生巨大的影响。中国现代化支付系统是现代经济的血脉。大额实时支付系统采取从发起行到接收行的全过程自动化处理，实行逐笔发送、实时清算。通过支付系统处理的每笔支付业务不到 60 秒即可到账。

（二）支撑多样化支付工具的使用，满足各种社会经济活动的需要

中国现代化支付系统，尤其是其中的小额批量处理系统，能够支撑各种贷记、借记支付业务的快速处理，并能提供大业务量、低成本的服务，可以满足社会各种经济活动的需要。

（三）培育公平竞争的环境，促进银行业整体服务水平的提高

随着我国金融体制改革的不断深化，逐步形成了政策性银行、国有独资商业银行、股份制银行、城市商业银行、农村合作银行、城乡信用合作社以及外资银行的组织体系，相互之间既有合作，也有竞争。中国现代化支付系统是中国人民银行为金融机构提供的一个公共的支付清算服务平台，所有符合条件的银行及其分支机构都可以参与到这个系统中，从而为各金融机构创造一个公平竞争的环境，推动各银行的有序竞争，促进银行业整体服务水平的提高。

第四节　中国网联

一　网联简介

（一）背景

网络支付业务的飞速发展，一方面对经济的发展和日常生活的便利起到了积极的支撑作用，另一方面也伴随着资金流向不透明、资金挪用、备付金的预付价值归属和安全、交易游离监管之外、支付机构违规从事跨行清算以及多头连接导致社会资源浪费等问题，其根源在于支付机构与银行直连形成的代理清算模式。

2004 年，为了解决交易中买卖双方诚信的问题，淘宝推出了支付宝。支付宝采用了担保交易模式，该模式大大降低了交易双方的风险。在担保交易中，卖家的资金会被支付宝保留一段时间，直到买家确认收到货。此外，支付宝逐渐开始接受买家的预储值，从而从一个支付工具逐渐转变为一个金融产品。

因此，买卖双方的资金实际上都存放在支付公司中。资金存放在支付机构的账户上，并记录在其客户的账户体系中。商业银行在这个过程中扮演了支付机构的"中央银行"的角色，支付机构的账户在商业银行中成为"清算账户"。

支付宝等第三方支付机构的出现是对支付行业的进一步发展，但同时也产生了许多问题：

首先，平台在不同银行多头开立账户，运维成本高，资源浪费严重。

其次，接口标准和安全规范不统一，支付交易信息碎片化严重，且游离于监管之外，风险隐患较大。尤其 2013 年来一些支付机构为地方股权交易平台甚至无牌照的金融交易场所提供资金结算通道，介入大额批发类支付服务，在未纳入集中清算的情况下，极易引发系统性风险。

最后，支付机构客户备付金分散存放，资金挪用、诈骗等风险易发；一些支付机构基于备付金利息收入大肆开展低价倾销、交叉补贴等不正当竞争行为；一些大型支付机构则以高额备付金存放为利诱，提高议价能力，抬高利率中枢，加剧融资难、融资贵问题，扰乱了市场秩序，影响了行业健康发展。

与此同时，随着网络经济的快速发展，网络支付数额也呈现出突飞猛进的势头。2022

年我国非银行支付机构处理网络支付业务 10 241.81 亿笔，金额 337.87 万亿元。中国的第三方支付无论在场景、用户量、规模、应用创新方面都是独有的。

因此，为了解决监管透明度问题、保护消费者和商户的资金安全、推动支付行业更高效、更长远和更健康地发展，以及降低整个支付行业风险，2017 年，在央行的主持下，网联正式成立。网联的使命是非银行支付机构网络支付清算平台，作为全国统一的清算系统，主要处理非银行支付机构发起的涉及银行账户的网络支付业务。

对于监管部门而言，成立网联的初衷是为了断开支付机构与银行的直连，由网联负责一端连接支付机构、一端连接商业银行，为支付机构提供支持大规模、高并发的交易资金清算通道和转接平台，这既说明了网联的独特地位，也是行业发展的必然。目前，在世界范围内尚未出现专门为第三方支付机构服务的清算平台，而这样一种线上支付监管体系也属首创。

（二）平台简介

网联（China Financial Certification Authority）是指非银行支付机构网络支付清算平台，它是中国支付清算协会联合银行机构为了更好地实现网络支付清算而发起设立的。网联的建立可以使网络支付更加规范和透明，提高了网络支付的安全性和可靠性。

网联主要负责处理涉及银行账户的第三方支付机构的网络支付交易，于 2017 年在央行的主持下成立，旨在解决支付行业中的监管透明度、资金安全和行业健康发展等问题。通过网联平台与各家银行对接，网联可以实现对海量交易数据的集中处理和监控，同时也能够为监管部门提供更加精准的数据支持。

网联提供了公共、安全、高效、经济的交易信息转接和资金清算服务，组织制定并推行平台系统和网络支付市场的统一标准规范，协调和仲裁业务纠纷，并提供风险防控等专业化的配套服务。

二　网联清算有限公司

网联清算有限公司（Nets Union Clearing Corporation，NUCC）是经中国人民银行批准成立的非银行支付机构网络支付清算平台的运营机构。在中国人民银行指导下，网联清算有限公司由中国支付清算协会按照市场化方式组织非银行支付机构以"共建、共有、共享"原则共同参股出资 20 亿元，于 2017 年 8 月在京注册成立，为公司制企业法人。网联清算有限公司的 45 家股东中包括央行相关单位 7 家（中国人民银行清算总中心、国家外汇管理局下属梧桐树投资平台有限责任公司、中国印钞造币总公司、中国支付清算协会、上海黄金交易所、银行间市场清算所股份有限公司、中国银行间市场交易商协会），共出资 3.7 亿元，占比 37%；38 家第三方支付机构持股 63%，支付宝和财付通最终持股比例均为 9.61%，主要出资的 20 家公司或机构见表 5-1。

表 5-1　网联清算有限公司主要投资人及背景

序号	投资人名称	背景备注	本次实缴出资源/万元	股权比例
1	中国人民银行清算总中心	央行直属机构	12000	12.00%
2	中国印钞造币总公司	央行直属机构	3000	3.00%
3	中国支付清算协会	央行直属机构	3000	3.00%
4	上海黄金交易所	其他国家机构	3000	3.00%
5	银行间市场清算所股份有限公司	其他国家机构	3000	3.00%
6	中国银行间市场交易商协会	其他国家机构	3000	3.00%
7	梧桐树投资平台有限责任公司	外汇局直属机构	10000	10.00%
8	支付宝（中国）网络技术有限公司	阿里巴巴	9610	9.61%
9	财付通支付科技有限公司	腾讯	9610	9.61%
10	网银在线（北京）科技有限公司	京东	4710	4.71%
11	天翼电子商务有限公司	中国电信	2770	2.77%
12	快钱支付清算信息有限公司	万达	2450	2.45%
13	平安付科技服务有限公司	平安集团	2450	2.45%
14	北京百付宝科技有限公司	百度	2420	2.42%
15	联动优势电子商务有限公司	海立美达	1990	1.99%
16	中移电子商务有限公司	中国移动	1640	1.64%
17	银联商务有限公司	银联	1550	1.55%
18	通联支付网络服务股份有限公司		1280	1.28%
19	易宝支付有限公司		1210	1.21%
20	顺丰恒通支付有限公司	顺丰	1200	1.20%

三　网联发展历程

2016 年 4 月，央行牵头建设网联清算平台。

2016 年 10 月，人民银行批准筹建网络支付清算平台及其运营机构网联清算有限公司。

2017 年 3 月 31 日，平台开始试运营，首批接入招商银行、中国银行、财付通、网银在线等。

2017 年 6 月 30 日，启动业务切量，支付宝、财付通、快钱等 7 家支付机构接入。

2017 年 7 月 28 日，正式确定股东的情况，45 家股东正式亮相网联平台。

2017 年 8 月 2 日，网联清算有限公司在北京成立。

2017 年 8 月 4 日，人民银行发布《中国人民银行支付结算司关于将非银行支付机构网络支付业务由直连模式迁移至互联网平台处理的通知》，要求自 2018 年 6 月 30 日起，支付机构的网络支付业务将全部通过网联平台清算。

2018 年 3 月 31 日，网联平台启动试运行，当日首笔跨行清算交易通过微信红包由腾讯财付通平台发起，收付款行分别为中国银行与招商银行；首笔签约交易验证则由京东支付与中国银行率先完成。

2018 年 6 月 30 日，网联平台开始正式启动业务切量，即支付机构与银行原有的直连式将全部切断，网络支付交易全部通过网联模式转接清算，财付通成为首家切量的大型支付机构。

截至 2019 年年底，网联接入 530 家商业银行、115 家网络支付牌照支付机构。

在商业银行中，中国银行为主要参与银行。网联将支付清算的"信息流"进行了整理，取缔了各个平台在不同银行的多头账户风险的同时，还大大降低了第三方支付机构客户备付金风险，统一了行业支付接口标准，是我国网络金融发展历史上一个鲜明特色之举。

作为一个清算机构，网联还需要将"资金流"纳入其中，以形成一个完整的清算组织。在央行的帮助下，经过几年的努力，支付机构的备付金账户实现了由央行（或央行指定的商业银行）统一管理。从此以后，第三方支付机构想要使用备付金中的资金，必须通过清算机构（网联）进行操作。作为大额支付系统的特许参与者，网联负责统一调拨资金给支付机构和相关的银行账户。

四　网联系统架构及处理流程

（一）系统架构

网联是"三地六中心"的分布式架构，即在北京、上海、深圳三地，建设六个数据中心。三个城市的六个机房同构设计，同时对外提供服务且互为备份。任何一个机房或一个城市发生重大故障，其他机房可以继续提供 12 万笔/秒的平稳运行服务。

在业务对接上一点接入。银行以总行为单位、支付机构以企业为单位统一接入网联平台，不支持分支机构、分行或分公司的接入。

在技术实现上，根据支付机构的业务规模以及能力水平，大型支付机构采用6线接入网联三地六中心，中型支付机构至少采用4线接入网联三地四中心，小型支付机构至少采用2线接入网联异地两个数据中心。各家机构在所有线路上要做到流量平均分布，以最大化利用网联三地六中心的处理能力。

接入之后即可通过网联进行交易的转接，支付机构可以根据平台的规则选择任意数据中心发布请求，平台根据银行接入数据中心的情况就近转发。

（二）交易流程

为确保网联清算的数据与支付机构、银行三方一致，具体流程如下：

（1）机构会发起交易，通过报文发给平台渠道，渠道会转发交易模块进行处理，同时调用银行前置接口查询交易状态，如果处于未名状态，则会重试3次，最终会将网联交易状态设置为终态，返回支付机构，协议支付的整个过程最长持续1分钟，退款和付款为10分钟，最后进行关单处理。整个过程在架构和报文上保证了三方一致。

（2）每个批次清算完成后还会进行对账处理，平台会给机构和银行发送对账文件，机构和银行会与平台进行对比，如果发现不一致，则立刻通知网联，如果平台发现数据存在缺失，则会进行补对账处理，重新生成对账文件并发送给机构和银行，确保三方对账一致。

（3）当银行或机构发现自己的对账文件和网联对账文件不一致时，银行或机构会始终以网联平台为准，银行或机构将进行差错处理。如果出现银行扣款，但用户还未收到商品的情况，此时银行就会将这笔资金退还给用户，用户就不用再担心多扣款的情况了。

综上所述，网联平台会从各个维度保障数据一致性，即使机构或者银行造成了不一致，网联也会把它们纠正为一致状态。即使在极端情况下出现数据短暂不一致的情况，平台也会通过对账、差错处理等措施把数据补上，保障数据的最终一致性。

在清分时，结算周期可以是 D0、D1，也可以是 T1、T2……Tn（D 代表自然日，T 代表工作日），D0 一般是设置某个时间段结算一次，比如可以设置0点到15点的交易在15点之后结算一次，15点到24点的交易在24点之后结算一次。

我们以最常见的 T1 清分周期为例介绍一下清分细则：

（1）T 日 24：00，系统日切，并将当天联机交易日志同步给清算系统。

（2）T+1 日凌晨，清算系统开始进行跨行清算和收单清算。

（3）T+1 日 10：00，清算系统将汇总后的清分结果，即各机构清算账户、直连商户结算账户的应收金额，发送至各机构进行确认。

（4）各机构对清分结果对账确认后，通知清算系统确认交易明细无误。

（5）清算系统开始进行资金拨划，按序将支付指令发送到各收单机构。

（6）收单机构再把资金按照其下维护的渠道账户和商户账户按序进行划拨清分。

简单来说，清分过程可见图5-6。

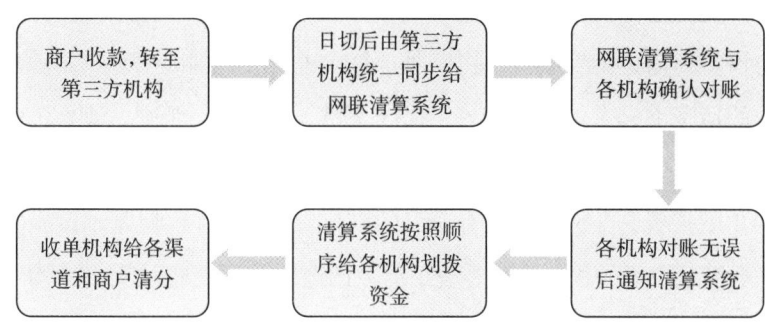

图 5-6　网联清分过程简单示意图

五　网联的主要业务

（一）协议支付

协议支付是指客户通过与银行签订协议，将其银行账户与商户关联账户绑定，在支付时可以直接输入商户关联账户的支付密码完成支付。协议支付需要做用户鉴权（线上完成），商户需要有系统能与第三方支付公司对接。网联协议支付是银行与第三方支付平台之间达成的合作，旨在提高支付效率和安全性，是一种更加规范和透明的网络支付方式。

网联加入后的快捷支付协议的流程如下：

（1）客户在银行柜台或网上银行签订协议，将银行卡与第三方支付平台绑定，同意支付授权和相关协议条款。

（2）客户在第三方支付平台上进行支付操作，输入银行卡信息、有效期、CVV2等验证信息，将信息发送给银行进行验证。

（3）银行将支付信息传递给网联平台进行验证，网联平台对信息进行加密处理并传递给商户。

（4）商户将加密信息传递给第三方支付平台进行解密和验证，确保信息准确无误，防止欺诈和盗刷。

（5）第三方支付平台将验证结果返回给网联平台，网联平台再将结果返回给银行。

（6）银行验证通过后，从客户的银行卡中扣除款项，并将支付结果返回给第三方支付平台。

（7）第三方支付平台将款项转入商户的账户中，完成整个支付过程。

网联的加入使得快捷支付协议的流程更加规范和透明，通过网联平台进行信息验证和加密处理，提高了支付的安全性和可靠性。同时，网联平台还可以对海量交易数据进行集中处理和监控，为监管部门提供更加精准的数据支持。

在四方协议签订后，会生成一个协议号。每次进行支付时，必须携带该协议号。只有在协议号有效的情况下，支付才会进入"快捷支付"的流程；否则，清算机构会直接拒绝支付。

从用户的角度来看，支付体验没有明显的变化。然而，在底层基础设施的逻辑方面已发生了变化。不仅是协议的逻辑发生变化，清算的逻辑和职责也从支付机构与银行之间的双边关系转移到了独立的清算机构。本质上，支付的过程已经转化为了银行账户（付款人）到银行账户（备付金）的资金清算，支付机构只是充当了一个"触发器"的角色。

（二）商业委托支付

网联的商业委托支付是指支付机构通过与银行签订商业委托支付协议，依据支付指令发起客户的银行账户资金划转业务。

商业委托支付业务具有固定收款、定期收款的特性，与协议支付没有特别要求不同，商业委托支付业务包括"建立委托""解除委托""商业委托支付"和"退款"等交易环节。

网联对商业委托支付业务进行了规范和监管，确保支付流程的透明和安全。商业委托支付业务的建立需要经过客户授权、银行验证等流程，确保资金的安全性和合法性。商业委托支付是一种可靠、安全的支付方式，能够为商户和客户带来更好的支付体验。商业委托关系确立后，支付机构可以按照约定定期向受托方（如水电燃气公司）发起收款。

实际上，商业委托支付是一种具体化、付款方和收款方都明确的"协议支付"。收款方的账户可以是银行账户（资金直接清算至商户的银行账户），也可以是支付机构的账户（资金清算至支付机构的备付金账户）。

（三）网关支付

网关支付是一种传统的支付方式，客户通过支付机构发起的支付指令，跳转至银行网关验证客户身份信息和银行账户信息后，跳转至银行网关进行交易验证和资金扣款。

（四）认证支付

认证支付是指客户无须事先或首笔交易时与支付机构及银行签约，每笔交易时均输入身份信息、银行账户及动态验证信息，并由客户账户所属银行负责对上述信息校验后进行扣款的交易。

认证支付方式也应用在 PC 应用上，通常会要求消费者输入银行卡号、身份证信息，验证后，消费者银行绑定的手机号会收到对应的验证码，输入正确的验证码后完成支付。

（五）付款业务

简单来说，付款业务就是支付机构请求网联转一笔钱（从备付金账户转至商户或者客户的银行账户），然后网联调用大额支付系统完成实际的资金划转，本质上是一个银行账户至银行账户的资金清算。支付机构通过网联平台发起，从备付金账户向指定银行账户划拨资金的实时网络支付交易。

第五节 CIPS

一 CIPS 概述

（一）系统简介

CIPS，即中国国际支付系统（Cross-border Interbank Payment System），是为了实现人民币的国际化而建立的支付清算基础设施。它的目标是促进人民币在海外金融机构之间和国内外金融机构之间的流动，以使人民币在全球范围内得到广泛流通和接受。CIPS 的运营公司为中国境内的跨境银行间支付清算（上海）有限责任公司，总部位于上海。

CIPS 的建立可以促进人民币的跨境支付和结算，提高人民币的国际地位和影响力，同时也可以为国内外企业和个人提供更加便捷、安全和高效的跨境支付服务。

CIPS 被称为人民币的"跨境"支付系统，这里的"跨境"并不仅仅指中国的国界，而是指超越所有国家边界的意思。CIPS 的建立有望不再依赖于在各个国家和地区设立清算机构，而是将全球的人民币聚集在一处进行清算。

相对于 SWIFT 是一个纯报文系统，CIPS 是"清算系统＋报文系统"。CIPS 以清算系统为主，境内部分报文自建并和 CNAPS 兼容，在中国人民银行每个季度都会发布的支付体系报告中，CIPS 系统与其他支付清算系统一样，都会提供交易笔数、金额等数据。

报文系统方面，CIPS 则主要在境内应用，采用国际通用 ISO20022 报文标准，采用了统一规范的中文四角码，支持中英文传输，在名称、地址、收费等栏位设置上更有利于人民币业务的自动处理，保留了一定的自主性和可扩展空间。CIPS 报文设计充分考虑了与现行 SWIFTMT 报文的转换要求，便于跨境业务直通处理并支持未来业务发展需求。同时

CIPS 也和 SWIFT 深度合作，对接国际标准，提升国际影响力。

2021 年 1 月，中国人民银行清算总中心（34%）、中国人民银行数字货币研究所（3%）、跨境银行间支付清算有限责任公司（CIPS，5%）、中国支付清算协会（3%）、SWIFT 香港子公司（55%）合资成立金融网关信息服务有限公司。

金融网关公司的其中一个职责是建立本地网络集中点，主要目的是增进用户网络传输的稳定性、韧性和安全性，确保跨境金融信息服务连续处理。用户通过接入本地网络集中点，可与 SWIFT 主干网建立稳定、韧性强和安全的连接，防止出现网络中断等异常情况。同时，由金融网关公司为用户统一提供接入指导、业务咨询等专业化服务，将便利用户的业务和技术管理，也有利于进一步保障用户权益。

简单来说，金融网关公司的存在能让包括 CIPS 在内的国内系统更好地对接 SWIFT。

与 SWIFT 差异化的属性，使得统计数据也有所不同。SWIFT 统计的人民币结算量和 CIPS 的人民币清算量，这两者实际上大部分是重叠的。CIPS 清算统计是按照账户口径，不是按照报文口径，同时境外部分仍然是用 SWIFT 报文进行统计。

（二）发展历程

2012 年 4 月 12 日，中国人民银行有关负责人表示，决定组织开发独立的人民币跨境支付系统，进一步整合现有人民币跨境支付结算渠道和资源，提高跨境清算效率，满足各主要时区的人民币业务发展需要，提高交易的安全性，构建公平的市场竞争环境。

2015 年 10 月 8 日，CIPS 一期上线，中国国内 19 家商业银行，以及位于亚洲、欧洲、大洋洲、非洲等地区的 38 家境内银行和 138 家境外银行成功上线运营 CIPS 系统。

2018 年 3 月 26 日，CIPS 二期投产试运行，10 家中外资银行同步试点上线。自此，CIPS 运行时间基本覆盖全球各时区的工作时间，支持全球的支付与金融市场业务，满足全球用户的人民币业务需求。

CIPS 分两期建设：一期主要采用实时全额结算方式，为跨境贸易、跨境投融资和其他跨境人民币业务提供清算、结算服务；二期将采用更为节约流动性的混合结算方式，提高人民币跨境和离岸资金的清算、结算效率。

在一期、二期完成之后，CIPS 基本步入市场化之路。

2019 年 10 月，跨境银行间支付清算有限责任公司（CIPS 主体公司）董事长刊文表示，CIPS 的下一步会从五个方向发展，分别是：不断提升服务能力和水平；主动加强与清算行的互利合作；持续增强 CIPS 标准建设能力；不断拓宽全球市场对外开放合作渠道；高度重视跨境人民币支付清算人才培养。

2020 年第四季度，CIPS 上线 CIPS 标准收发器，这是类似一个加入跨境人民币收付功能的多功能工具。针对当前人民币跨境支付系统直接参与者与间接参与者及最终用户之间存在的支付指令标准不统一、人工处理环节多等痛点，为跨境人民币业务场景量身定做的业务处理与信息交互工具，具有标准统一、使用灵活、功能丰富、易于扩展四大特点。

2022 年 2 月，渣打香港成为境外市场首家获得 CIPS 直接参与者资格的外资银行，CIPS 国际化之路再进一步。截至 2022 年 1 月末，CIPS 系统共有参与者 1280 家，其中直接参与者 75 家，间接参与者 1 205 家。

二 CIPS 框架

CIPS 的架构如图 5-7 所示：

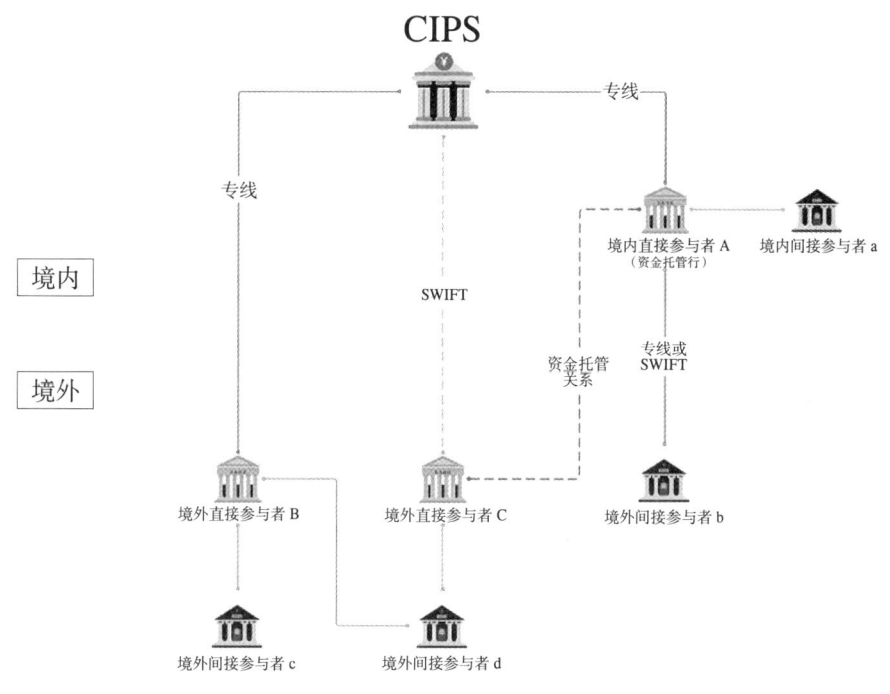

图 5-7 CIPS 系统架构图

CIPS 把参与者分成了直接参与者和间接参与者，境内有直接参与者和间接参与者，境外也有直接参与者和间接参与者。直接参与者可以通过专线和 CIPS 相连接，也可以通过 SWIFT 报文系统和 CIPS 连接。之所以分为不同系统不同连接方式，原因一方面在于成本；另一方面，CIPS 要想接入全球的银行来参与，那势必要兼容它们以前的通信模式。

如何区分国内境内直接参与者、间接参与者和境外直接参与者，具体方式如表 5-2 所示：

表 5-2　CIPS 参与者示意

	境内直接参与者	间接参与者	境外直接参与者
CIPS 行号	Y	Y	Y
接入方式	专线	通过直接参与者接入	通过 SWIFT 等通用网络或者专线接入
账户开立	在 CIPS 开立零余额账户	不在 CIPS 开立账户；在直接参与者开立同业往来账户	在 CIPS 开立零余额账户
大额支付系统（HVPS）	直接参与者	可为非参与者	可为非参与者
注资及调增	直接通过大额发起	不需注资	通过境内资金托管行发起
支付业务发起	直接发起	通过直接参与者发起	直接发起

除表 5-2 外，还有一类直接参与者为金融市场基础设施（Financial Market Infrastructure，FMI）。之所以连接该类直接参与者，主要目的在于扩大 CIPS 的应用领域。

另外，表 5-2 中"直接参与者"是指在 CIPS 开立资金账户、拥有 CIPS 行号、直接通过 CIPS 办理人民币跨境支付业务的金融机构。CIPS 系统的"直接参与者"其实也有两类：

①同时是大额支付系统的直接参与者。

②不是大额支付系统的直接参与者。

如果是第①种情况，那这类参与者就是一切条件都具备的"直接参与者"；如果是第②种情况，这类直接参与者还需要找一家国内的"大额支付系统直接参与者"为自己开设一个人民币资金存管账户，为其银行开设人民币资金存管账户的国内银行就是"资金托管行"。

三　交易支持

CIPS 可以提供的交易支持如下：

（1）逐笔支付业务，如客户汇款和头寸调拨。

（2）批量支付业务。

（3）金融市场业务，如付款交割结算业务和集中清算业务。

当银行之间进行人民币业务时，银行通过报文向 CIPS 发送支付请求，并由 CIPS 完成资金清算。然而，实际负责实际人民币资金交收的不是 CIPS 本身，CIPS 只是一个清算业务系统，是支付清算的前台系统。CIPS 在交易日完成后，将清算数据提交给大额实时支付系统进行实际资金划转（从 CIPS 的清算账户支付给直接参与者）。大额实时支付系统再调用 SAPS 进行真正的资金划转。

CIPS 采用的清算方法是实时全额、双边净额和多边净额。最初阶段，CIPS 采用了实时全额的方式进行清算。CIPS 并不提供流动性支持，如果流动性不足，银行需要自行解决，可以去同业拆借中心借款，然后通过 CIPS 的流程注入流动性。

四 CIPS2 简介

为了改进 CIPS 的功能，2018 年 CIPS 进行了升级（CIPS 二期），主要改进包括：

（1）在实时全额结算的基础上引入定时净额结算机制，帮助银行节约流动性，并且更加灵活。对于时效性要求高、金额大、逐笔、紧急的支付，采用实时全额方式；对于频次高、金额小、笔数多、不紧急的支付，采用定时净额方式。需要注意的是，虽然所有参与者都可以发起实时全额支付请求，但并非所有参与者都可以发起定时净额支付请求，因为定时净额支付存在交割风险。

（2）支持金融市场业务，包括人民币付款、付款交割结算、人民币对外币同步交收、中央对手集中清算和其他跨境人民币交易结算等业务。

（3）延长系统对外服务时间，从原来的 5×12 小时延长到 5×24 小时＋4 小时。系统工作时间扩展到全部 24 小时，全面覆盖全球各个时区的金融市场。为了支持 CIPS 系统的运营，全国银行间拆借中心和大额实时支付系统的运行时间也相应延长了（大额实时支付系统延长至 21 点，并在周末和节假日的首日也运行）。这里的＋4 小时是指考察时区。

2016 年 10 月 1 日，人民币正式入篮国际货币基金组织（IMF）的特别提款权篮子。然而，入篮只是国际社会对人民币的一种认可，并不意味着人民币已经完成国际化。真正的人民币国际化需要让更多的国家将人民币作为国际贸易定价和结算的货币，以及作为国家储备货币。

习题

1. 什么是大额实时支付系统？大额实时支付系统的两种接入模式是什么？

2. CNAPS2 的作用有哪些？

3. 什么是网联？网联主要提供哪些服务？

4. 什么是 CIPS？CIPS 可以提供哪些交易支持？

5. 简述 CNAPS2 的两个核心系统。

6. 简述网联的交易流程。

第六章　**跨境支付**

本章学习重点

- 了解跨境支付的概念及分类。
- 了解跨境支付发展历程。
- 了解第三方跨境支付的合规关注点。
- 理解美国跨境支付系统的结构特点。
- 了解 FEDWIRE 及 CHIPS 的各自特点及在美元跨境支付过程中各自的作用。
- 了解欧洲跨境支付系统的特点。
- 了解英镑及日元等货币的跨境支付特点。

随着全球电子商务的增长，面向进出口贸易的跨境支付应运而生。据统计，2022 年全球跨境支付交易总额已突破 156 万亿美元，跨境服务市场有巨大的发展潜力。

在跨境服务的链路中，支付是关键的一环。像虾皮（shopee）、亚马逊、阿里巴巴国际、天猫国际、网易考拉等企业能够做出海业务，都是得益于跨境支付的发展。

第一节　跨境支付概述

一　概念及模式分类

（一）概念

跨境支付，是指两个或两个以上国家或者地区之间因国际贸易、国际投资及其他方面所发生的国际债券债务借助一定的结算工具和支付系统实现资金跨国和跨地区转移的行为。跨境支付市场的主要参与者包括银行、汇款公司、国际信用卡组织、境内外第三方支付公司和提供跨境支付解决方案的集成式科技公司。

跨境支付按照币种分类主要有跨境外汇支付和跨境人民币支付；按货币形态分类有现金跨境支付和非现金跨境支付；按支付模式分类有外汇现金/旅行支票、银行电汇、国际汇款、信用卡支付、第三方跨境支付等。跨境支付模式及特征表见表6-1。

表 6-1　跨境支付模式及特征表

模式	特征
外汇现金/旅行支票	线下支付； 向银行购汇或向银行申请开具支票； 不限定具体收款人的资金转移
银行电汇（T/T）	线上支付； 汇款人向银行（汇出行）申请，以加押电报、电传或者 SWIFT 形式给汇入行，指示其解付一定金额给收款人； 适用于金额与收款人均明确的点对点资金清结算
国际汇款（转账）	线上支付； 通过银行或汇款公司将款项从付款账户划转到收款账户完成资金支付； 适用于金额与收款人均明确的点对点资金清结算
信用卡支付	线上以及线下支付（刷卡）； 基于 Visa、Master Card、JCB、American Express 等国际卡组织的资金清算体系进行资金清结算
第三方跨境支付	线上及线下支付（扫码）； 由境内及境外支付机构基于支付系统进行资金清结算

（二）跨境外汇支付和跨境人民币支付

跨境支付需要使用外汇。2008 年修订的《中华人民共和国外汇管理条例》中所称的外汇，是指"以外币表示的可以用作国际清偿的支付手段和资产"。传统概念中，外汇等同于外币。

2009 年 7 月 1 日，中国人民银行、财政部、商务部、海关总署、税务总局、银监会共同制定并颁布了《跨境贸易人民币结算试点管理办法》，中国居民和非居民之间可以使用人民币开展或用人民币结算各类跨境业务。2018 年中国人民银行在《关于进一步完善人民币跨境业务政策促进贸易投资便利化的通知》（银发〔2018〕3 号）补上了点睛之笔："凡依法可以使用外汇结算的跨境交易，企业都可以使用人民币结算。"

至此，跨境支付的内涵既包含跨境外汇支付，也包含跨境人民币支付。无论何种币种，凡引起或可能跨境资本流动的，均会受到中国政府的"外汇"监管。原则上外汇管理局与人民银行分别牵头，对"跨境外汇"与"跨境人民币"实施平行监管，实务中如果遇到一项外币计价的跨境资金流动交易，主要基于外汇局的政策进行研判；如果遇到一项人民币计价的跨境资金流动交易，通常优先适用人民银行的要求，未尽事宜参照外汇局的规定。

（三）跨境支付流程

（1）选择支付方式：根据支付方和收款方的需求和情况，选择适合的支付方式。

（2）确认汇率和费用：在进行跨境支付时，需要确认汇率和费用，以避免因为不同汇率和费用而导致支付金额的误差。

（3）提交支付指令：通过银行或第三方支付平台提交支付指令，并填写相关信息。

（4）处理支付指令：银行或第三方支付平台收到支付指令后，会进行审核和处理。

（5）支付完成：一旦支付指令被处理，资金将从付款方账户中扣除，并转入收款方账户中。

二 跨境支付发展历程

跨境支付与国内支付紧密相关。通常，跨境支付工具的发展慢于国内支付工具。跨境支付的工具和提供机构，经历了从现金到非现金、从商业机构到金融机构，以及从普通金融机构到专业化金融机构等多维度的发展和跨越。

（一）早期跨境支付

20世纪60年代之前，分界线是电子转账清算的出现，之前国际经历了贵金属清算、纸币现金清算和代理行清算3个阶段。

1. 贵金属清算

实物现金（各种金属铸币或重通货）是近代以前许多国家在其境内及跨境交易中所使用的支付工具。实物现金大量广泛使用的一个重要原因是，古代社会中交易者之间信用相对不足，人们在交易过程中倾向于仅仅接受那些具有内在价值并容易被识别的实物现金。

秦代以后，中国进入"大一统"时期。先秦时期有过的"跨境"交易要么消失了，要么归属于国内贸易了。唐朝出现过的"飞钱"和清朝中期以后的"山西票号"虽然是非现金支付，但严格说仍属于境内支付。秦汉至宋朝通行官铸铜钱，并以此满足农耕社会中的日常小额交易需要。中国的铜钱文化影响了周边许多国家和地区，但铜钱本身由于天然的局限性（低价值）而难以充当远距离的跨境支付工具。

在国外，从古希腊罗马时代开始，官府铸币（尤其是金银铸币）成为流行的货币制度。一国铸币的流通范围往往与君主的统治疆域相一致。铸币通常不充当跨境支付工具，它们在跨境交易中往往被熔化为贵金属条块或被改铸为别的货币形式。

2. 纸质现金清算

贵金属清算由于其运输成本高、各国贵金属价值相差较大等原因，到中世纪逐渐被纸质现金清算所取代。当时世界上有两大演进路线：一是亚洲和中东地区的非规范的跨境资金转移机制，二是欧洲逐渐走向规范的汇票机制。

在亚洲和中东地区的非规范的跨境资金转移机制中，最具代表性的被称为"哈瓦拉支付系统"。这是一种不依靠金融机构的资金转移机制，由相互认识并分布于不同国家和地区的人士组成资金转送网络。据说，在阿拉伯语中，"哈瓦拉"指"约定好的票据"或"交易用的账单"。研究认为该机制起源于公元 8 世纪的印度，后来扩散到邻近地区以及今天的伊朗、中东和非洲东部等地区。在中国和东南亚之间，19 世纪中叶后，随着清政府移民政策的改变以及移居东南亚华人数目的增多，具有与"哈瓦拉"类似特征的侨批业出现并一度昌盛起来，其国内网点大量出现在福建和广东。早期侨批业使用"水客"（接近今天的海外带货个人），后来主要依靠批信局（其性质与今天从事国际业务的民营快递企业类似）。20 世纪 30 年代后，越来越多的侨汇通过正规邮政和金融机构进行，批信局也因此逐渐转型。

在欧洲，非现金跨境支付在中世纪开始使用汇票机制。该机制后来逐渐规范起来，并由金融机构发挥主导作用。中世纪中期欧洲使用的汇票主要体现了商人之间的信用，即那些身处不同国家不同城市的商人在发生了常规性的买卖关系后开始借用第三方商人的信用进行支付安排。17 世纪，在金融机构成为跨境支付服务主体以前，汇票虽然可以转让，但通常不可贴现。汇票成为国际贸易中具有普及性的跨境支付工具，出现在银行作用上升之后。

随着欧洲贸易路线的西移和北移，意大利银行业在 16 世纪后相对衰落，随之而起的是西欧和北欧的银行机构。这方面最有代表性的是成立于 1609 年的阿姆斯特丹汇兑银行。该银行由阿姆斯特丹市政会提议设立，并成为欧洲地区早期的公共银行（得到政府当局特许并由众多投资人参与股份认购的机构）之一。在 19 世纪以前，跨境支付中的汇票制度远不够标准化，使用范围主要为欧洲地区。

3. 代理行清算

19 世纪以来，代理行成为跨境支付的主流模式，并延续至今。在以银行为枢纽的典型跨境支付流程中，金融机构通过分布在各地的代理人或商业伙伴在事实上形成了一个跨境资金转移的网络系统。在这个跨境资金转移网络系统中，资金流的方向刚好与货物流动相反，相辅相成地促成了国际贸易的开展。

随着国际贸易在世界更多国家和地区的开展，越来越多的金融机构参与到跨境支付服务中，19世纪中叶之后电报技术的发明和广泛使用，更促使跨境支付业务跨上了新发展台阶。过去众多代理人围绕单一银行运转的汇票制度开始被往来银行（代理行）网络系统所取代，伴随跨境支付的贸易融资活动更加活跃和多样化，支付工具也有了新的发展并更加多样化。19世纪中叶以后，跨境支付的新发展可称为"开放型代理行网络体系"的确立。这个体系有三大特点：首先，众多位于不同国家的银行建立起往来关系（代理行关系），跨境支付通道更加普及和顺畅；其次，汇票制度趋于标准化，票据贴现成为贸易融资的普遍形式；最后，各种形式的银行票据与国内金融市场的联系日趋紧密，跨境支付和贸易融资由此获得了新的资金来源。

19世纪后半叶，代理行模式在全球范围内得到普及，世界五大洲各大口岸城市都出现了本土银行或外来银行，其中许多属于英式商人银行，专长于贸易融资和跨境支付服务。汇票这个传统概念大大拓展了，包括各种本票或期票、银行承兑汇票、银行汇票和支票等。

（二）电子转账跨境支付

第二次世界大战结束以后，欧美经济经历了一段时间的快速增长，各国相互的货物贸易、服务贸易、资本流动和人员流动都比以前有了大量增加，跨境支付业务日益繁忙。以代理行模式为主导的跨境支付越来越多地遇到了付款流程慢、交易成本高和缺乏透明度等问题，同时存在外汇风险、交易对手风险、结算风险、监管风险和时区（营业时间）不一致等问题。随着计算机技术和通信技术的发展，电子化手段不断涌现并且应用在各行各业。电子化手段应用于金融、保险和商检，可以实现对外经贸的快速循环和可靠的支付，降低银行间转账所需的时间，增加可用资金的比例，加快资金的流动，简化手续，降低作业成本。

EDI技术于20世纪60年代问世，它用电子文件代替传统纸质单证，为全球金融市场实现一体化、跨境支付清算业务带来革命性转变。EDI系统24小时不间断运转，将贸易、运输、保险、银行和海关等行业的信息，用一种国际公认的标准格式，通过计算机通信网络，使各有关部门、公司与企业之间进行数据交换与处理，并完成以贸易为中心的全部业务过程。在此基础上，美欧多家银行花费数年时间进行沟通和协商，并争取各自国内相关机构和政府部门的同意，于1973年发起成立了SWIFT，组建了跨境银行支付的信息平台和基本规范，以此确保与跨境资金流动相适应的信息流动及其效率。投入运作以来，SWIFT 多次改进自己的服务硬件和软件，目前已成为银行间跨境支付便捷高效的代名词。

欧洲中央银行 1999 年正式运行，一开始就接手了欧元区各成员国之间的欧元跨境支付和清算系统，并组建了泛欧实时自动清算系统（Trans-European Automated Real-Time Gross Settlement Express Transfer System，TARGET），欧元区各成员国的中央银行和国内结算系统都必须加入这个大额转账系统。2007 年 7 月，经过 5 年时间的努力和调试后，升级了的泛欧实时自动清算系统（TARGET II）投入运行。

一些国际大银行于 1997 年联手组建一家新型机构来负责跨境外汇支付结算业务并力图消除其中的赫斯塔特风险。2002 年，这家名为"持续联系结算"的银行（CLS 银行）正式投入运行，当时就开展了七种货币的外汇支付和结算业务，目前已扩展到十多种货币。CLS 采用新的付款和信用方式，即同步交收模式，来消除跨币种结算风险。其典型案例的交易机制如图 6-1 所示。实践中，CLS 还通过每种货币的主要银行为相应货币的结算提供了备用信贷额度，因此减少了流动性风险。但由于备用信贷额度小于实际交易的金额，备用信贷额度不能完全消除流动性风险。撇开流动性风险而言，CLS 运作模式极大地缩小了跨境支付中的结算风险，也在一定程度上降低了汇兑风险，即汇率快速变动带来的交易风险。

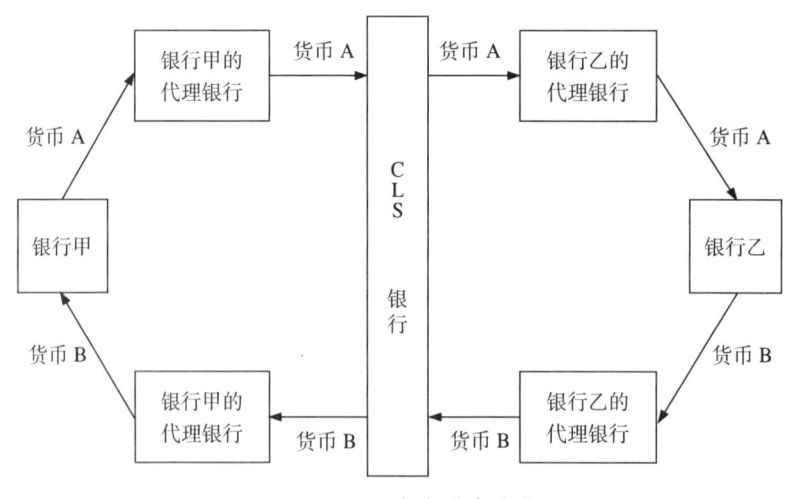

图 6-1　CLS 银行业务流程

三　第三方跨境支付

第三方跨境支付，是指第三方支付机构为特定业态的跨境交易提供跨境互联网支付或移动支付服务。同样，受限于外汇局和人民银行的监管，开展跨境支付的第三方支付机构需要取得展业资格。

根据我国的监管要求，境内支付机构应与符合要求的境内银行合作开展跨境支付业务。比较特别的是，跨境支付的资金链路较长，境内支付机构难以完成全链路的资金转移，往往还需要与境外支付机构协同完成全流程。

（一）应用场景

第三方跨境支付的业务市场覆盖货物贸易、酒店住宿、留学教育、航空机票、国际展览、旅游服务、软件服务、国际运输、国际会议、通信服务等十大行业板块。几类常见的第三方跨境支付应用场景如下：

1. 跨境电商

2019 年 1 月 1 日起正式实施的《中华人民共和国电子商务法》将电子商务定义为"通过互联网等信息网络销售商品或者提供服务的经营活动"。广义地理解"跨境电商"概念，货物贸易与服务贸易均可纳入"跨境电商"范畴。

然而，这并不意味着所有跨境电商业务都可以通过第三方跨境支付开展。实践中服务贸易及其他经常项目并未完全放开，第三方跨境支付的应用场景以最终批复/备案的内容为准。

2. 线下扫码

在跨境电商之外，线下支付场景也是跨境支付重要增长点之一。据国家海关统计，2020 年以来，出境扫码移动支付已经超过了现金支付，以支付宝与微信支付为代表的移动支付系统在境外旅游目的地的免税店、美妆店和大型促销零售店等境外旅游零售场景的高覆盖，也进一步强化了中国游客的出境扫码支付的使用深度。

严格来说，线下扫码支付对应的消费场景不属于"电子商务活动"，跨境扫码支付也未得到监管政策的正式认可。然而 2017 年国家外汇局曾释放了积极信号，主动澄清并未叫停境外线下扫码业务，目前在消费复苏的宏观政策下，支付机构与外汇管理局进行充分沟通，遵照"交易真实性、合规性原则"的原则开展跨境线下扫码支付业务，存在着操作空间。

3. 外卡收单

外卡收单，是指持卡人通过使用境外银行或境外信用卡公司发行的可在全球范围内通用的信用卡、借记卡在境内进行支付的行为。境内支付机构从事"外卡收单"，除需要取得跨境支付资质外，还需要获得国际信用卡组织 Visa（QSP 资质）、MasterCard（PF 资质）的认证。

4. 市场采购贸易

是指在经认定的市场集聚区采购商品，单票报关单的货值最高限额为 15 万美元，由符合条件的经营者在采购地海关办理出口通关手续的贸易方式。从事市场采购贸易的经营者，应当向商务主管部门办理市场采购贸易经营者备案登记，并按照海关相关规定在海关办理进出口货物收发货人备案。市场采购的经营者可以享受免征增值税、一体化通关等便利。

（二）经典结构

我国是典型的出口导向型经济体，以图 6-2 为例，了解一个经典的第三方跨境支付的交易结构。

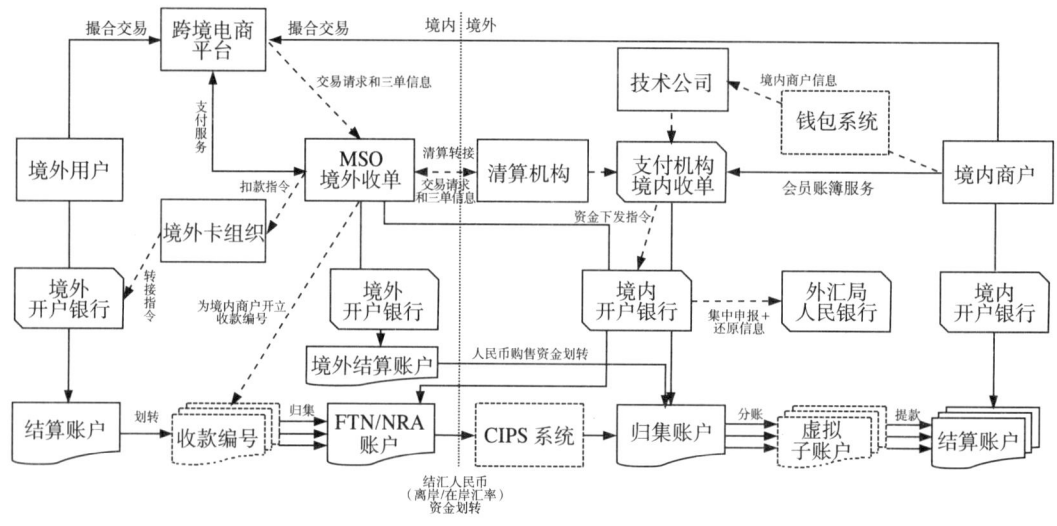

图 6-2　跨境人民币收款结构图

（1）境内商户入驻境外电商平台，境外用户在电商平台上购买商品达成交易；

（2）境外支付机构向境外电商平台收集三单还原信息，提供境外收单服务，扣收境外用户的商品价款，并在开户银行完成人民币结汇，方式包括：境外结算账户的人民币购售、FTN 账户结汇（离岸汇率）、NRA 账户结汇（在岸汇率）；

（3）境外支付机构通过跨境转接清算机构（银联国际/网联清算），将结汇后的人民币款项结转至境内支付机构的归集账户（备付金账户）；

（4）境内支付机构通过合作银行向境内商户完成资金下发的操作。

三　第三方跨境支付的合规关注点

第三方跨境支付涉及金融展业及外汇合规、反洗钱合规及数据合规等，境内支付机构及境内银行均需重视合规关注点并履行相应合规义务。

（一）境内金融展业及外汇合规

监管部门要求合作银行需对合作支付机构办理的外汇业务的真实性、合规性进行合理审核。如因未进行合理审核而导致违规的，合作银行需要依法承担连带责任。境内银行在交易结构中的职责可能包括管理备付金、提供结售汇、进行国际收支申报。

（二）境内支付机构及银行的反洗钱合规

根据《中华人民共和国反洗钱法》的规定："中国境内设立的金融机构（包括支付机构）和按照规定应当履行反洗钱义务的特定非金融机构，应当依法采取预防、监控措施，建立健全客户身份识别制度、客户身份资料和交易记录保存制度、大额交易和可疑交易报告制度，履行反洗钱义务。"

实务中，部分境内支付机构办理"不收单购付汇"的业务，存在合规隐患。人民银行在 2019 年的有关反洗钱风险提示中明确指出，在"不收单购付汇"模式下，支付机构凭借跨境电商企业自行上传的订单信息以及充值资金，代理订单信息中的个人或企业进行资金交易和国际收支申报，存在跨境电商准入标准过低、交易背景真实性审核存在漏洞的问题；要求各相关义务机构应采取与风险匹配的客户身份识别措施，强化贸易真实性审核，加强对购付汇资金交易的监测，综合施策，防范跨境洗钱风险。

（三）境内支付机构和境内银行的数据合规

境内支付机构或境内银行所服务的境内对象，根据具体交易结构和业务场景，既包括境内企业也包括境内个人，这是符合监管规定的。根据 2020 年国家外汇管理局第 11 号文件，《国家外汇管理局关于支持贸易新业态发展的通知》中规定："从事跨境电子商务的境内个人，可通过个人外汇账户办理跨境电子商务外汇结算。境内个人办理跨境电子商务项下结售汇，提供有交易额的证明材料或交易电子信息的，不占用个人年度便利化额度。"

商户信息尤其是个人商户信息如姓名、身份证件等，以及提款指令中可能包括提款金额等财产信息，其中含有大量可以识别或者可能识别特定个人的有关信息，属于《中华人民共和国个人信息保护法》第四条规定的个人信息。如果境内支付机构或境内银行存在将境内个人信息提供给境外支付机构或境外提供跨境支付解决方案的集成式科技公司的情形，则属于对外提供个人信息并且属于个人信息出境。在此情形下，境内支付机构或境内银行应当按照《中华人民共和国个人信息保护法》第二十三条、第三十九条规定，履行告知义务并取得境内信息主体的单独同意。

此外，如境内支付机构或境内银行落入《数据出境安全评估办法》第四条所规定的情形之一，还需通过所在地省级网信部门向国家网信部门申报数据出境安全评估。

四　未来发展启示

从古至今，跨境支付经历了漫长的发展历程。对跨境支付的主要需求来自国际贸易、跨境投资和跨境人员流动，同时在不同国家或在同一国家不同时期的发展经历过不少曲折。目前来看，发展健全的跨境支付体系应该包含以下一些因素：

（1）健全的货币制度。货币可同时充当国内支付和跨境支付的媒介，当货币充当交易媒介时，其效率远远高于以物易物。近代以前，世界上大多数国家实行金属铸币制度，但不是所有铸币都能同时充当国内支付和跨境支付的媒介。那些能够用于本国对外支付以及国际社会中跨境支付的铸币主要是其币值能在长时间保持稳定者，而且无论银币还是金币都是如此。进入 20 世纪后，虽然各国逐渐转变为不再与贵金属挂钩的信用货币制度，货币制度的稳健性仍然是影响跨境支付工具和国际计价单位选择的一个重要因素。

（2）相对开放和规范的国际经贸关系。跨境支付历史上有三大发展时期：一是中世纪晚期和近代早期，银行机构取得了跨境支付领域中的主导地位；二是 19 世纪，全球性往来银行网络组建并普及开来，现代汇票制度得以确立；三是 20 世纪末至 21 世纪初，在经济全球化大发展和信息技术进步的背景下，多样化跨境支付工具和专业化服务机构不断涌现。如果没有各国走向开放并积极发展对外经贸关系，对跨境支付的需求和供给都会受到多种限制。最近十年对跨境零售支付的巨大需求在很大程度上来自跨境电子商务的跳跃式增长，这充分说明开放规范的国际经贸关系是促进跨境支付发展的主动力。

（3）专业化金融机构发挥枢纽作用。从商业信用到银行信用，这是信用关系的一个升级。跨境支付如同国内支付一样，银行机构都在非现金支付结算过程中发挥枢纽作用。这主要是因为，银行账户是非现金转移的依托，银行信用则是建立银行间清算关系的基础。跨境支付过程中的结算关系所要求的银行信用高于国内结算关系所要求的水平。因此，从历史上看，近代早期以来跨境支付的发展主要出现在经济发展相对先进并相互接近的国家之间。未来，在电子支付和移动支付日益占据非现金支付中主导地位的背景下，银行账户和/或电子钱包也将会在跨境支付中发挥更加重要的作用。

（4）加强政府间及监管机构之间的国际合作。跨境支付在历史上很多时期中处于自发状态，很多国家的政府当局对此放任自流。但从 20 世纪开始，政府对跨境支付的介入和监管逐渐增多。未来，各国对涉及跨境支付事务的监管和干预还会增加，各国对在跨境支付基础设施建设方面开展国际合作的需要也将增多。因此，在新时代中发展跨境支付业务，越来越多地需要加强与有关国家的监管当局以及国际机构的协调合作。

第二节 SWIFT

SWIFT 是一个银行同业非营利性的国际合作组织，也是国际上最重要的金融通信网络之一。SWIFT 的出现，解决了银行间信息传递的低效与高成本问题。SWIFT 不同于资金清算系统，SWIFT 仅负责信息传递（可以理解为商业银行和资金清算系统传递信息的"邮差"），不具有资金结算功能。

一 SWIFT 的发展历程

二战后，欧洲和北美国家之间的经济联系不断加强，跨国贸易逐年递增，然而通过邮政电报传递交易信息的方式不但成本高、效率低，而且面临着信息容易泄露的问题。

1973 年 5 月，来自美国、加拿大和欧洲的 15 个国家的 239 家银行宣布正式成立 SWIFT，其总部设在比利时的布鲁塞尔。该组织是为了解决各国金融通信不能适应国际支付清算的快速增长而设立的非营利性组织，负责设计、建立和管理 SWIFT 国际网络，以便在该组织成员间进行国际金融信息的传输和确定路由。SWIFT 运营着世界级的金融电文网络，银行和其他金融机构通过它与同业交换电文来完成金融交易。除此之外，SWIFT 还向金融机构销售软件和服务。

SWIFT 从 1974 年开始设计计算机网络系统。1977 年夏，完成了环球同业金融电信网络系统的各项建设和开发工作，并正式投入运营。1977 年时 SWIFT 在全世界就拥有会员国 150 多个，会员银行 5 000 多家，SWIFT 系统日处理 SWIFT 电讯 300 万笔，高峰时达 330 万笔。目前，该网络已遍布全球 206 个国家和地区的 11000 多家金融机构，支持 100 多个国家和地区的实时支付清算系统。

1980 年 SWIFT 连接到我国香港地区，中国银行于 1983 年加入 SWIFT，是 SWIFT 组织的第 1 034 家成员行，并于 1985 年 5 月正式开通使用。之后，我国的各国有商业银行及上海和深圳的证券交易所也先后加入 SWIFT。进入 20 世纪 90 年代，除国有商业银行外，中国所有可以办理国际银行业务的外资和侨资银行以及地方性银行纷纷加入 SWIFT。1995 年，SWIFT 在北京电报大楼和上海长话大楼设立了 SWIFT 访问点 SAP（SWIFT Access Point），它们分别与新加坡和我国香港地区的 SWIFT 区域处理中心主节点连接，为用户提供自动路由选择。

为更好地为亚太地区用户服务，SWIFT 于 1994 年在中国香港设立了除美国和荷兰之外的第三个支持中心。这样，中国用户就可得到 SWIFT 支持中心讲中文的员工的技术服务。SWIFT 还在全球 27 个地点设有办公室，其中 2000 名的专业人员来自 55 个国家，北京办公室于 1999 年成立。SWIFT 全球办公室所处位置见图 6-3。

城市	国家	大洲	城市	国家	大洲
迈阿密	美国	北美洲	香港	中国	亚洲
纽约	美国	北美洲	迪拜	阿联酋	亚洲
法兰克福	德国	欧洲	吉隆坡	马来西亚	亚洲
巴黎	法国	欧洲	孟买	印度	亚洲
布鲁塞尔	比利时	欧洲	首尔	韩国	亚洲
伦敦	英国	欧洲	新加坡	新加坡	亚洲
马德里	西班牙	欧洲	东京	日本	亚洲
米兰	意大利	欧洲	悉尼	澳大利亚	大洋洲
莫斯科	俄罗斯	欧洲	墨西哥城	墨西哥	南美洲
斯德哥尔摩	瑞典	欧洲	圣保罗	巴西	南美洲
维也纳	奥地利	欧洲	阿克拉	加纳	非洲
苏黎世	瑞士	欧洲	约翰内斯堡	南非	非洲
北京	中国	亚洲	内罗毕	肯尼亚	非洲
上海	中国	亚洲			

图 6-3 SWIFT 全球办公室所处位置示意图

二 SWIFT 的组织结构

SWIFT 是一个中立性协会组织，董事会为 SWIFT 的最高权力机构，日常经营管理由 CEO 领导执行部门负责，并处于董事会的监督之下。SWIFT 董事提名规则为：

（1）按股份数量排名前 6 的国家，每个国家股东可推选两名董事，这种方式提名的董事不超过 12 名；

（2）按股份数量排名第 7～16 位的国家，每个国家股东可推选一名董事，这种方式提名的董事不超过 10 人；

（3）不符合第一项、第二项要求的股东可与一名或多名其他国家股东一起提议选举一名董事，以这种方式提名的董事不得超过 3 人；

（4）全部董事数量不超过 25 人。

SWIFT 的成员分为持股者和非持股者。持股者（会员），包括银行、符合资格的证券经销商以及符合规定的投资管理机构，都可以持有 SWIFT 的股份。会员行有董事选举权，股份达到一定的董事的拥有被选举权。SWIFT 的股东来自世界各地，他们在金融通信方面的实践经验对公司的管理有很大的影响。执行部门由一组全职员工构成，由 CEO 领导，并处于董事会的监督之下。包括 6 个委员会，其中决策权由董事会授予。

财务委员会（The Audit and Finance Committee，AFC）负责会计、财务报表、财务管理、审计与常规监督、预算、融资以及长期财务计划编制、监督 SWIFT 运作和内部控制；常服委员会（The Board Compensation Committee）负责评估公司绩效，并决定董事会成员和其他主要主管的薪酬，负责雇员薪酬管理津贴计划；董事会还设有 2 个商务委员会（Business Committee），分别负责银行与支付和证券；2 个技术委员会（Technical Committee），分别负责标准以及技术和产品。

三 SWIFT 提供的服务及收费

SWIFT 给会员提供的服务如下：

（1）接入服务，使用户可以安全、高效地实现网络存取；

（2）金融信息传送服务，提供交互存储与转发两种文件自动传输方式，适合大批量数据的传输；

（3）交易处理服务，通过 SWIFT 网络向外汇交易所、货币市场和金融衍生工具认证机构提供交易处理服务；

（4）分析服务与分析工具，提供一些辅助性分析工具和服务，向金融机构揭供最新的、世界范围内的金融机构的代码，还可以监视 SWIFT 当前传送信息的数量。

SWIFT 采用成员行每个季度支付一次通信费用的付费方式。具体标准如下：

通信费是基于路由和通信量定价的。在 1981 年，由少于 325 个字符组成的一条正常信息在 20 分钟提交时，费用是 18BF（当时，1BF 约等于 2 美分）；传输比 325 个字符长的信息（有的财务报表可长达 2 000 个字符）时，按比例增加费用；高优先权的信息增收特别费（在 1981 年时为 36BF），此后，SWIFT 的每条电文的通信费用在不断降低，1999 年每条电文的通信价格仅为 5 年前的一半。

四 SWIFT 的电文及风险防范

（一）SWIFT 的电文

SWIFT 网络系统提供 240 多种电文标准，目前已经成为国际银行间数据交换的标准语言。SWIFT 的标准部门每年都要根据用户需求总结现有的电文格式，研究制定新格式计划。鉴于 SWIFT 网络系统在外汇交易中的重要作用，我国的金融网络和金融应用系统必须与 SWIFT 网络系统接轨。因此，我国银行的电文或者直接采用其格式或者基于这个格式的支持来完成证券或贸易往来等业务电文。

SWIFT 电文共有十类：

第 1 类：客户汇款与支票（Customer Payments & Checks）

第 2 类：金融机构间头寸调拨（Financial Institution Transfers）

第 3 类：资金市场交易（Treasury Markets-FX, MM, Derivatives）

第 4 类：托收与光票（Collections & Cash Letters）

第 5 类：证券（Securities Markets）

第 6 类：贵金属（Treasury Market-Precious Metals）

第 7 类：跟单信用证和保函（Documentary Credits and Guarantees）

第 8 类：旅行支票（Traveler's Checks）

第 9 类：现金管理与账务（Cash Management & Customer Status）

第 10 类：SWIFT 系统电报

除上述十类电文外，SWIFT 电文还有一个特殊类，即第 N 类——公共电文组（Common Group Messages）。

银行国际代码（Bank Identifier Code，BIC Code）是由 SWIFT 协会提出并被 ISO 通过的银行识别代码，由十一位的数字或字母组成，这十一位 BIC 可以拆分为银行代码、国家代码、地区代码和分行代码四部分。以中国银行北京分行为例，其银行识别代码为 BKCHCNBJ300。其含义为：银行代码（BKCH）、国家代码（CN）、地区代码（BJ）、分行代码（300）。

银行代码（Bank Code）：由四位英文字母组成，每家银行只有一个银行代码，并由其自我设定，通常是该行的行名字头缩写，适用于其所有的分支机构。

国家代码（Country Code）：由两位英文字母组成，用以区分用户所在的国家和地理区域。

地区代码（Location Code）：由 0、1 以外的两位数字或两位字母组成，用以区分位于所在国家的地理位置，如时区、省、州、城市等。

分行代码（Branch Code）：由三位字母或数字组成，用来区分一个国家里某一分行、组织或部门，如果银行的 BIC 只有八位而无分行代码时，其初始值定为"XXX"。

（二）SWIFT 的风险防范

SWIFT 安全威胁来自两个方面：一是支付风险，二是系统风险。

在支付风险方面，SWIFT 并不向金融机构提供直接的帮助。利用 SWIFT 所提供的服务，金融机构可以有效控制支付风险。例如，SWIFT 为支持大额支付与证券相关交易中的清算、结算、净额结算，提供了 FIN Copy 服务。在交易指令传达给接收方之前，指令要备份并通过第三方（如中央银行）的认证。

SWIFT 系统的安全主要遭受这几个方面的威胁：假冒，电文被截取（读取或复制）、修改、重播，电文丢失，电文发送方或接收方否认等。针对这些安全威胁，SWIFT 系统提供了安全策略，用以维护系统安全。SWIFT 安全层次分为：①安全登录和选择服务。②防止第三方冒充。③防止第三方截取电文。④使第三方无法修改、替换电文内容，或者使接收方可以发现电文在传输的过程中被修改。⑤防止电文的重播和丢失。⑥在系统内进行交换的电文被复制存储，与电文交换有关的各种活动及其发生的时间均被记录。⑦相关安全责任的分离，即一人不能负责多项安全事务。

五　SWIFT 通信处理过程

SWIFT 网络系统由操作转换中心、地区处理站、银行处理站和终端四层结构组成，如图 6-4 所示。目前，SWIFT 系统有两个操作转换中心（Operating Center，OC），分别位于荷兰的阿姆斯特丹和美国的弗吉尼亚。操作中心也就是交换中心，这几个操作转换中心

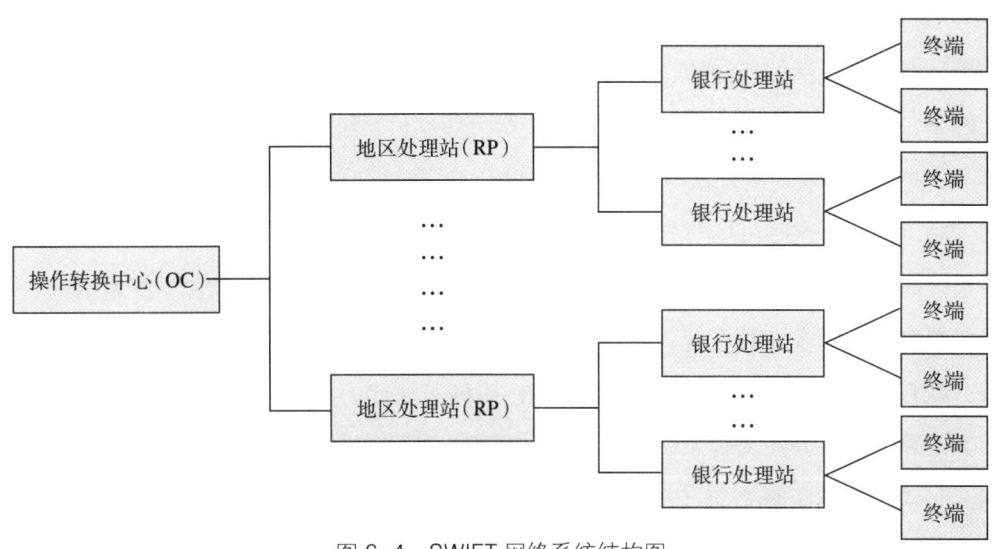

图 6-4　SWIFT 网络系统结构图

连接着系统控制中心连成环形结构，并分别连接各地区处理站（Regional Processor，RP），少数较小的国家可共用一个RP。因此，RP也称为国家处理中心（National Processor，NP）。最后，地区处理站连接各自管理的银行处理站和终端，组成全球金融通信网络。

通常，一份电文若要经过一个OC转接时，其数据传输流程如下：源行（数据传输银行）通过调制解调器和国内租赁专线或电话线将电文发往所在的区域处理中心（RP）；该区域处理中心用和相应的交换中心（OC）约定的密钥将电文加密后，经过调制解调器和国际租赁线路发往相应的OC；该OC将电文解密后，用和目标行所在区域处理中心约定的密钥重新将电文加密，并经调制解调器和相应的国际租赁线路转发到目标行所在区域处理中心；该区域处理中心将收到的电文解密后，经过调制解调器和国内的租赁专线或电话线将电文发往目标行进行交易处理。图6-5为中国工商银行与花旗银行之间的电文通信。

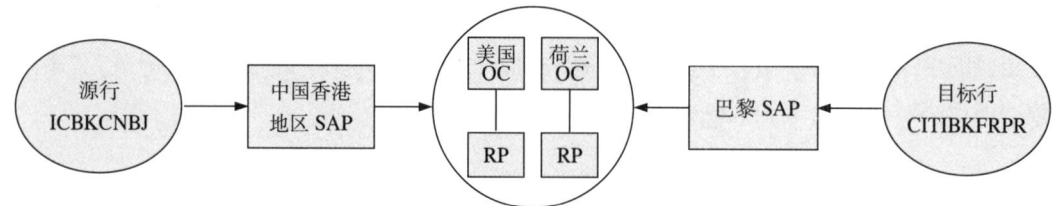

图 6-5　两所银行电文通信示意图

第三节　美国跨境支付系统

作为一个高度发达的经济体，美国的支付清算系统众多、服务机制发达，支付清算体系庞大健全，各子系统联系度紧密。其中，包括大额支付系统、小额支付系统、证券结算系统等。这些系统涉及境内外众多的金融机构以及美国的货币市场、资本市场、外汇市场、金融衍生品市场，而这些市场与支付清算系统又产生了强烈的相互依赖性，互联互通的各种支付系统都为当今世界美元资金的流动发挥着重要作用。美国的支付清算系统包括：

（1）票据交换资金清算系统，负责全国范围内的票据交换。

（2）联邦电子资金划拨系统（FEDWIRE，简称美联储），提供实时全额结算服务。

（3）清算所银行同业支付系统（CHIPS）系统，是私营跨国美元大额支付系统。

（4）自动化票据清算系统（ACH），向参与的存款机构提供银行间汇款、电子支付、清算等服务，如工资发放、社会福利发放、各种贷款的自动还款、电子支付、联邦及各州征收的税款支付等。

（5）信用卡业务及电子货币，银行卡、ATM 和 POS 机构成了一个庞大的支付网络，为其会员金融机构提供通信业务授权和行间清算。现在网上银行发展也非常迅速，形成了更加完整的银行卡结算网络。

在这些系统中，CHIPS 处理的美元跨境业务占比高达 95％，而 FEDWIRE 仅仅只占据了 5％，但是 CHIPS 处理境外美元支付结算的业务必须由 FEDWIRE 协助完成。

一 FEDWIRE

（一）简介

FEDWIRE 系统是为在美国境内、纽约市区外的银行进行美元清算，由国家中央银行建立信息传输和支付的系统，它同 CHIPS 共同构成美元清算两大支柱。FEDWIRE 系统是美国联邦政府机构加非营利性机构的双重组织机构，联邦储备系统由位于华盛顿特区的联邦储备局和 12 家分布全国主要城市的地区性的联邦储备银行组成。

FEDWIRE 主要的货币政策由联邦储备局和联邦储备银行的主席共同参与制定。在组织形式上，美联储采用的是联邦政府机构加非营利性机构的双重组织结构，从而避免了货币政策完全集中在联邦政府手里。

FEDWIRE 系统的参与者：美国财政部、美国联邦储备委员会、12 家联邦储备银行、11 个支付处理中心、25 家联邦储备分行及全国 1 万多家商业银行和近 2 万家其他金融机构。

（二）发展历程

FEDWIRE 系统自 1914 年 11 月开始运行，1918 年起开始通过自己专用的摩尔斯电码通信网络提供支付服务，从每周结算逐渐发展到每日结算，联邦储备银行安装了一套专供其使用的电报系统来处理资金转账。

20 世纪 20 年代，政府债券也开始用电报系统进行转让。直到 20 世纪 70 年代早期，美国国内资金、债券的转移仍然主要依赖于此电报系统，1970 年美国开始建立自动化的电子通信系统。

直到 1980 年，联储的成员银行使用 FEDWIRE 提供服务，收费标准仍未明确，成员行不缴纳或很少缴纳费用。

随着对储蓄机构监管的放松，以及 1980 年的《存款机构管制放松和货币控制法案》的出台，FEDWIRE 服务收费被确定下来，并且非联储的成员银行业也允许使用该转账系统。为鼓励私营部门的竞争，法律规定 FEDWIRE 服务的收费必须反映提供此项服务的全部成本，以及因资金占用所带来的潜在成本和应有的盈利。

（三）　FEDWIRE 的职能

FEDWIRE 的功能齐全，它不仅提供资金调拨处理，还具有清算功能。因此 FEDWIRE 不仅提供大额资金支付功能，还使跨行转汇得以最终清算。它的职能包括：

（1）资金转账（Funds Transfer）信息。即将储备账户余额从一个金融机构划拨到另一个金融机构的户头上。FEDWIRE 的资金转账能为用户提供有限的透支便利，只有出现超过透支额的支付业务时，该支付命令才处于等待或拒绝状态。如果商业银行的账户余额不足，只要支付金额在透支额度内，美联储自动提供贷款，使支付命令得以执行。从 1994 年 4 月起，联邦储备银行开始对在其账户上的透支收取一定的费用，开始时年利率为 24%，至 1996 年已提高到年利率 60%，用以控制商业银行的日间信贷。

（2）传输美国政府和联邦机构的各种证券交易信息。

（3）传输联邦储备体系的管理信息和调查研究信息。

（4）自动清算（ACH）业务。ACH 系统通过自动票据清分机，实现支票和其他纸凭证的自动阅读和清分，再进行传输和处理，以使支票支付的处理过程实现电子化。现在，所有的美国联邦储备银行都提供对支票的电子支付服务，大多数的金融机构可接收电子形式的支票。图像处理和条码技术是支票电子支付系统的两大关键技术，图像处理包括获得物理支票的图像和存储其中的数据信息，然后将图像信息传送到支付机构。条码技术使支付机构能对拒付支票自动进行背书，并可识别背书，以加快退票处理。

（5）批量数据传送（Bulk Data）。通过 FEDWIRE 进行的资金转账过程，是通过联邦储备成员的联邦储备账户实现的，因此，资金转账的结果将直接影响成员行持有的联邦储备账户的储备余额水平。通过 FEDWIRE 的资金清算是双向的，即联邦储备银行借记寄出方账户，并以相同信息贷记接收方账户。在转账时，如果寄出方在联邦储备账户中的资金不足，无法在其账户中对可用资金进行借记，即寄出方不能立即和联邦储备银行清算其资金余额，此时，FEDWIRE 则向其发出一笔贷款，并仍然贷记接收方储备账户。因此，不管寄出方能否同联邦储备银行清算其资金余额，对接收方来说，支付总是最终的。

（6）风险控制。通过 FEDWIRE 进行资金转账时所引起的金融风险，主要是由于寄出行弥补日间透支失败而产生的。允许日间透支，是美国联邦储备体系为了提高国家支付系统的有效性和可靠性而采取的一项合理措施，联邦体系也因此要承担一定的风险。为了进行有效的风险控制，联邦体系为 FEDWIRE 制定了相应的规章和作业通告。如果寄出行不能弥补日间透支，则联邦储备银行对寄出行在联邦的所有资产有扣押权。

（7）FEDWIRE 证券簿记系统。FEDWIRE 证券簿记系统建于 20 世纪 60 年代末，它的主要功能是：实现多种债务（如政府债券、企业债券、国际组织债券等）的发行、交易清算的电子化，以降低成本和风险。它是一个实时的、交割与支付同时进行的全额贷记转账系统。FEDWIRE 系统在安全控制、风险防范、电信格式、信息传递等方面都实行了严格的规范和标准化措施，利用此系统大大提高了美国国内资金清算的效率，确保了联邦储备银行体系中大额资金清算和证券交易的安全。

二　CHIPS

（一）CHIPS 概述

CHIPS（Clearing House Interbank Payment System）是“纽约清算所银行同业支付系统”的简称，是世界上最大私营美国美元资金转账系统，每天结算平均 1.5 万亿美元的跨境和美国国内支付，它结合了两种最好的支付系统：流动性效率网状系统和即时结算系统。

1970 年，纽约清算所协会建立 CHIPS，代替原有纸质支付清算方式，为企业间和银行间的美元支付提供清算和结算服务。20 世纪 60 年代末，鉴于纽约地区资金调拨交易量迅速增加，纽约清算所于 1966 年研究建立 CHIPS。1998 年，CHIPS 归 CHIPSCO 公司所有并处于其管理之下。到 20 世纪 90 年代初，CHIPS 发展为由 12 家核心货币银行组成，有 140 家金融机构加入的资金调拨系统。以前 CHIPS 每天只有一次日终结算，其最终的结算是通过 FEDWIRE 中储备金账户的资金转账来完成的。2001 年，CHIPS 采用新系统，开始向实时净额清算系统过渡。2007 年，CHIPS 已经能处理全球 95% 左右的国际美元交易，每天平均交易量超过 34 万笔，金额约 1.9 万亿美元。2020 年，CHIPS 系统的全年清算量为 435.5 万亿美元，与上一年度基本持平。总体看，金融危机以后，CHIPS 系统的业务清算量基本处于稳定阶段。

（二）CHIPS 系统管理者与系统参与者

CHIPS 的管理者是纽约清算所，它成立于 1853 年，是美国最早的清算机构，创立的目的是解决纽约市银行间混乱的交易情况，建立秩序。在美联储于 1913 年成立之前，纽约清算所一直致力于稳定货币市场的流通波动，在那以后，清算所则开始运用自己的技术和组织能力来满足银行系统内部日益分化和交易量不断扩大的要求。

目前，参加 CHIPS 系统的成员主要分为清算用户和非清算用户，分别如下：

（1）清算用户：在联邦储备银行设有储备账户，能直接使用该系统实现资金转移。目前共 24 个。

（2）非清算用户：不能直接利用该系统进行清算，必须通过某个清算用户作为代理行，在该行建立账户实现资金预算。

参加 CHIPS 的单位可以是纽约的商业银行、爱治法公司（Edge Act Corporation）、投资公司以及外国银行在纽约的分支机构。目前，有 43 个国家、132 家银行参加 CHIPS 同业结算，其中有 47 家直接会员来自 19 个国家，包括纽约清算所协会会员、纽约市商业银行、外国银行在纽约的分支机构等，包括我国的中国银行和交通银行。

CHIPS 对参与者的要求：

（1）在每天交易开始前储蓄一定数量的资金。

（2）在系统运行时间内，只有参与者当前的资金头寸足以完成借记，CHIPS 才释放支付指令，而且任何参与者当前的资金头寸都不得小于零。

（3）需要接受 CHIPCo 的信用评估。CHIPS 参与者需要向 CHIPCo 董事会提交财务情况方面的文件，接受董事会定期问询。

三　CHIPS 工作时序

CHIPS 工作分为以下几个过程：

1. 预付金余额账户

每个 CHIPS 参与者都有一个预先设定的起始资金头寸要求，一旦通过 FEDWIRE 资金账户向此 CHIPS 账户注入相应的资金后，就可以在这一天中利用该账户进行支付指令的结算。如果参与者没有向 CHIPS 账户注入这笔资金，未达到初始头寸要求，则不能通过 CHIPS 发送或接收指令。转入时间不能晚于美国东部时间上午 9 点。

2. 日常运行上午 9：00—17：00

各参与者（银行）向 CHIPS 中心列队发送并接收支付指令→CHIPS 通过优化算法从中心列队选择要处理的支付指令→优化算法将相关的支付指令释放出来→对指令做连续、实时、多边比配轧差结算→根据结果在相关参与者余额账户上用借记/贷记方式完成最终结算→标记 CHIPS 记录反映资金头寸的增减变化。净额结算（Netting Process）过程可以通过：单方、双边、多边信用限额。

3. 日常运行下午 17：00 之后

CHIPS 试图进行撮合、轧差、结算，尽可能多地释放指令→对于未释放的指令进行多边轧差结算→最终头寸为负的银行将所要求的资金转入 CHIPS 账户→CHIPS 释放余下的支付指令，并对其结算。

4. CHIPS 美元资金划拨过程

CHIPS 的资金划拨过程采用典型的 "SWIFT & CHIPS" 模式，两个不同国家和不同银行之间，进行一笔资金清算需要完成信息流与资金流的两个过程，也就是资金划拨和日终清算两部分，具体过程见图 6-6。

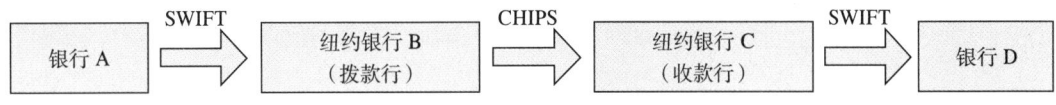

图 6-6　CHIPS 系统跨国美元划拨过程

（1）美国境外汇款银行 A 通过 SWIFT 系统发电文给纽约市内 CHIPS 的会员银行 B，要求银行 B 在生效日完成电子转账业务，转账对象为另一家美国境外银行 D，其中纽约市内银行 C 为银行 D 的代理行。

（2）银行 B 收到电文之后，通过 CHIPS 发送相关通知给银行 C。在这里，根据 CHIPS 的规定，发送的电文信息需要在 CHIPS 的中央计算机系统中存储，直到生效日到来时银行 B 会下达"解付"指令，CHIPS 的中央计算机系统才会将付款指令传送给银行 C。

（3）银行 C 接收到相关指令后，会通过 SWIFT 系统通知美国境外银行 D 接收款项，至此，电子转账完成。

（4）日终结算过程。银行 B 每天都会将收到的不同境外银行委托的付款单交给在纽约市内能够直接进行清算的银行完成净差额借记清算，目前该类银行共有 20 家。

（5）进行清算的银行需要在日终结算完成之前与 FEDWIRE 进行清算。

（6）银行 C 需要与能够直接进行清算的银行完成净差额贷记清算。

第四节　欧元支付清算系统

一　TARGET 系统

（一）系统概述

对于欧洲中央银行体系来说，支付交易的标准化是一个重要的议题。这是从 1999 年 1 月 1 日开始执行货币政策的需要，是通过货币市场发放中央银行货币的需要，也是统一大市场经济运作的需要。根据欧洲中央银行体系章程，欧洲中央银行体系的职能之一就是促进各种支付系统的顺利运作。

为保证欧元的启动及贯彻实施欧洲中央银行体系的单一货币政策,需要构建一个在任何情况下都保证在当天内进行大额资金收付的跨越欧洲各国的清算系统。为此,1999年1月4日,即欧元推出几天后,欧洲货币局建立一个跨国界的欧元支付清算系统 TARGET,欧洲实时全额自动清算系统。由于通过 TARGET 的清算没有任何最低金额限制,该系统实际上是对所有支付交易开放的。

TARGET 系统的成员为欧元区内各国的中央银行,任何一家金融机构,只要在欧元区内所在国家的中央银行开立汇划账户,即可通过其所在国中央银行运行本国实时全额结算系统（Real Time Gross Settlement, RTGS）与 TARGET 相连接,进行欧元的跨国清算。本地 RTGS 发送方必须包括 BIC 和国际银行账户（International Bank Account Number, IBAN）；TARGET 系统鼓励最终用户使用这一代码。TARGET 系统具有以下特点：①立即付款,借记不可取消；②立即收款,贷记不可取消；③通过互连传输交易和结算的数据；④安全标准以降低技术风险并确保可用性、完整性、真实性、不可否认性、机密性。

由于资金可以实时、全额地从欧盟一国银行划拨到另一国银行,不必经过原有的货币汇兑程序,从而减少了资金占用,提高了清算效率和安全系数,有助于欧洲中央银行货币政策的实施。欧洲中央银行对系统用户采取收费政策,用户业务量越大,收费标准越低,这一收费规则对大银行更为有利。此外,系统用户需要在欧洲中央银行存有足够的资金或备有等值抵押品,对资金规模要求较高。加之各国中央银行对利用该系统的本国用户不予补贴,故与其他传统清算系统相比,TARGET 系统的清算成本较高。

使用 TARGET 进行跨国支付的费用不取决于目的地远近或支付金额的多少,而是根据成员交易数量的多少而不同,每月前 100 次交易后的费用为 1.75 欧元/次,之后的 900次以内的费用为 1.00 欧元/次,超过 1000 次交易后的费用为 0.80 欧元/次。发送银行的国内中央银行/欧洲中央银行向其收费,接收方银行的国内中央银行/欧洲中央银行不向其收费。

（二）系统清算过程

TARGET 是一个实时全额清算系统。国内 RTGS 系统成员在该国的中央银行设立清算账户,支付命令发出方在该账户中的资金用来实现支付。在处理支付命令时,TARGET 采取实时、逐一处理的方式,支付信息在与之相关的两国的中央银行间直接传送而不通过某个中央机构,进行双边结算。

在进行跨国支付时,提出请求的信用机构先通过本地的 RTGS 系统将支付指令传送到国内的中央银行。中央银行检查支付命令的有效性(提交的支付命令要符合标准并包含必要的信息)。该机构是否有足够的资金或是否超出透出透支限额。

TARGET 清算过程体现了系统具有不可撤销性,各国的 RTGS 系统规定,当支付命令发送方在 RTGS 中的账户被该国的中央/欧洲中央银行借记后,支付命令不可撤销。此外系统具有终结性,一旦接收方在该国的中央银行/欧洲中央银行的账户被贷记后,支付即告终结。TARGET 系统对支付指令采取立即结清的方式。在 TARGET 中,接收方的账户中人在发送方账户借记以后才会贷记。由于系统持续逐笔处理业务,指令最终且不可撤销,因此对流动性要求高,设置了最低准备金、隔夜融资,考虑接收方安全性,延长营业时间,避免可能的外汇风险。

二 TARGET2 系统

(一)系统概述

TARGET 的建立是通过将国家层面将已经存在的不同 RTGS 结构连接起来,虽然可以在整个欧盟区内实现统一结算,然而从长远来看,这种分散式结构被证明是效率低下且成本高昂的。TARGET2 的出现是对 TARGET 的重新设计,并在单一技术平台上提供统一的核心服务。法兰西银行、德意志联邦银行和意大利银行被赋予了代表欧元体系开发新平台和充当服务提供商的任务,TARGET2 于 2007 年 11 月 19 日推出,并于 2008 年 5 月完全取代第一代 TARGET。

TARGET2 的支付业务,包括:必须委托 TARGET 进行的支付;如根据 TARGET2 指导方针要求的与货币政策相关的支付或大额支付系统的结算;欧洲系统认为由 TARGET2 进行处理较为合适的支付;用户选择 TARGET2 作为支付系统的支付。

与 TARGET 相比,TARGET2 的核心服务范围更加广泛,各国不同的技术手段,实现相同的服务水平;各国中央银行根据用户需求在 TARGET2 核心服务外提供附加服务,对其他国家用户透明可用;欧洲中央银行管理委员会有权定义或更改核心服务的组成项目,随时将被证明高效有益的附加服务添加至 TARGET2 核心服务;TARGET2 接口包括用户接口,采用 SWIFT 信息标准,且在 TARGET2 中,附加支付系统可支持现有的支付模式。TARGET2 支付模式分为接口模式,即在附加支付系统进行支付时,利用 RTGS 系统,使用中央银行货币进行结算;综合模式则明确证券结算使用中央银行货币,现金支付在附加支付系统中完成。TARGET2 允许附加支付系统在合适时间连入共享平台,促使不同结算模式趋于一致，有助于提高效率，降低成本；对于仍可使用的其他系统，TARGET2采取某些协调措施提供支持。

（二）运行原理

该平台由欧元体系拥有和管理，它的工作原理如下：

（1）银行 A 和银行 B 都在中央银行开设了账户；

（2）银行 A 向银行 B 支付欧元；

（3）银行 A 向 TARGET2 提交支付指令；

（4）银行 A 的账户被记入借方，银行 B 的账户被记入贷方——该笔付款被结算；

（5）TARGET2 将付款信息传输给银行 B。

通过 TARGET2 提交的支付订单是逐一结算并立即完成，没有设最低或最高限额，TARGET2 被中央银行和商业银行用于货币政策交易、银行间支付和商业支付。TARGET2 在每个工作日从欧洲中部时间 7：00 至 18：00 开放处理付款，但在个别节假日是关闭的。

三　EURO1 系统

（一）概述

EURO1 是欧洲银行业协会（Euro Banking Association，EBA）为在欧盟范围内的欧元贷记转账提供的一个按多边净额结算的大额支付系统。EURO1 系统处理国内和跨境级别的高优先级和紧急性交易，主要是大额交易。它结合了高流动性效率和每个处理的单个交易的最终性；95％的 EURO1 交易在系统级别实时结算，超过 99％的交易在 30 分钟内完成。

该系统由依据法国法律设置的三家机构进行管理：

第一家管理机构是欧洲银行业协会（EBA）。EBA 是欧盟国家的商业银行和非欧盟国家商业银行开设在欧盟国家的分支机构之间的合作机构。

第二家管理机构是负责 EURO1 系统运营的 EBA 清算公司（EBA Clearing）。该公司由欧洲银行业协会（EBA）成立，在巴黎注册了办事处，它的股东都是清算银行，目的是负责 EURO1 系统的运营和管理。

第三家管理机构是 EBA 行政事务管理公司。该公司提供各种行政事务管理服务，特别是为 EBA 和清算公司提供人力、技术和其他支持服务。EBA、EBA 清算公司和 EBA 行政事务管理公司之间的关系通过一个主协议进行规范。

（二）运行规则

EURO1 根据单一债务构成方案（SOS）原则运行，该法律方案受德国法律的管辖。根据该方案，所有参与者同意达成如下合同协议，即在结算日中的任何特定的时间，每一个参与者只与作为共同债权人（或债务人）的其他参与者全体有一笔支付债务（或债权）。按照 SOS 原则，EURO1 进行的支付处理将不会在参与者之间产生双边的支付债权或债务，也没有任何形式的，来自对参与者债权债务进行连续调整而产生的抵消、替代和轧差处理。SOS 规则的目的是防止在交易日结束时因某一参与者违约无法偿还其一笔债务而引发的任何形式的解退处理。

运营标准如下：

（1）任何一个参加者或申请者必须是已经连接到 TARGET 系统上的某个欧盟国家 RTGS 系统的直接参与机构；

（2）为加入 EURO1 系统，参加机构必须指定一个系统运营单位；

（3）必须装备足够的并能满足 EBA 清算公司制定的技术要求的技术和运营设施，而且其运行的可靠性和稳定性要得到 EBA 清算公司的验证；

（4）金融机构必须向 EBA 清算公司通报他们在欧盟国家内所有通过清算银行以间接成员身份参加系统的分支机构、办事处或子公司。清算银行要为间接成员的业务活动负责，并保证他们在技术和业务方面的运转符合规则的要求。是否接纳一个加入系统的申请，需由清算公司的股东，即清算银行投票决定。

第五节　其他支付清算系统

一　英镑支付清算系统

清算所自动支付系统（Clearing House Automated Payment System，CHAPS）是英国央行在伦敦创建的"自动清算支付系统"，是全球最大的大额实时结算系统之一。CHAPS 于 1984 年创建，提供以英镑、欧元计值的两种独立性清算服务，其中欧元清算与欧洲统一支付平台 TARGET 连接，目前可以通过 5000 多家银行公司和 30 家直接商业银行运营商发起和接收 CHAPS 转账。

CHAPS 是大额支付系统，也是实时全额结算系统，尽管无金额起点限制，但它主要处理大额支付。它由 CHAPS 英镑系统和与 TARGET（TARGET 是泛欧实时全额结算系统，它将各国的实时全额结算系统 RTGS 联网，实现欧盟区内跨境支付的实时全额结算）连接的 CHAPS 欧元系统组成，两个系统共享同一平台。新 CHAPS 的运营时间与 TARGET 一致，从周一到周五每天 6：00—17：00GMT（格林尼治标准时间），银行提交的电子支付指令采用 SWIFT 格式。结算通过参与者在英格兰银行的账户完成。

它的直接参与者包括传统的商业银行和一些国际银行和托管银行。还有许多金融机构通过直接参与者间接进入该系统进行支付，这就是所谓的代理或代理银行业务。目前有近 4500 家二级机构采用 CHAPS，他们通过代理关系执行交易，银行直接参与其中，包括英格兰银行。中国银行 2017 年 5 月成为亚洲首家 CHAPS 直接参与行。

二 日元支付清算系统

日本支付清算体系包含 4 个系统，分别是大额：日本银行网络资金转账系统（BOJ-NET Funds Transfer System，BOJ-NET FTS），零售：全银数据通信系统（Zengin Data Telecommunication System, Zengin System），外汇：外汇日元清算系统（Foreign Exchange Yen Clearing System，FXYCS），票据：支票清算系统（Bill and Cheque Clearing Systems，BCCS）。

外汇日元清算系统（FXYCS），是于 1980 年建成的大额支付系统，建设目标是为了简化跨境金融交易日元支付的清算过程。最初，系统的运转是建立在处理纸质单据的基础上。为了适应外汇交易量的快速增长，1989 年东京银行家协会（Tokyo Banker Association, TBA）对该系统进行了改造，实现了系统的自动化，并把经营权委托给日本银行。

FXYCS 系统处理跨境金融交易所产生的日元支付，这些跨境金融交易包括外汇交易、日元证券交易和进出口贸易的支付。

FXYCS 由东京银行家协会拥有。它的自动化系统是 BOJ-NET 的一部分。到 2001 年年底，参加 FXYCS 系统的金融机构共有 244 家，包括 73 家外国银行在日本的分支机构。其中有 40 家是 BOJ-NET 系统的直接参与者，其余的 204 家是间接参与者，他们通过直接参与者加入 FXYCS 系统。

另外，持续联结清算（Continuous Link Settlement，CLS）银行于 2002 年进入日本，在日元外汇结算中也起到重要作用。目前 FXYCS 主要承担外汇交易中日元的结算功能，而 CLS 负责多边货币的支付清算功能。

习题

1. 跨境支付的概念及模式分类是什么？

2. 第三方跨境支付的合规关注点的相关内容。

3. 根据本章内容，分析比较 FEDWIRE 及 CHAPS 支付系统的异同。

4. 简述 SWIFT 的系统结构及工作流程。

5. 简述美国境外美元如何通过 SWIFT 及 CHIPS 进行结算。

6. 根据本章内容，自行查询 CHAPS 系统支付结算的特点及流程。

第七章　网络银行

本章学习重点

- 掌握网络银行的概念、主要内容和特征。

- 了解网络银行的产生、发展模式及国内外发展概况。

- 了解网络银行的分类和功能。

- 理解网络银行的建设、特点及建设原则。

- 了解网络银行的管理类型。

- 了解手机银行的概念、发展和类型。

- 了解自助银行的概念、发展和类型。

第一节　网络银行概述

　　信息技术革命带来了网络银行的迅速发展，网络银行是银行电子化发展的产物。网络银行是当代电子银行发展的主要模式，对拓展金融领域的服务空间和提升金融服务质量具有重要作用。从网络银行发展的进程看，从初级的电话银行到 PC 银行，再发展到 WAP 银行和应用"蓝牙"技术的银行，网络银行并非局限于某一发展阶段，因此我们需要用发展辩证的眼光看待网络银行的发展。

一　网络银行的概念

　　网络银行，又称网上银行、电子银行、虚拟银行，英文表示为 E-bank、netbank、cyberbank 等，是银行、网络和计算机的有机统一体，网络银行可以将传统商业银行和纯虚拟银行模式相连接，可以打破时空局限性，在任何时间、任何地点以任何方式提供金融服务，因此人们也将网络银行称为"AAA 银行"。

由于人们对网络银行的认识动态发展且不断深化，目前并不存在一个广泛而统一的概念。为了便于对网络银行进行研究和管理，根据各国世界银行发展的差异与共性，可以将网络银行定义为广义的网络银行和狭义的网络银行。

所谓广义的网络银行是指所有利用电子网络为消费者提供产品与服务的银行。英美国家和亚太地区的部分国家普遍接受广义的网络银行的概念。具体来说，广义的网络银行包括以下服务：一般的信息和通信服务；简单的银行交易；所有银行业务。

狭义的网络银行是指通过互联网或移动设备等数字渠道进行金融业务的银行，通常执行传统银行的部分职能。国际金融机构和欧洲央行倾向于采用狭义的网络银行的定义。

二　网络银行的主要内容

与传统银行不同，网络银行可以提供更加便捷、快速的银行服务，如账户查询、转账汇款、信用卡申请、理财投资等，同时还具有 24 小时不间断服务、无须前往实体银行网点等特点。网络银行的兴起，为人们的生活带来了极大的方便，也成为现代金融发展的新趋势之一。网络银行提供的主要服务既包括在网上实现传统商业银行的业务品种，也包括基于互联网的创新业务。网络银行的业务一般包括以下几个方面：

（一）账户管理

利用网络银行，客户可以查询账户余额、交易明细、对账单等信息，并能够随时进行资金转移和支付。客户还可以通过网银设置自动转账、定期存款等功能。

（二）理财投资

网络银行提供理财产品和基金销售服务，客户可以在线购买、赎回和查询基金份额，也可以通过网银进行股票交易等投资操作，开展理财投资业务。

（三）信用卡服务

客户可以通过网银查询信用卡账单、信用额度、积分等信息，还可以进行信用卡还款、申请调整信用额度等操作。

（四）金融服务

除了传统的银行业务外，网络银行还提供保险、贷款等金融服务，客户可以通过网银申请贷款、购买保险等。

（五）客户服务

网络银行提供 24 小时不间断服务，客户可以随时在线咨询、投诉、建议等，也可以通过网银提交开户、挂失、修改密码等请求。

三 网络银行的特征

网络银行借助互联网遍布全球的优势及不间断运行、信息传递快捷的优势，突破了传统银行的时空局限性，为用户提供全方位、全天候的服务。其具有的特征如下：

（一）AAA 式服务

网络银行最显著的特征是 AAA 式服务，即网络银行可以在任何时间、任何地点以任何方式为消费者提供服务，在最大程度上克服了传统银行的时空局限性，用互联网技术在用户和银行之间建立链接，在网络覆盖范围内，用户和银行之间可以实现充分的信息交流，可实现全天候、全领域的服务。

（二）突破传统商业银行的结构和运作模式

网络银行的出现，可以说是金融业务的一次重大变革，它采用互联网技术，通过在线渠道为客户提供各种便利的银行服务。相比传统商业银行，网络银行有以下几点突破：首先，网络银行不需要像传统银行一样需要大量的实体银行网点和人员来支持其经营活动，因此具有更灵活的结构和运作模式。这也使得网络银行在成本控制方面具有明显优势，并能够向客户提供更加具有竞争力的产品和服务。其次，网络银行可以通过互联网进行数据分析和风险控制，从而更好地识别、评估和管理风险。同时，网络银行还能够借助大数据和人工智能等技术，提高客户服务水平并精准推荐理财产品和服务，满足客户个性化需求。最后，网络银行的开放平台特点，也能够促进金融创新和发展。借助互联网和移动设备等技术，网络银行可以将自身的金融服务与其他金融机构和第三方支付机构等合作，共同开展业务，形成金融生态圈，让客户受益。但同时也要注意，网络银行面临着不少的安全风险和技术挑战，需要银行机构、监管部门以及其他相关方共同合作，共同推动网络银行的健康发展。

（三）银行业务运营的网络化和标准化

网络银行的业务运营具有网络化和标准化的特点，这种特点彰显了网络银行不同于传统银行的优势和特殊性。首先，网络银行的业务运营是基于互联网和移动设备等数字渠道实现的。网络银行可以通过建立专业的数据中心和互联网技术支持系统，实现全天候、无间断在线服务，让客户在任何时间、任何地点都能够得到金融服务。这种高度的网络化运作模式，不仅能够提高客户体验，也对银行的运营效率和成本控制产生积极作用。其次，网络银行的各项业务运营均依据一套完整的标准化流程。这些流程既包括了银行内部的管理流程，也覆盖了与客户交互的接口流程。通过标准化流程的应用，网络银行可以有效降低风险，提升服务质量，实现业务的规范化和可重复性，使得金融服务更加透明、公正。网络银行的业务运营网络化和标准化的特点，反映了网络银行在产业链中的位置和优势，它们一方面提高了银行的效率并降低了成本，另一方面也提供了更好的服务品质和客户体验。这些特点也是近年来网络银行快速发展的重要原因之一。

第二节 网络银行发展

网络银行的产生创新了金融界的服务提供模式，对金融界尤其银行业的发展具有重要意义。

一 网络银行的产生

1995 年，网络银行的概念开始出现。美国第一家网络银行——安全第一网络银行（Security First Network Bank，SFNB）成立，成为全球首家完全基于互联网的银行。1998 年，花旗银行和美国银行开始提供网上投资服务，允许客户通过互联网进行证券交易和基金投资。2000 年，全球网上银行用户数量达到 4000 万。同年夏，花旗银行关闭了它的柜员机业务，将重心转向网上银行。2004 年，欧洲网络银行联盟"E-banking"在比利时布鲁塞尔成立，旨在为欧洲消费者提供高质量的网上银行服务。2008 年，全球超过 10 亿人使用网上银行服务，中国也已有超过 2 亿的网银用户。2010 年，根据福雷斯特研究公司的报告，网上银行已成为全球银行业的主流渠道之一，有超过 25 亿的全球网络银行用户。2015 年，根据世界经济论坛的报告，预计到 2020 年，全球将有 25 亿人使用网上银行。2021 年，根据国际货币基金组织的报告，全球有超过 35 亿人使用网上银行，占全球人口的 45%以上。

追溯网络银行的发展历史，可以分为四个阶段：银行上网、上网银行、网上银行和网银集团。

（一）第一阶段——银行上网

网络银行发展的第一阶段是银行上网阶段，也叫计算机辅助银行管理阶段。在此阶段，金融电子化从脱机处理走向联机系统化，扩大本国内不同银行之间的网络金融服务系统，在 20 世纪 80 年代前期，发达国家内的主要银行基本实现了业务自动化。

（二）第二阶段——上网银行

上网银行阶段也叫银行电子化或金融信息化阶段。在此阶段，商业银行的传统业务开始向互联网转移。互联网的引入，提高了金融业务的处理效率，同时降低了经营成本。随着互联网技术的普及，20 世纪 80 年代以后，出现了不同国家不同银行之间的电子信息化网络，个人银行（Persond Bank，PB）、ATM、POS、家庭银行业务（Home Bank，HB）和企业银行系统等都在这一阶段出现并得到广泛应用。

（三）第三阶段——网上银行

网上银行阶段也称全面开展网络业务阶段。这一阶段银行引入更多互联网元素，创新了银行业务服务模式，在发展中更加重视以人为本的思想，建立起以客户为中心的经营管理模式，面向客户提供各种个性化服务。网上银行的出现也为电子商务的发展提供了支撑，便于电子商务交付过程中的资金交付。

（四）第四阶段——网银集团

网银集团阶段也叫金融系统网络化阶段。在此阶段，网络银行的业务不断拓展，建立起以网络银行为核心，涉及保险、证券、期货等金融行业和其他相关产业共同发展的企业集团。

二　网络银行的发展模式

在网络银行发展的过程中，逐渐形成完全基于互联网的银行、传统银行推出的网上银行服务、独立的互联网银行、金融超市四种基本模式。

（一）完全基于互联网的银行

这种模式下的银行完全依赖于互联网技术进行业务运营，没有传统的物理网点和柜员机。美国的第一家网络银行——SFNB 就是采用这种模式。这种模式的优势在于完全依赖互联网技术，可以提供 24 小时不间断的服务，客户不需要到物理网点或柜员机办理业务。此外，这种模式下的银行通常手续费用较低、服务效率较高，可以提供更加便捷的金融服务。

（二）传统银行推出的网上银行服务

这种模式下的银行通常拥有传统的物理网点和柜员机，同时也会提供网上银行服务以吸引更多的客户，中国工商银行的网络银行就是这种模式。传统银行推出的网上银行服务优势在于拥有传统的物理网点和柜员机，可以提供更加全面的金融服务，包括贷款、存款、投资等。同时，这种模式下的银行可以通过传统的营销渠道和品牌影响力进一步扩大用户使用规模。

（三）独立的互联网银行

这种模式下的银行是由互联网公司或科技公司推出的，没有传统的物理网点和柜员机。美国的第一资本银行和中国的支付宝就是这种模式。这种模式下的银行优势在于可以专注于互联网业务，提供更加便捷、高效、创新的金融服务。这种模式下的银行通常会借助互联网技术和数据分析，提高服务质量和客户体验。

（四）金融超市

这种模式下的银行通常会提供多种金融服务，包括证券、基金、保险等。例如，美国的嘉信理财（Charles Schwab）就是这种模式。这种模式下的银行优势在于可以提供多种金融服务，包括证券、基金、保险等，可以满足客户多样化的需求。这种模式下的银行通常会提供更加个性化的服务，根据客户的需求和风险偏好，提供定制化的投资建议和服务。

三　国外网络银行发展概况

1995 年，美国第一家网络银行——SFNB 成立，成为全球首家完全基于互联网的银行。随着互联网技术的不断发展，20 世纪 90 年代后期，国外网络银行逐渐兴起，各国银行纷纷推出网上银行服务。进入 21 世纪，随着移动互联网技术的普及，国外网络银行的发展进入一个新的阶段，许多银行开始提供移动银行服务。据统计，2021 年全球有超过 35 亿人使用网上银行，占全球人口的 45% 以上。美国是全球网上银行用户占比最多的国家之一，截至 2021 年，美国有超过 80% 的人使用网络银行。此外，欧洲是另一个网上银行普及率较高的地区，许多国家如德国、英国、法国等都有超过 50% 的人口使用网上银行。

国外网络银行的业务范围：

（1）提供各种金融服务，包括开户、存款、支付账单、转账、付账等。

（2）提供投资服务，如证券交易、基金投资等。

（3）提供贷款服务，如个人贷款、企业贷款等。

国外网络银行通常会采取多种安全措施，如身份验证、密码验证、加密技术等来保障客户资金的安全。一些网络银行还提供赔偿服务，如美国联邦存款保险公司（Federal Deposit Insurance Corporation，FDIC）是国会设立的一个独立机构，旨在维护国家金融体系的稳定和公众信心。为了完成这一使命，FDIC 为存款提供保险；检查和监督金融机构的安全、稳健和消费者保护；使大型和复杂的金融问题变得可解决；管理接管权。

总的来说，国外网络银行经过多年的发展，已经成为银行业的主流渠道之一，随着技术的不断进步和消费者需求的变化，国外网络银行也在不断发展和创新。

四 国内网络银行发展概况

1996 年，中国银行在互联网上建立了自己的主页，成为我国第一家在互联网上发布信息的银行。1998 年，中国银行、招商银行开通网上银行服务，此后工商银行、建设银行、交通银行、光大银行以及农业银行等也陆续推出网上银行业务。2005 年，我国网上银行用户达到 3460 万，2007 年上半年的网上银行客户数达到 6900 万左右。截至 2021 年，我国网上银行用户超过 2 亿，网上银行交易金额达到 140 多万亿元。我国网络银行用户比例较高，中国互联网络信息中心（China Internet Network Information Center，CNNIC）历年调查数据显示，截至 2021 年，我国网络支付用户规模达 9.04 亿，占网民总体的 85.7%。

国内网络银行的业务范围：

（1）提供各种金融服务，包括开户、存款、支付账单、转账、付账等。

（2）提供投资服务，如证券交易、基金投资等。

（3）提供贷款服务，如个人贷款、企业贷款等。

国内网络银行也采取了多种安全措施，如身份验证、密码验证、加密技术等来保障客户资金的安全。一些网络银行还提供赔偿服务，如中国银联联合各商业银行建立保障机制，设置专项补偿金，提供小额双免"风险全赔付"服务，对于正常持卡客户发生的双免盗用损失，经核实都可得到全额赔付。

第三节 网络银行的分类与功能

网络银行并不是单一的某种固化的模式，根据开展业务的不同，可以划分为具有不同类型特点的网络银行模式。

一 网络银行的分类

（一）按经营模式分为单纯网上银行和分支型网上银行

单纯网上银行是指没有实际的物理柜台，一般只有一个办公地址，没有分支机构，也没有营业网点，完全依赖于互联网技术进行业务运营。其优点在于：成本低，不需要实际的物理柜台和分支机构，减少了运营成本；服务方便快捷，客户可以通过互联网随时随地办理银行业务；个性化服务，可以根据客户需求提供个性化的服务和产品。单纯网络银行的缺点在于：缺乏面对面的交流，可能无法满足某些客户的咨询和沟通需求；缺乏物理柜台和分支机构，可能影响银行的知名度和品牌形象；技术依赖性强，一旦出现技术故障或网络安全问题，可能会对业务产生影响。

分支型网上银行是指现有的传统银行利用互联网开展传统的银行业务，即传统银行利用互联网作为新的服务手段为客户提供在线服务，实际上是传统银行服务在互联网上的延伸。分支型网络银行的特点在于：拥有传统的物理柜台和分支机构；利用互联网作为新的服务手段，为客户提供在线服务，实际上是传统银行服务在互联网上的延伸。分支型网络银行的优点是：依托传统银行的实力和品牌形象，更容易获得客户的信任和支持；具有传统的物理柜台和分支机构，可以提供更全面的服务和产品；可以通过互联网技术提高服务效率和质量，满足客户的不同需求。分支型网络银行的缺点是：成本较高，需要维护传统的物理柜台和分支机构，运营成本较高；服务范围受限于物理网点和分支机构，可能无法满足所有客户的需求；对传统银行的依赖性较强，一旦传统银行出现问题，可能会对网上银行产生影响。

（二）按主要服务对象分为企业网上银行和个人网上银行

企业网上银行主要服务于企业与政府部门等企事业客户，企事业组织可以通过企业网上银行实时了解财务状况，及时调度资金，轻松处理大批量的网上支付和工资发放业务，并可处理信用证相关业务。企业网上银行的特点是：企业网上银行是指银行专门为企业的各种需求而设计的在线金融服务；企业可以通过企业网上银行进行账户信息查询、下载、维护等一系列账户服务；企业网上银行还可以提供多种支付模式，根据企业需要设计对外转出或定向汇款的支付模式。企业网上银行的优点是：方便快捷，企业可以通过互联网随时随地办理银行业务；提高效率，企业网上银行可以提供自动化的服务，提高业务处理效率；降低成本，企业网上银行可以降低企业的运营成本，减少人力和物力的投入；提高安全性，企业网上银行可以提供多种安全措施，保障企业资金安全。企业网上银行的缺点在于：技术依赖性强，一旦出现技术故障或网络安全问题，可能会对业务产生影响；需要企业具备一定的信息技术能力，能够熟练使用企业网上银行的各项功能。

个人网上银行主要服务于个人，个人可以通过个人网上银行实时查询、转账、进行网络支付和汇款。个人网上银行的特点是：个人网上银行是指银行为个人客户提供在线金融服务；个人客户可以通过个人网上银行进行账户信息查询、下载、维护等一系列账户服务；个人网上银行还可以提供各种个人理财产品和服务，如证券交易、基金投资等。个人网上银行的优点是：方便快捷，个人可以通过互联网随时随地办理银行业务；降低成本，个人网上银行可以降低个人的运营成本，减少人力和物力的投入；提高安全性，个人网上银行可以提供多种安全措施，保障个人资金安全；提供个性化服务，可以根据个人的需求和风险偏好，提供个性化的理财建议和服务。个人网上银行的缺点在于：技术依赖性强，一旦出现技术故障或网络安全问题，可能会对业务产生影响；需要个人具备一定的信息技术能力，能够熟练使用个人网上银行的各项功能。

二　网络银行的功能

网络银行的出现不仅实现了金融业务品类的多样性，也极大便利了人们的日常生活，网络银行的基本服务功能包括账户管理、信用卡服务、网上支付、理财服务、贷款服务、保险服务、投资服务、金融服务等。

（一）账户管理

网络银行可以提供账户信息查询、下载、维护等一系列账户服务。客户可以通过网络银行随时随地查看账户余额、交易记录、转账历史等，同时也可以进行账户信息的维护和修改。

1. 查看余额和交易记录

用户可以通过网络银行查看其银行账户的余额和交易记录等信息。这些信息可以帮助用户及时掌握自己的财务状况，以便更好地进行资金管理。如用户在网上通过招商银行网银登录自己的账户，就可以轻松地查看自己的账户余额和最近的交易记录。

2. 转账

用户可以通过网络银行进行转账操作，包括向他人转账、跨行转账等操作。一些银行还支持快速转账和定期转账等功能。假设用户需要向他人转账 1000 元，可以通过建设银行网银登录自己的账户，选择"转账汇款"功能，输入对方的卡号和金额后即可完成转账操作。

3. 支付服务

用户可以通过网络银行支付各类费用，如水电费、电话费、物业费等。同时，也可以在网络银行中完成在线购物或手机充值等操作。若用户需要缴纳水费 500 元，可以通过工商银行网银登录账户，选择"水费缴纳"功能，输入水费账单号和缴费金额后即可完成支付操作。

4. 个人存款管理

用户可以通过网络银行进行定期、活期存款的开立、解除等操作。一些银行还提供自动存款和自动取款等服务，方便用户自由管理资金。

（二）信用卡服务

网络银行的信用卡服务是指用户通过互联网渠道查询、管理和操作自己的信用卡账户，用户可以通过网络银行查看其信用卡账单和详情，以及进行信用卡还款、增加信用额度等操作。

1. 查看信用卡账单和详情

用户可以通过网络银行查看其信用卡账单和详细信息，包括账单金额、消费明细、还款日等。这些信息可以帮助用户及时了解自己的信用卡使用情况，更好地进行信用卡管理。

2. 进行信用卡还款和提额

用户可以通过网络银行进行信用卡还款和提高信用额度等操作。一些银行还支持自动还款和快速提额等功能，方便用户更加灵活地管理信用卡。如用户可以通过招商银行网银登录账户，选择"信用卡还款"功能，输入还款金额后即可完成还款操作。同时，如果用户需要提高信用额度，也可以通过网银在线进行申请和审核。

3. 设置信用卡账单提醒和安全保护

网络银行提供了设置信用卡账单提醒和安全保护等功能，以便用户及时了解自己的信用卡使用情况并有效防范信用卡欺诈风险。用户可以通过招商银行网银登录账户，在"信用卡服务"板块中选择"账单提醒"功能，设置好提醒方式后即可定期接收信用卡账单相关信息。

网络银行的信用卡服务功能可以帮助用户更加方便地管理自己的信用卡，实现快速还款、灵活调整信用额度和有效的风险防控，从而提高金融服务的便捷性和安全性。

（三）网上支付

网络银行的网上支付功能是指用户通过互联网渠道完成各类支付操作，用户可以通过网络银行进行网上购物、服务支付、缴费等操作，支持快捷支付、扫码支付、虚拟信用卡等多种支付方式。

1. 快捷支付

用户可以通过网络银行进行快捷支付，无须输入复杂信息即可完成支付操作。这种支付方式通常采用手机验证、指纹识别等技术，使得支付更加方便和安全。如用户在使用中国银行网上支付时选择了快捷支付方式，之后只需要输入少量信息，验证身份后即可完成支付操作，最大程度缩短交易时间，即刻满足消费者的消费需求。

2. 扫码支付

用户可以通过扫描商户提供的二维码来完成支付操作，这是一种常见的网上支付方式，有助于简化支付流程，减少现金在交易过程的流转环节。微信支付和支付宝支付是目前扫码支付最常见的两种形式，如当用户在使用支付宝进行网上支付时，可以扫描商家提供的二维码，然后选择支付方式并确认支付金额，最后输入支付密码即可完成支付操作。

3. 虚拟信用卡

虚拟信用卡是一种不依赖实体卡片的数字化信用卡，在网络银行中申请即可获得，可以用于在线购物和服务支付等操作。如当用户需要在京东购买商品时，可以在中国建设银行的网络银行中开立虚拟信用卡，并将其绑定到京东账户中，这样就可以直接使用虚拟信用卡完成支付操作。

网络银行的网上支付功能为用户提供了非常便捷的支付方式，用户可以通过互联网渠道完成各类购物、服务支付等操作，并且在保证安全和隐私的前提下享受更加便捷和高效的金融服务体验。

（四）理财服务

网络银行的理财服务是指用户通过互联网渠道进行各类理财产品的购买和管理，包括货币基金、股票、债券等。

1. 理财产品购买

用户可以通过网络银行购买各类理财产品，包括货币基金、债券基金、股票基金等。这些理财产品往往有着较高的收益率和风险控制能力。

2. 财富管理

用户可以通过网络银行查看和管理自己的财富状况，包括账户余额、理财产品投资情况等信息，以便更好地进行财富规划和管理。例如，当用户在使用中国工商银行的网络银行时，可以选择"我的财富"功能，在其中查看到自己的账户余额、持有的理财产品情况等信息。

3. 自动协议存款

用户可以选择自动协议存款方式，将自己的闲散资金自动转入理财产品中，方便管理和增加收益。如用户在使用中国建设银行的网络银行时，可以选择自动协议存款功能，将闲散资金自动转入理财产品中进行投资。

4. 定期定额理财

用户可以选择定期定额的方式来进行理财投资。这种方式能够规避市场波动风险，实现长期稳健的资产增值。如用户在使用中国银行的网络银行时，可以选择定期定额理财方式，并设定好投资金额和周期等要素，以实现长期稳健的资产增值。

网络银行的理财服务功能可以帮助用户更加方便地管理自己的资产，选择适合自己的理财产品并实现收益最大化，同时也提供了自动化投资和定期定额投资等方式，让用户在保证安全性的前提下获得更多的投资选择和便捷性。

（五）贷款服务

网络银行的贷款服务是指用户通过互联网渠道进行贷款申请、管理和还款等操作，用户可以通过网络银行进行贷款申请、还款等操作，如房屋贷款、车贷、信用贷款等。

1. 贷款申请

用户可以通过网络银行在线申请贷款，包括个人消费贷款、房屋贷款、车辆贷款等。提交申请后，银行会根据用户的信用状况、资产情况等因素进行审核，最终决定是否批准贷款。

2. 还款管理

用户也可以通过网络银行管理自己的贷款还款情况，包括查看还款计划、还款金额、剩余贷款余额等信息。同时，也可以通过网络银行进行还款操作，方便用户管理自己的资金。

3. 提前还款

用户可以通过网络银行提前还款，以减少贷款利息支出和提前还清贷款。同时，也可以通过网络银行进行部分提前还款、全额提前还款等操作。

网络银行的贷款服务功能为用户提供了更加方便的贷款申请和管理渠道，使得用户可以通过互联网快速便捷地获得贷款并管理自己的还款情况，同时也提供了提前还款和在线还款等便民服务，提高了金融服务的效率和便捷性。

（六）保险服务

网络银行的保险服务是指用户通过互联网渠道进行保险购买和管理，一些银行还提供保险产品的销售和管理服务，如旅游保险、财产保险等。

1. 保险产品购买

用户可以通过网络银行购买各类保险产品，包括人寿保险、意外伤害保险、旅游保险等。这些保险产品往往有着高额的保障金额和多种保障方式，适合用户根据自身需求进行选择。例如，当用户需要购买人寿保险时，可以通过中国平安银行的网络银行登录账户，选择"平安好医生"等保险产品进行在线购买。

2. 保险查询和理赔申请

用户可以通过网络银行查询自己的保险情况，包括保单信息、保障范围和保费缴纳情况等。同时，如果出现意外事故或疾病，也可以通过网络银行在线进行理赔申请，快速获得相应的赔偿金。

3. 保险咨询和投诉

用户可以通过网络银行获取有关保险产品的详细咨询，包括保障范围、费用等信息。同时，如果出现投诉或纠纷，也可以通过网络银行进行投诉和申诉，以便更好地维护自己的合法权益。

网络银行的保险服务功能为用户提供了更加方便和灵活的保险购买和管理渠道，使得用户可以通过互联网轻松获取各类保险产品并享受高额的保障，同时也提供了在线查询、理赔申请、咨询和投诉等便民服务，提高了金融服务的效率和便捷性。

（七）投资服务

网络银行提供的服务功能众多，其实现方式和服务内容会随着技术的不断进步而不断扩大。用户可以通过网络银行完成各类金融服务。网络银行的投资服务是指用户通过互联网渠道进行各类投资操作，投资者可以通过网络银行进行证券投资、个人外汇交易等操作，如购买股票、期货、外汇等。

1. 股票交易

用户可以通过网络银行进行股票交易，包括买入、卖出等操作。同时，也可以通过网络银行查询自己的股票持仓情况、收益情况等信息。

2. 基金交易

用户可以通过网络银行进行基金交易，包括购买、赎回等操作。同时，也可以通过网络银行查询自己的基金持仓情况、收益情况等信息。

3. 理财产品交易

用户可以通过网络银行进行理财产品交易，包括购买、赎回等操作。这些理财产品包括货币基金、债券基金、股票基金等，往往有着较高的收益率和风险控制能力。

网络银行的投资服务功能为用户提供了更加灵活和便捷的投资渠道，使用户可以通过互联网轻松地进行股票、基金、理财产品等投资，并在其中获得相应的收益。同时，也提供了在线查询、投资建议等便民服务，在保证安全的前提下，享受到更加便捷、高效的服务体验。

（八）金融服务

金融服务是指银行机构为客户提供的各种金融产品和服务。不同的金融需求需要不同的金融产品和服务来满足，因此银行机构可以通过提供外汇业务、信用卡业务、财富管理等多样化服务来满足客户的不同需求。

1. 外汇业务

外汇业务是指银行机构为客户提供的跨境支付、外汇兑换、货币投资等多种服务。例如，中国银行的"长城电子支付"服务可以让客户利用网络银行完成跨境支付，这对于外贸企业和海外留学生来说具有很大的便利性。同时，中国建设银行也提供了外汇兑换和货币投资等服务，可以让客户进行更有效的风险控制和资产增值。

2. 信用卡业务

信用卡业务是指银行机构为客户提供的信用额度、信用卡还款等服务。例如，招商银行的"招行一卡通"可作为储蓄卡和信用卡两用，使用户可以在消费中方便地使用信用额度，并且可以根据自己的信用记录和消费习惯享受更优惠的信用卡待遇。同时，中国工商银行也提供了"信用卡在线还款"服务，让客户在家中通过网络银行完成信用卡还款，避免了烦琐的线下手续。

3. 财富管理

财富管理是指银行机构为客户提供的个性化投资组合、基金服务等高端金融服务。例如，中国农业银行的"农银私享"可以为客户提供可定制的投资组合和专业的理财建议，帮助客户实现更高端的资产增值。同时，中国邮政储蓄银行也提供了多样化的财富管理服务，包括基金、理财、保险等，让客户可以根据自己的需求进行选择。

银行机构通过提供外汇业务、信用卡业务、财富管理等多样化服务来满足客户不同的金融需求，让客户在金融服务中感受到更多的便利性、灵活性和高效性。

第四节　网络银行的建设与管理

一　网络银行的建设及其特点

网络银行是金融机构为了满足客户移动化、便捷性和高效性需求而建立的一种新型渠道。在网络银行的建设中，其基础架构是关键的基础环节。网络银行所使用的服务器需要具备高性能和高可靠性，并且有多台服务器进行负载均衡。数据库则需要拥有高容量、高可扩展性和高安全性，以保障数据的完整性和保密性。在网络安全方面，网络银行要采用数字证书、双因素认证、数据加密等手段来防范黑客攻击和信息泄露。

在网络银行的业务流程方面，用户注册、账户管理、资金交易和投资理财是其中核心的业务环节。用户可以通过网络银行完成各类业务操作，如开通账户、设置密码、查询余额、转账汇款、购买理财产品等。在每个环节中，网络银行都有相应的操作规范和注意事项，以确保服务质量和用户体验。

网络银行的安全保障措施也是至关重要的。数字证书是网络银行的身份证明，双因素认证可以提高用户登录系统的安全性，数据加密可以保护客户的隐私。此外，还需要建立完善的安全管理体系，加强对网络攻击和非法交易行为的监测和预警，以保护客户资产的安全。

网络银行的创新应用也成为其发展的重要方向。移动支付、智能客服、区块链等技术正在不断地被应用到网络银行中，为用户提供更加便捷和高效的金融服务。例如，近年来，各大银行不断推出基于人工智能技术的智能客服系统，可以通过语音识别、自然语言处理等技术实现 24 小时在线服务。同时，移动支付也逐渐成为网络银行的重要业务领域，可以使用户随时随地完成支付和转账操作。

网络银行系统建设的特点：

（一）高度依赖信息技术

网络银行系统建设需要高度依赖信息技术，如服务器、数据库、网络安全等方面的技术支持。银行机构需要投入大量的资金和技术人员来保证网络银行系统的正常运转，同时也需要不断更新和升级技术，以适应变化莫测的市场需求。

（二）强调用户体验

网络银行系统建设强调用户体验，必须让用户感受到使用网络银行所带来的便捷和高效。因此，网络银行界面设计、交互体验、服务质量等方面都需要考虑用户的需求和心理，打造出简单易用、稳定可靠的金融服务平台。

（三）重视安全性

网络银行系统建设要求具备高度的安全性，以防止黑客攻击、数据泄露等风险。网络银行需要采用数字证书、双因素认证、数据加密等多重手段来保障用户的资金和信息安全，同时需要建立完善的安全管理体系。

（四）多方面合作

网络银行系统建设需要多方面的合作，包括与金融机构、技术供应商、第三方支付平台等方面的合作。只有通过广泛的合作和资源整合，才能够实现网络银行系统的建设和运营，从而为用户提供更加完善的金融服务。

二　网络银行系统建设的原则

建设网上银行系统需要遵循以下原则：

（一）可扩展性原则

随着网络银行业务的发展和用户需求的多元化趋势，网络银行的系统应具备可建设性的功能，根据需要对业务进行扩展，同时需要保证各个阶段的可兼容性和数据的一致性，满足不同环境下的业务需求。

（二）可管理性原则

在面对非常规性业务结构和对计算机使用能力掌握程度不同的用户，网络银行在建设时应具有全局管理的能力，从宏观上加强顶层设计，在微观上重视细节管理。对各个方面进行统一、安全及有效管理，从而保证系统业务的顺利进行。

（三）安全性原则

网络银行涉及资金的划拨和个人信息的管理，因此安全性是网络银行建设不容忽视的方面。加强系统建设的安全性需要完善系统的加密解密技术，做好安全认证工作，防止不法分子的恶意攻击和木马等病毒的入侵，在网络银行系统建设的各个环节均应将安全性原则纳入设计之中。

（四）协调性原则

网络银行系统在实际的工作运行中并非独立运行，其功能的实现需要与现有的电子银行业务协调发展，因此需要重视二者的有机集成。就纵向业务功能而言，网络银行的运行必须做到业务职能、经营职能和客户服务的耦合协调。

三　网络银行的管理

网络银行具有社会发展适配性，但从发展的全局性来看，仍需加强对网络银行的管理，保证网络银行有序发展。网络银行的管理可以从以下几方面进行：

（一）战略管理

战略管理是网络银行的管理重点，是对其业务规划、市场定位和竞争策略等方面进行全局性的决策。网络银行的战略管理需要从以下几个方面入手：

1. 确定网络银行的使命和愿景

网络银行的使命和愿景是战略管理的首要问题，它可以帮助银行机构明确自身的定位和目标，以及实现这些目标和愿景所需的资源和能力，以制订适应市场变化和客户需求的战略计划。

2. 进行 SWOT 分析

进行 SWOT 分析是有效的战略管理方法之一，通过分析内外部环境中的优劣势和机会威胁，确定网络银行的战略方向和重点。

3. 制订战略计划

根据对内外部环境的分析，网络银行需要制订相应的战略计划，包括制订业务规划、市场营销策略和产品开发计划等。

4. 实施战略计划

实施战略计划需要从组织架构、人力资源、技术投入和风险管理等方面进行全面规划和管理，确保战略计划的顺利实施。

5. 监控和调整战略计划

网络银行的战略计划在实施中需要不断监控和调整，以适应市场变化和客户需求的变化。

综上，网络银行的战略管理可以通过确定使命和愿景、进行 SWOT 分析、制订战略计划、实施战略计划和监控和调整战略计划等多个方面进行。只有在这些方面具备前瞻性、灵活性、创新性，并且不断进行优化和完善，才能够实现网络银行的可持续发展和业务拓展。

（二）风险管理

风险管理是网络银行的核心之一，需要对各类风险进行有效识别、评估、控制监测和应急。网络银行的风险管理需要从以下几个方面入手：

1. 识别和评估风险

网络银行需要对各类风险进行有效的识别和评估，包括信用风险、市场风险、操作风险、法律风险等。

2. 制定风险管理政策和流程

网络银行需要制定相应的风险管理政策和流程，包括风险辨识、风险评估、风险控制、风险监测和风险应急等方面。

3. 运用科技手段进行风险监测和预警

网络银行需要运用科技手段来实现风险监测和预警，在风险发生前提前预测，做好应急准备，防止风险发生的可能性或将风险带来的损失降低至最低程度。即使在风险到来前无法消灭风险源，也可做到快速响应和处理风险事件。

4. 加强内部控制和审计

网络银行需要加强内部控制和审计，以确保其业务运营的安全和合规性。例如，在信息安全方面，中国银行可以加强对员工权限的控制和审计，定期进行网络安全漏洞扫描和修复，以及建立完善的信息安全管理体系。

5. 建立完善的风险管理体系

网络银行还需要建立完善的风险管理体系，包括理念先进、流程严谨、人员专业和技术支持等方面。完备的风险管理体系是网络银行在应对各级各类突发事件最根本的遵循，在应对风险时提供方向指导作用。

（三）客户关系管理

客户关系管理是网络银行的重点，需要通过提供优质服务、个性化产品和高效问题解决等方式来增强客户黏性和满意度，从而建立起从客户端到银行端的稳定互信的合作关系。网络银行需要在客户服务方面不断创新和提升，建立完善的客户关系管理体系，在客户招募、留存和增值等方面进行全过程的管理。

1. 提供优质服务

网络银行需要提供优质的服务，包括快速、高效、便捷和个性化等方面，以满足客户多样化的需求。

2. 个性化产品和营销策略

网络银行需要针对不同客户群体提供个性化的产品和营销策略，以增强客户黏性和满意度。

3. 高效问题解决

网络银行需要在客户问题的解决过程中，提供高效而及时的帮助，以确保客户的满意度和忠诚度。

4. 全程管理客户关系

网络银行需要全程管理客户关系，在客户招揽、留存和增值等方面进行持续性的管理。

5. 加强数字化转型

网络银行需要加强数字化转型，通过大数据分析和人工智能技术等方式，深入了解客户需求和行为，提高对客户的洞察力和响应速度。

网络银行通过以上方面为消费者提供细致、贴心、全面的服务，并且不断进行优化和完善，实现网络银行的可持续发展和客户价值的最大化。

（四）人力资源管理

人力资源是网络银行的重要资产，需要通过有效的人力资源管理来吸引、培养和激励优秀员工。网络银行需要制定合理的薪酬政策、职业发展规划和绩效考核机制，为员工提供良好的工作环境和广阔的发展空间，并且加强员工培训和团队建设，提高员工素质和团队协作能力。

1. 人才招聘和引进

网络银行需要通过全面、科学、灵活的人才招聘和引进机制，吸引和留住优秀的人才。

2. 员工培训和发展

网络银行需要注重员工的培训和发展，提高员工专业素养和综合能力。

3. 薪酬福利和绩效考核

网络银行需要根据员工的贡献和表现，合理设置薪酬和福利待遇，并且实施科学的绩效考核机制。

4. 团队建设和文化塑造

网络银行需要注重团队建设和文化塑造，提高员工的凝聚力和战斗力。

5. 加强员工关怀与支持

网络银行需要加强员工关怀与支持，促进员工身心健康和职业生涯的平衡发展。

（五）技术管理

技术管理是网络银行的核心竞争力之一，需要对网络银行的技术架构、系统运行和数据安全等方面进行有效管理和优化。网络银行需要不断引入最新的技术和创新，持续加强技术投入和研发力度，建立健全的技术管理机制和应急预案，以确保网络银行系统的稳定可靠和信息安全。网络银行的技术管理需要从以下几个方面入手：

1. 技术规划和战略

网络银行需要制订全面、科学、前瞻性的技术规划和战略，以适应快速变化的市场环境和客户需求。

2. 建设强大的技术团队

网络银行需要建设一个强大的技术团队，拥有专业的技术知识和丰富的实践经验。

3. 加强技术投入和研发

网络银行需要加强技术投入和研发，不断推出新的技术产品和服务，并且保持领先地位。

4. 实现技术创新和应用

网络银行需要实现技术创新和应用，通过开放式合作、数字化管理等方式，充分发挥技术的优势。

5. 提升技术治理和风险控制能力

网络银行需要提升技术治理和风险控制能力，确保系统的稳定性和安全性。

综上所述，网络银行的管理可以从战略管理、风险管理、客户关系管理、人力资源管理和技术管理等多个方面进行。只有在这些方面做到理念先进、规划完善、机制有效，并且不断进行优化和创新，才能够实现网络银行的可持续发展和业务拓展。

第五节　手机银行与自助银行

一　手机银行的概述与发展

手机银行是指通过移动通信网络，用户可以使用手机进行银行业务的查询和操作。其主要功能包括账户查询、转账汇款、理财产品购买、缴费充值等多个方面。手机银行是金融机构为适应现代化社会的快速发展和客户需求的变化而推出的一种新型金融服务方式。

手机银行起源于 20 世纪 90 年代晚期的欧洲，当时一些国家的电信公司和银行开始合作，提供手机支付和银行服务等应用。从 2000 年左右开始，随着手机技术的进步和移动互联网的发展，手机银行得到了更加广泛的应用。目前，随着移动互联网的高速发展和智能手机的普及化，手机银行已经成为许多银行和金融机构的重要渠道之一。在手机银行的发展历史中，中国可以说是一个比较早的开拓者。2004 年，中国农业银行率先在全球范围内推出了手机银行服务，这也标志着我国移动金融服务的起步。在接下来的几年里，中国建设银行、中国银行、中国工商银行等大型商业银行纷纷推出了手机银行服务。随着三大通信运营商和互联网巨头的加入，如中国移动的"和包"、支付宝、微信支付等，手机银行逐渐成为人们日常生活中不可或缺的金融服务方式。

二 手机银行的类型

根据提供服务的形式，手机银行可以分为以下几种类型：

（一）手机银行 App

手机银行 App 是最常见的一种手机银行，用户需要下载安装银行提供的手机应用程序，然后进行账户注册和登录。App 通常具有较强的功能性和交互性，例如可以进行转账、支付、查询等各种业务操作。此外，手机银行 App 还具有相对较高的安全性，银行会采用多种技术手段来保证用户信息的安全。

（二）手机银行网页版

手机银行网页版是指用户通过手机浏览器访问银行官方网站，使用手机版网页进行银行业务操作。这种方式不需要下载安装任何应用程序，只需要在手机上打开银行官网，输入账号、密码即可进入操作界面。但是手机屏幕比较小，操作起来并不方便，而且安全性也相对较差。

（三）短信银行

短信银行是指用户通过发送特定的短信指令，实现查询余额、转账汇款等基本操作。这种方式不需要下载任何应用程序，但是相较于其他两种方式，功能较为简单，操作也相对较为烦琐。而且由于短信传递存在安全隐患，因此使用短信银行也需要谨慎对待。

三 自助银行的概述与发展

自助银行是指通过自动化设备为客户提供各种银行服务的一种新型服务方式，以取代传统柜台服务，其主要设备包括 ATM、自助存款机、自助转账机、自助理财机等。自助银行的出现旨在提高金融业务的效率和便利性，同时降低人力成本和排队时间。自助银行的发展历史可以追溯到 20 世纪 70 年代初期，第一家 ATM 自动提款机在美国出现。随着自动化技术的不断成熟和普及，各种自助银行设备陆续推出，例如自助存款机、自助转账机、自助理财机等。目前，自助银行已经成为全球银行业的重要组成部分，而且随着技术的不断进步，自助银行也在不断完善和升级。

在我国，自助银行的发展起步相对较晚，但在近年来得到了快速发展。自 1990 年工商银行引入 ATM 自动提款机以来，我国的自助银行设备不断增多和更新换代，例如自助存款机、自助转账机、自助售卡机、自助理财机等。目前，自助银行已经成为全国各大银行的重要渠道之一，不仅提高了金融服务的效率和便利性，而且降低了银行的运营成本。

自助银行的优点如下：自助银行提供 24 小时自助服务，客户可以随时进行金融操作；方便快捷，自助银行分布广泛，客户可以在就近的自助设备上进行金融操作，无须到银行排队等待；安全性强，自助银行采用多种安全措施，如密码验证、身份验证、加密技术等，确保用户资金安全；成本低，自助银行不需要太多的工作人员，运营成本相对较低。

缺点：操作烦琐，有些自助设备操作比较烦琐，客户可能需要较长时间才能完成金融操作，对于不熟悉自助设备操作的用户来说，若无工作人员引导帮助，独立操作具有难度；缺乏互动，自助银行缺乏与客户的互动，当出现机器故障和操作不当时，无法及时解决客户的问题，影响客户的使用体验。

四　自助银行的设计

自助银行又称"无人银行""电子银行"，它属于银行业务处理电子化和自动化的一部分，是近年在兴起的一种现代化的银行服务方式。它利用现代通信和计算机技术，为客户提供智能化程度高、不受银行营业时间限制的 24 小时全天候金融服务，全部业务流程在没有银行人员协助的情况下完全由客户自己完成。

自助银行在设计时要保证选择设备具有成熟的技术，符合工业化的标准，并且各个设备之间具有良好的互信能力。自助柜员系统一般包括三个板块的功能：①银行业务主机。银行业务主机主要负责相关账户的交易及信息更改。②前置机系统。它能以最大的带宽接收现金循环控制的信息，并生成信息包发往主机。前置机系统主要功能是：接收、处理并准发存取款一体机（Cash Recycling System，CRS）交易并进行加解密处理；处理交易记录日志和 CRS 的例外信息，管理 CRS 秘钥；监控 CRS 设备运行情况，管理 CRS 设备的增加、修改和删除信息，管理相关参数的设置。③现金循环控制系统。现金循环控制系统负责硬件管理，完成对硬件模块的监测和初始化设置。包括：对业务运行过程中的各个硬件板块实时监测，一旦发现异常情况，及时写入日志并即刻处理，同时也具备硬件设备的自诊断功能等；插卡检查，根据客户的磁卡判断是否为有效卡，并通过判断识别不同性质的卡种，提供不同的服务；交易管理，根据交易请求和交易结果做返回处理；异常处理，对客户操作不当或系统故障造成的非常规操作及时处理，系统会根据产生异常的原因选择不同的处理结果，如当三次输入密码错误，系统会自动收回磁卡等。

银行自助服务系统具有以下主要设备：

1. 自动柜员机

ATM 机是银行最基本的服务业务，主要负责出钞交易，现在大部分 ATM 机也提供信封存款业务，还可以通过 ATM 机实现账户查询、修改密码、测试、事件报告等多种业务功能。

2．自动存款机（Cash Deposit Machine, CDM）

自动存款机可以实时将用户的现金存入账户，且可接受多种币种，自动识别币种和辨别真伪，实时入账，减少交易过程中的意外问题。

3．存折补登机（Automatic Passbook Update Machine, APUM）

存折补登机可以为用户提供存折更新自助服务。将存折放入设备后，设备可以自动读取存折的条码和磁条信息，然后可以将业务主机中的客户信息打印到存折上，并可以自动实现打印及复印业务。

4．外币兑换机（Foreign Exchange Machine, FEM）

外币兑换机为外国游客或有侨汇收入的居民提供了便利，FEM 可以根据汇率为用户提供外币兑换的服务。

5．自动发卡机

自动发卡机为新用户提供自助开户的业务，有效缓解了柜台办理排队时间长的问题。用户持有效身份证明即可自助开户。

6．多媒体虚拟柜员系统

虚拟柜员是指与银行动态货币转换（Dynamic Currency Conversion, DCC）系统相连外挂的自助设备及电子系统等。虚拟柜员主要执行查询与调拨功能。

7．多媒体查询机

多媒体查询机利用大屏触碰技术完成设备说明、操作指南。业务查询等服务功能，引导用户快速了解操作流程。

8．大屏幕信息显示屏

大屏幕信息显示屏通过与主机相连，以滚动的形式显示利率、汇率等，并可通过主机修改显示内容。

9．夜间金库

夜间金库可以进行大额现金及贵重物品的寄存，其夜间贵重物品保管功能有效保证了用户及资产的安全，避免了用户在夜间出行携带大量贵重物品的不便。

10．自动保管箱

自动保管箱为用户提供了保管物品的相对安全的形式。用户在向银行申请办理租箱手续后，银行向其发放对应的箱号钥匙及专用磁卡。用户必须凭借专用磁卡并输入密码才能进入检物室，校对箱号及密码后方可拿到其租用的保管箱。用户离开时必须使用保管钥匙才能开启检物室房门，避免用户将钥匙遗忘。

11. IC 卡圈存/圈取机

快速实现储蓄账户、电子存折和电子钱包间的相互转账，其优点是速度快、转账程序简单。

12. 其他设备

包括点钞机、书写台、不间断电源（Uninterruptible Power Supply，UPS）等。

习题

1. 简述网络银行的主要内容及发展模式。

2. 简述网络银行的分类及功能。

3. 比较分析手机银行与自助银行。

4. 简述网络银行系统建设的原则。

5. 简述网络银行的管理类型。

6. 分别简述自动柜员机（ATM）和自动存款机（CDM）各自的功能。

| 第八章 | **第三方平台支付** |

本章学习重点

● 掌握第三方平台支付的发展阶段、支付类型、交易流程和特征。

● 了解国内第三方支付平台。

● 了解互联网银行的概念、优势及起源发展。

● 了解我国主要的互联网银行。

● 了解我国互联网银行的发展方向。

● 理解第三方平台支付的法律风险，了解我国规范第三方平台支付发展的政策法规。

● 掌握目前我国第三方支付的监管模式，了解第三方平台支付的监管不足及监管对策。

第一节　第三方平台支付概述

第三方支付，又称非金融机构支付、非银行支付服务，是指具备一定实力和信誉保障的企业，采用与各大商业银行签约的方式，通过网联平台促成交易双方进行交易的支付模式。根据《非金融机构支付服务管理办法》的规定，第三方支付可分为三类：网络支付、预付卡、银行卡收单。开展第三方支付业务，必须有支付业务许可证，即第三方支付牌照。

一　第三方支付平台的发展阶段

第三方支付平台是指独立的金融机构或在线服务提供商，允许个人、企业和机构通过其平台进行电子支付和资金结算。它们在买家和卖家之间充当中介角色，提供一种安全、便捷和快速的支付方式。

第三方支付平台的发展历程可以追溯到互联网兴起之后。第三方支付平台的发展大致经历了以下五个阶段：

（一）早期阶段（20 世纪 90 年代至 21 世纪初）

在互联网的早期阶段，电子商务开始崛起，但支付方式相对有限。传统的信用卡和银行转账是主要的支付方式。然而，随着网络交易的增加，一些提供在线支付解决方案的公司开始出现。

（二）高速发展阶段（21 世纪初至 21 世纪 10 年代初）

这个阶段，互联网的普及和电子商务的快速增长推动了第三方支付平台的发展。更多提供全球范围内的在线支付服务的公司涌现出来。移动支付也开始兴起，让消费者能够使用智能手机进行即时支付。

（三）移动支付崛起（21 世纪 10 年代中期至今）

随着智能手机的普及和移动互联网的高速发展，移动支付开始成为主流。移动支付平台进入市场，通过近场通信技术（NFC）和安全的身份验证方法，使用户能够使用他们的手机进行支付。

（四）跨境支付发展（21 世纪 10 年代至今）

随着全球贸易的扩大，跨境支付成为一个重要领域。越来越多的第三方支付平台开始提供跨境支付解决方案，帮助企业和个人在不同国家之间进行支付交易。这些平台提供多种货币结算、风险管理和合规性服务，以满足全球化的商业需求。

（五）创新技术的应用（目前）

当前，第三方支付平台正在积极采用创新技术来改进支付体验并增强安全性。例如，使用区块链技术可以提高交易速度和安全性，人工智能可以用于反欺诈检测和客户支持等。

二　第三方平台支付的类型

常见的第三方支付平台类型：

（一）在线支付平台

这些平台提供各种支付选项，使消费者能够直接在网上购物。例如，支付宝和微信支付是中国最流行的在线支付平台。

（二）移动支付平台

移动支付平台允许用户使用智能手机或其他移动设备进行支付。用户可以将银行账户或信用卡与移动支付应用程序关联，以实现即时支付。Apple Pay 和 Google Pay 是广泛使用的移动支付平台之一。

（三）银行支付网关

这种类型的第三方支付平台连接商家的在线商店与他们的银行账户。当顾客在商家网站购物时，银行支付网关处理支付交易，并将款项从顾客的银行账户划转到商家的银行账户。

（四）电子钱包

电子钱包是一种通过存储用户银行账户或信用卡信息来简化支付过程的第三方支付平台。用户可以使用电子钱包进行线上和线下购物，只需输入电子钱包的凭证即可完成交易。

（五）跨境支付平台

跨境支付平台专门处理不同国家之间的支付交易。它们提供便捷的解决方案来支持国际贸易，帮助企业和个人在全球范围内进行跨境交易。

三　第三方支付平台的交易流程

第三方支付平台的交易流程通常包括以下步骤，如图 8-1 所示：

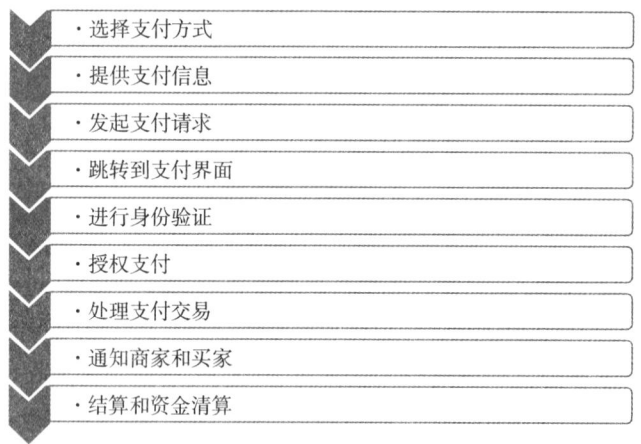

- ·选择支付方式
- ·提供支付信息
- ·发起支付请求
- ·跳转到支付界面
- ·进行身份验证
- ·授权支付
- ·处理支付交易
- ·通知商家和买家
- ·结算和资金清算

图 8-1　第三方支付平台的交易流程图

（1）选择支付方式。买家在商家网站或应用程序上选择他们偏好的支付方式，例如信用卡、银行转账、电子钱包等。这些支付方式通常由第三方支付平台提供和支持。

（2）提供支付信息。买家需要提供必要的支付信息，如信用卡卡号、有效期、CVV码（信用卡背面的 3 位数字验证码）等。对于其他支付方式，可能需要提供相关账户信息或授权第三方支付平台访问其账户。

（3）发起支付请求。商家将购物车中的商品和订单信息发送给第三方支付平台，请求进行支付处理。这个请求通常包括订单金额、商品描述和其他必要的交易细节。

（4）跳转到支付界面。第三方支付平台接收到支付请求后，会将买家重新定向到其支付页面或应用程序。在此页面上，买家有机会再次确认订单细节和支付金额。

（5）进行身份验证。为了确保安全性，第三方支付平台可能会要求买家进行身份验证。可以包括输入额外的验证码、短信验证码，进行指纹识别或面部识别等。

（6）授权支付。买家确认订单细节和支付金额后，他们需要授权第三方支付平台从其相关账户中扣款。这可能涉及输入支付密码、使用指纹识别或提供其他授权方式。

（7）处理支付交易。一旦买家授权支付，第三方支付平台将开始处理支付交易。它会与银行或其他金融机构进行通信，验证支付信息，扣款并向商家发放付款确认。

（8）通知商家和买家。支付完成后，第三方支付平台会向商家和买家发送支付成功的通知。商家可以继续处理订单，并向买家发送订单确认。

（9）结算和资金清算。在一定时间后（通常是几个工作日），第三方支付平台将根据协议和规定，将买家支付的款项结算给商家。此过程还涉及第三方支付平台收取服务费用。

整个交易流程通常需要保护买家和商家的支付安全和隐私，并确保支付的准确性和可追溯性。第三方支付平台在这个过程中充当着中介和保证人的角色，为双方提供了安全、便捷和可靠的支付体验。

四 第三方支付平台的特征

第三方支付平台是独立于网络交易的第三方机构，具有公信度，可对交易双方进行公平、公正的协调处理，以确保双方的合法利益得到最大限度的维护。支持国内各大银行发行的银行卡和国际信用卡组织发行的信用卡，丰富了网上交易的支付手段，使网上交易渠道更加畅通。手续费标准统一且结算周期可根据商户需求设定，服务更加人性化。专业的第三方网上支付平台可以确保商户在后期服务和支付过程中出现问题时能够及时得到解决。支付手段操作简单、易于接受，将多种银行卡支付方式整合到一个界面上，对支付者而言，界面友好，操作极其简单。第三方支付平台具有以下特征：

（一）中立性

第三方支付平台是中立的，不参与交易双方的资金清算和结算，仅提供交易平台和支付接口，确保交易的公平性和公正性。

（二）安全性

第三方支付平台具有严格的风险控制和安全保障措施，保障交易双方的资金安全。例如，对交易进行风险评估和安全检测，采用加密技术和安全认证等措施，防止欺诈和恶意攻击。

（三）便利性

第三方支付平台提供便捷的支付方式，用户只需在第三方平台进行注册和绑定银行卡或银行账户，即可进行线上或线下的支付。同时，第三方支付平台可以支持多种支付方式，如信用卡、借记卡、移动支付等。

（四）开放性

第三方支付平台是一个开放的平台，可以与各类商户和金融机构进行合作，提供多样化的支付服务和金融服务。

（五）智能化

第三方支付平台运用大数据、人工智能等技术进行智能化交易分析，提供个性化的支付服务和风险管理策略。

五 国内第三方支付平台简介

（一）支付宝

支付宝（Alipay）公司于 2004 年建立，是国内领先的第三方支付平台，致力于提供"简单、安全、快速"的支付解决方案。作为国内的第三方支付"霸主"，支付宝在天猫、淘宝等 B2B、B2C 电商支付场景中几乎处于垄断地位。支付宝最初为阿里巴巴集团旗下网站——淘宝网的一个部门，2004 年 12 月 8 日正式独立运营，为独立于阿里巴巴集团之外的蚂蚁金服的子公司，支持安卓、IOS、Winphone 系统。支付宝旗下有"支付宝"与"支付宝钱包"两个独立品牌，主要提供支付及理财服务，包括网购担保交易、网络支付、转账、信用卡还款等多个领域。2021 年 5 月，数字人民币子钱包再度扩容，网商银行（支付宝）成为第七家参与公测试点的商业银行。2023 年 4 月 17 日，支付宝微博宣布上线"付款码隐私保护功能"。支付宝提供多种支付方式，包括快捷支付、移动支付、二维码支付、声波支付、NFC 支付、IPTV 支付、指纹支付和刷脸支付等。

（二）财付通与微信支付

财付通是腾讯集团旗下的第三方支付平台，于 2005 年成立，其核心业务是帮助在互联网上进行交易的双方完成支付和收款，支持全国各大银行的网银支付，是支付宝的强力竞争对手。用户可以通过开通微信支付或开通 QQ 钱包等方式进行注册。向微信和 QQ 账户充值，没有金额限制，如果充值后超过正常延迟时间仍未到账，可以联系财付通客服进行处理。财付通也具有快捷支付服务，指将银行卡与财付通账户绑定，绑定成功后，无须登录网上银行即可轻松完成付款，减少了跳转银行支付的烦琐操作和泄露银行卡密码的担忧。用户可以在微信支付或 QQ 钱包内绑定银行卡，同意相关协议并设置支付密码后，即可开通快捷支付。下次支付时，仅需输入财付通支付密码即可完成支付。

2013 年 8 月 5 日，财付通与微信合作推出微信支付，微信支付正式上线。微信支付提供了多种支付方式，包括刷卡支付、扫码支付、公众号支付、App 支付等，以满足不同用户和商户的各种支付场景需求。用户可以在微信内的商家页面上完成公众号支付，在 App 中调起微信完成 App 支付，使用微信扫描二维码完成扫码支付，展示付款码被商户扫描后完成刷卡支付，在小程序商家页面上完成小程序支付，通过刷脸设备刷脸完成刷脸支付，在微信以外的手机浏览器请求微信支付的场景中唤起 H5 支付。这些支付方式都提供了便捷、安全、快速的支付体验，同时也提供了企业红包、代金券、立减优惠等营销新工具，帮助用户和商户更好地满足支付需求。

（三）快钱

快钱是万达控股的第三方支付平台，成立时间较早，服务领域涵盖零售、商旅、保险、电子商务、物流、制造、医药、服装等各个领域。快钱在 2011 年取得支付牌照，是我国首批获牌的支付机构之一。官网显示，截至 2023 年 3 月，公司覆盖超过 4 亿个人用户，650 余万商业合作伙伴，对接的金融机构超过 200 家。作为全国性的第三方支付平台，快钱可以进行全国性的收单和资金归集，旨在为各类企业及个人提供安全、便捷和保密的综合电子支付服务。快钱是支付产品最丰富、覆盖人群最广泛的电子支付企业，其推出的支付产品包括但不限于人民币支付、外卡支付、神州行支付、代缴/收费业务、VPOS 服务、集团账户管理等众多支付产品，支持互联网、手机、电话和 POS 机等多种终端，满足各类企业和个人的不同支付需求。快钱支付平台具有快速集成、定制服务、安全可靠等特点。企业可以通过快钱平台进行在线支付、余额管理、收款结算、促销优惠等操作，同时快钱也提供了定制服务，根据不同行业的需求提供个性化的解决方案。

（四）京东金融

京东金融是京东数字科技集团旗下金融科技服务的板块，成立于 2013 年，是一家金融科技公司。京东金融以平台化、智能化、内容化为核心能力，与银行、保险公司、基金公司等近千家金融机构合作，共同为用户提供专业、安全的个人金融服务。

近年来，京东金融通过京东电商平台十年来积累起来的交易数据记录和信用体系，创新出很多金融产品，涵盖理财、借贷、保险、分期四大业务板块，其中包括白条、基金、银行理财、小金库、金条、联名小白卡、小金卡等在内的近万个金融产品。京东金融在金融科技领域拥有全面的布局，包括供应链金融、消费金融、保险、支付、财富管理、众筹、证券等。

（五）易付宝

易付宝是苏宁金融旗下的一家公司。苏宁作为国内目前最大的零售商之一，旗下的苏宁金融有多张互联网金融相关的支付牌照，涉猎支付账户、投资理财、消费金融、企业贷款、商业保理、众筹、保险、预付卡等业务模块。易付宝注册会员数超过 3000 万，年交易量接近 200 亿元，已和全国 20 多家主流银行建立了深入的战略合作关系，线上支付覆盖全国 100 多张银行卡，成为金融机构在电子支付领域最为信任的合作伙伴之一。易付宝拥有快速集成、定制服务、安全可靠等特点，为企业提供便捷、安全的支付服务。企业可以通过易付宝进行在线支付、余额管理、收款结算、促销优惠等操作，同时易付宝也提供定制化的服务，根据不同行业的需求提供个性化的解决方案。

（六）美团支付

美团支付是美团为平台商户、个人用户和合作伙伴提供的一种支付解决方案。它包括快捷支付、支付营销、积分抵扣、一键绑卡等业务，旨在提供安全、便捷、智能的支付体验。美团支付注重运营效率，通过优化业务流程和提升系统性能，降低支付成本，提高商户的支付效率和用户满意度。采用最先进的支付技术和安全标准，保障支付过程的安全性和稳定性，保护用户的个人信息安全。美团支付贴近用户需求，通过提供多样化的支付方式、积分抵扣等优惠活动，满足不同用户群体的支付需求。美团支付的开通方式非常简单。用户只需登录美团 App，进入"我的—我的钱包"，绑定银行卡，即可开通美团支付。在支付时，用户可以选择使用美团支付或者其他支持的支付方式进行付款。美团支付还与近 200 家金融机构合作，包括银联、网联、国有银行和股份制银行等，为商户、个人和合作伙伴提供一体化的支付行业解决方案，持续推动移动支付产业的发展与创新。

（七）滴滴支付

在滴滴出行场景中，快车、专车、豪华车已开通数字人民币的支付服务。境内外用户可在滴滴出行 App 的订单支付环节，选择"数字人民币"进行支付，境内用户还可为滴滴开通钱包快付，享受数字人民币的便捷支付体验。滴滴支付是滴滴推出的一个支付平台。滴滴还能够使用出行卡支付车费。滴滴出行卡是资和信电子支付有限公司发行的预付卡，用户除了能够直接将购买的专用出行卡绑定到滴滴内，还能够在滴滴内使用资和信商通卡给出行卡充值。通过微信小程序可直接购买滴滴出行卡，购买后该卡只能转赠。出行是支付的重要场景，以出行作为主要业务的滴滴，每天都会产生大量的支付行为，资金从用户账户流入滴滴平台的过程中，需要走一个支付渠道。在未上线滴滴支付前，滴滴的每一笔支付业务，都会被第三方抽取一定的手续费，上线滴滴支付后，平台上的交易可以走自己的支付通道，可为滴滴节省一大笔支付渠道费用，并且拥有自有支付后，可通过支付产生的沉淀金来获取利益。

第二节 互联网银行

长期以来，传统银行一直处于垄断地位，缺乏外界竞争，互联网金融机构强势进入，加速了传统金融机构制度改革和金融基础设施建设的速度。继"腾讯系"的深圳前海微众银行之后，背靠蚂蚁金服和阿里巴巴的浙江网商银行 2015 年在杭州开业。至此，中国两大互联网巨头阵营里的网络银行均揭开面纱。

一 互联网银行概述

（一）概念及优势

互联网银行，是指借助现代数字通信、互联网、移动通信及物联网技术，通过云计算、大数据等方式在线实现为客户提供存款、贷款、支付、结算、汇转、电子票证、电子信用、账户管理、货币互换、P2P 金融、投资理财、金融信息等全方位无缝、快捷、安全和高效的互联网金融服务机构。

互联网银行不需要分行，业务可覆盖全球，这是互联网银行区别于传统银行最大的特点。互联网银行所有操作均在互联网平台完成，流程简单，足不出户即可完成。互联网技术红利加持，极大地降低了物理网点和人力资源成本，强调以客户体验为中心，具有传统银行难以比拟的优势。

具体而言，较之于传统银行，互联网银行的优势在于：依靠大数据运作，大数据为互联网银行的运行提供了丰富完整的数据资料，可以提高风险量化能力，完善风险模型；根据体现客户偏好与需求的定制目标，推进产品和服务创新，从而降低成本，并实现更优质化、定制化的客户服务；从技术层面研究，互联网银行的核心竞争优势是平台发展，通过搭建平台可以获取无风险的中间收益，这是互联网银行有别于传统银行且竞争力明显的一个重要方面；互联网银行通过网络技术搭建平台，并将货币市场与金融市场紧密融合起来，即将直接金融与间接金融联系起来，并通过金融工具的创新为客户提供便捷、高效的服务，进而构建自身稳定的客户群。

（二）起源及发展

大数据、区块链、人工智能等智能科技重塑社会生产方式和经济发展格局，互联网银行的爆发式增长为传统金融带来了变革和发展动力，互联网银行以互联网技术与传统银行业务的创新性融合，逐渐成为金融领域的重要业务模式。

互联网银行最早起源于美国，接着英国、日本、德国等相继确立了互联网银行制度。美国的 ING 直营银行（ING Direct USA），ING 银行采取高息吸收存款，同时以较低的利息发放贷款，银行的获利主要来自规模效益，同时 ING 银行引入点击呼叫服务，即提供传统银行的线下网点服务功能。在吸引用户方面，ING 直营银行充分利用社区流量，开展金融产品销售。日本的乐天银行推出差异化商业模式，通过与子公司形成联合服务，两个公司的账户之间形成关联关系，提高资产管理的能力。德国互联网直接银行抓住互联网带来的社区连接性红利，对线上开户交易活跃的账户给予奖励。

二　我国的互联网银行

在我国，互联网银行主要是民营银行为主，其服务对象主要是大众和中小微企业。互联网银行为用户提供个性化、差异化、多元化的金融产品，满足客户的长尾需求，是数字经济背景下促进普惠金融的有益探索。据中国银行保险监督管理委员会公开数据，截至2022 年年末，商业银行普惠小微企业贷款余额为 23.57 万亿元，其中，国有大行余额为8.6 万亿元，占据市场份额 36.5%。可见，互联网银行在我国金融业务发展中的重要角色。

（一）微众银行

微众银行于 2014 年在广东深圳正式开业，作为国内首家互联网银行，以优质、便捷的金融服务为核心，专注于为小微企业和广大公众提供全方位的金融服务。该银行积极探索和实践普惠金融、服务实体经济的新模式和新方法，同时坚持依法合规经营、严控风险。在经营过程中，微众银行严格遵守国家金融法律法规和监管政策，以合规经营和稳健发展为基础，致力于为广大公众和小微企业提供差异化、特色化、优质便捷的金融服务。

微众银行在大众银行、直通银行和场景银行三大业务板块中，已经推出了微粒贷、微业贷、微车贷、微众银行 App、微众企业爱普 App、小鹅花钱、We2000 等产品。其中，微粒贷是一款全线上、纯信用、随借随用的小额信贷产品，已累计向全国近 600 座城市的超 2800 万客户发放 4.6 亿笔贷款，累计放款金额超过 3.7 万亿元。微业贷是中国第一个线上无抵押的企业流动资金贷款产品。微业贷客户 70% 以上企业是制造业、批发零售业和高科技行业，60% 以上企业首次获得银行企业贷款。微业贷服务的小微企业法人客户超过 170 万家，累计发放贷款近 4 000 亿元，间接支持近 400 万人就业。此外，微众银行还在区块链领域有重要布局，截至 2022 年 4 月，微众区块链与多方共建的开源联盟链生态圈已汇聚超过 3 000 家机构与企业、7 万多名个人成员，成功支持了金融、医疗、司法、农业、制造业等多个行业的数百个区块链应用落地，支撑产业数字化的标杆应用超过 200 个。

（二）网商银行

浙江网商银行股份有限公司于 2015 年 6 月 25 日正式开业，是由蚂蚁集团发起，银监会批准成立的中国首批民营银行之一，以"无微不至"为品牌理念，致力于解决小微企业、个体户、经营性农户等小微群体的金融需求。网商银行持续科技探索，深入布局前沿技术，是全国第一家将云计算运用于核心系统的银行，也是第一家将人工智能全面运用于小微风控、第一家将卫星遥感运用于农村金融、第一家将图计算运用于供应链金融的银行。作为一家科技驱动的银行，网商银行不设线下网点，借助实践多年的无接触贷款"310"模式（3 分钟申请，1 秒钟放款，全程 0 人工干预），为更多小微经营者提供纯线上的金融服务，让每一部手机都能成为便捷的银行网点。

2022 年 6 月 27 日，网商银行发布《2021 年可持续发展报告》（ESG 报告）。报告显示，网商银行将围绕普惠小微、农村金融和绿色金融三项关键议题，加大科技创新，实践 ESG 理念，网商银行最核心的业务目标，普惠小微、农村金融、小微绿色金融等，与 ESG 目标 100% 契合。报告披露，网商银行围绕上述三个关键议题展开了多年实践：普惠小微方面，截至 2022 年 6 月，网商银行累计服务超过 4 900 万家小微经营者，过去每年新增用户中超过 80% 是经营性首贷户；农村金融方面，至 2021 年年底，超过 1 000 个涉农区县与网商银行达成普惠金融合作，占全国总数的一半；小微绿色金融方面，通过"小微绿色评价体系"，累计支持超过 300 万小微经营主体获得绿色评级，其中评级较高用户享受绿色贷款带来的利率优惠。

（三）百信银行

中信百信银行股份有限公司，简称百信银行，是国内首家独立法人直销银行。它由中信银行和百度公司联合发起成立，市场定位为"为百姓理财，为大众融资"，将依托中信银行强大的产品研发及创新能力、客户经营及风险管控体系，以及百度公司互联网技术和用户流量资源，满足客户个性化金融需求，打造差异化、有独特市场竞争力的直销银行。百信银行推出了消费金融、小微金融和财富管理三大核心业务。其中，消费金融主要针对个人和家庭的小额信用贷款和消费分期等需求，小微金融主要服务于小微企业的融资和结算等需求，财富管理则提供理财产品、基金、保险等金融产品和服务。百信银行未来将聚焦智能和普惠，构建智能账户、智能风控和智能服务等核心能力，主要针对传统银行服务薄弱和未触达的空白领域进行错位发展。

（四）亿联银行

亿联银行于 2017 年 1 月 18 日正式开业，是东北首家民营银行。亿联银行确立了"数字银行，智慧生活"的战略定位和"打造普惠大众，赋能生活的智慧银行"的发展愿景，致力于实现"微存、易贷"的普惠金融理念。该银行充分运用互联网技术，提高金融服务覆盖率，致力于建立数字化的经营管理体系，用科技赋能金融服务创新，为普通人、小微企业、平台和同业机构提供高效、智能的金融服务和解决方案。亿联银行在大数据、云计算、人工智能等新兴技术的影响下，推动开放银行新业态的发展，以经营理念、业务模式、管理思维等多个方面为基础，探索和实践普惠金融、服务实体经济的新模式和新方法。

（五）中关村银行

中关村银行于 2017 年 7 月 16 日正式开业。中关村银行是由用友网络、碧水源、光线传媒、东方园林等 11 家中关村知名上市公司共同发起建立的，其中用友网络为该行第一大股东，持股比例为 29.80%。中关村银行的定位为"创新创业者的银行"，专注于服务"三创"（创客、创投、创新型）企业。该银行以科技创新为主要战略，积极探索应用新兴科技、前沿技术赋能业务发展。同时，中关村银行还参与了全国场外交易市场建设，加快北京股权交易中心设立发展，为创新创业企业提供全方位、全周期的综合金融服务。截至 2022 年 4 月，中关村银行的区块链与多方共建的开源联盟链生态圈已汇聚超过 3 000 家机构与企业、7 万多名个人成员，成功支持了金融、医疗、司法、农业、制造业等多个行业的数百个区块链应用落地，支撑产业数字化标杆应用超过 200 个。可以说中关村银行是一家以科技创新为主要战略，专注于服务创新创业企业的银行，致力于为客户提供全方位、全周期的综合金融服务，并积极探索和应用新兴科技、前沿技术赋能业务发展。

（六）苏宁银行

苏宁银行是中国的第一家 O2O 银行，由苏宁云商等多家知名企业发起设立，于 2017 年 6 月 15 日获得江苏银监局颁发的金融许可证，6 月 16 日正式开业。苏宁银行的定位为"科技驱动的 O2O 银行"，以科技为核心，实现线上线下高度融合发展。区别于传统商业银行，苏宁银行更加注重线上布局，以用户体验为核心，以大数据应用为基础，精准满足中小微企业和个人用户需求，实现全方位、定制化的金融服务。同时，苏宁银行也注重线下渠道优势，联合股东线下门店资源和财富中心打造实体金融体验中心，为用户带来线上、线下全场景金融服务体验。

（七）新网银行

新网银行由新希望集团、小米公司和红旗连锁等股东发起设立，于 2016 年 12 月 28 日正式开业。新网银行的定位为"为百姓理财，为大众融资"，致力于成为普惠金融的代表之一。该银行以科技创新为主要战略，运用互联网技术和大数据分析，提供个性化、差异化、有市场竞争力的金融产品和服务。新网银行推出了消费金融、小微金融和财富管理三大核心业务。其中，消费金融主要针对个人和家庭的小额信用贷款和消费分期等需求，小微金融主要服务于小微企业的融资和结算等需求，财富管理则提供理财产品、基金、保险等金融产品和服务。同时，新网银行也积极探索智能金融，利用人工智能、区块链等技术提升金融服务效率和质量。

（八）众邦银行

众邦银行是由卓尔控股、壹网通科技、奥山投资等公司创建的银行，于 2017 年 5 月 18 日正式开业。众邦银行的定位为"服务小微大众的互联网银行"，致力于成为服务中小微企业的专业银行。该银行以科技创新为主要战略，运用互联网技术和大数据分析，提供智能化、便捷化的金融服务。众邦银行的核心业务为供应链金融、普惠金融和科技金融。其中，供应链金融主要服务于产业链上下游的中小微企业，通过核心企业的信用捆绑，为上下游企业提供融资支持；普惠金融主要服务于个人和家庭的小微金融需求，提供消费信贷、小微企业贷款等产品；科技金融主要服务于科技创新型企业，提供股权质押、知识产权质押等创新型金融产品和服务。

三 我国互联网银行的发展方向

我国的互联网银行发展起步较晚，较之于国外的互联网银行还存在一定差距，借鉴国际互联网银行发展经验，并结合我国国情发展实际，我国互联网银行在未来的发展需要聚焦于技术和业务模式两个板块的创新。

（一）技术创新

互联网银行的发展离不开云原生、大数据、区块链、人工智能等新兴技术的赋能，保障互联网银行的长远创新发展，需要将这些新兴技术更好地与互联网银行的发展相结合。

1. 人工智能技术创新

2022 年 7 月科技部等六部门关于印发《关于加快场景创新以人工智能高水平应用促进经济高质量发展的指导意见》的通知，提出我国人工智能技术快速发展、数据和算力资源日益丰富、应用场景不断拓展，为开展人工智能场景创新奠定了坚实基础。场景创新是以新技术的创造性应用为导向，以供需联动为路径，实现新技术迭代升级和产业快速增长的过程。在互联网银行的客户服务、运营管理及风险防控等多重场景中基于人工智能进行创新，有利于减少工作人员的压力，提高服务的精度。

2. 云计算技术创新

分布式计算是云计算的显著特征，分布式数据库具有透明弹性的特征，在安全性和应对复杂事物的能力方面具有明显优势。且云计算技术按需服务，互联网银行在资源池中寻找自己所需服务，有利于减少不必要开支、降低成本。

3. 区块链技术创新

区块链技术最显著的优势在于去中心化，当节点必须与周围节点共享共存信息时，又可以保证信息的真实性和透明性。互联网银行中存储的个人信息也可以通过区块链技术进行加密，防止信息被篡改。

4. 大数据技术创新

互联网时代每天都会产生海量的信息，信息已成为一种资源，大数据技术便是通过对这些资源的整合，以挖掘数据价值。互联网银行中每天也会产生大量信息，包括用户个人信息、交易信息等，在发挥这些信息价值的同时，要重视对信息的保护，重视数据的可信流通，发挥隐私计算在数据金融业务中的应用。

（二）业务模式创新

从底层逻辑的角度，互联网银行的本质仍是银行。但从定位来看，互联网银行的诞生是为满足中小微企业、个人客户等的金融需求，是实现普惠金融的有益实践。创新互联网银行的业务发展模式，不断为用户提供个性化的服务，丰富服务的内涵，是互联网银行行稳致远发展的必要举措。

1. 资产业务平台化

互联网业务的开展依托互联网平台，利用互联网平台的集成联动效应，获得流量优势，互联网银行在客户送达、客户信息搜集等方面具有传统银行不具备的优势，借助于互联网平台的高扩展性和高兼容性，降低获客成本，不断拓展用户群体的规模。例如作为互联网银行主营业务之一的贷款业务，在互联网银行联合其他银行及互联网公司后，推出联合贷款的模式，这种模式具有海量的数据资源、强大的风险管控能力，根据出资比例和利息分成的杠杆可产生巨额收益，有利于提升资产配置效率，满足金融内生性的需求。

2. 负债业务多元化

互联网银行对平台的依赖性制约了其吸收线下存款的业务发展，目前在互联网银行的负债业务中，同行拆解业务占据较大比例，这种结构不完善的负债业务结构带来了资金的流动性风险，因此互联网银行亟须探索多元化存款服务。

3. 服务模式创新化

互联网银行虽然已是对传统银行的创新，但在科技日新月异的今天，互联网银行的发展唯有不断提高创新水平、增强创新意识，牢固树立创新发展理念，才能真正做到推陈出新，建设高质量发展的互联网银行。

第三节　第三方平台支付的法律法规

一　第三方平台支付的法律风险

（一）合同履约风险

第三方支付是区别于买卖交易双方的第三方业务存在，其存在促进了买卖双方的交易达成，减少了交易纠纷。通常在第三方支付活动前，消费者会收到第三方支付机构发出的合同声明，用户只有点击接受该声明，第三方支付机构才会继续完成支付服务，若用户点击拒绝接受该声明，则第三方支付机构无法为其提供支付服务。例如在使用支付宝之前，用户需要同意点击《支付宝服务协议》，协议在形式上属于格式条款，用户点击同意则视为签署该服务合同，双方就该协议内容达成合意，此后的服务内容也均按照协议内容进行。然而格式条款本身的平等性尚值得商榷，且在履约中第三方出现变更合同的情况时，用户的权利如何得到保障是此类合同常见的履约风险。

（二）账户盗用风险

第三方支付以互联网为技术支撑，在互联网技术进步发展的同时，网络欺诈、网络盗窃、信息泄露、木马病毒等网络安全问题并发式存在，第三方支付不仅涉及买卖双方的交易链路，也涉及用户的账户信息。一旦账户信息被盗用，与账户所关联的银行卡信息都将被不法分子获取。

（三）非法套现风险

第三方支付网站为保障用户的个人信息，采取匿名交易的形式，这种匿名性导致第三方支付机构也无法甄别资金的真实来源和去向。不法分子利用这一漏洞，根据预授权完成交易需给付预授权金额115%付款承兑的规定，事先向信用卡内存入大额溢缴款，与部分商户勾结进行套现。目前虽然已经确立了信用卡套现的刑事责任，但在银行卡信用和个人破产方面的法律还存在不足之处。

（四）洗钱和非法集资风险

第三方支付游离于银行系统之外，交易的可追溯性具有难度，监管者往往无法直接检测交易背景。不法分子将现金植入第三方支付系统中，虚构交易，将非法所得资金合法化，构成洗钱罪。第三方支付机构非法集资的风险主要来自对备付金的管理，以支付宝为例，电子商务的高速发展为支付宝带来了日均以亿计的备付金。目前法律对备付金的孳息尚未做出明确的规定，若第三方支付机构未按照规定对备付金专门存款而移作他用，则可能存在非法集资的风险。

（五）网站备案风险

第三方支付机构是以营利为目的的公司，因此需要工商管理部门审批后拿到 ICP 证，且第三方支付机构属于互联网金融公司，还需要拿到中国人民银行批准的《支付业务许可证》。若第三方支付平台未对其备案审批就开展业务，可能导致违法经营。

二　规范第三方平台支付发展的政策法规

2007 年《关于做好网上银行风险管理和服务的通知》指出，加强对第三方机构的法律责任约束。商业银行应加强对与本行系统存在技术和业务连接的第三方机构的管理，通过正式法律协议明确双方的纠纷处理、赔偿等相关法律责任，向客户充分披露银行与第三方机构的业务流程和责权关系，积极防范法律风险和声誉风险。

2011 年中国银行业监督管理委员会发布《商业银行信用卡业务监督管理办法》规定，收单银行应当按照外包管理要求对签约的第三方支付平台进行监督管理，并有责任对与第三方支付平台签约的商户进行不定期的资质审核或交易行为抽查，以确保为从事合法业务的商户提供服务。

2014 年中国银监会、中国人民银行《关于加强商业银行与第三方支付机构合作业务管理的通知》（下文简称《通知》）就商业银行与第三方支付机构建立业务关联提出要求。《通知》从客户信息保密、身份认证和交易风险防控方面分别提出具体要求：①《通知》指出，商业银行应按照有关法律法规要求，做好客户信息安全与保密工作，对客户的技术风险承受能力进行评估，客户与第三方支付机构相关的账户关联、业务类型、交易限额等决策要求应与其技术风险承受能力相匹配。②《通知》还指出，客户银行账户与第三方支付机构首次建立业务关联时，应经双重认证，即客户在通过第三方支付机构认证同时，还需通过商业银行的客户身份鉴别。商业银行应对客户通过第三方支付机构进行大额资金划转强化身份认证，确保由客户本人发出资金划转要求。③商业银行应对客户通过第三方支付机构进行的交易建立自动化的交易监控机制和风险监控模型，及时发现和处置异常行为、套现或欺诈事件。商业银行应采取技术措施保障来自第三方支付机构的传输数据（如客户数据、交易数据等）和操作指令（如支付指令、身份验证指令等）的完整性、一致性和不可抵赖性。

2015年4月15日中国保监会关于中国人民人寿保险股份有限公司发起设立北京宝付通有限公司的批复指出："你公司（中国人民人寿保险股份有限公司）应依据有关规定向中国人民银行提出申请，履行设立第三方支付公司的法定程序，并及时将进展情况报告我会（中国保监会）。"

2015年7月中国人民银行等十部委发布的《关于促进互联网金融健康发展的指导意见》指出，鼓励银行业金融机构开展业务创新，为第三方支付机构和网络贷款平台等提供资金存管、支付清算等配套服务。

2015年12月底，中国人民银行和银监会分别就网络支付行业和网络借贷行业公布的监管文件中，规定第三方支付机构不得为金融机构，以及从事信贷、融资、理财、担保、信托、货币兑换等金融业务的其他机构开立支付账户。

2016年国务院办公厅印发《互联网金融风险专项整治工作实施方案的通知》，在对第三方支付的整治工作中提出：①非银行支付机构不得挪用、占用客户备付金，客户备付金账户应开立在人民银行或符合要求的商业银行。人民银行或商业银行不向非银行支付机构备付金账户计付利息，防止支付机构以"吃利差"为主要盈利模式，理顺支付机构业务发展激励机制，引导非银行支付机构回归提供小额、快捷、便民小微支付服务的宗旨。②非银行支付机构不得连接多家银行系统，变相开展跨行清算业务。非银行支付机构开展跨行支付业务应通过人民银行跨行清算系统或者具有合法资质的清算机构进行。③开展支付业务的机构应依法取得相应业务资质，不得无证经营支付业务，开展商户资金结算、个人POS机收付款、发行多用途预付卡、网络支付等业务。

2019年《山东省地方金融条例》规定，县级以上人民政府应当依照国家法律和监管政策，支持金融与互联网等信息技术的融合，促进金融机构、地方金融组织开拓互联网金融业务，规范发展第三方支付、网络借贷等新兴业态，发挥互联网金融的资金融通、支付、投资和信息中介等功能作用。

第四节　第三方平台支付的监管

一　第三方平台支付的监管模式

（一）第三方平台支付监管的国际经验

欧盟和美国第三方支付市场早于我国，且在实践中探索出差异化的监管模式。欧盟最早开始对第三方支付进行立法监管，之后稍有放松，目前采取宽严相济的监管模式。美国则一直对金融监管较为放松，并未专门采取措施对其第三方支付的发展进行监管。

欧盟在 2000 年颁布了 2000/46/EC 电子货币指令，该指令将电子货币机构定性为新型信贷机构，并采取了与传统信贷机构相似的监管思路。例如，要求电子货币机构具备至少 100 万欧元的注册资本（当时传统信贷机构的最低注册资本要求为 500 万欧元），不得经营与电子货币发行无关的业务，并允许其将客户沉淀资金用于低风险、高流动性的投资以获取收益。这一高门槛和严格的业务限制几乎使电子货币在欧盟的发展陷入了停滞。为了改善这种情况，欧盟在 2009 年颁布了新的 2009/110/EC 电子货币指令，同时废除了 2000/46/EC 指令。新的 2009 指令将电子货币机构定性为创新支付服务机构，而非新型信贷机构，因此大幅降低了电子货币机构的准入门槛（注册资本降为 35 万欧元）并取消了对其业务范围的限制。同时，2009 指令对电子货币机构客户资金的管理规定了更加详细、严格的要求。通过这种监管方式，欧盟形成了"较低准入门槛＋严格客户资金管理＋持续经营资质管理"的结合，这使得中小规模的支付服务提供商更有可能加入支付体系，但随着其业务规模、经营范围的扩大及自身风险的增加，它们需要遵循更加严格的监管规定。

美国对第三方支付的监管采用了功能性的方法，根据金融领域的特点进行监管。尽管没有专门的立法监管，但在联邦和州层面都受到了不同程度的监管。在联邦层面，主要关注反洗钱、反欺诈和消费者利益保护。在州层面，各州对货币服务业务的监管有所不同，大多数州要求经营货币服务业务必须取得专项许可。美国第三方支付服务受到监管的三个方面包括市场准入、客户沉淀资金的安全和动态监管与持续监管。例如美国财政部金融犯罪执法网络要求所有从事货币服务业务的机构进行登记。在州层面，根据《统一货币服务法》，拟进行货币转移业务的机构需要向州监管当局申请经营许可。虽然并未要求注册资金，但申请人需要提交说明自身情况（包括基本信息、财务情况、信用情况、拟开展的业务说明等）的申请书，并提供 5 万美元（每增加一个经营场所需再增加 1 万美元，上限为 25 万美元）的履约保函或类似担保。美国银行业监管机构要求各银行在判断是否为货币服务机构提供账户开立和使用等服务时，应考察该机构是否取得州的经营许可及是否履行了向金融犯罪执法网络登记的义务。

（二）第三方支付平台监管的中国模式

中国作为全球最大的第三方支付市场，对第三方支付平台的监管一直备受各界关注。目前对第三方支付平台的监管，主要采用牌照制监管，此外在风险控制和市场监管方面也做出了不懈努力。

央行为了规范支付机构的行为，保护消费者的利益，维护金融市场的稳定采用牌照制对第三方支付平台进行监管。央行对符合条件的支付机构发放牌照，支付机构在获得牌照后，可以在规定的业务范围内开展支付业务。央行通过对支付机构的业务进行监管，发现支付机构在业务开展过程中存在的问题，并采取相应的监管措施，以确保支付市场健康有序发展。牌照制监管的实施，需要支付机构具备相应的资质和条件，包括具有独立的法人资格、具备健全的内部控制机制和风险管理制度、拥有足够的资本实力和风险承受能力等。同时，央行还会对支付机构的业务进行监管，包括对支付业务的合法性、合规性、安全性等方面进行监管，以确保支付业务的合法、合规、安全。这种牌照制监管的实施，对于支付市场的健康发展起到了积极的推动作用。通过牌照制监管，央行可以规范支付机构的行为，保护消费者的利益，维护金融市场的稳定。同时，牌照制监管还可以促进支付市场的竞争，推动支付市场的创新和发展。

在风险控制方面，中国人民银行通过制定相关法规和规章，要求支付机构建立健全风险管理体系，并采取一系列措施来控制风险。建立风险准备金制度，中国人民银行要求第三方支付机构按照一定比例提取风险准备金，以应对可能出现的风险，保障客户合法权益；建立反洗钱和反恐怖融资制度，中国人民银行要求第三方支付机构履行反洗钱和反恐怖融资义务，按照相关法律法规要求，识别、监测、预警和处置洗钱和恐怖融资风险，防止洗钱和恐怖融资活动；建立信息披露制度，支付机构需要向中国人民银行报送风险评估报告和风险预警信息，中国人民银行也会对支付机构进行现场检查和风险评估，中国人民银行还会要求第三方支付机构定期向社会披露相关信息，包括财务状况、风险管理、业务开展情况等，增强客户透明度和信任度。此外，在监管过程中也重视对资金安全的监管，在资金安全方面，第三方支付平台需要保证客户资金的安全性和独立性。根据《非金融机构支付服务管理办法》等法规，第三方支付平台需要将客户资金存放在符合要求的专用账户中，并实行专款专用。

对第三方支付平台的市场监管模式主要包括市场准入和交易行为方面的监管。①在市场准入方面，中国政府对第三方支付平台的设立和运营实行严格的审批和监管。根据《非金融机构支付服务管理办法》等法规，第三方支付平台的设立必须经过中国人民银行的审批，获得支付业务许可证才能开展业务。此外，第三方支付平台还需要遵守一系列监管要求，包括客户身份识别、交易记录、可疑交易报告、信息披露等方面的规定。②在交易行为方面，第三方支付平台需要保证交易的合法性、真实性和透明性。例如，对于虚假交易，第三方支付平台需要采取有效的识别和防范措施，防止欺诈和洗钱等行为。此外，第三方支付平台还需要对交易信息进行记录和保存，以便监管部门进行核查。

二 第三方平台支付的监管不足

目前我国第三方支付平台的监管主要存在以下问题：

（一）法律监管不足

我国对第三方支付行业的法律约束和法律法规建设相对不够完善。虽然有一些指导性意见，但是缺乏针对第三方支付平台的专项法律法规，且这些指导性意见的实际操作性和强制管理职能有待加强。同时，与传统金融行业相比，第三方支付行业的法律监管存在明显差距。相关联的监管法律法规过于单薄，很多监管方面留有空白，导致发展过程中漏洞百出，风险事件层出不穷。

（二）信息披露监管不到位

第三方支付行业信息不够透明公开，主要体现在风险信息披露不强和必要财务信息不公开透明这两个方面。缺乏整体化、标准统一化的相关财务信息披露制度，导致数据真实性和透明度不高。此外，第三方支付平台为了自身利益，可能会隐藏自身风险情况，忽视违约风险，向公众透露存在的风险信息不真实，存在虚假宣传、夸大宣传的情况，侵犯了金融消费者对投资风险的知情权，损害金融消费者资金安全。

（三）退出机制不完善

我国在退出机制方面的规定并不多，仅在《非金融机构支付服务管理办法》中提到支付机构在终止业务时应提供客户合法权益保障方案，但细则中提出的保护措施中并没有具体实施方案。例如，若支付机构倒闭，客户沉淀资金的清偿顺序、资金处理方式、支付机构在服务协议中如何保障用户权益等都没有明确规定。这可能导致用户权益无法得到有效保障，增加了退出风险。

（四）客户备付金监管不严格

第三方网络支付机构涉及上亿的用户备付金,因此对客户备付金的监管特别严格和谨慎。虽然相关法规明确了备付金的性质和实缴比例,但客户备付金的使用情况缺乏有效监管,备付金的风险准备金按备付金收付账户来计提,导致备付金的风险准备金无法充分保障客户备付金的安全。

三 第三方平台支付的监管对策

针对我国第三方支付平台监管不足的问题,有以下对策建议:

（一）加强法律监管

制定更加具体的第三方支付法律法规,明确第三方支付平台的责任和义务,加强法律监管力度。加快中国第三方支付平台法律法规建设,需要政府制定相应管理办法、搭建管理平台,引导第三方支付行业依照标准进行自我整治和调整,明晰自己在发展中应尽的责任与义务。例如,可以学习美国立法模式,制定专门针对第三方支付平台的法律,对第三方支付平台的运营、监管、风险控制等方面进行全面规范。健全中国第三方支付平台反洗钱制度,对用户资金来源实施金额审查,建立用户账户资金预警机制,确保资金合法性。同时,建立洗钱风险评估制度,对所有客户开展反洗钱风险评估。提高中国第三方支付平台监管法规层级,尽快将第三方支付行业各种规章制度上升为行政法规,加大惩戒力度和法律震慑力,明确人民银行作为支付结算业务监督管理主体的监管权力,构建统一的支付结算监管体系。

（二）加强信息披露监管

建立第三方支付平台信息披露制度,要求第三方支付平台定期向监管部门和公众公开财务信息、业务信息、风险信息等,提高信息透明度。例如,支付宝、微信支付等第三方支付平台可以在自己的官方网站上公布相关的财务信息和业务信息,方便公众了解其运营情况和财务状况。平台还要确保信息披露完整、准确、真实、及时且披露信息要通俗易懂、真实、无误导性陈述、无遗漏。同时,明确对不符合规定信息披露制度的追责机制,对欺诈行为进行惩罚并提高其违法成本。

（三）完善退出机制

第三方支付平台的退出机制是为了保证市场的公平和透明,保障用户的权益。制定明确的退出标准和具体的退出机制实施方案,对违反法律法规、严重违反平台规则、信息过期未更新、低活跃度等行为厉行退出,标准应该清晰、明确,并且公平、透明。建立合理的退出程序，第三方支付平台需要建立合理的退出程序，包括通知用户、处理未完成的交易、退还用户资金等，退出还应该保证用户的权益不受损失，并且尽可能减少用户的损失，制定明确支付机构退出时客户权益的保障措施。例如，在支付机构倒闭时，可以成立清算小组，对客户沉淀资金进行清偿，保障客户权益。加强监管和风险控制，政府和第三方支付平台应该加强监管和风险控制，对于存在风险和违规行为的第三方支付平台，应该及时采取措施，包括但不限于暂停业务、强制退出等。

（四）加强客户备付金监管

建立更加严格的客户备付金监管制度，明确备付金的使用范围和用途，确保备付金的安全。规定第三方支付机构应将备付金存放于符合监管要求的银行或金融机构，并明确监管部门对存放银行的要求和标准。同时要规定备付金应由专门的监管机构进行监管，监管机构可以通过定期检查、审计和报告要求等手段对备付金进行监控和管理。例如，监管部门可以要求第三方支付平台定期报告备付金的存放情况和使用情况，确保备付金的安全性和流动性。支付机构需要建立合理的备付金使用制度，确保备付金的合规利用，目前每家银行陆续都连接了备付金管理系统，这个系统对接了每家支付公司，使银行能够掌握支付公司在自己银行开设的所有备付金账户的每日余额和资金调拨明细，并且做到汇缴账户能每日清零，控制收付账户、汇缴账户的跨行转账权限，并且每日生成报表报送给人行。

第三方支付的出现和应用对我国的经济发展有显著的促进作用，加强对第三方支付平台监管的出发点和落脚点均在于促进第三方支付的良性发展，而非通过强硬的管控抑制其成长。一种新事物、新模式的出现难免会因为经验缺乏和适配的过程性产生矛盾，因此在监管的过程中，应始终坚持包容审慎的原则，把握监管的度，留足发展空间，加强正确引导。掌握它们的发展模式、机制、特点与联系，建立与目前发展现状相适应的第三方支付平台监管体系。

✎习题

1. 结合实例简述我国互联网银行的发展方向。
2. 简述第三方平台支付的法律风险。
3. 简述第三方平台支付的监管模式。
4. 简述常见的第三方平台支付类型。
5. 简述第三方平台支付的监管不足及监管对策。

第九章 电子支付安全

电子支付系统是电子货币与交易信息传输的系统，在其支撑下电子商务交易才得以完成。支付电子化给消费者带来便利，随着 5G 网络、移动终端、智能软件的发展，网络支付、移动支付等支付方式为消费者提供了便利、快捷的支付体验，相应的安全问题也不断出现，电子支付安全成为亟待解决的安全需求。

第一节 电子支付安全概述

电子支付安全是电子商务交易安全的关键环节，不加以重视可能给消费者带来经济损失，加大金融风险传导和扩散危险，威胁国家金融经济利益。本节主要介绍电子支付安全问题和电子支付主要安全需求。

一 电子支付的安全问题

（一）身份识别问题

身份识别问题是电子支付安全的首要问题。传统商务交易大多以"一手交钱一手交货"的方式完成，交易过程双方直面，交易双方身份识别比较简单，很大程度避免了交易失误问题。但是在电子商务环境下，电子支付双方的身份识别变得复杂。例如，在扫码支付中，用户或消费者能够与商户再次确认账户信息，但是在线上交易中，若遇到不法分子伪造凭证，就很容易产生身份冒充和交易抵赖的行为，在没有权威机构进行身份识别的情况下，极易遭受网络诈骗。

（二）支付信息问题

（1）支付信息不完整。支付信息不完整主要指支付信息被未授权者伪造或篡改。以移动支付为例，移动支付会在移动终端设备中产生一系列授权信息，不法分子可以利用计算机病毒、系统漏洞、移动端虚假授权等获取、拦截真实信息，篡改信息，然后将篡改过的信息反馈给用户，用户则有可能被信息误导。还有不法分子利用技术对用户硬件、软件进行攻击，诱导用户与消费者进行急性错误支付。

（2）支付信息泄露。数据泄露问题直接导致大量数据犯罪产生。电子支付信息储存在服务器中，如果出现支付信息泄露，不法分子会利用用户和消费者的交易数据进行交易行为跟踪。支付信息的泄露问题是电子支付面临的最严重的安全问题。

（3）支付信息被抵赖。支付信息被抵赖主要是指在产生支付纠纷时，网络支付信息、交易双方个人信息的真实性有待考察。若交易双方都无法准确地提供信息证明支付或未支付的可供法律参考的证据，那么支付信息抵赖行为也更容易出现。

（三）终端设备问题

智能手机或平板电脑是目前人们普遍使用的移动终端设备，这些设备上通常安装多种应用软件，部分应用的安全性无法全面判断，因此移动终端设备容易受到恶意攻击。恶意软件有可能在支付软件运行时读取支付信息，导致用户支付信息泄露。此外，目前支付安全控制技术还不能完全应用到移动终端设备上，而移动终端设备高度智能化发展可能引入新的安全问题。

（四）支付环境问题

使用二维码进行促销被广泛应用于移动支付场景中，不法分子可能将含有病毒的二维码提供给消费者，若消费者扫描则可能将病毒带入手机系统，导致用户银行账号、密码等个人信息被窃取。另外，恶意 Wi-Fi 也是影响支付环境安全的重要因素。用户或消费者使用公共 Wi-Fi 时若遇上不法分子伪装的商家免费 Wi-Fi 接入点，那么也有可能出现信息被窃取、资金被盗刷的情况。

二　电子支付主要安全需求

不同电子支付系统的安全需求主要由系统自身特点、应用环境和对其信用度的假设决定。通常电子支付的安全需求主要包括机密性、完整性、认证性、不可否认性、容错性等。

（一）机密性

电子支付与金钱直接相关，电子支付活动涉及的信息大都是敏感信息，例如银行账号、密码以及个人身份信息等。不法分子可能使用各种手段非法窃取这些信息，一旦这些信息被非法窃取或泄露给未授权者，极有可能出现个人隐私泄露、资金被盗等问题。电子支付系统必须保证支付信息的机密性。

（二）完整性

电子支付的完整性是指交易信息或支付信息在存储或传输时不被篡改、破坏和丢失，保证合法用户能接收和使用真实完整的支付信息。

（三）认证性

在非面对面的交易中方便可靠地确认对方身份是支付的前提，只有交易各方能正确地识别对方，人们才能放心地进行支付。电子支付系统需要为参与交易的各方提供可靠的标识，使他们能正确识别对方并能互相证明身份，这可以有效防止网上交易的欺诈行为。

（四）不可否认性

不可否认性是指防止交易双方对收发过的支付信息进行否认。电子支付系统需要采取措施防止相关抵赖行为的发生。

（五）容错性

电子支付要求支付系统具有较强的可靠性，即容错性，即使系统发生故障或停电等特殊情况也能保证系统稳定运行，不会发生一方已付款但另一方没有收到付款的情况，确保交易双方利益不受影响。

满足电子支付系统的安全需求，需要先进的信息网络安全技术和安全支付协议，同时对安全管理水平提出更高的要求。

第二节　加密技术概述

加密技术被广泛应用于电子商务安全领域，是提高电子支付系统及数据安全性和保密性的重要措施。

常用的加密技术通常分为对称加密和非对称加密两类。随着新兴信息技术在电子支付和网络金融领域的应用和发展，信息安全要求进一步提升，随之产生了一些新兴加密技术。

一　常用加密技术

1. 对称加密

在20世纪70年代非对称密码产生之前，对称加密是唯一的加密方式。因此，对称密码算法也被称为传统密码算法。迄今为止，对称加密仍是两种加密类型中使用更为广泛的加密类型。对称加密是指对信息的加密和解密都使用相同的密钥，也就是说，发送者和接收者共同拥有同一个密钥，既用于加密也用于解密。对称加密是加密大量数据的一种行之有效的方法。对称加密有许多种算法，但所有这些算法都有一个共同的目的：以可还原的方法将明文转换成暗文。由于对称密钥加密和解密时使用相同的密钥，所以这种加密过程的安全性取决于是否有未经授权的人获得了对称密钥。需要强调的是，通信的双方必须选择和保存他们共同的密钥，各方必须信任对方不会将密钥泄露出去，这样就可以实现数据的机密性和完整性。一般来说，密钥的长度是衡量对称加密算法的优劣的主要标准。密钥越长，找到正确密钥所需的测试越多，耗费的时间也越长，破解这种算法也越困难。

对称密码可以分为流密码和分组密码。流密码是指加密和解密每次只处理数据流的一个符号（如一个字符或一个比特）。常用的流密码算法有 RC 系列算法（Rivest Cipher，RC）。分组密码则是一次加密一个明文块。分组密码具有速度快、易于标准化和便于软硬件实现等特点，在信息与网络安全中应用非常广泛。常用的分组密码算法有数据加密标准（Data Encryption Standard，DES）、高级加密标准（Advanced Encryption Standard，AES）和国际数据加密算法（International Data Encryption Algorithm，IDEA）。

（1）RC 系列算法。RC 系列算法是由著名密码学家罗纳德·李维斯特（Ronald L. Rivest）设计的几种算法的统称，已发布的算法包括 RC2、RC4、RC5 和 RC6。它是密钥大小可变的流式密码，使用面向字节的操作。安全套接字层/传输层安全（Secure Sockets Layer/Transport Layer Security，SSL/TLS）协议标准中使用了 RC4。它也被用于属于 IEEE802. 11 无线局域网标准的有线等效保密（Wire Equivalent Privacy，WEP）协议及更新的 Wi-Fi 保护访问（Wi-Fi Protected Access，WPA）协议中。目前，已有针对 WEP 中 RCA 算法的攻击。本质上，这种攻击不在于 RCA 算法本身，而是由于输入到 RCA 的密钥的产生方法。这种攻击并不适用于其他使用 RCA 的应用，而且能够在 WEP 中通过改变密钥的产生方法来修补。

（2）数据加密标准。1977 年，美国国家标准与技术研究院（National Institute of Standard and Technology，NIST）采纳了 IBM 公司提交的、由美国学者塔克曼（Tuchman）和梅耶（Meyer）完成的 Lucifer 加密算法的改进版本，作为美国非国家保密机关使用的数据加密标准，随后 DES 在国际上被广泛使用。DES 算法使用分组加密方式进行加密。它以 64 位的分组长度对数据进行加密，输出 64 位长度的密文。密钥长度为 56 位，密钥与位数据块的长度差用于填充 8 位奇偶校验位。DES 算法只使用了标准的算术和逻辑运算，所以适合在计算机上用软件来实现。DES 被认为是最早广泛用于商业系统的加密算法之一。3-DES

（Triple DES）是 DES 的一个升级，它不是全新设计的算法，而是通过使用 2 个或 3 个密钥执行 3 次 DES（加密—解密—加密）。3 个密钥的 3-DES 算法的密钥长度为 168 位，2 个密钥的 3-DES 算法的密钥长度为 112 位，这样通过增加密钥长度以提高密码的安全性。数据加密标准主要用于银行业的电子资金转账领域，被 ISO 作为数据加密的标准。

（3）高级加密标准。1995 年，美国国家标准与技术研究院采纳了由密码学家里奇曼（Rijmen）和戴蒙（Daemen）设计的 Rijindael 算法，使其成为高级加密标准。Rijindael 算法之所以最后当选，是因为它集安全性、效率、可实现性及灵活性于一体。AES 已经成为对称加密算法中最流行的算法之一，有逐步取代 3-DES 的趋势。AES 算法是具有分组长度和密钥长度均可变的多轮迭代型加密算法。分组长度一般为 128bit，密钥长度可以是 128/192/256 位。根据密钥的长度，算法分别被称为 AES-128、AES-192 和 AES-256。关于 AES 算法的安全性讨论仍然在进行中，目前尚无已知的安全弱点，安全性良好。

（4）国际数据加密算法。由中国学者来学嘉与著名密码学家詹姆斯·马塞尔（James Massey）于 1990 年共同提出，1992 年经最后修改更名。IDEA 的设计思想是"把不同代数群中的运算相混合"，它是一种多层迭代分组密码算法，使用 64 位分组和 128 位的密钥，是分组密码算法中速度快、安全性强的代表算法之一。IDEA 是国际公认的继 DES 之后又一个成功的分组对称密码算法。IDEA 运用硬件与软件实现都很容易，而且在实现上比 DES 算法快得多。IDEA 自问世以来，已经经历了大量的详细审查，对密码分析具有很强的抵抗能力。该算法也在多种商业产品中得到应用，著名的加密软件（Pretty Good Privacy，PGP）就选用 IDEA 作为其分组对称加密算法。

2. 非对称加密

非对称加密，也称公钥加密，是指密钥被分解为一对，即一把公钥和一把私钥。公钥可以在通信双方之间公开传递，或在公用储备库中发布，但相关私钥是保密的。这对密钥中的任何一把都可以作为公钥，而另一把则作为私钥。任何人都可以使用公钥给信息加密，但只有与该公钥相配的私钥的拥有者才能对信息解密。目前，常用的非对称加密算法有（Rivest Shamir Adleman，RSA）算法，该算法已被 ISO /TC 的数据加密技术分委员会 SC20 推荐为非对称密钥数据加密标准。RSA 公钥加密算法是 1977 年由罗纳德·李维斯特（Ron Rivest）、阿迪·萨莫尔（Adi Shamir）和伦纳德·阿德曼（Leonard Adleman）共同提出的。1987 年首次公布，当时他们三人都在麻省理工学院工作。RSA 就是他们三人姓氏开头字母拼在一起组成的。

在对称加密和非对称加密中，对称加密的突出特点是加密及解密速度快（通常比非对称加密快 10 倍以上），被广泛用于大量数据的加密，但该方法的缺点是密钥的传输与交换面临着安全问题，密钥容易被截获，而且如果与大量用户通信，密钥的分配和管理困难。非对称密钥的主要优点在于密钥能够公开，由于用作加密的密钥不同于用作解密的密钥，因为解密密钥不能根据加密密钥推算出来，所以可以公开加密密钥。而且非对称加密很好地解决了对称加密中密钥数量过多、难管理及费用高的不足。但是非对称加密的缺点是算法非常复杂，导致加密大量数据所用的时间较长，而且加密后的报文较长，不利于网络传输。因此在实际应用中，对称加密和非对称加密经常结合起来使用，加解密使用对称加密技术，而密钥管理使用非对称加密技术。下面是目前常用的非对称加密算法。

（1）RSA 算法。RSA 公钥密码算法是目前应用最广泛的公钥密码算法之一。RSA 算法是第一个能同时用于加密和数字签名的算法，易于理解和操作。同时，RSA 是研究得最深入的公钥算法，从提出到现在已有 30 多年，经历了各种攻击的考验，逐渐为人们所接受，普遍被认为是当前最优秀的公钥方案之一。RSA 算法有硬件和软件两种实现方法，硬件实现的方法采用专用芯片，以提高 RSA 加密和解密的速度。使用同样硬件实现两种算法，DES 比 RSA 快大约 1000 倍。在一些智能卡应用中也采用了 RSA 算法，速度都比较慢。软件实现方法的速度要更慢一些，这与计算机的处理能力和速度有关。同样使用软件实现加密，DES 比 RSA 快大约 100 倍。因此，在实际应用中，RSA 算法很少用于加密大块的数据，通常在混合密码系统中用于加密会话密钥，或者是数字签名和身份认证。

（2）EIGamal 算法。1985 年，EIGamal 提出基于离散对数困难问题的数字签名，通常称为 EIGamal 数字签名体制，其修正形式已被 NIST 作为数字签名标准（Digital Signature Standard，DSS）。与 RSA 不同，该算法专为数字签名功能而设计，不能用于加密。

（3）椭圆曲线密码。采用公钥实现加密和数字签名的绝大多数产品及标准都使用了 RSA 算法。最近几年，为了安全使用，RSA 中密钥的长度在不断增加，加大了 RSA 应用处理的负担，这对于那些进行大量安全交易的电子商务网站来说更是如此。1985 年，尼尔·科比利茨（N. Koblitz）和维克多·米勒（V. Miller）分别独立提出了椭圆曲线密码体制，其依据是椭圆曲线点群上离散对数问题的难解性。椭圆曲线密码算法的标准化工作也在进行中，国际标准化组织颁布了各种 ECC 算法标准，如 IEEE P1363 定义了椭圆曲线公钥算法。椭圆曲线公钥密码算法是 RSA 算法的强有力的竞争者。与 RSA 相比，椭圆曲线密码算法能用更少的密钥位获得更高的安全性，而且处理速度快，占用存储空间少，带宽要求低。它在许多计算资源受限的环境中，如移动通信、无线设备等，得到了广泛应用。

二 新兴加密技术

（一）身份基公钥密码

身份基公钥密码（Identity-Based Cryptograph，IBC）是由 RSA 的发明者之一萨莫尔在 1984 年首次提出的。身份基公钥密码是一种公钥密码体制，其简化了公钥基础设施（Public Key Infrastructure，PKI）中认证中心（Certificate Authority，CA）管理用户证书中的复杂的密钥管理问题。Shamir 建议在身份基公钥密码体制中，使用能唯一标识用户身份的信息（例如电话号码或邮箱地址等）作为公钥，无须 CA 分发数字证书进行绑定，因而克服了传统公钥密码体制中用户证书管理复杂的问题。在身份基公钥密码体制中，用户公钥可以是任意比特串，用户私钥可由可信的第三方(私钥生成中心 Private Key Generator，PKG)生成。一个身份基加密方案由系统建立算法、密钥提取算法、加密算法和解密算法构成。与传统公钥密码体制相比，身份基公钥密码体制具有简化的优点，其无须公钥证书，将用户身份作为唯一识别其身份的公钥。也无须证书机构，由可信第三方私钥生成中心（PKG）为用户提供服务。但是存在密钥托管的问题，可使用分布式密钥生成技术，门限技术或安全多方计算技术降低对 PKG 的过度依赖。

（二）属性基公钥密码

2005 年萨哈伊（Sahai）和沃兹（Waters）在模糊身份基加密中首次引入了属性基加密(Attribute-Base Encryption，ABE)的概念。属性基公钥密码（Attribute-Base Cryptography，ABC）是身份基公钥密码体制的一种扩展，属性基密码用一系列描述用户特征的属性来代替代表用户身份的字符串（如工作单位、职位、性别等）。用户的公钥、私钥和密文都与属性相关。在属性基加密中，加密者根据需要加密的消息和接收者的属性构造一个加密策略。当属性满足加密策略时，解密者才能进行解密。属性基加密可以用来实现非交互式访问控制。在属性基加密中，系统中的每个权限都可以用一个属性表示。在系统中设置一个属性权威（Attribute Authority，AA）来对每个用户的属性进行认证，并颁发相应密钥。系统中的所有数据都以密文的形式存储在服务器中，任何人都可以访问服务器，但是只有属性与访问策略匹配的访问才能解密数据。

（三）其他加密技术

云计算环境中，同态加密可以实现在密文不解密的情况下对数据进行操作和处理。同态加密基于数学难题的计算复杂性理论，对明文进行运算后再加密，与加密后再对密文进行相应的运算，二者的结果是等价的。与一般加密方案不同的是，同态加密注重的是数据处理时的安全，是目前保护数据安全、提高密文处理分析能力的关键技术。在量子计算环境下产生了基于量子物理学的量子密码、基于生物学的 DNA 密码和基于数学的抗量子计算密码。另外，轻量密码算法是为物联网环境下资源受限的设备专属定制的密码解决方案，与普通密码算法相比，其对吞吐率要求较低，在实现适当的安全性的前提下追求算法设计实现的资源消耗、效率和实用性。

三 密钥管理技术

（一）基本概念

密钥管理的核心问题是确保密钥从产生到使用全过程的安全可靠。密钥管理需要借助加密、认证、签名、协议和公证等技术。不同的加密方法，密钥的管理方法也不同。对于对称加密而言，由于加密和解密使用相同的密钥，因此必须保证密钥的机密性、真实性和完整性。在频繁的通信过程中应尽量使用一次一密的加密方法，以增强系统的安全性。对于非对称加密而言，私钥必须妥善保护，公钥可以公开，但必须保证其完整性和真实性。

密钥种类根据应用场合的不同，可以分为工作密钥、会话密钥、密钥加密密钥。其中，工作密钥是由用户选出或系统分配给用户的可在较长时间（相对于会话密钥）内用户所专用的秘密密钥，又称用户密钥。工作密钥和会话密钥一起启动和控制由某种算法所构造的密钥产生器，以此产生用于加密数据的密钥。会话密钥是两个通信终端用户在一次交换数据时所采用的密钥，当它用来保护传输数据时称为数据加密密钥，当它用来保护文件时称为文件密钥。会话密钥可由通信双方预先约定，也可由系统动态产生并赋予通信双方，它为通信双方专用，故又称专用密钥。密钥加密密钥是对传送的会话或文件密钥进行加密时采用的密钥，也称二级密钥或次主密钥，通信网中每个节点都分配有这类密钥。

（二）密钥管理

密钥管理包括密钥产生、密钥存储与备份、密钥分发、密钥更新、密钥撤销和销毁等过程。

1. 密钥产生

密钥是数据保密的关键，应采用足够安全的方法来产生密钥。对密钥的一个基本要求是要具有良好的随机性，一个真正的随机序列是不可再现的，任何人都不能再次产生它。对称密码的密钥本质是一种随机数或随机序列，因此密钥的产生本质是产生具有良好密码学特性的随机数或随机序列。为了保证安全，避免弱密钥，防止密钥被分析出来而造成泄密，随机性要求具备长周期性、非线性、统计意义上的等概率以及不可预测性等。目前常采用物理噪声源方法产生具有足够随机性的伪随机性序列。密钥的生成方式有两种：一种是由密钥分配中心集中生成，另一种是在客户端分散生成，这两种生成方式各有优缺点。集中生成用户数量受到限制，需要使用安全的传输通道，但质量高、方便存储；分散生成不受用户数量的限制，安全性高，但需第三方认证。

2. 密钥存储与备份

密钥存储包括公钥存储和私钥存储，一般而言，私钥存储是密钥存储中比较薄弱的环节。公钥通常被分发或提供给其他用户，但还必须通过证书管理机构认证，以便证明它是合法的拥有者。无论对称加密或非对称加密，用户的私钥都需要妥善保管。私钥一旦丢失或出错，则会出现合法用户不能提取信息、非法用户会窃取信息的现象。密钥管理涉及很多因素，主要包括人为因素和技术因素，而这两个方面的因素也是相互影响的。一般来说，人为因素往往比设计者能够想象的要复杂得多。社会、管理和组织等因素都会影响信息的安全。在技术方面，用户产生的密钥有可能是脆弱的，为了避免攻击者通过穷举攻击方式获得密钥，需要使用技术手段将密钥破解概率降至最低。另外一种情况是密钥是安全的，但是保护密钥的技术可能是脆弱的，例如在密钥传输时，要保证安全的传输路径。

密钥备份实质是一种密钥的存储。若密钥遭到破坏造成数据丢失，可以利用备份的密钥恢复原来的密钥或加密的数据，从而确保密钥和加密数据的安全。

3. 密钥分发

密钥分发是指将密钥安全地发给通信双方的过程。密钥分发的方案是由用户的需求以及网络系统的情况所决定的。从密钥分发方式来说，可以分为人工密钥分发、信任中心的密钥分发和基于认证的密钥分发。在相对简单的场景下，可以使用人工方式给每个用户发送密钥，用户使用这个密钥加密信息后再进行传送。信任中心的密钥分发利用可信任的第三方进行密钥分发，技术上是基于公开密码体制，使私钥和公钥分离，可信第三方在其中扮演密钥分发中心和密钥转换中心两种角色。基于认证的密钥分发是指用户通过公钥证书交换自己的公钥而无须与公钥管理机构联系，公钥证书由证书管理机构为用户建立。公钥证书的密钥分发方法是目前广泛流行的分发机制。

4. 密钥更新

密钥更新是密钥管理的基本要求，无论密钥是否泄露，都应该定期更新。不同类型的密钥对密钥更新的要求不同，会话密钥应当频繁更换，密钥加密密钥则无须频繁更换。

5. 密钥撤销和销毁

在某些情况下，如密钥泄露、密钥超过有效期、密钥的使用者退出系统等，必须停止使用已经分配的密钥。密钥销毁是指在密钥使用完后，立即在存储中或内存中消除密钥留下的痕迹，这在计算设备存在系统漏洞时能够保护密钥信息不被窃取。

第三节　数字摘要与数字签名

一　数字摘要

（一）数字摘要的概念

数字摘要，也称数字指纹、数字手印，是将任意长度的消息变成固定长度的短消息，采用单向哈希函数将需要加密的明文"摘要"成一串固定长度（128 位）的密文，这一串密文又称数字指纹，它有固定的长度，而且不同的明文产生的数字摘要是不同的，而同样的明文产生的数字摘要必定一致。数字摘要是根据哈希算法得到的，也称哈希值。哈希算法是一个单向不可逆的算法。每个信息报文按照某种加密算法都会产生一个自己特定的数字摘要，这就可以通过数字摘要来确认所代表的信息报文的真实性和完整性。信息接收方只需要比较信息报文得到的数字摘要和发送方是否一致，就可以确认报文是否被篡改。

（二）数字摘要常用算法

MD5（MD5 Message-Digest Algorithm）是一种被广泛使用的密码散列函数，可得生出一个 128 位（16 字节）的散列值，用于确保信息传输完整一致。

安全散列算法 1（Secure Hash Algorithm 1，SHA-1）是一种密码散列函数，由美国国家安全局设计，并由美国国家标准技术研究所发布作为联邦数据处理标准，SHA-1 可以生成一个被称为消息摘要的 160 位（20 字节）散列值。

（三）数字摘要的优缺点

数字摘要的优点是可以保证信息原文的真实性，实现一定程度上的防伪、防篡改，被广泛用在数字签名技术中。数字摘要的缺点是仅凭数字摘要技术本身不能保证数据的完整性，必须要与其他加密技术结合使用，而且哈希算法是公开的。原文和摘要很容易被伪造，所以必须要将数字摘要保护才可以防伪。

二 数字签名

（一）数字签名原理

数字签名代替书写签名或印章，验证的准确度远高于手写签名或图章，它是目前电子商务中应用最普遍、技术最成熟的电子签名方法。数字签名技术以加密技术为基础，采用非对称加密方式对整个明文进行加密，得到一个作为核实签名的值，接收者使用发送者的公开密钥对签名进行解密运算，如果其结果为明文，则证明对方的身份是真实的。

数字签名具有多种功能，数字签名可以帮助接收者确认发送者的真实身份，这是数字签名技术实现的最初目的。这一功能可以实现不可否认性，防止购物网站或其他金融机构因客户否认订单而遭受不必要的损失。另外，数字签名可以保证报文的准确性和完整性。因数字签名可以使接收方和非法入侵者均不能伪造或篡改所发送的信息，从而确保了信息在传输过程中不会遭到任何修改和增删。

（二）常见的数字签名算法

常见的数字签名算法有 RSA、ElGamal、ECC 等。

一个具体的 RSA 签名过程如下：

（1）小明对外发布公钥，并声明对应的私钥在自己手上；

（2）小明对消息 M 计算摘要，得到摘要 D；

（3）小明使用私钥对 D 进行签名，得到签名 S；

（4）将 M 和 S 一起发送出去。

具体的验证过程如下：

（1）接收者首先对消息 M 使用同样的数字摘要算法计算摘要，得到 D；

（2）使用小明公钥对 S 进行解密，得到 D'；

（3）如果 D 和 D'相同，那么证明 M 确实是小明发出的，并且没有被篡改过。

（三）特殊的数字签名

随着计算机网络的发展，产生了多种特殊的数字签名方式，如盲签名、群盲签名、门限签名、数字时间戳等。

1. 盲签名

在一般的数字签名中，通常是先知道文件内容才进行签名。但有时可能需要某人对一个文件签名，却又不想让他知道文件的内容，这时候就需要盲签名。盲签名是 1983 年大卫·乔姆（David Chaum）提出来的，其最主要的用途是实现电子现金的匿名性。用户自已生成的电子现金需要提交给银行进行签名，签名后的电子现金才能有效，但是又不能让银行看到待签名的文件，也就是电子现金的具体内容，这就需要盲签名技术。盲签名的基本原理是使用两个可交换算法：第一个是加密算法，它用来隐藏消息，实现盲化处理；第二个是签名算法，用来对消息进行签名。只有当这两个算法是可交换的盲签名才能有效。与普通数字签名相比，盲签名的消息的内容对签名者是隐藏的。盲签名具有不可追踪性，即在签名消息被接收者公开后，签名者不能追踪签名。

2. 群盲签名

在群签名和盲签名的基础上，1998年莱山斯卡娅（Lysyanskaya）和拉姆赞（Ramzan）提出了群盲签名。目前大多数电子现金系统模型中的电子现金都是由单个银行发行的，系统中的所有用户和商家都在同一家银行开设账户。但是现实中电子现金可能在一个中央银行的监控下，由一群银行进行发行。J. Camnisch 和 M. Stadler 利用群盲签名构造了一个由多个银行参与发行电子现金、匿名在线的电子现金方案。其中每个银行都可以安全地发行电子现金，这些银行形成一个群体并受中央银行的控制，中央银行就是这个群体的群管理员。

3. 门限签名

门限签名是指在有 n 个成员的群体中，至少有 t 个成员才能代表群体对文件进行有效的数字签名。门限签名可通过共享密钥的方法实现，它将密钥分为 n 份，只有当超过 t 份的子密钥组合在一起才能重构出密钥。

4. 数字时间戳

数字时间戳（Digital Time-Stamp，DTS），也称安全时间戳，是一个可信的时间权威，使用一段可以认证的完整数据表示的时间戳，可用来防止用户抵赖或欺诈。数字时间戳 DTS 一般由大家都信任的第三方机构——时间戳权威（Time Stamp Authority，TSA）提供，一般生成过程是：用户用哈希函数对需要加时间戳的文件计算摘要，然后将摘要发送给 TSA，TSA 将收到文件摘要时的日期时间信息附加到文件中，再用 TSA 的私钥对该文件进行加密（TSA 的数字签名），然后发给用户。用户收到数字时间戳后，把它和原始文件一起发送给接收方，供接收方验证时间。可以看出数字时间戳就是一个经过加密形成的凭证文档，这个文档包含了三部分，即需要加时间戳的文档、数字时间戳服务机构收到文件的日期和时间及数字时间戳服务机构的数字签名。

第四节　认证技术

为保证互联网上电子交易及支付的安全性、保密性等，防范交易及支付过程中的欺诈、篡改、抵赖等行为，必须在网上建立一种信任机制或安全设施，确保参加电子商务的买方和卖方都必须拥有合法的身份，并且在网上能够有效无误地被进行验证。本节主要介绍数字证书与公钥基础设施和主要的认证技术。

一　数字证书与公钥基础设施

（一）数字证书

1. 数字证书的概念

数字证书，也称公钥证书，是由权威的第三方认证授权中心颁发的用于标识用户身份的文件。数字证书类似于日常生活中的身份证，主要用于证明某个实体（如用户、客户端、服务器等）的身份以及公钥的合法性。数字证书提供了一种在互联网上验证用户身份的方式，在网络通信中，通信双方出示各自的数字证书，可以实现通信的双向认证，以保证通信的安全。

2. 数字证书的格式

由于用户使用的网络、操作系统、浏览器等多种多样，必须在其使用的范围内保证数字证书格式的统一。广泛使用的数字证书标准是国际电信联盟（International Telecommunication Union, ITU）中国际电联电信标准化部门（ITU-T）定义的 X. 509 的 V3 版本。最简单的数字证书包含一个公钥、认证中心的名称以及认证中心的数字签名。数字证书还有一个重要的特征就是只在特定的时间段内有效。

3. 数字证书的产生

数字证书是由认证中心颁发的。认证中心是一家能向用户签发数字证书以确认用户身份的管理机构。为了防止数字凭证的伪造，认证中心的公钥必须是可靠的，认证中心必须公布其公钥或由更高级别的认证中心提供一个电子凭证来证明其公钥的有效性，后一种方法导致了多级别认证中心的出现。那么数字证书是如何生成的呢？数字证书的主体将身份信息和公钥以安全的方式交给认证中心，认证中心用自己的私钥对主体的公钥和身份信息等的混合体进行签名，将签名信息附在公钥和主体名的信息后就可生成一张证书。这张数字证书主要由主体名、公钥、CA 的签名构成。数字证书生成时有一个预定的有效期，包括起始和终止的日期及时间。

4. 数字证书的功能

数字证书的功能可以分为两大类：一类是起到安全分发公钥的作用，一类是作为主体的身份证明。

（1）使用证书进行加密和签名。由于数字证书可以用来分发公钥，因此利用证书中的公钥和其对应的私钥可以进行加密和签名。例如使用数字证书进行加密，如果甲方要给乙方发送加密的信息，并且双方都有自己的数字证书，甲方可以获得乙方的数字证书，并验证该证书有效后，用乙方数字证书中的公钥对信息进行加密；乙方收到加密的信息后，用自己证书对应的私钥对密文进行解密，得到明文信息。

（2）利用数字证书进行身份认证。基本过程是首先验证申请者的证书是否真实有效，然后再验证申请者是否是该证书的拥有者（这可以通过验证申请者是否拥有该证书对应的私钥实现）。同时还可以验证密文是否被篡改过，实现了完整性保护。具体步骤如下：

第一步，甲方用自己数字证书对应的私钥加密原文，得到密文。

第二步，甲方将自己的数字证书和密文发送给乙方。

第三步，乙方收到后，首先验证数字证书的真伪及有效性，验证过程包括用颁发该数字证书的认证机构的公钥验证数字证书的签名，再验证证书链、有效期等。

第四步，数字证书验证通过后，乙方用甲方数字证书中的公钥解密密文，如果解密成功，则表明甲方拥有该数字证书对应的私钥，是该证书的拥有者，身份验证通过。同时还可以验证密文是否被篡改过，实现了完整性保护。

5. 数字证书的应用

数字证书被广泛应用在安全电子邮件、访问安全站点、网上招标投标、网上签约、网上订购、网上公文传送、网上缴费、网上缴税、网上证券、网上购物和网上报关等场景中，主要表现在以下三个方面：

第一，安全终端保护。数字证书作为一种加密技术，可以用于终端的保护。用户可以设置一个以数字证书为主的系统登录方式，加上动态加密，就可以实现对系统的验证，没有权限的用户就无法进入终端系统访问，拥有权限的用户就符合了访问的要求，保证了访问终端的一致性。

第二，可信网站识别。数字证书是一种权威性的电子文档，它由一个权威认证机构发行，人们可以在互联网交往中用它来识别对方的身份。以数字证书为核心的加密技术可以对网络上传输的信息进行加密和解密、数字签名和签名验证，确保网上传递信息的机密性、完整性，以及交易实体身份的真实性，签名信息的不可否认性。

第三，身份授权管理。授权管理系统是电子商务安全的重要内容，对用户和程序提供相对应的授权服务、授权访问和应用的方法，正确使用数字证书，适当授权，完成系统的用户认证，才能切实保护身份授权管理系统的安全性。

（二）公钥基础设施

1. 公钥基础设施的概念

公钥基础设施（Public Key Infrastructure，PKI）是一个以公钥技术为基础，提供和实施安全服务的具有普适性的安全基础设施。公钥基础设施的本质是解决大规模网络中的公钥分发问题，建立大规模网络中的信任基础。

PKI 是一个遵循标准的密钥管理平台，能够为所有网络应用集中、透明地提供易于管理的安全服务，使应用程序之间能够进行安全通信。PKI 在实际应用中是一套软硬件系统和安全策略的集合，它提供了一整套安全机制，使用户在不知道对方身份或分布地点的情况下，以数字证书为基础，通过一系列的信任关系进行网络通信和网络交易。在 PKI 环境中，通信的各方需要申请一个数字证书。在此申请过程中，PKI 将会采用其他手段验证其身份。如果验证无误，那么 PKI 将创建一个数字证书，并由认证中心对其进行数字签名。当通信的一方接收到对方的数字证书时，根据数字签名判断数字证书来自其信任的认证机构，则确信收到的公钥确实来自需要进行通信的另一方。这种情况相当于第三方认证机构为通信的双方提供身份认证的担保，因此也称为"第三方信任模型"。总之，PKI 的核心任务是确定网络中各种行为主体身份的唯一性、真实性和合法性，保护网络空间中各种行为主体的安全利益。

2. 公钥基础设施的组成

PKI 主要由权威认证机构、数字证书库、证书作废系统、密钥备份及恢复系统、应用接口（API）系统等基本部分构成。

权威认证机构（Certificate Authority，CA），是 PKI 的核心执行机构，是 PKI 应用中权威、可信、公正的第三方。权威认证机构是数字证书生成、发放的运行实体，在一般情况下也是证书作废列表（Certificate Revocation List，CRL）的发布点，在其上常常运行着一个或多个注册机构（Registration Authority，RA）。当用户请求生成证书的时候，RA 验证用户的身份并将用户的请求发送给 CA。然后 CA 创建证书，进行签名并在证书的有效期内保管证书。

数字证书库是用来存储数字证书和公钥的，用户可以从数字证书库获得所需的证书和公钥。数字证书库中除了包括所有的数字证书，还包括已注销的数字证书。PKI 定期对数字证书库进行更新，确保认证的相关数据的完整性和正确性，防范篡改和伪造的行为。

通过 CA 签发的证书可以把用户的身份和密钥捆绑起来，如果当用户的身份改变或密钥遭到破坏时，就必须存在一种机制来撤销这种认可，证书作废系统就是这样的一个机制。在 PKI 体系中，作废证书一般通过将证书列入作废证书表（CRL）来完成。一般系统中由 CA 负责创建并维护一张及时更新的 CRL，而由用户在验证证书时负责检查该证书是否在 CRL 之列。

为避免用户丢失了用于解密数据的密钥使数据无法解密从而导致合法数据丢失，PKI 提供备份与恢复密钥的机制。但是密钥的备份与恢复必须由可信的机构来完成，并且密钥备份与恢复只能针对解密密钥，签名私钥为确保其唯一性而不能够做备份。

PKI 的价值在于使用户能够方便地使用加密、数字签名等安全服务，应用接口（API）系统为外界提供了使用 PKI 安全服务的入口。这个入口使得各种各样的应用能够以安全、一致、可信的方式与 PKI 交互，确保安全网络环境的完整性和易用性。

3. 基于 PKI 的身份认证机制

假设用户 A 和用户 B 基于 PKI 的身份认证进行通信，主要包括以下主要步骤：

第一，验证身份信息并注册。首先，用户 A 和用户 B 向注册机构（RA）出示身份标识信息并发出注册请求，注册机构收到他们的身份信息后，对其进行验证。如果验证通过，则将他们的请求转发给认证机构。

第二，发放数字证书。认证机构根据用户的身份信息以及用户的公钥创建 A 和用户 B 的数字证书，将 A 和 B 的数字证书通过安全信道发送给 A 和用户 B，并将证书存入数字证书库。私钥和公钥也可由用户自行产生，这取决于系统的策略。

第三，用户 A 和用户 B 向第三方认证机构请求证书。

第四，交换证书。第三方认证机构查看数字证书库，将用户 B 的数字证书发给用户 A，将用户 A 的证书发给用户 B。

第五，用户 A 验证数字证书并提取出用户 B 的公钥。使用该公钥加密一个会话密钥。会话密钥是用于加密用户 A 和用户 B 通信内容的密钥。用户 A 将加密的会话密钥和包含自己公钥的证书一起发送给用户 B。

第六，确认通信。用户 B 收到用户 A 的证书，查看证书中的认机构签名是否可信，如果是可信的认证机构，则认证成功。用户 B 用自己的私钥解密获得会话密钥，然后用户

A 就可以使用该会话密钥与用户 B 进行通信。

4. PKI 的应用

在国外，PKI 发展较快，有些公司已经开始提供 PKI 服务。加拿大政府公开密钥基础设施（Government of Canada Public Key Infrastructure，GOCPKI）是世界上最早的大规模政府 PKI 计划，已在各行各业取得了成效，但总的来说，PKI 还处于示范工程阶段。

在中国，目前存在的 CA 基本可以分为三类：一类是行业性的 CA，由相应行业主管部门牵头建立，如中国金融认证中心（CFCA）、海关 CA、商务部 CA（国富安 CA）等；一类是地方性 CA，由当地地方政府牵头建立，如北京 CA、上海 CA 等；一类是商业性 CA，这类 CA 不属于任何行业和地区，是由国家主管部门审批通过的商业化运营的 CA，如天威诚信 CA。如果进一步推广 PKI，需要加强系统之间、部门之间、国家之间的 PKI 体系的互联互通。

二 主要认证技术

在信息安全领域，常见的信息保护手段有加密和认证两大类。认证也称鉴别，是验证通信对象是原定者而不是冒名顶替者（身份认证），或者确认收到的消息是希望的而不是伪造的或被篡改过的（消息认证）。

（一）消息认证

消息认证是指接收方能验证消息发送方的真实性和完整性，即验证数据在传送或存储过程中未被篡改、重放或延迟等，也可以验证消息的顺序和及时性。消息认证可以应对网络通信中针对消息内容的攻击。

在消息认证过程中，产生消息认证码（Message Authentication Code，MAC）是消息认证的关键。消息认证码可以通过常规加密和散列函数产生。方法一：用对称密钥加密消息得到的密文就可作为消息认证码。因为消息的发送方和接收方共享一个密钥，对于接收方而言，只有消息的发送者才能够成功将消息加密。当然在这种方式下，因为密钥由双方共享，消息认证码无法将消息与任何一方关联，即发送方可以否认消息的发送。方法二：发送方用自己的私钥对消息加密得到的密文（签名）也可以作为消息认证码。但是这种方法对整个信息内容进行加密，在实际应用中代价过高，因此不可行。方法三：通过散列函数对明文消息计算得到的消息摘要可以作为消息认证码。目前基于散列函数的消息认证码是常用的生成方式，它已被用于安全套接字层/传输层安全和安全电子交易等协议中。

需要补充说明的是，数字签名本身也是一种认证技术，它可以用来认证消息来源。消息认证与数字签名的区别在于，当收发者之间没有利害冲突时，消息鉴别通过验证消息完整性和真实性，可以保护信息交换双方不受第三方的攻击。但是它不能处理通信双方内部相互的攻击，也就是说如果收发者之间产生利害冲突，单纯用消息认证技术无法解决他们之间的纠纷，这时就需要借助数字签名技术。

（二）身份认证

身份认证又称实体认证，即验证信息发送者是真的，而不是冒充的，包括信源、信宿等的认证和识别。身份认证是任何安全通信的第一步，它能够有效防止信息资源被非授权使用，从而保障信息资源的安全。

1. 身份认证原理

身份认证是确认实体对象的数字身份与物理身份是否一致的过程，这里的实体可以是用户，也可以是主机系统。在计算机系统中，身份是实体的一种计算机表达，计算机中的每一项事务是由一个或多个唯一确定的实体参与完成的，而身份可以用来唯一确定一个实体。身份认证系统主要由出示证件的人、验证者、可信第三方，还有攻击者构成。其认证分为两个过程，即标识与鉴别。标识就是系统要标识实体的身份，并为每个实体取一个系统可以识别的内部名称——标识符 ID；鉴别就是证实实体对象的真实身份。

2. 身份认证分类

身份认证可以依据用户知道的某种信息、用户拥有的某种物品或者用户具有的某种特征进行认证。根据身份认证依据的不同，可以将身份认证分为以下几类：

（1）基于口令的认证。这种认证方式是最简单、最易实现、最易理解和最易接受的一种认证技术，也是目前应用最广泛的认证方法。例如，操作系统及邮件系统等一些应用系统的登录和权限管理，都是采用"用户账户+静态口令"的身份识别方式。静态口令优势在于实现简单，无须任何附加设备，成本低、速度快。

（2）基于智能卡的认证。智能卡（smart-card）是一种集成的带有智能的电路卡，内置可编程的微处理器，可存储数据，并提供硬件保护措施和加密算法。在智能卡中存储用户个性化的秘密信息，同时在验证服务器中也存放该秘密信息，进行认证时，用户输入个人身份识别码（PIN 码），智能卡认证 PIN 码成功后，即可读出智能卡中的秘密信息，进而利用该秘密信息与主机之间进行认证。基于 USB Key 的身份认证是当前比较流行的智能卡身份认证方式。

（3）基于生理特征认证。目前比较成熟的、得到广泛应用的生物特征认证技术有指纹识别、虹膜识别、脸部识别、掌型识别、声音等，还有正在研究中的血管纹理识别、人体气味识别等技术。

在实际应用中可以使用其中一种依据进行认证，也可以综合使用多种依据进行认证。例如，用户从银行取款时需要银行卡和相应的口令才能通过身份认证，这种认证方式称为双因素认证。

除以上身份认证的分类方法外，根据认证的方向还可分为单向认证和双向认证。根据认证中是否使用密码算法，也可分为非密码的身份认证和基于密码算法的身份认证，例如口令认证、提问—回答的认证、一次性口令和生物特征认证等都属于非密码的认证机制；如果双方共享一个验证密钥，采用类似消息认证的方式进行认证的机制属于基于密码算法的身份认证。

第五节　电子支付相关协议

电子支付安全协议是实现电子交易和支付安全的关键技术，是保证电子交易的机密性、数据完整性、身份合法性和不可否认性的基础。

一　电子支付相关协议概述

网络安全协议是保证电子支付机密性、数据完整性、身份合法性和不可否认性的基础，很多网络安全协议都具备认证功能、控制功能和防御功能。在网络层，IPSec 提供了包括访问控制、完整性、数据认证等安全服务，可提供端到端的安全机制。在传输层，实现数据安全传输所采取的方案通常是使用安全套接字层（SSL）协议和传输层安全（TLS）协议。它们工作在 TCP 之上，可以为应用层 HTTP、FTP、SMTP 等提供安全服务。将安全服务直接嵌入应用程序，在应用层实现安全访问，是增强 TCP/IP 系统安全性的一个重要方法。例如在 HTTP 之上应用安全电子交易（SET）协议，电子邮件采用 S/MIME 协议与 PGP 协议等。

二　SSL 协议

传统的安全体系一般都建立在应用层上。这些安全体系虽然具有一定的可行性，但也存在巨大的安全隐患。因为 IP 包本身不具备任何安全特性，很容易被修改、伪造、查看和重播。在 TCP 传输层之上实现数据的安全传输是另一种安全解决方案，传输层安全协议通常指的是安全套接字层协议（Security Socket Layer，SSL）和传输层安全协议（Transport Layer Security，TLS）两个协议。SSL 是美国网景（Netscape）公司于 1994 年设计开发的传输层安全协议，用于保护 Web 通信和电子交易的安全。Web 的基本结构是客户/服务器应用程序，所以在传输层设置密码算法来保护 Web 通信安全是很实用的选择。目前 SSL V3.0 得到了业界广泛认可，已成为事实上的标准。TLS 协议是 IETF 的 TLS 工作组在 SSL V3.0 基础之上提出的，目前版本是 1.0。TLS V1.0 可看作 SSL V3.1，和 SSL V3.0 的差别不大。

（一）SSL 协议的原理

SSL 协议是介于应用层和可靠的传输层协议之间的安全通信协议。其主要功能是当两个应用层相互通信时，为传送的信息提供保密性和可靠性。SSL 协议的优势在于它是与应用层协议独立无关的，因而高层的应用层协议（如 HTTP、FTP、Telnet）能透明地建立于 SSL 协议之上。SSL 协议提供一个安全的"握手"初始化 TCP/IP 连接，来完成客户机和服务器之间关于安全等级、密码算法、通信密钥的协商，以及执行对连接端身份的认证工作。在此之后 SSL 协议连接上所传送的应用层协议数据都会被加密，从而保证通信的机密性。SSL 协议可以用于任何面向连接的安全通信，但通常用于安全 Web 应用的 HTTP 协议。目前，SSL 协议已经成了安全 Web 应用的工业标准。当前流行的客户端软件（如 Microsoft IE）、绝大多数的服务器应用（Microsoft、Apache、Oracle 等）以及证书授权机构如 VeriSign 等都支持 SSL 协议。

SSL 协议使用公钥密码系统和技术进行客户机和服务器通信实体间身份的认证和会话密钥的协商，使用对称密码算法对连接上传输的敏感数据进行加密。SSL 提供的面向连接的安全性具有保密性、可认证性、可靠性 3 个基本性质。保密性方面，在初始握手定义会话密钥后，系统用对称密码加密数据。加密 SSL 协议连接要求所有在客户机和服务器之间发送的信息都被发送方软件加密，并且由接收方软件解密，以提供高度的机密性，防止非法用户破译。可认证性方面，实体的身份能够用非对称密码进行认证。SSL 协议服务器认证允许用户确认服务器的身份，支持 SSL 协议的客户端软件使用标准的公钥密码技术检查服务器的证书和公共 ID 是否有效，并且是由属于客户端的可信证书授权列表中的 CA 颁发证书。SSL 协议客户端认证允许服务器确认用户的身份。采用与服务器认证同样的技术，支持 SSL 协议的服务器端软件检查客户证书和公共 ID 是否有效，并且由属于服务器端的可信 CA 列表中的 CA 颁发证书。可靠性方面，消息传输包括利用安全哈希函数产生的带密钥的消息认证码。

为实现安全性，SSL 协议使用了加密、数字签名、数据完整性、交换鉴别和公证等安全机制。

1. 加密机制

SSL 协议使用了多种不同种类、不同强度的加密算法对应用层以及握手层的数据进行加密传输。而加密算法所用的密钥由消息散列函数产生。

2. 数据签名机制

SSL 协议中多处使用了数据签名技术：SSL 协议在握手过程中要相互交换自己的证书以确定对方身份；证书的内容由 CA 签名，通信双方收到对方发来的证书时，可使用 CA 的证书来进行验证。若服务器没有证书或拥有的证书只能用于签名，则服务器就会产生一对临时密钥来进行密钥交换。为了防止在传输过程中伪造、篡改、冒充等主动攻击，在此消息中，服务器对公钥进行了签名。

3. 数据完整性机制

数据完整性机制包括两种形式：一种是数据单元的完整性，另一种是数据单元序列的完整性。SSL 协议使用报文鉴别码 MAC 技术来保证数据完整性，也就是说，在 SSL 协议的记录协议中，密文与 MAC 一起被发送到接收方，接收方收到数据后进行校验。其中包含消息的序列号，序列号可以保证所检测的消息是否被篡改或失序，有效地防止重放攻击。

4. 鉴别交换机制

SSL 协议使用了基于密码的鉴别交换机制，这种技术一般与数字签名和公证机制一起使用。

5. 公证机制

SSL 协议的双方在真正传输数据之前，先要互相交换证书以确认身份。证书就是一种公证机制，双方的证书都是由 CA 产生且用 CA 证书验证。

SSL 协议分为两层，其中底层是 SSL 记录协议层，高层是 SSL 握手协议层，协议具体结构如图 9-1 所示。SSL 记录协议和 SSL 握手协议是最主要的两个子协议。SSL 记录协议用于加密传输数据和对数据完整性的保证；SSL 握手协议用于通信双方的身份认证和密钥协商。

应用层		
SSL 握手协议	SSL 更改密码规程协议	SSL 报警协议
SSL 记录协议		
TCP 层		
IP 层		

图 9-1　SSL 协议的结构

（二）SSL 协议的应用

SSL 协议应用于 HTTP 协议形成了 HITPS 协议。SSL 协议也常应用于 VPN，当需要确保网络上所传输信息的完整性和机密性时，特别是在 Internet 这样的公共网络上，其中的一种方法就是使用协议。HITPS 为正常的 HITP 包封装了一层 SSL 协议。应用了 SSL 协议的 HITPS 有两个主要功能：一个功能是建立一个信息安全通道，来保证数据传输的安全；另一个功能就是确认网站的真实性。凡是使用了 HTTPS 的网站，都可以通过单击浏览器地址栏的锁头标志来查看网站认证之后的真实信息，也可以通过 CA 机构颁发的数字证书来查询。用户在网上传输敏感信息，例如使用网上支付系统时，一定要确认当前主机访问的网站是否采用了协议，以确保保密性和对方网站的真实性。

（三）SSL 协议的优缺点

1. 优点

SSL 设置简单，成本低，无须在自己的电脑上安装专门软件，只要浏览器支持即可；通信前就已完成加密算法，此后所有数据都会被加密，从而保证通信的安全性。

2. 缺点

除了传输过程外不能提供任何安全保证；不能提供交易的不可否认性；客户认证是可选的，所以无法保证购买者就是该信用卡合法拥有者；SSL 不是专为信用卡交易而设计，在多方参与的电子交易中，SSL 协议并不能协调各方间的安全传输和信任关系。

三　SET 协议

为了克服 SSL 安全协议的缺点，满足电子交易持续不断增加的安全需求，达到交易安全及合乎成本效益的市场要求，Visa 和 MasterCard 两大信用卡公司于 20 世纪 90 年代联合推出安全电子交易（Secure Electronic Transaction，SET）协议，IBM、微软、Netscape、RSA、Terisa 和 Verisign 等信息技术企业都参与了 SET 协议的制定。

（一）SET 协议概述

SET 协议是用于保护基于信用卡在线支付的安全协议，主要解决用户、商家和银行之间通过信用卡安全支付，保证支付信息的机密、支付过程的完整、商户及持卡人的合法身份以及可操作性。目前已经获得 IETF 标准的认可，成为事实上的工业标准。目前公布的 SET 协议的正式文本涵盖了信用卡在电子商务交易中的交易协定、信息保密、资料完整及数字认证、数字签名等。从本质上说，SET 协议为交易各方提供安全的信道，通过使用 X.509V3 数字证书提供信任，确保信息的私密性。

（二）SET 协议原理

1. SET 协议系统的构成

SET 协议系统的参与方包括以下内容，如图 9-2 所示。

持卡人。在电子商务环境中，消费者和企业采购员使用个人电脑与商家通过互联网进行交互。持卡人是由发行机构发行的、经过授权的支付卡的持有者。

商家。商家是拥有持卡人所需商品或服务的个人或组织。一般地，这些商品和服务是通过 Web 站点或电子邮件提供的。能接受支付卡的商家必须与清算银行有联系。

发卡机构。它是一个向持卡人建立账户并发放支付卡的金融机构，如银行等金融机构，一般通过邮件或个人申请账号。最终，由发卡机构为持卡人的支付账务负责。

清算银行。它为商家建立账号、处理支付卡认证和支付的金融机构。商家通常可以接受多种品牌的信用卡，但并不想与所有发卡机构打交道。清算银行向商家提供认证，提供给定卡号是否合法和信用卡的消费限额等信息。清算银行还将支付信息传送到商家的账户中。随后，发卡机构还要为支付网络中的电子资金流动向清算银行提供补偿。

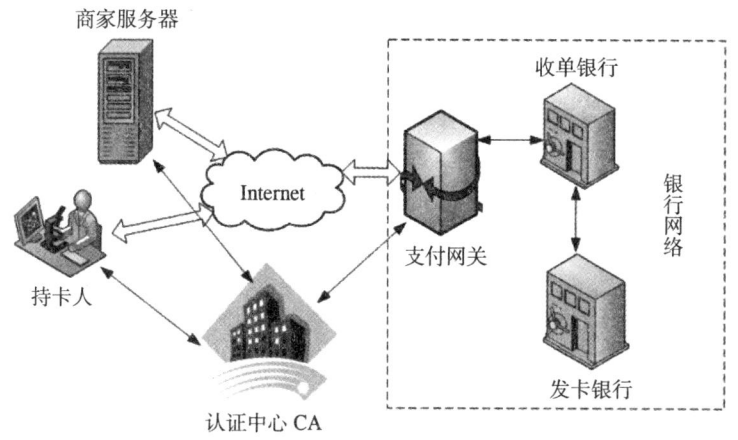

图 9-2 SET 协议系统的组成

支付网关。由清算银行或指定的第三方提供的功能，处理商家支付信息。它完成众多卡品牌的支付授权服务，并完成清算服务和数据捕获。支付网关是 SET 协议和现存的银行卡支付网络的接口，提供认证和支付功能。商家通过互联网使用支付网关交换 SET 协议信息，而支付网关与清算银行的金融处理系统具有某种直接的连接或网络连接。支付网关以如下方式工作：加密消息，认证交易中的所有参与者，将 SET 协议消息转换为与商家销售系统兼容的格式。

2. SET 协议的作用

SET 协议能够提供支付和订购信息的保密性，即保证持卡人账户和支付信息在网络传输过程中的机密性，且只能被指定的接收方访问。持卡人的信用卡号码仅仅为发卡银行所知，不能为商家所获得。保密性减少了一方被另一方或被怀有恶意的第三方欺诈的危险。

确保传送数据的完整性。SET 协议通过在所有时刻保持信息加密来防范消息在传送过程中被篡改的风险，确保传送过程中消息内容不被改变。数字签名用以提供支付信息的完整性。

持卡人账号认证。将持卡人和特定账号相联系的机制，减少了欺诈的发生和支付处理的总开销。使用数字签名和证书来验证持卡人是否为合法账号的合法用户。

为商家提供认证。持卡人需要能够识别将要进行安全交易的商家，能够验证商家与金融机构（清算行）具有允许其接受支付卡的关系。仍然使用数字签名和商家证书来确保商家的认证。

安全技术保护电子交易中所有合法方的利益。SET 协议是基于高度安全的密码算法和协议并经过严格测试的规范。

创建一个不依赖于传输安全机制也不妨碍其使用的协议。SET 协议可以在原始的 TCP/IP 上实现访问，提供点到点的安全。不妨碍其他安全机制如 IPSec 协议和 SSL/TLS 协议的使用。它们都提供安全服务，但工作方式不同，SET 专门设计用于安全支付交易。

3. SET 协议的交易流程

在交易之前，应确保消费者和商家向 SET 协议电子交易的银行开户，经银行审核后，由银行向消费者和商家发送由银行 CA 签发的 X. 509 公钥证书和签名私钥。具体流程如下：

（1）持卡人选择商品。持卡人使用浏览器在商家的 Web 页面上查看和浏览在线商品及目录，选择要购买的商品。

（2）持卡人填写商品信息。持卡人填写订单，包括项目列表、价格、总价、运费、搬运费和税费等。订单可通过电子化方式从商家传送过来，或由持卡人的电子购物软件建立。有些在线商店允许持卡人与商家协商物品的价格。

（3）选择付款方式。持卡人选择付款方式，此时 SET 协议开始介入。

（4）持卡人通过网络发送给商家一个完整的订单及要求付款的指令。在 SET 协议中，订单和付款指令由持卡人进行数字签名，同时，利用双重签名技术保证商家看不到持卡人的账号信息。

（5）商家确认支付申请。商家接受订单，通过支付网关向持卡人的金融机构请求支付认可。在银行和发卡机构确认和批准交易后，支付网关给商家返回确认信息。

（6）商家配货。商家通过网络给顾客发送订单确认信息，为顾客配送货物，完成订购服务。客户端软件可记录交易日志，以备将来查询。商家为顾客配送货物，完成订购服务。

（7）商家收款。商家可以立即请求银行将钱从购物者账号转移到商家账号，也可以等到某一时间，请求成批划账处理。

4. SET 协议支持的交易行为

SET 协议具有多种功能，支持以下的交易行为：

支付请求。顾客发给商家的消息，包括商家的订购信息和支付信息。

支付认可。商家和支付网关间交换的消息，验证给定信息卡账号能够支付一次购买。

支付获取。允许商家向支付网关申请支付。

证书询问状态。持卡人或商家发送证书询问消息查询证书请求的状态。

购买询问。允许持卡人在收到购买应答后查询订购处理的状态。

撤销认可。允许商家更正以前的认可请求。如果订购未成，则商家退回所有的认可；如果部分订购未完成（如退货），则商家退回部分认可。

撤销获取。允许商家更正获取请求中的错误，如店员输入了不正确的交易数据。

退还支付。允许商家在退货或商品在运输过程中损坏时向持卡人账号发布退还。

撤销退还支付。允许商家修正前一个退还请求。

支付网关证书请求。允许商家询问网关，得到它的密钥交换和签名证书。

批管理。允许商家根据批命令与支付网关交换信息。

拒绝消息。由于格式或内容验证问题，接收者拒绝消息。

（三）SET 协议的不足

SET 协议安全性高，但是其运行机制复杂、使用成本高，协议推广和普及困难较大。

SET 参与交易的实体多，涉及持卡人、商家、支付网关、银行等，协调难度大，互操作性差。交易证据是否留存在 SET 技术规范中未提及。SET 证书格式主要由 Visa 和 MasterCard 开发并按信用卡支付方式定义，因此限制了其他支付方式的使用。

习题

1. 结合例子说明电子支付有哪些安全需求？
2. 比较分析对称加密与非对称加密。
3. 简述 RSA 数字签名的过程。
4. 结合例子说明数字证书在电子支付中的应用。
5. 简述 SET 协议的交易流程，分析其安全性。
6. 比较分析 SSL 协议和 SET 协议的安全性。

第十章 支付风险与监管

本章学习重点

- 了解支付风险的种类、来源、影响及对支付风险的防范与监管。
- 掌握商业银行的支付风险、支付风险来源、管理原则与监管对策。
- 掌握非金融机构的支付风险的来源、监管原则及途径以及监管对策。
- 了解国内支付监管问题以及相关政策。

第一节 支付风险概述

支付风险是指在支付过程中可能发生的不确定性事件,包括金融交易的交易风险、业务风险、伪造支付指令和支付系统环境失误造成的支付交易延误与失败,它们都可能给支付当事人造成经济损失或者影响交易的顺利完成。

一 支付风险的种类

具体来说,支付风险可以分为以下几种类型:

(一)交易风险

交易风险是指在支付过程中各种不确定因素导致交易不能顺利完成,或者完成交易后出现的支付失败、支付拒绝等问题。这类风险又可以分为以下几种:

技术风险:技术硬件、软件故障、攻击等因素导致交易处理出现问题。

资金风险:指一方无法足额交付或收取货币资金,导致支付不能顺利完成。

计算机程序风险:计算机程序的错误导致交易处理出现问题,例如计算并费率错误等。

(二)信用风险

信用风险是指在支付过程中支付当事人的信用度不足、流动性不足等因素导致无法及

时履行合同，并导致经济损失。如借款人无法按时偿还贷款，商家无法按时向供应商支付
款项等。

（三）法律风险

法律风险是指支付过程中可能存在的合同违约、法律纠纷等风险。如无法按照双方合
同约定履行，导致经济损失。

（四）操作风险

操作风险是指支付人员操作不当、安全保障措施不足等因素，导致支付出现异常或经
济损失。如操作失误导致账户资金外流等。

（五）系统风险

系统风险是指参与支付过程的一方因自身风险而导致其他参与者陷入困境。例如，在
参与支付清算的各个金融机构中，一家发生支付风险，引起另一家也发生支付风险。这样
的连锁反应将会危及整个支付清算秩序的正常和稳定，给经济活动带来严重的恶果。

总之，支付风险是指在支付过程中可能发生的各种不确定事件。这些风险可能会对支
付当事人产生经济损失或影响交易的顺利完成，因此，支付机构和相关监管部门需要高度
关注支付风险，并采取一系列的风险管理措施，以保证支付的安全和合规。

二　支付风险的来源

支付风险可以从多个方面产生，其主要来源包括以下几点：

（一）技术原因

支付过程中的技术原因是支付风险的主要来源之一。技术硬件、软件故障、攻击等因
素导致支付处理出现问题。例如，网络稳定性问题、电信通信故障等。

（二）法律问题

支付过程中，法律问题也是一个重要的原因。在一些法律环境不完善和风险控制欠缺
的地区或场合，支付当事人可能会遭遇盗窃、伪造、欺诈等问题，导致支付的安全和合规
性受到威胁。

（三）信用缺失

支付当事人的信用度不足或者流动性不足等问题可能会导致支付无法及时完成，从而
产生信用风险。例如，在借款方不能如期偿还贷款时，借出方可能会面临财务损失。

（四）管理能力不足

支付机构无法充分发挥自己的业务管理能力，或者管理方式不佳也可能成为支付风险

的来源之一。例如，支付机构缺乏有效的治理和监管机制，或者管理制度不到位，都会导致风险的积累和管理的失控。

（五）操作不当

操作不当也可能成为支付风险的来源之一，支付人员操作不当、安全保障措施不足、人员管理不善等问题导致支付出现异常或者经济损失。例如，操作失误导致账户资金外流等。

（六）外部环境因素

外部环境因素也会给支付风险带来不利的影响，例如，自然灾害、战争、货币政策的变动等都可能引发风险，影响用户的信心。

综上所述，支付风险的来源复杂多样，需要支付机构和监管部门高度关注这些风险，按照监管要求和规范加强对支付机构的管理和监督，并采取一系列的风险管理措施，以保证支付的安全和合规。

三 支付风险的影响

支付风险是指支付系统的故障或人为因素，导致商业和金融机构发生的资产、信誉、交易和市场等方面的损失。支付风险对商业和金融机构都会产生不同程度的影响，具体如下：

（一）资产损失

支付风险可能导致资产损失，例如支付指令被篡改或拦截，导致资金被转移到不正确的账户，或者支付系统出现失误和故障，导致交易失败或重复付款。这些都可能导致商业和金融机构遭受财务损失。

（二）信誉损失

如果商业或金融机构的支付系统出现重大安全问题或客户反感的技术故障，可能导致客户失去对该机构的信任和忠诚度。这可能导致客户离开，甚至可能导致法律诉讼和政府监管机构的调查等问题。

（三）交易风险

支付风险可能导致交易风险，例如交易被拒绝、延迟或出现不确定因素，导致交易的价值下降或无法实现预期的收益。这可能会对商业和金融机构的经济和财务状况产生负面影响。

（四）市场不稳定性

支付风险可能导致市场不稳定，例如重大支付失误或系统中断而导致的巨额交易失败。这样的事件可能会导致市场走势不稳定，其他交易方可能会紧急出售股票或债券等投资产品，导致市场价值下降并可能产生连锁反应。

为了避免支付风险的影响，商业和金融机构需要采取措施，包括风险评估、安全控制、监测和响应、计划和准备等方面。此外，使用支付清算系统也可以降低支付风险。在这种系统下，不同银行和支付机构之间通过中央清算机构结算，并使用确保交易安全和准确性的协议和协调机制来管理支付交易。

四　支付风险的防范与监管

基于我国移动支付存在的风险以及现有监管体系存在的问题，监管机构应采取制定针对性管理规范、明确监管机构责任，强化风险防范与分类监管等措施，从而建立和完善移动支付监管框架，促进整个移动支付产业的高效发展。

（一）风险防范措施

（1）风险评估与控制。在支付风险管理中，进行风险评估是非常重要的一步。通过对支付环节中的各种风险进行评估，可以确定风险的潜在来源和可能的影响程度，从而采取相应的控制措施。以下是一些常见的风险评估与控制措施：

系统审计与监控：建立强大的系统审计与监控机制，对支付系统进行实时监测和分析，及时发现异常情况和潜在的风险点。

交易限额控制：设置合理的交易限额，对高风险交易进行限制和监控，以减少风险暴露和损失。

风险预警与预防：建立预警机制，通过数据分析和模型预测等方法，提前发现并防范潜在的风险。

（2）身份验证与身份管理。为了防止支付过程中的身份冒用、虚假身份等问题，身份验证与身份管理是非常重要的环节。以下是一些常见的身份验证与身份管理措施：

强制实名制：要求用户在进行支付前进行实名认证，确保用户身份真实可信。

身份信息验证：通过验证用户的身份证件、银行卡等信息的真实性和有效性，确保支付环节中的身份安全。

多方法身份验证：采用多种身份验证手段，如手机验证码、指纹识别、面部识别等，提高身份验证的准确性和安全性。

身份信息管理与保护：加强对用户身份信息的管理和保护，确保用户信息不被泄露、滥用等，采取严格的数据安全措施。

（3）数据安全与防护。支付过程中涉及大量的用户个人信息和交易数据，保护数据安全至关重要。以下是一些数据安全与防护措施：

加密技术：对支付数据进行加密处理，确保数据在传输和存储过程中的安全性。

安全协议与标准：遵循安全协议和标准，如 SSL/TLS 协议等，保障支付数据的安全传输。

安全漏洞修补：及时对支付系统中的安全漏洞进行修补和更新，防止黑客攻击和数据泄露。

防火墙和入侵检测系统：设置防火墙和入侵检测系统，监控网络流量，阻止非法访问和攻击。

数据备份与恢复：定期进行数据备份，并建立可靠的数据恢复机制，防止数据损失和不可恢复性。

（4）欺诈检测与预防。为了防止支付过程中的欺诈行为，需要采取有效的欺诈检测与预防措施。以下是一些常见的欺诈检测与预防措施：

模型建立与分析：建立欺诈检测模型，通过分析历史数据和用户行为模式，识别潜在的欺诈交易。采用数据挖掘和机器学习等技术，提高欺诈检测的准确性和效率。

欺诈行为分析：对已发生的欺诈行为进行分析，总结欺诈手法和特征，提高对未来欺诈交易的识别能力。通过对用户的历史行为和交易模式进行分析，识别异常行为。例如，判断用户是否突然改变了交易习惯，是否频繁更改支付绑定账户等。这些异常行为可能是欺诈交易的信号。建立实时反欺诈系统，通过实时监测、实时分析和实时校验等手段，及时识别潜在的欺诈交易。利用大数据分析和机器学习算法，快速识别异常模式并进行预警和阻止。

合作与共享信息：建立合作机制，加强与相关金融机构、行业协会以及安全机构的合作，共享欺诈信息和交易情况，及时发现欺诈行为和欺诈手段的变化，提高欺诈检测的准确性和效果。

（5）用户教育与意识提高。用户教育与意识提高是支付风险管理的重要环节，通过提高用户对支付风险的认识和防范意识，可以减少用户在支付过程中的安全风险。以下是一些用户教育与意识提高的措施：

宣传与教育活动：开展支付安全意识宣传活动，提供安全操作指南和注意事项，让用户了解支付风险及防范措施。

用户培训和指导：为用户提供专业的培训和指导，教会用户如何正确、安全地进行支付操作，以及如何警惕和防范常见的支付欺诈手段。

实时提醒与通知：向用户发送实时提醒和通知，告知他们有关最新的支付风险和防范措施。例如，发送短信或推送通知，提醒用户保护自己的账户安全。

通过以上的支付风险管理与防范措施，可以综合应对不同类型的风险，并提高支付过程的安全性和可靠性。同时，用户教育和意识提高也是与用户共同参与支付风险管理的重要环节。

（二）监管建议

（1）支付许可与准入制度。支付监管涉及支付机构的准入和许可管理。监管机构会制定相应的准入标准和程序，对支付机构进行严格的审核和评估，确保其资信和经营能力。支付机构需要满足一定的条件和要求，比如资金要求、风险管理能力、信息安全等方面，才能获得许可并在市场上合法经营。

（2）支付安全与风险管理规范。为了保护支付系统的安全和稳定，监管机构制定了支付安全和风险管理规范。这些规范包括支付系统的安全标准、身份验证要求、数据保护和加密、风险防范措施等。支付机构需要遵守这些规范，并落实相关的安全和风险管理措施，以确保支付过程的安全性和可靠性。

（3）第三方支付机构的监管要求。第三方支付机构是支付市场的重要参与者，监管机构对其进行了特殊的监管。监管要求包括支付机构的合规管理、资金清算和结算制度、业务操作规范、用户资金保护等。监管机构会对支付机构的业务合规性、风险管控能力进行监督和检查，确保其符合法律法规的要求。

（4）跨境支付监管。跨境支付涉及不同国家或地区的支付体系和法律法规，需要进行跨境支付监管。监管机构会制定跨境支付的监管要求，包括资金流动监控、合规审查、风险评估和合作机制等。目的是确保跨境支付的安全、合规和稳定，防范洗钱和恐怖融资等非法行为。

（5）新兴支付方式的监管挑战与应对。随着技术发展，新兴支付方式不断涌现，如移动支付、数字货币支付等。这些新兴支付方式带来了监管挑战。监管机构需要及时更新监管政策和规定，针对新兴支付方式的特点和风险，制定相应的监管措施。同时，加强技术监管能力，与支付机构和科技企业合作。

（6）与行业合作。监管机构需要与支付行业保持密切的合作，了解和应对新兴支付方式带来的监管挑战。通过与支付机构和科技企业的合作，共同研究新兴支付方式的风险特征和监管需求，制定相应的监管政策和规定。

（7）技术监管手段。应用技术监管手段，如数据分析、人工智能等，对新兴支付方式进行风险监测和预警。通过实时监控和分析，及时发现新兴支付方式中的风险问题，并采取相应的监管措施。

（8）国际合作与信息交流。新兴支付方式常常涉及跨国支付活动，所以国际合作与信息交流至关重要。监管机构需与其他国家或地区的监管机构加强合作，分享经验和信息，共同应对新兴支付方式带来的监管挑战。

第二节　商业银行的支付风险与监管

支付结算风险是银行在运用结算工具从事货币活动，及资金清算过程中可能遭受的损失。随着银行支付结算渠道的不断扩大、票据市场化进程的推进，各商业银行在支付结算过程中，不能忽视对支付结算的管理和风险防范。支付结算作为商业银行工作的重点内容和重要环节，风险一旦成为现实而带来资金损失，将直接影响到银行、企业的资金安全和社会经济的稳定与发展。为此，加强商业银行的支付结算风险防范尤为重要。

一　商业银行支付风险

目前，根据商业银行支付结算的流程及所碰到的问题，可能产生的风险有以下几种：

（一）资金清算风险

资金清算风险主要是银行在清算系统内联行资金或同城票据交换资金过程中产生的风险。主要表现为两个方面：第一，商业银行在系统内联行资金交换过程中将本身的资金矛盾转化为结算资金矛盾，利用联行体系的关联性而产生地区性资金支付风险。这种风险主要表现在各商业银行基层行超负荷经营而占用汇差资金，资金备付率低，造成资金支付困难，有的甚至向人民银行透支，系统联行汇差资金占用严重，资金调度失灵。第二，个别商业银行在同城结算和联行清算环节上存在控制不严产生的风险。

（二）票据支付结算风险

（1）支票业务风险。第一，犯罪分子伪造开户单位预留印鉴套购银行支票进行单位资金直接划付，造成单位资金损失。第二，支票审核不认真，受理无效或无支付效力的支票，造成客户损失，商业银行需要承担经济损失的风险。第三，误受理变造的支票给客户带来的资金损失无法追回，商业银行应承担的经济损失风险。第四，商业银行因审核背书不认真，对背书不连续的票据进行付款，需要承担赔偿责任的风险。

（2）银行汇票业务风险。第一，违规签发空头银行汇票的风险。银行内部以拓展业务为名挪用银行内部资金为客户签发银行汇票，造成资金损失的风险。第二，银行汇票交接手续不清的风险。银行汇票交付给客户如果没有签收，造成银行汇票遗失引起经济纠纷的风险。第三，审核不严，兑付伪造、变造要素被篡改的银行汇票风险。第四，违规解付银行汇票的风险。如银行工作人员将持票人为非现金的银行汇票款项违规转入个人结算账户，容易被不法分子利用套取现金，遭受资金损失，也会被监管部门进行处罚。

（3）银行承兑汇票业务风险。银行承兑汇票业务风险主要有：银行印、押、证分管不严，容易导致内外勾结违规签发没有支付保障的银行承兑汇票进行诈骗活动；银行承兑汇票保证金管理不严，容易产生保证金收取不足，或银行工作人员挪用客户资金的风险；到期未及时收取出票人的票款，造成银行垫付资金，容易出现银行的信贷资金风险；银行承兑汇票贴现业务未按规定进行查询、核实真实性，会产生受理假票据的风险。

（三）银行工作人员对票据识别能力不足和票据防伪技术滞后带来的风险

这些风险主要是银行经办人员业务不熟悉，对票据的识别能力不足，他们主要依靠票据防伪设备来识别。由于票据防伪设备滞后，验印通过率低，容易受理假票据事件的发生，使伪造、变造的假票据进入银行造成损失的风险。另外，设备的系统性风险，主要表现为技术软件、硬件可靠性不强而发生的系统风险。这种风险的危害性很大，所以在程序的开发设计和应用上必须考虑其安全性、可靠性、适用性。

（四）票据查询、查复方面存在的风险

当票据的查询、查复制度不完善，客户办理承兑汇票贴现时，贴现银行对有疑问的票据向承兑行进行查询时，承兑行的工作人员对工作不负责任，对查询的承兑汇票答复只是"真伪自辨"。这种查询并不能作为识别票据真伪的依据，贴现行有可能产生票据的风险。

二　商业银行支付风险来源

商业银行作为金融机构，涉及的支付风险来源众多，主要包括以下几个方面：

（一）现行支付结算制度不适应现代支付体系

人民银行制定的《支付结算办法》《票据管理实施办法》等有关结算的规章制度，由于颁布时间较长，随着经济金融环境发展，其中有些条款已不能适应当前支付结算管理体制的需要，如通过邮寄凭证完成资金汇划的方式已少用甚至停用，造成《支付结算办法》中规定与实际不符；办法中的一些具体规定和人民银行现行承担的职责相互矛盾，迫切需要进行修订，如对空头支票处罚，《支付结算办法》规定由商业银行实施处罚，但根据《中华人民共和国行政处罚法》，金融企业无处罚权应由人民银行实施处罚，网络环境下的电子支付制度建设滞后。

（二）技术原因导致可能出现客户资金损失

商业银行在操作支付系统时，可能因为技术问题或系统故障而导致支付延迟、重复支付或无法处理的支付请求。这会导致金融机构的资产损失和信誉损失，对银行业务的稳定性产生不利影响，支付数据被篡改或者被删除，可能导致金融机构或客户的账户被非法访问，或者出现错误的交易操作。例如，攻击者通过黑客攻击获得支付数据信息，将客户款项转移到非法账户中，导致银行资产损失。

金融机构也可能受到其他类型的支付风险的影响，例如由于恶意软件、网络病毒或电子邮件诈骗等因素导致金融机构的支付系统发生安全问题。这种情况可能导致客户信任的下降和金融机构未来业务的下降。

（三）支付结算、清算监督管理的人为分割，造成监管资源浪费

长期以来，银行依法行使支付结算管理职责，制定支付结算规章，开展支付结算检查并实施处罚，培养了大批的专业监管人才。机构分设后，由于人手少、任务重，银监部门主要侧重于金融机构风险防范的监督管理，无暇顾及支付结算日常监管，实际形成了支付结算监管的严重缺位。

支付结算监督管理主要由现场检查和非现场检查两种方式互为补充。其中，现场检查因为检查时间的局限，无法在第一时间发现金融机构违反规章的支付结算行为，同时检查面也较小，客观上存在着检查范围片面、检查时间滞后的问题。因此，利用高科技实施动态监控的非现场监管方式成为监督管理的重要途径。银行负责支付清算、账户管理和反洗钱监测等业务系统的运行和管理工作，能够通过相关业务系统及时获取金融机构的结算、清算业务信息，为实施动态、实时的非现场监管提供了便利，将银行作为结算管理行政部门从日常结算监管中脱离，势必造成技术资源的严重浪费。

（四）支付结算监管手段不适应

现行法律将支付结算体系划分为支付结算和清算两部分，割裂了支付结算体系惯有的统一性。因为结算与清算的高度关联性，有些支付结算问题直到清算阶段才被人民银行发现，按原监管体制单由人民银行解决，但人民银行和银监机构分设后，有关支付结算监督

协调机制尚未建立起来，遇到此类纠纷如不及时合理得到解决，将不利于形成公平、公允的结算环境，监管效率有待进一步提高。此外，按照规定，商业银行支付结算行为日常的合规性监管与处罚应由银监机构承担，而商业银行营业网点众多，支付结算具有专业性、时效性且业务繁杂，如银监机构未专设结算监管部门，则难以对商业银行的支付结算业务进行实时、全面、有效的监控。

因此，商业银行必须采取适当的支付风险管理措施，包括确保其支付系统具有高可用性与高安全性、实施有效的安全控制与政策、建立完善的风险管理框架、提高员工防范风险的能力等方面。通过加强支付风险管理工作，才能更好地降低和控制支付风险的发生，保障金融机构的稳定性与安全性。

三　商业银行支付风险管理的原则

商业银行支付风险管理的原则是指商业银行在日常运营中制定和遵守的一些准则和规范，以管理和降低支付风险的发生和影响。这些原则通常包括以下几个方面：

（一）安全原则

商业银行需要建立并严格遵守安全原则，确保其支付系统具有高可用性和高安全性。例如，通过加密和数字签名保护支付数据的保密性和完整性，实施访问控制和身份验证等安全措施。

（二）分散化原则

商业银行需要采用分散化原则，避免所有支付信息和分账活动都集中在一个机构或系统中。通过分散化管理，一旦出现支付故障或安全漏洞，不会影响整个支付系统，从而将风险降到最低。

（三）控制原则

商业银行需要建立并实施有效的风险控制原则，确保支付风险能够得到及时识别和管理。例如，在风险评估中制定控制措施，建立内部审计机制，确保支付流程中的交易合规和财务稳定。

（四）监控原则

商业银行需要建立并实施有效的监控机制，监测支付系统中出现的风险，并及时采取措施应对风险。例如，建立实时交易监控机制、监测异常数据、及时发现和处理支付风险事件。

总之，商业银行应该坚持综合分析、综合管理、风险可控、系统合规，运用现代科技手段，做好风险管理和防控，确保支付系统的稳健安全运行，最终保障用户权益。

四 商业银行支付风险监管对策

（1）加强员工思想教育和业务培训。首先，要培养财会人员良好的职业道德与自律性。电子商务模式下，财会人员要面对各种数据并对其进行处理，而这些数据都是反映企业财务状况和经营成果、具有实际价值的数据。因此，要求财会人员必须保证数据的合法安全，并具有良好的自律意识、法律意识和职业道德，保证自身不会危害企业经济信息的安全。其次，电子商务模式财务及企业管理信息系统不仅要求软件的设计者具有很高的会计、企业管理、计算机和网络技术等交叉学科知识，同样也要求银行工作人员掌握这些知识，并能够在更复杂的硬件和软件环境中有效地应用系统，完成企业在电子商务环境下各种经济业务的核算和管理工作。

（2）加快结算电子化建设，更新结算监管手段。首先，要加快结算电子化建设，推进现代化支付系统建设进程，采取电子计算机和现代通信技术为主的账务核算和信息传输手段，按照统一标准、分步实施的原则，侧重账户管理系统、电子联行处理系统、同城票据交换清算处理系统的建设，并逐步建设全国联行清算网络，同时要加快发展全国卫星通信网络建设，扩大覆盖面，提高电子联行的运行效益和监管水平。其次，要在电子化发展的同时，相应地建立完善结算监管子系统，如支付风险监控系统、账户管理数据库系统、结算信息统计分析系统等，及时发现问题和隐患，快速反馈结算监管结果，监测异常支付情况，及时报告可疑支付信息，随时利用系统资源及时掌握辖区内的会计工作动态，抓住苗头性和倾向性问题，从而提高中央银行支付结算监管工作效率，为中央银行宏观决策提供可靠依据。

（3）努力提高支付结算监管的科技含量，实现支付结算监管工作重心的转移。更新支付结算监管理念，充分利用计算机网络资源，强化对支付结算的监管，实现人民银行对银行业支付结算监管的现代化。如对银行结算账户、单位及个人信用、现金管理、反洗钱、大额支付管理等都必须使用先进的电子设备与网络技术，争取实现各地域银行机构之间的联网与资源共享；利用银行账户管理系统的信息资源，建立支付结算交易监测系统；建立异常支付预警机制，实现利用可疑支付信息对银行业反洗钱工作进行有效的监管。

充分研究电子商务的发展给支付结算带来的影响，密切关注商业银行网上支付业务的发展态势，制定关于网上支付的管理法规，积极推动网上支付业务和电子商务的发展；同时要对新生支付结算工具予以积极关注，努力增强市场管理的主动性和敏感性，对问题及风险做到早发现、早处理，充分发挥央行监督支付结算行为的职能，为区域经济的发展营造良好的金融生态环境。

（4）建立非现场监管制度。根据市场经济要求，本着实用的原则，完善结算统计报表的种类；充分利用各种支付清算系统网络采集结算业务信息，减少人为差错，提高信息质量。

（5）构建现代央行会计结算与会计监管体系，完善商业银行结算体系。在监管内容上，加强对会计内控制度的监管，监督各金融机构完善会计内控制度及风险防范责任制，重点评估其有效性、可操作性、实时性，消除其潜在的内控盲区盲点；加强账户管理，严肃结算纪律，从源头上遏制企事业单位乱开账户、逃避监控的现象；严格存款准备金、备付金的监督管理，防止出现支付风险。在监管方式上，认真落实现场监管和非现场监管的工作原则，把现场监管的重点放在内控制度的有效性和会计信息的真实性、完整性方面；非现场监管侧重于分析归纳，以达到全面持续的监督。

第三节　非金融机构的支付风险与监管

根据中国人民银行于 2010 年 6 月 14 日发布的《非金融机构支付服务管理办法》，非金融机构是指依托公共网络或专用网络，在收付款人之间做中介机构，提供网络支付、预付卡的发行与受理、银行卡收单及中国人民银行规定的其他支付业务。

一　非金融机构支付风险的来源

非金融机构支付风险是指第三方支付机构、电商企业、物流企业等非银行金融机构或服务机构在支付业务中面临的各类风险。这些风险主要来源于以下几个方面：

（一）市场风险

首先，支付机构服务同质化导致价格竞争激烈，使得支付行业利润率下降，一些机构利用低扣率、零扣率、暗中返点，以及为商户投放收银机、提供营销费等手段恶性竞争，整体行业利润空间狭窄。其次，支付市场高度集中，如交易金额排名全国前 10 位的支付机构业务量占支付机构互联网支付业务总金额的 94%，大企业具有更多的定价权，小企业生存空间小。再次，银行面对电子商务发展中蕴含的巨大商机，也加大了对电子支付业务的投入，与支付机构展开竞争。一些实力较小的支付机构面临亏损和退出市场的巨大威胁。

（二）管理风险

第一，支付平台技术上存在的漏洞导致一些不法分子利用钓鱼网站、木马病毒等手段获取客户核心账户信息，盗取客户资金。第二，多数支付机构和电商平台间缺乏明确统一的信息管理机制，电商平台的风险管理政策、风险偏好、商户审核标准等与支付机构自身规定不尽相同，存在较大风险。第三，电商平台对自身商户信息往往严格保密，使支付机构在发现商户风险后无法及时掌握交易发生端的情况，增加了风险。

（三）资金风险

第一，从互联网支付交易资金看，从资金性质来说应属于交易双方，支付机构应确保资金独立并根据交易结果进行资金划拨。但目前全部客户交易资金都混在同一账户中，未按照客户进行单独管理，如果支付机构破产清算或者法院要求冻结某一交易客户的资金，可能影响到全体交易客户资金安全。第二，在支付领域，托管银行接收到的交易数据、结算数据是第三方支付机构提供的，存在数据被第三方支付机构篡改的风险，给资金安全性带来隐患。第三，虚拟货币交易带来的风险。支付平台为"网络购物券""网络货币"等各类虚拟货币提供了交易场所，客户付款时可用购物券直接抵用现金，这种虚拟货币交易量达到一定程度将会对我国的货币供给和传导机制产生影响。

（四）安全风险

首先，第三方支付服务商由于核心是通过在线提供支付服务，产业链中的任何一个环节出现了安全隐患，都有可能转嫁到支付平台上。其次，网络技术变化日新月异，对于提供钱包支付的服务商，其安全的级别应不低于银行级别，需要不断投入、实时监控。国外支付商的经营预算中有相当比例投入安全性与安全性纠纷方面，而国内第三方支付在这些方面投入不足，尤其是一些机构微利或亏损的情况下，投入不足导致存在安全隐患。再次，一些非金融支付机构缺乏必要的应急处理设施和方案，应对和处理危机的能力较差，一旦出现危机，难以有效应对。

非金融机构需要制定完善的支付风险管理体系，建立完善的监管制度，加强对风险的识别、评估和管控，加强系统安全、业务流程控制等。通过加强支付风险管理，有效防范非金融机构支付风险的发生，确保用户的支付安全和经济利益。

二　监管原则及途径

（一）监管原则

非金融机构支付风险管理的原则是指非金融机构为了保证支付系统安全、稳定和高效，采取的各种管理原则和措施。这些原则旨在帮助非金融机构识别、评估、控制和监测风险，并确保支付交易和客户信息的保密性、完整性和可靠性。非金融机构支付风险管理的原则主要包括以下几个方面：

风险防范原则：非金融机构需要采用多种手段防范支付风险，如完善规章制度、强化安全保障、建立实时监测系统等。同时，非金融机构应该对风险进行全方位分析和评估，明确每种类型风险特征及其案例分布规律，有针对性地采取措施，确保风险防范措施科学有效。

风险管理原则：非金融机构需要建立完善的支付风险管理系统，从风险识别、风险评估、风险控制和风险持续监测等环节入手，实现对支付风险的全程监管和风险管理。例如，建立风险管理体系、设立风险委员会、制定风险管理指引等，在支付风险管理的各环节框架中体现全方位的风险管理。

合规管理原则：非金融机构需要严格遵守相关法律法规和监管要求，建立合规体系，确保支付业务合规和稳健发展。例如，规范合同认证、加强对实名制和身份认证的审核、建立反欺诈激励机制等，从法规层面和行业惯例层面出发，提升合规处理的能力。

协同防控原则：非金融机构需要与其他业界相关机构实时进行有效沟通和交流，加强协同防控，形成风险共治机制，研发共享反欺诈机理等，提高整个行业的风险防控水平，共同维护安全高效支付生态。

总之，非金融机构支付风险管理的原则是针对不同类型支付，在风险防范、风险管理、合规管理和协同防控等方面制定的一系列原则，能够指导非金融机构切实加强支付风险管理的能力和水平，有效应对支付风险问题，提高支付安全和用户满意度。

（二）监管途径

非金融机构支付风险监管的途径包括政策法规监管、市场监管和自律监管三种方式。具体方式如下：

政策法规监管：政策法规监管是非金融机构支付风险监管的基础和核心。政策法规制定了金融机构的规范行为标准和合规要求，主要由政府、监管部门和业界组织等制定和实施。政策法规主要包括支付机构监管指引、电子商务法、支付清算机构管理办法等。其中，最重要的法规是《支付机构监管条例》，它明确了非金融机构支付机构的监管范围、准入条件、运营要求、风险管理、信息披露和处罚制度等。

市场监管：市场监管主要由商务、工商和质监等行政部门、企业协会等组织执行，是支付服务市场监管的重要途径。市场监管主要包括产品准入、经营资格、行业标准、广告宣传、消费维权、市场调查、质量监督、规范竞争等方面。例如，商务部会针对市场上存在的支付风险隐患，组织行署对支付提供商进行例行检查，并指导每个支付公司完善内部监管机制，建立健全内部合规体系，提高支付服务质量。

自律管理：自律管理是由业内自行组织制定的自律规范和自律机制，通过加强行业管理、保证行业规范和诚信经营，提高支付服务质量。自律管理主要由行业协会、注册商会等自律组织执行，其中，支付清算协会是非金融机构支付清算行业的重要自律组织，负责协调行业自律、规范支付清算和风险防范等工作。例如，清算协会经常组织相关支付公司和金融机构开展技术交流、风险防范等活动，推动支付行业健康发展。

总之，非金融机构支付风险监管通过政策法规监管、市场监管和自律管理等多种途径和方式，加强支付服务规范管理、风险管控和诚信经营，提高用户支付体验和金融安全性。同时，政府、监管部门、自律组织和支付市场各方应加强合作，形成协同监管、共同防范的监管模式，确保支付风险的有效控制和支付服务市场的长期健康发展。

三 监管对策

针对非金融机构展业过程中出现的问题，可以采用以下方式来监管：

（一）依法明确平台属性定位

以监管法律法规的形式，直接对互联网金融平台的性质予以明确和规定。利用科技创新主要从事开展金融业务或者完全以科技之名进行金融活动的平台明确定义为互联网金融平台，可明确其为金融平台，将依法受到金融监管部门的监督和管理，其发展应遵循金融监管制度。

以业务本质确定平台性质。坚持以平台经营业务的本质出发来认定平台的真正属性，提升对平台业务本质辨识的能力；加强监管人员金融业务素养的培养，注重引进监管专业化、综合性人才；对科技平台厘清金融业务边界，合理区分以防止逃避监管，避免对同类主体、同类业务实施不同等的监管。

（二）建立完善数据监管体系

加快互联网金融平台数据监管法律法规建设。针对互联网金融平台数据监管目前尚无专门性监管法律法规的现实进行立法，对互联网金融平台数据收集、利用以及存储等制定监管统一立法，以为监管提供制度支撑与理论依据，也为互联网金融平台数据安全运行提供规范指引与约束。填补互联网金融平台数据监管法律法规空白。加快科技与金融相结合的监管规范的制定，确立科技进行金融创新的界限、越界的责任等，为将科技风险与数据安全风险结合起来进行监管明确依据。

建立个人数据账户。监管机构可尝试探索建立平台用户个人数据账户制度，该个人数据账户存储了平台用户个人在平台进行交易的全部所有数据，用户凭借自己创设的用户名和密码登录便可查询、使用。一方面使用户数据在自己掌控范围内，用户可以清晰地知晓自己的数据情况；另一方面，平台如果需要利用用户数据，则需用户授权后方可使用，解决了平台不当收集、非法利用用户数据的问题。

（三）丰富监管方式及手段

一方面，通过明确互联网金融平台监管主体解决监管分散的问题。对当前"分业监管"体制下互联网金融平台的监管主体予以明确，从目前多元主体中选取某一监管机构对互联网金融平台实施统一管理，避免监管权责不清出现的监管推诿和监管打架。另一方面，针对互联网金融平台跨界、跨行业的特性，制定互联网金融平台专门统一的监管法律法规，避免监管规范的分散与不全面，监管出现盲区等问题。

实行分级牌照管理。将平台金融业务全过程、全节点纳入监管，针对互联网金融平台介入的某一业务节点，监管部门要注重按业务流程对传统的金融牌照予以拆分，给予分级牌照管理。对互联网金融平台经营的金融业务给予全牌照监管，对于其介入的某一业务节点实施有限牌照管理，避免互联网金融平台"无证驾驶"或超越许可从事金融业务经营，采用差异性与一致性相结合的监管方式，有利于互联网金融平台全方位并且一视同仁地纳入监管。

（四）消弭监管主体差异，增强协同监管

成立统一监管部门推动横向监管主体之间的协同。如可考虑成立互联网金融平台监管局，消弭与解决中央同级之间、地方同级之间的监管差异，推动中央与中央、地方与地方监管机构之间的协同。确保对互联网金融平台的监管目标、监管理念一致，避免地方监管主体之间受地方政治、经济发展目标的左右。注重推进行业自律、行业协会介入互联网金融平台监管体制建设，明确其介入互联网金融平台的监管依据、范围、内容，行业协会在坚持监管机构指引的前提下，积极参与行业监督和管理，完善自身制度、体制建设，对行业成员进行约束和管理，担当监管机构与监管对象的中间桥梁和联系纽带。

第四节 国内支付监管问题及相关政策

一 我国支付监管的主要法规和制度

目前我国支付监管的主要法规和制度包括以下几类：

（一）支付机构监管法规

《支付机构监管条例》是中国支付监管的最基本法规，自 2010 年 12 月 1 日起实施。该条例规定了支付机构的业务准入、经营管理、信息披露、风险管理、内部审计、处罚和法律责任等方面的要求，确保支付机构在经营过程中依法合规。

（二）金融机构监管法规

金融机构在进行支付服务时也需要遵守相关法规，如《非银行支付机构网络支付业务》《非银行支付机构客户备付金存管办法》等。其中，《非银行支付机构客户备付存管办法》（2019 年修订）规定了支付机构结算资金需通过人民银行划转等制度，对支付结算业务活动和风险管理等也进行了详细规定。

（三）风险防范制度

《网络支付综合风险管理办法》制定了针对网络支付业务不同环节的风险防范措施，包括支付前风险预警、实名认证、账户风险监控、异地识别、代偿机制等。

（四）对第三方支付平台的监管制度

目前，我国关于第三方支付的法规主要有：人民银行《银行卡清算机构管理办法（征求意见稿）》，人民银行《银行卡收单业务管理办法》，人民银行《关于银行业金融机构远程开立人民币账户的指导意见（征求意见稿）》，人民银行、工业和信息化部、公安部、财政部、国家工商总局、国务院法制办等 10 部委联合印发了《关于促进互联网金融健康发展的指导意见》，保监会《互联网保险业务监管暂行办法》，证监会《关于对通过互联网开展股权融资活动的机构进行专项检查的通知》，人民银行《非银行机构网络支付业务管理办法》征求意见稿，最高法院《最高人民法院关于审理民间借贷案件适用法律若干问题的规定》，发改委《关于完善银行卡刷卡手续费定价机制的通知》。

（五）司法解释

最高人民法院和最高人民检察院等司法机关也对支付行业的管理给出了相关司法解释，如《关于审理涉及网络支付类型诈骗案件适用法律若干问题的解释》《中华人民共和国合同法》《中华人民共和国公司法》等。这些司法解释为支付企业和受害人员提供了司法保障，保证支付市场稳健和有序发展。

除以上法规和制度外，中国的支付场景日趋多元化，对应的政策和规定也在不断完善和更新。过去两年内，多个部门已经出台相关支付标准和政策，如《非银行支付机构网络支付业务划转规则》《条码支付安全规范》以及《银行卡清算机构管理办法》等，相关政策的制定、调整与完善，将有效规范我国支付市场，减少支付市场违规现象的发生。

二 支付领域相关政策的宏观控制

支付领域政策的宏观控制主要包括货币政策、金融监管政策和网络安全政策等方面。具体如下：

（一）货币政策

货币政策对支付领域产生了巨大的影响。央行通过调控货币政策，控制利率、流动性和汇率等因素，保证支付市场以稳定、流通和安全为宗旨。例如，央行对支付市场定向放款，稳定市场流动性，确保支付业务顺畅运作。

（二）金融监管政策

金融监管政策对支付市场产生直接影响。多个监管部门共同监管支付服务提供商、清算机构和交易市场等，确保支付和清算体系的稳定和安全运行。例如，央行和银监会联合出台了《非银行支付机构网络支付业务管理办法》和《人民币银行结算账户管理办法》等，规范了支付机构和商业银行的经营行为和内部管理要求。

（三）网络安全政策

随着移动支付的普及和互联网支付的发展，网络安全问题已逐渐成为重要问题。互联网信息办公室、公安网监部门等相关部门出台多项规章制度，加强网络安全立法和信息共享。例如，《中华人民共和国网络安全法》要求支付企业加强风险控制，确保信息安全。

这其中还包括环保政策、科技政策等，这些政策不仅支持支付领域的技术创新和市场发展，而且进一步明确了政府对支付产业发展的支持和监管意见。近年来，随着移动支付、云支付、区块链支付等新兴技术的发展，政策调控需与时俱进，立体化、精准化去控制和影响支付市场。

三 支付监管机构创新

随着支付行业快速发展，不断出现新型支付工具、业务及技术，监管机构也在不断创新监管模式和方法。这些创新更好地适应了监管的需求和市场的变革性，有效促进了支付市场健康稳定发展和风险防控，具体分析如下：

（一）产业自律机制

自律机制强调行业自我约束和自我管理，被广泛应用于促进和完善市场的发展。支付行业的产业自律机制由支付企业和金融机构自行组织制定和落实。例如，支付清算协会定期主办多项"支付安全和环保"课题讨论和宣讲会活动，以此推动支付行业自律体系建设、加强客户风险控制等。

（二）网络技术检查

网络技术检查是一种采取高科技手段的监管方法，通过大数据、人工智能和机器学习等技术手段，实现对支付工具及其对应的业务流程进行全方位覆盖式风险识别。例如，支付清算机构可以通过大数据监控，对非法交易、虚假交易等进行及时监控、追踪和预警，发现支付市场中存在的潜在风险问题。

（三）行业报告分析

监管机构可以通过发布有关支付市场的报告和行业分析，知道当前市场的发展水平和方向，并指导市场健康发展。例如，银保监会、人民银行等可以定期发布有关支付市场有关报告，如银行卡业务报告、非银行支付机构营收报告、移动支付行业年度报告等，用来分析市场格局、预测市场趋势、发掘行业需求，并适时引导市场风控、提升普惠服务等。

总之，监管机构的创新主要针对不同场景和风险问题，在使用技术手段监测风险、加强产业自律、加强行业报告分析等方面起到了重要作用。未来，监管机构应密切关注外拓口子、安全合规性、维护用户合法权益等领域的监管，创新监管手段、提升监管效能、提高服务质量，以维护市场环境的合理性、稳定性。

当下，中国监管机构已经进行了很多支付领域的创新实践，而较为典型的案例是人民银行尝试建立现金转账诈骗检测系统，采取大数据监测手段进行风险防范。该系统通过对各类支付业务系统接口的接触，能够程序化地自动检测和识别涉嫌现金转账诈骗的交易数据，并及时进行预警、提示和阻断，从而有效遏制这类诈骗行为的发生。该系统的实现采用了大数据、人工智能和机器学习技术。系统首先通过对历史数据的分析学习，掌握诈骗交易的特征和规律，识别出涉嫌诈骗交易的特征，之后不断优化诊断算法模型，以提升检测准确率和效率。此外，系统实现了跨机构合作机制，在涉及不同银行中转账的恶意诈骗行为中实现了风险联防与风险分享。这一系统在防范现金转账诈骗领域的实际效果已经得到了验证，不仅对支付市场形成了一定的震慑，而且得到了行业和社会的广泛认可和好评。在实践中，人民银行还致力于提升监管机构数据治理和数据安全防范能力，不仅能够有效诊断、截断交易诈骗，还可以展开全面风险控制，为社会创造更加安全、便捷、低成本的支付服务。

综上所述，人民银行采用大数据、人工智能技术打造的现金转账风险防控系统，是当前支付监管机构创新管理的成功典范之一，为建立支付领域数字安全和防范诈骗等方面贡献了重要的经验和方法。

四　跨境支付监管的合作与协调

跨境支付系统是指用于进行国际支付和结算的金融系统和技术。这些系统可以帮助企业和个人在不同国家和地区之间转移资金，并处理相关的结算和清算事务。跨境支付系统通常涉及多个金融机构、支付网关和电子货币的使用。随着全球贸易和经济的不断发展，跨境支付系统成为各个国家和地区之间重要的经济纽带。然而，由于跨境支付涉及不同国家和地区的金融交易，所以开展合作与协调在这一领域起着至关重要的作用。

（一）制定跨境支付统一目标与标准

（1）制定跨境支付统一标准。全球跨境支付的参与方普遍存在政治、监管、业务处理、服务标准等多方面摩擦，制定统一跨境支付目标能够促进国际组织、各国监管机构、商业银行、非银行金融机构、企业等各方相互协作、加强沟通、形成合力，共同为全球层面的支付变革、摩擦减少、服务提升而努力。统一跨境支付服务标准的确立，有利于各参与方在共同执行框架下提供标准化服务、减少分歧，同时提升行业服务水平，提高客户满意度。跨境支付服务标准需涵盖以下重要因素：法律基础、治理结构、准入标准、技术标准、业务处理规则、清算和结算安排以及风险管理等。

（2）规范反洗钱和反恐怖融资规则。跨境支付中多类摩擦交叠产生。例如，一笔跨境汇款经常由于身份识别问题被多家中转机构索要合规相关信息，且内容存在重复。由于各家中转机构合规信息不共享，整个过程消耗大量人工和时间成本。此外，当前各国都有自己的反洗钱和反恐怖融资规则，要求报告的数量、种类均有所不同，跨国经营的金融机构往往需要根据各国监管的不同要求，出具不同形式的报告。

反洗钱金融行动特别工作组（FATF）和巴塞尔委员会（BCBS）共同完成的调查报告指出，由反洗钱和反恐怖融资规则实施差异引发的跨境支付摩擦，主要分为四大类：识别客户和实际所有人、制裁甄别、客户和交易信息共享以及建立和维护代理银行关系。各国应尽可能在这些方面建立统一框架并保持信息共享，提高反洗钱和反恐怖融资规则的一致性和全面性。

（二）改善现有支付基础设施和运营安排

（1）实现跨境支付基础设施的互联互通。目前，支付基础设施能够实现互联互通的国家和地区较少，绝大多数国家和地区的跨境支付通过代理模式完成。通过在不同国家和地区的支付基础设施间建立直接联系，跨境支付参与方能够实现系统间标准化信息传递、存储、验证，从而减少中间环节，降低汇款费用，提高跨境支付处理效率。尽管支付基础设施互联互通需要各系统运行者交互操作，且相关规章和流程需进一步明确，但支付系统基础设施机构普遍持积极态度。实现支付基础设施互联互通的障碍之一在于系统运行时差。目前，国际主要货币的实时全额结算系统（RTGS），运行时差往往超过半天，且周末和节假日的时间差更为突出。由于延长系统运行时间能够提高跨境清算结算效率，减少流动性成本、降低违约风险，目前已有不少国家和地区开始对此进行研究。

（2）推动采用同步交收（PvP）结算方式。外汇业务是跨境支付业务的重要组成部分。跨境支付通常涉及多种货币，结算时差将导致外汇结算存在赫斯塔特风险。据 BIS 统计，目前 54% 的外汇交易是通过场外交易市场（OTC）完成的。采用实时汇款同步交收（PvP）是消除这一风险的重要手段。

经过 20 多年的发展，国际外汇交易市场逐步形成了全球性和区域性两类同步交收系统。全球性交收系统以连续联结清算（CLS）为代表，已连接 18 个国家和地区的大额清算系统；区域性交收系统多由一国或地区搭建。例如，我国依托中国人民银行大额支付系统完成人民币对卢布同步交收，中国香港地区依托金管局 CHATS 支付系统完成港元对美元同步交收等。目前，我国外汇交易同步交收系统已支持美元、欧元、港元等多币种交易。

（三）探索新兴支付基础设施应用方向

（1）评估全球多边支付平台的可能性。从长远来看，对全球跨境支付活动的监管应更加注重多边合作，而不是由某个或者某些国家主导管理，国家之间应积极联合建立跨区域的多边跨境支付平台并匹配对应的监管合作关系。

当前，欧洲、非洲、中美洲、中东等地区为促进区域经济融合发展，先后上线运营多个区域内的多边支付平台。而覆盖全球的多边支付平台，目前还停留在测试或概念设计阶段，其中的典型代表为 Nexus 和 Amplus。Nexus 由 BIS 创新中心牵头，新加坡金管局联合意大利央行、马来西亚央行推出，运行模式主要为各方将现有的本国国内支付系统通过标准化改造后连接到多边支付平台 Nexus，由 Nexus 统一接收并处理汇款信息（如货币兑换、信息翻译、合规查询等），再发送至各收款行完成入账。而德国央行提出的 Amplus 方案更为前沿，通过建立统一支付账户的识别规则、统一 KYC 数据库和统一各国央行跨境清算账户管理平台，搭建起全球共用跨境支付平台。

（2）加大对中央银行数字货币（Central Bank Digital Currencies，CBDC）的研究和探索。2022 年 2 月，国际货币基金组织（International Monetary Fund，IMF）发布报告显示，目前有近百个国家和地区正在研究探索 CBDC 的研发和应用。CBDC 作为中央银行发行、具有交易结算性质、有固定价值的数字形态货币，对现有以广布全球的代理行关系为基础的跨境支付格局产生重大的影响，有望打破原有路径依赖，重塑全球跨境支付体系。一是 CBDC 支付效率更高。CBDC 基于分布式账本技术，可以实现点对点交易模式，缩短支付链条，进一步提升支付效率。二是 CBDC 普惠性更强。CBDC 与银行账户低耦合，没有银行账户的本国及外国居民均可直接持有和使用。三是 CBDC 安全性更好。区别于传统货币，CBDC 具有可控匿名、可追踪等特性，允许远程注册实现 KYC，降低反洗钱压力，加强央行的跨境支付监管水平。四是 CBDC 应用范围更广。通过制度与技术设计，可以提升数据分析处理能力与对接兼容性，解决时区不匹配问题，实现不间断。

📝习题

简答题

1. 支付风险通常来源于几个方面？
2. 支付风险的种类有哪些？
3. 商业银行支付风险管理的原则有哪些？
4. 非金融机构的支付风险来源有哪些？
5. 我国支付机构创新的形式有哪些？

论述题

1. 简述支付风险的防范与监管措施。
2. 商业银行的支付风险应当如何应对？
3. 我国支付监管的主要法规涉及几部法律，分别是什么？
4. 谈谈你对跨境支付监管的理解。

第十一章　网络金融

本章学习重点

- 掌握网络金融的概念、特征和主要形式。
- 了解网络金融与传统金融的联系与区别。
- 掌握中国网络金融的发展阶段。
- 掌握网络证券的概念、基本业务和优势。
- 了解我国主要的网络证券交易平台。
- 掌握网络证券交易平台的功能和网络交易平台的典型模式。
- 掌握网络保险的概念含义和业务流程。
- 了解网络保险产品与销售渠道。
- 掌握网络保险业务的运营模式和网络保险的优势。

第一节　网络金融概述

一　网络金融概述

（一）网络金融的概念

20 世纪 90 年代初，网络进入了商业社会，电子商务应运而生。电子商务活动涉及资金流、物流和信息流，电子商务资金流的流通促进了网上支付与结算的发展，而网上支付也推动了金融业的电子化。通过网上支付工具，利用金融清算网络和支付系统，电子商务最终实现了资金在网上流转。可以说，电子商务的发展推动了网络金融的发展。

在网络时代，全球经济一体化和金融一体化的进程明显加快，这也使金融业面临着严峻的挑战。金融业务包括银行业务、证券业务、保险业务、投资理财。在电子商务背景下，各种金融服务业务都不可避免地受到网络发展的巨大冲击，从而衍生出新的交易模式。具体来讲，网络金融服务包括网上消费、网络银行、个人理财、网上投资交易、网络保险等。

网络金融又称电子金融（e-finance），是指基于金融电子化建设成果在国际互联网上实现的金融活动，包括网络金融机构、网络金融交易、网络金融市场和网络金融监管等方面。从狭义上讲是指在国际互联网上开展的金融业务，包括网络银行、网络证券、网络保险等金融服务及相关内容；从广义上讲，网络金融就是以网络技术为支撑，涵盖全球范围内的所有金融活动的总称，它不仅包括狭义的内容，还包括网络金融安全、网络金融监管等诸多方面；它不同于传统的以物理形态存在的金融活动，而是存在于电子空间中的金融活动，其存在形态是虚拟化的，运行方式是网络化的；它是信息技术，特别是互联网技术飞速发展的产物是适应电子商务发展需要而产生的网络时代的金融运行模式。

（二）网络金融的特征

网络时代的金融电子化能充分利用先进的现代化技术与设备，提高金融活动的效率，新技术与金融业务结合可以大幅降低融资成本。据美国有关部门测算，同样一笔交易通过银行柜台交易的成本为 1.02 美元，通过电话交易的成本为 0.54 美元，文传成本为 0.26 美元，而通过互联网只需 0.13 美元。可见，网络在金融业务中的应用可以提高金融机构的竞争能力。

（1）虚拟性。网络时代的金融机构通常表现为没有建筑物、没有地址而只有网址，营业厅就是首页画面，所有交易都通过网络进行，没有现实的纸币或金属货币，一切金融往来都是以数字化在网络上进行，这能够在很大程度上降低金融机构的运作成本，同时也使地理位置的重要性降低，能够提高金融服务的速度与质量。

（2）直接性。网络使得客户与金融机构的相互作用更为直接，它解除了传统条件下双方活动的时间、空间制约。另外，网络为资本的国际流动创造了前所未有的条件，储蓄和投资划拨变得更有效。需要大量投资的国家已不再受制于资本的缺乏，存款已不限于本国市场，而能在世界各地寻求投资机会。"由于投资者能把自己的有价证券更广泛地分散到各地，风险也随之多样化，使得化解金融风险的难度更大。"

（3）电子化。国际金融体系由全球各地的数十万部计算机系统组成，它是一个巨大的国际金融市场，电子货币是建立在计算机空间而不是地理空间上的全球性经济的一种表现形态。例如，控制货币供应量这个概念本身就假定地理能够提供确定市场范围的有关手段，它假定经济边界是有效的，货币的跨边界流动是可以监视和控制的，一个固定的地理区域内的货币总量是重要的。在数字化的世界经济中，所有这些假定都变得越来越成问题了。

（4）风险性。随着电子货币和数字市场的日益广泛使用，给中央政府对经济和经济活动参与者的控制带来了难题。它们还会使国家市场和民族国家周围的边界变得越来越容易渗透。由于电子货币发行者的多元化（既有中央银行，又有民间组织），使得参与网络交易的行为具有潜在的、更大的风险，必然面临诸如在电子货币发行者破产、系统失灵或智能卡遗失的情况下如何保护客户的权益问题。另外，在网络经济中，舞弊和犯罪活动将变得更加隐蔽。

二 网络金融与传统金融的联系与区别

（一）联系

随着互联网技术的不断发展，网络金融作为新兴的金融形态，与传统金融之间的关系备受关注。据统计，截至 2022 年年底，我国网络借贷行业的累计成交量已超过万亿，而互联网保险、互联网支付、互联网基金等领域也在快速崛起。网络金融与传统金融的关系不仅具有互补性和协同作用，而且可以扩大金融服务的覆盖面，促进金融普惠。例如，一些偏远地区的居民由于交通不便、信息闭塞，难以获得传统金融服务，而网络金融的发展可以为其带来便利。因此，网络金融与传统金融之间的合作与融合将是未来金融发展的重要方向。

（1）互补性。网络金融和传统金融各自具有独特的优势和特点。传统金融机构拥有完善的监管体系、丰富的金融产品和服务经验，以及广泛的客户资源。而网络金融通过互联网和科技手段，提供便利、高效的金融服务，以及创新的金融产品。两者相互补充，传统金融机构可以借助互联网技术提升服务效率和用户体验，而网络金融则可以借助传统金融机构的资源和经验，提供更全面、可靠的金融服务。

（2）协同作用。网络金融和传统金融可以实现协同作用，通过合作和整合双方的资源和能力，推动金融创新和发展。传统金融机构可以与互联网企业、金融科技公司合作，共同研发金融科技产品和服务，提高金融服务的质量和效率。同时，网络金融可以为传统金融机构提供数字化转型的机会和技术支持，帮助其提升业务流程和管理效率。

（3）扩大金融服务覆盖面。网络金融的发展可以扩大金融服务的覆盖面，特别是对于一些传统金融无法覆盖到的人群和地区。通过互联网技术，网络金融可以实现远程服务和在线金融产品的销售，让更多的人能够方便地获得金融服务，促进金融普惠。

（二）区别

随着互联网的快速发展，网络金融已成为传统金融的重要补充。与传统金融相比，网络金融在服务模式、运营成本、风险管理和用户体验等方面有着明显的区别。

在服务模式上，传统金融通过实体机构，如银行、证券公司、保险公司等，提供面对面的金融服务。客户需要亲自到银行网点或其他机构进行交易或咨询；网络金融通过互联网和相关技术提供金融服务。用户可以通过电脑、手机等终端直接访问在线平台，进行自助操作或与客户服务人员进行远程交流。

在运营成本上，传统金融机构通常需要设立实体网点和雇佣大量人力资源，提供金融服务。这导致传统金融的运营成本相对较高，包括租赁、员工薪资、营销等方面；网络金融通过互联网运营，减少了办公场地和人员方面的成本。同时，基于互联网技术的自动化和智能化，网络金融可以提高运营效率，降低成本。

在风险管理上，传统金融机构在风险管理方面较为成熟，拥有丰富的风险评估和监管经验。它们通常在法律法规和监管机构的框架下运作，采取多层次的风险防范措施；网络金融面临诸如网络安全、信息隐私、信用风险等特定的风险。虽然网络金融也有一系列的风险管理机制，如身份验证、加密技术和第三方监管等，但其面临的风险相对更为复杂和独特。

在用户体验上，传统金融的服务通常需要用户亲自到机构办理业务，存在时间和空间上的限制，用户体验相对较为烦琐和不便；网络金融提供在线和移动端的金融服务，用户可以随时随地进行操作，享受更便捷、快速的服务体验。

两者并非对立关系，传统金融机构也在积极融入和发展网络金融，以提升服务和降低成本。同时，对金融发展的监管也起到重要的作用，确保了网络金融的安全性、可靠性和合规性。

三　网络金融业务的主要形式

网络金融业务的不断涌现，为我们的生活提供了更加便捷、高效的金融服务。据统计，截至 2022 年，我国网络支付用户规模已经超过 9 亿人，互联网保险业务更加普及，数字人民币使用场景不断增加。网络金融业务的发展形式多种多样，包括网上银行、第三方支付、网络借贷、众筹、网络保险、网络证券交易等。其中，不仅有传统金融业务的数字化延伸，也有许多新型金融产品和服务的创新。这些多样化的网络金融业务，已经深刻地改变了我们的金融生态，成为未来金融发展的重要方向。目前国内各网络金融模式发挥的金融功能见表 11-1。

（1）网上银行。传统银行通过互联网提供的在线银行服务。用户可以通过网上银行实现查询账户、转账、缴费等操作。

（2）第三方支付。第三方支付平台如支付宝、微信支付等，提供在线支付服务。用户可以通过这些平台进行电子支付、转账、在线购物等操作。

（3）网络借贷。互联网金融平台提供的借贷服务，也称 P2P 借贷。借贷平台将借款人和投资人连接起来，通过在线平台实现借贷交易。

（4）网上理财。通过互联网平台提供的理财服务，用户可以购买和管理各类理财产品，如基金、证券等。

（5）数字货币交易。提供数字货币的在线买卖和交易平台。用户可以使用法定货币兑换数字货币或在平台上进行数字货币之间的交易。

（6）众筹。在线众筹平台，允许个人或企业通过互联网筹集资金，实现各种创业、创意或公益项目。

（7）网络保险。在线购买和管理保险产品的服务。用户可以通过网络完成保险产品的购买、理赔等操作。

（8）网络证券交易。通过在线证券交易平台，用户可以进行股票、证券等金融产品的买卖和交易。

随着技术的发展和创新，网络金融业务还在不断演进和扩展，涉及更多的金融产品和服务。

表 11-1　目前国内各网络金融模式发挥的金融功能

模式	金融功能				
网络金融模式	资产配置	融通资金	支付清算	风险控制	信息传递
	互联网理财	网络小额贷款	网上银行	互联网保险	金融门户网站
	互联网证券	互联网消费金融			
	P2P 网络借贷		第三方支付	大数据征信	金融手机 App
	互联网众筹				
	网络资产交易平台				
	互联网银行				搜索引擎

第二节 网络金融发展历史

自 20 世纪 90 年代末期开始,以网上银行和第三方支付为代表的电子支付体系便在中国持续发展,这为中国网络金融多样化业务模式的产生和发展奠定了基础。至 2013 年下半年,随着余额宝的推出与盛行,第三方支付、网络借贷、众筹、互联网消费金融、互联网基金、互联网保险等互联网金融业务在中国出现爆发式增长,人们普遍将 2013 年称为"中国互联网金融元年"。

经过几年的爆发式发展,中国互联网金融的业务规模迅速扩大。2016 年第三方互联网支付交易规模达到 19.2 万亿元,第三方移动支付交易规模达到 38.5 万亿元;2017 年网络借贷行业成交量达到 2.8 万亿元,互联网消费贷款增长率创下了惊人的 904%,贷款规模一下子跃升到 4.38 万亿元。

虽然这一时期的互联网金融发展势头十分强劲,但由于相关监管法律法规和风险管理手段的缺失,我国互联网金融风险事件时有爆发,如网络借贷平台"跑路"、倒闭,网络借贷诈骗案接连发生。为规范金融市场秩序,引导互联网金融健康发展,经多方协商和讨论,2015 年 7 月 18 日,中国人民银行等十部门联合发布《关于促进互联网金融健康发展的指导意见》,首次全面系统地阐述了中央监管层面对互联网金融发展的立场,并对相关监管部门提出了相应的责任与要求。此后,金融监管部门又陆续颁布了一系列互联网金融法律法规,中国互联网金融法律体系和监管框架得以初步建立。

中国网络金融从 1997 年 7 月诞生,可以划分为三个发展阶段:萌芽阶段,1997 年 7 月至 2007 年 5 月,这一阶段的开端以 1997 年 7 月中国银行在互联网上建立网页并支持网上银行为标志;成长阶段,2007 年 6 月至 2015 年 6 月,这一阶段的开端以 2007 年 6 月拍拍贷的上线为标志;规范化发展阶段,2015 年 7 月至 2017 年 12 月,这一阶段的开端以 2015 年 7 月 18 日中国人民银行等十部委联合发布《关于促进互联网金融健康发展的指导意见》为标志。

一 中国网络金融的萌芽阶段

1997 年开始,各银行在不同省市先后开始了网上银行的建设,中国银行、中国招商银行、中国建设银行先后于 1998 年建设了自己的银行网站，并构建网上银行系统。同年，全国银行卡信息交换总中心宣布成立，这标志着金卡工程从各省市、各发卡银行的局部联网通用推向全国联网通用。

1997 年年底，首批 12 个试点省市全部实现了银行自动柜员机（ATM）与销售终端 POS 机的同城跨行联网运行和信用卡业务的联营，电子数据交换 EDI、电子转账 EFT 也投入了实际应用，进而为实现网上支付与资金清算提供了良好条件。中国国家金融数据通信网第二期工程也投入试运行。

1998 年 9 月，考虑到中国积极加入世界贸易组织（WTO），与国际接轨的压力日益增大，政府、企业和个人要求尽快开展电子商务的呼声也越来越高，首都电子商务工程领导小组会议决定，由中国人民银行牵头，组织中国工商银行、中国农业银行等 12 家商业银行联合建设中国金融行业统一的第三方安全认证机构——中国金融认证中心（China Financial Certification Authority，简称 CFCA），CFCA 的出现确保了网络交易过程中的身份安全。

至 2000 年，中国银行网上银行共推出三大类服务：企业在线理财、银证快车和支付网上银行。具体服务品种包括：企业账务查询、国际结算查询、内部转账、国际收支申报、证券市场资金清算划拨、信用卡网上支付等服务。2000 年 5 月中国内地主要商业银行网上银行业务情况如表 11-2。

表 11-2　2000 年 5 月中国内地主要商业银行网上银行业务情况表

名称	网上购物	个人银行	企业银行	网上支付	网上证券	网上信贷	安全措施
工商银行	无	在建	有	有	无	无	有
中国银行	有	有	有	有	无	无	有
建设银行	无	有	有	有	无	无	有
农业银行	无	无	无	无	无	无	
交通银行	无	无	无	无	无	无	
招商银行	有	有	有	有	有	无	有
浦发银行	无	无	无	无	无	无	
民生银行	无	无	无	无	无	无	
中信实业银行	无	无	无	无	无	无	
广发银行	无	无	无	无	无	无	

2005 年，中国网络经济全面进入以电子商务为核心的 Web2.0 时代。招商银行因势而变，推出了不必跳转银行支付界面、直接付款的新型支付工具"一网通支付·直付通"。同年 11 月，中国工商银行对自身网上银行实施系统升级，新版系统中新增收费站、预留信息验证、全国账户管理和牡丹卡自动还款四项服务。其中，预留信息验证服务的推出在中国内地银行中属于首例，该服务可有效验证银行网站的真实性。此外，这次工商银行网上银行升级还新增了 C2C 在线支付以提升 C2C 电子商务的服务能力。

2007 年 6 月 8 日，针对中国内地不断出现的网上银行风险问题，中国银监会下发《关于做好网上银行风险管理和服务的通知》，规定此后在各大银行开通网上银行的客户在使用网银账户转出资金时，单笔超过 1000 元或日累计超过 5000 元，必须使用双重身份认证，以确保网上银行账户的资金安全。这里的双重身份认证包括：第一重认证为网银客户的用户名和密码；第二重认证为动态口令卡和数字证书等网上银行用户持有、保管并使用的可实现其他身份认证方式的信息。

二　中国网络金融的成长阶段

在中国互联网金融进入成长阶段后，包含网上支付、预付卡支付和移动支付在内的电子支付呈现出更快的发展势头，更好地发挥了支付这一金融基础功能，并在推动整个互联网金融的成长与发展方面发挥着重要作用。这一阶段，第三方支付的发展成为网络支付发展的主角。

2008 年 2 月 27 日，支付宝宣布推出手机支付业务，正式进军移动支付市场。

2008 年 8 月，快钱推出信用卡分期付款业务，在用户申请分期付款通过后，用户可以将商品全款分多次支付，并且不需要支付任何分期利息，这在中国内地电子支付市场属于首例。

2009 年 1 月，中国工信部向中国移动、中国电信和中国联通这三大电信运营商发放 3G 牌照，3G 网络正式登陆中国。3G 技术在移动通信中的应用，大大提高了移动互联网的速度，这为日后移动支付的大发展奠定了基础。

2010 年 8 月，有"超级网银"之称的中国人民银行第二代支付系统——网上支付跨行清算系统（Internet Banking Payment System，IBPS），在北京、天津、广州和深圳四个城市正式上线。"超级网银"直接面向银行业金融机构和市场提供金融服务，使得银行之间以及银行和企业客户之间多了一条新的支付渠道。此前，银行之间的资金结算主要走同城渠道。

2010 年 10 月底，中国人民银行与三家电信运营商初步达成共识：由中国移动牵头，将移动支付标准统一调整为基于 13.56MHz 的、符合金融行业标准的技术标准。13.56MHz 的 NFC 技术的使用范围较广，大部分银行的 POS 终端机、城市公交一卡通均使用这一标准。

截至 2012 年 6 月底，中国网民数量已高达 5.38 亿，并且上网终端的结构也发生了重大变化，手机上网越来越普遍，并正式超越台式电脑上网，这为移动支付和互联网金融的飞跃式发展提供了基础。

2013 年 5 月，海宝网上有十多家店铺接受比特币作为结算货币，比特币的支付功能在中国电子商务的交易平台上正式出现。

2013 年 6 月，中国人民银行发布《支付机构客户备付金存管办法》，对客户备付金的存放、使用、划转等活动进行了全面规划，以防范支付风险，维护客户权益。该办法要求，支付机构收到的客户备付金必须全额缴存至支付机构客户备付金专用账户中。

2013 年 12 月，中国人民银行、工业和信息化部、中国银监会、中国证监会、中国保监会五部委联合颁布《关于防范比特币风险的通知》，其中指出，比特币不是由货币当局发行的，不是真正意义的货币，不能且不应作为货币在市场上流通使用。

2013 年 12 月，中国工信部向中国移动、中国电信和中国联通三大通信运营商发放 4G 牌照，中国移动通信由此进入 4G 时代。4G 技术的应用使得中国移动互联网用户的访问速度大幅提高，与个人计算机访问互联网的速度不相上下，这使中国移动支付的迅速增长具备了必要条件，并进一步推动了移动互联网金融的发展。

2015 年 1 月，中国人民银行印发《关于做好个人征信业务准备工作的通知》，开始着手推进社会信用体系建设、建立健全社会征信体系。

2015 年 6 月，阿里巴巴和蚂蚁金服将所有数据存储、计算任务全部迁移到阿里云，蚂蚁金服的支付、小贷、消费金融等互联网金融业务因此全面进入云计算时代。

三 中国网络金融的规范化发展阶段

2015 年互联网金融风险事件开始频发，P2P 平台涉嫌非法融资和自融，多起爆雷事件发生，至此引发社会和监管部门关注，互联网金融正式进入监管年，2016 年监管部门开始专项整治互联网金融。

2014 年到 2018 年，互联网金融连续五年被写入政府工作报告，从一系列措辞上可以看出政府对行业发展的态度，也反映了互联网金融行业经历的从高速发展到规范整治的历程。

2019 年，我国互联网金融风险专项整治成效显著，风险形势得到根本好转。2020 年，互联网金融整治进入收官阶段，明确了"金融业务一定要持牌经营"的总体要求，接下来的监管将建立长效监管机制。2015—2021 年的网络金融监管时间线见图 11-1。

在中国网络金融规范化发展阶段，网络融资领域相关的法律法规出台频繁，依靠着这些法律法规，基本监管架构逐渐建立。2015—2021 年出台的主要法律法规见表 11-3。

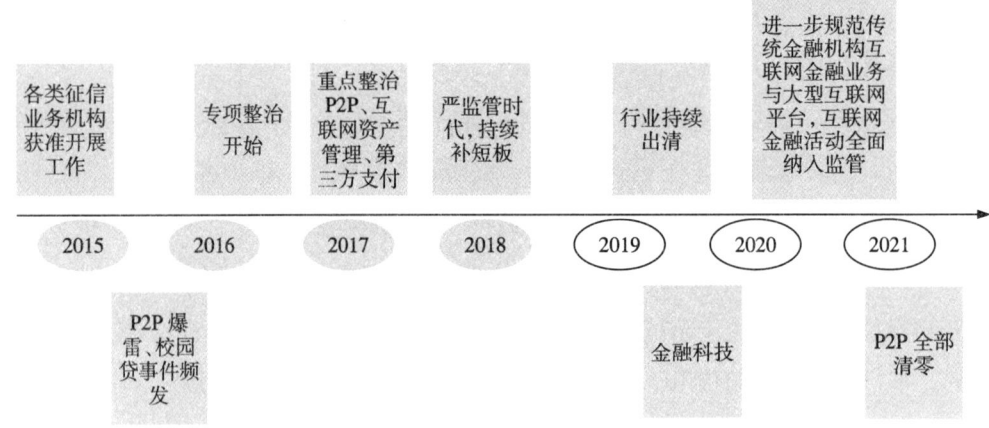

图 11-1　2015—2021 年网络金融监管时间线

表 11-3　2015—2021 年出台的主要法律法规

时间	法律法规内容
2015 年 8 月	《关于对通过互联网开展股权融资活动的机构进行专项检查的通知》
2015 年 12 月	《关于进一步显著提高直接融资比重优化金融结构的实施意见》
2016 年 2 月	《关于进一步做好防范和处置非法集资工作的意见》
2016 年 3 月	《中华人民共和国慈善法》
2016 年 3 月	《关于加大对新消费领域金融支持的指导意见》
2016 年 4 月	《互联网金融风险专项整治工作实施方案》
2016 年 8 月	《网络借贷信息中介机构业务活动管理暂行办法》
2016 年 10 月	《股权众筹风险专项整治工作实施方案》
2016 年 10 月	《中国互联网金融协会信息披露自律管理规范》

时间	法律法规内容
2016 年 10 月	《互联网金融信息披露个体网络借贷标准》
2017 年 2 月	《网络借贷资金存管业务指引》
2017 年 4 月	《关于开展"现金贷"业务活动清理整顿工作的通知》
2017 年 6 月	《关于进一步加强校园贷规范管理工作的通知》
2017 年 6 月	《关于对互联网平台与各类交易场所合作从事违法违规业务开展清理整顿的通知》
2017 年 9 月	《关于防范代币发行融资风险的公告》
2017 年 12 月	《关于规范整顿"现金贷"业务的通知》
2017 年 12 月	《互联网金融个体网络借贷资金存管业务规范》
2017 年 12 月	《互联网金融个体网络借贷资金存管系统规范》
2017 年 12 月	《小额贷款公司网络小额贷款业务风险专项整治实施方案》
2018 年 8 月	《关于开展 P2P 网络借贷机构合规检查工作的通知》及《问题清单》
2018 年 8 月	《关于加强对 P2P 网络借贷会员机构股权变更自律管理的通知》
2018 年 8 月	《关于防范虚构借款项目、恶意骗贷等 P2P 网络借贷风险的通知》
2018 年 8 月	《关于开展 P2P 网络借贷机构自律检查工作的通知》
2019 年 9 月	《关于做好网贷机构分类处置和风险防范工作的意见》
2020 年 9 月	《关于加强小额贷款公司监督管理的通知》
2020 年 6 月	《关于规范互联网保险销售行为可回溯管理的通知》
2020 年 7 月	《商业银行互联网贷款管理暂行办法》
2020 年 12 月	《互联网保险业务监管办法》
2021 年 1 月	《关于规范商业银行通过互联网开展个人存款业务有关事项的通知》
2021 年 2 月	《关于进一步规范商业银行互联网贷款业务的通知》

这些法律法规有效打击了私设资金池、虚假宣传,以及打着互联网金融旗号从事非法集资活动等诸多违法行为,规范了中国的网络借贷、互联网众筹和互联网消费金融三大网络融资业务,为互联网金融更好地发挥资源配置功能、有效支持实体经济打下了良好基础。

第三节 网络证券

一 网络证券概述

网上证券是电子商务条件下的证券业务的创新,网上证券服务也称广义的证券电子商务,即利用各种 IT 和电子手段,依托互联网、GSM、有线电视网等现代化的数字媒介传送交易信息和数据资料,以在线方式为客户提供的一种全新的证券业务服务。网上证券包括有偿证券投资资讯(国内外经济信息、政府政策、证券行情)、网上证券投资顾问、股票网上发行、买卖与推广等多种投资理财服务。从具体过程来看,它将数字化技术渗透到证券活动的各个环节,如信息采集、加工处理、信息发布、信息检索、交易、货币支付、清算、交割等一系列过程。

因此,网上证券服务涉及证券市场的所有环节,如网上证券发行、网上证券经纪业务、网上证券支付以及网上信息服务等全过程。其中,网上证券交易服务是现阶段互联网技术应用的核心,其他在线业务都是围绕交易业务而产生的延伸服务。

网络证券基本业务有如下几种:

(1)股票在线交易。网络证券使得股票交易可以实时在线进行,投资者可以随时查询实时股票数据、下单交易,大大提高了交易效率和便捷性。此外,投资者还可以通过在线交易平台订阅各类股票信息、分析报告等,实现更快速、全面的信息获取。

(2)债券在线交易。债券交易也得以在线化,投资者可以更方便地购买、持有、兑换和交易国债、企业债等债券产品。互联网平台为投资者提供了众多的投资渠道,便于选择最匹配的投资策略。

(3)基金在线交易。基金投资者可以通过网络证券平台购买、赎回、交易基金份额。此外,平台会提供基金净值信息、投资组合详情、风险评估等多项服务,帮助投资者了解基金动态信息,提高投资决策的精确度。

(4)证券资产管理。网络证券平台提供了一站式的证券资产管理服务,投资者可以在统一的平台上监控和管理自己的股票、债券、基金等投资组合,便捷地进行投资组合调整和风险控制。

(5)融资融券业务。网络证券提供了线上融资融券服务,使得投资者可以借助网络平台进行保证金交易、融资买入、融券卖出等操作，满足多样化的投资需求。

二 网络证券交易的优势

从市场效果来看，网上证券交易有着很大的优势：

（一）降低交易成本

从券商的角度出发，在传统模式下，一般券商开设新营业部的一次性投资（包括场地租金、装修等投资）为 500 万~2000 万元，日常月营业费用为 25 万~80 万元。在支持同等客户的条件下，网上交易的投资是传统营业部的 1/3~1/2，日常月营运费用是传统营业部的 1/5~1/4。由此可以看出，网上交易帮助券商降低了日常营运成本，为提高券商利润提供了广阔的空间。有形营业部中的各种证券活动，如信息传送、交易、清算、交割，由于网上交易可全面解决，因此可以减少对交易环节的有形投入，如房租、计算机通信设备、装修和人工费用。而且，网上交易服务对象的广泛性和咨询信息的全面性是任何一个营业部都无法做到的。作为大券商，面对成本与收益的困惑，与其将 80% 的成本花在营业大厅的选址、装修和设备的投入维护上，还不如降低这些成本，将节约的资金投入到网上交易及软件服务水准的升级。而从投资者的角度来看，网上证券交易不仅节约了投资者前往营业厅的时间成本，而且降低了证券公司的经营成本，最终可以向投资者更多地让利，从而降低交易成本。

（二）提高市场效率

在证券市场中，信息是非常重要的，投资者尤其对信息的及时性和准确性有特别高的要求。与传统的证券业务相比，网上证券交易具有速度快、信息量大、功能完备等优势，并且信息的流动不受时空限制，能够有效地提高证券市场效率，节省投资者获取信息的时间。同时，降低了信息不对称程度，提高了投资者决策的有效性。

（三）提高券商的服务质量

采用电子商务技术后，券商的业务自动化程度大幅提高，使其可以抽出更多的人力物力提高服务水平，进一步改善服务质量，具体体现在为客户提供更完善的信息服务、投资咨询和券商研究报告等方面。网络证券交易中，所有服务都可以精确地按照每个客户的需求进行定制，服务方式可以是主动服务或者被动服务，这使得券商有可能通过丰富的信息资源、个性化的服务满足客户的多层次需求，同时还能降低营业部的经营风险。现有的营业部存在的风险主要有以下两类：因交易人员失误给营业部造成的损失，如下单数量过多或过少、买卖证券错误等；因经营管理制度失控而造成的损失，如违规透支、越权自营等。而由于网上交易的特点，证券交易中间环节减少，投资者直接下单，可以使因交易人员失误而造成的损失得到控制；而通过计算机的管理规则也能够极大地降低交易差错率，减少手操作失误和人为违规。

（四）突破空间地域限制

网上交易是无形的交易方式，它不需要有形的交易场所，可以利用四通八达的通信网络把各地的投资者连接到这个无形的交易市场中。网上证券交易的开展将使证券业务突破空间地域的限制，投资者可以在任何时间、任何地点通过网络进行交易，这极大地方便了那些有投资欲望但无暇或不便前往证券营业部进行交易的投资者进行投资，并且投资者不再受到恶劣天气的影响，使券商潜在客户的区域得到扩大。这从根本上改变了现行以营业厅为主导的证券经营模式。这样的交易方式也使得每个投资者拥有平等的投资机会。以往影响投资者选择券商的一些主要因素，如地理位置、环境等在网络条件下变得无足轻重，而券商的品牌、信誉以及所提供的信息服务和交易成本会成为投资者选择券商时考虑的主要因素。

（五）改变传统的券商经营格局和竞争手段

在开展网上证券以后，券商之间的差别将主要体现在技术支持及投资咨询服务上。在券商之间的竞争中，券商所提供的证券信息的全面准确度、对客户投资指导的及时性与完善程度，以及在此基础上长期积累形成的证券投资咨询品牌将成为券商在竞争中取胜的重要手段。

三　网络证券交易平台

网络证券交易平台是一种在线服务，允许投资者通过互联网进行买卖证券，如股票、债券、期权、交易所交易基金（Exchange Traded Fund，ETF）等。这些平台通常由证券经纪商提供，并通过一种对用户友好的界面，使投资者能够查看实时的市场数据进行交易，并管理他们的投资组合。随着移动互联网的发展，网络证券交易平台常常以 App 的形式嵌入手机中。平台与投资者的距离因此被拉近了。

我国主要的网络证券交易平台有东方财富、同花顺、平安证券、中信证券、华泰证券等，见表 11-4。

表 11-4 我国主要的网络证券交易平台

名称	业务范围	月活用户	总部地点	所属公司/集团	前身
东方财富	互联网财经信息领域	超过 1500 万	上海	东方财富信息股份有限公司	上海东财信息技术有限公司
同花顺	互联网证券 App	超过 3000 万	杭州	浙江核新同花顺网络信息股份有限公司	核新软件技术有限公司
平安证券	经纪、投资银行、资产管理等	超过 600 万	深圳	中国平安保险（集团）股份有限公司	平安信托证券业务部
中信证券	经纪、投资银行、资产管理等	超过 500 万	北京	中国中信集团	中国国际信托投资公司
华泰证券	经纪、投资咨询、自营、资产管理等	超过 800 万	南京	华泰证券股份有限公司	江苏省证券公司

网络证券交易平台通常提供以下主要功能：

（1）账户管理。投资者可以查看他们的账户余额，跟踪投资组合的详细信息，如持有的证券和现金，以及历史交易记录等。此外，投资者还可以在线进行资金转入和转出，以及修改其个人信息。

（2）行情查询。投资者可以实时查询股票、债券、基金等各类证券的市场行情，及时了解市场动态。此外，平台通常还会提供其他行情信息，如大盘指数、板块走势等。

（3）交易委托与撤单。投资者可以在交易平台上委托买卖证券，也可以撤销尚未成交的委托。此外，一些平台还支持预委托、自动委托等高级功能，更加方便投资者操作。

（4）新股申购与中签查询。在新股上市前，投资者可以通过网络证券交易平台参与申购。同时，在中签结果公布后，可以在线查询自己是否中签。

（5）信息查询与资讯服务。交易平台通常还提供各类投资者关心的信息，如公司公告、研究报告、股市新闻等。此外，部分平台还会提供实时财经直播、专家解盘等资讯服务。

（6）投资工具与模拟交易。为帮助投资者更好地进行投资决策，网络证券交易平台通常会提供一些投资工具，如技术分析图表、指标等。此外，部分平台还会提供模拟交易功能，让投资者在实际投资前进行模拟操作，熟悉并改善自己的投资策略。

（7）个股及市场监控。通过设置个股或市场的提醒，投资者可以实时了解个股或市场的最新动态，快速做出投资决策。

（8）风险控制和投资保障。网络证券交易平台会采取一定的风险控制措施，对投资者的身份进行验证，确保资金安全。此外，一些平台还提供保证金交易、逆回购等交易方式，降低投资风险。

（9）客户服务与投诉处理。网络证券交易平台通常设有在线客服系统，解决投资者在使用过程中遇到的问题。同时，平台还会设立投诉渠道，及时处理投资者的投诉。

四　网络证券交易的典型模式

证券交易模式与证券交易规则密切相关，从其发展来看，自由佣金制度下的美国交易模式具有典型的代表性，同时也存在不少在固定手续费制度下的其他国家的发展模式。

（一）美国网上证券交易模式

美国网上证券交易模式有三种，具体介绍如下：

1. 综合服务的券商经营模式

其实质是传统的经纪商兼网上经纪商，它利用公司专业化的经纪人队伍与庞大的市场研究力量为客户提供增值服务和其他理财业务，它的经营目标是通过全方位的投资咨询服务而收取相应的手续费，因其服务内容全面、费用相对较高，属于一种贵族式的理财服务方式。美林证券是这种业务模式的典范。

美林证券作为传统的综合型券商，由于自身拥有很强的经济实力、研究能力和庞大的客户群，在网上证券交易初露端倪的时候并没有给予充分的重视。另一大型的传统经纪商摩根大通虽然很早就进入网上交易市场，但该公司也并未全力开展该项业务。直到 1999 年，为避免客户的流失，保住原有的地位，这些老牌券商在竞争的压力下才加入网上证券交易的阵营，它们或利用自身雄厚的研究和资金实力，或采用收购的方式争夺网上证券交易市场。当然，这些老牌公司也有自己多年积累下来的专业化经纪人队伍与庞大的市场研究力量的优势，而且其业务种类也多于新的竞争对手。因此对它们而言，最为迫切的任务是如何用新技术对原有业务进行重组，以适应客户的新需求，将网上交易和传统服务更好地结合在一起，使投资人可以选择最符合个人需求的金融服务。该领域的其他主要代表性公司还有所罗门美邦公司（Salomon Smith Barney）、瑞银普惠（UBS PaineWebber）、摩根士丹利（Morgan Stanley）等老牌证券经纪业务服务提供商。

2. 折扣经纪商模式

此种模式的经营目标就是以低成本、低手续费作为竞争武器，与综合服务型券商展开竞争。它同时以店面、电话、Web 等多种选择向投资者提供服务，客户可自己选择需要的服务模式。该经纪模式是美国 1975 年取消佣金限制后出现的，由于其市场定位一般不提供投资咨询服务，而是以低廉的手续费吸引客户，通过技术手段创新有效降低成本，进而降低服务价格，从而使其市场优势愈发突出，迅速地扩大了市场份额，但一般不会以降低服务质量为代价。

嘉信证券为这种模式的一个范例，因此又称之为 Schwab 模式。嘉信已有 20 余年的发展历史，在发展高峰期，其业务量曾占到美国全部折扣经纪商业务量的 52%，其网上的证券交易额占全美日交易量的 30%。嘉信理财实际上是服务个人财务的全能超市，在该公司的站点上不仅可以看到即时行情、新闻、历史财务数据；也可以定制个人主页，查看自己的账户，编制自己的资产分配模型，寻找符合自己模型且表现最好的共同基金，再通过嘉信理财购买这些基金，实现对证券投资账户进行智能化管理，还能根据自己的资产状况和资金需求状况完成投资和负债两方面的管理。嘉信理财正是凭借着良好的服务、低廉的价格吸引了大批客户，使公司获得了巨大的成功。除嘉信以外，采用这种模式的还有宏达理财（TD Waterhouse）等公司。

3. 纯粹的网上经纪商

尽管在线金融服务业的新进入者中绝大部分是那些有实体机构的公司，但有少数组织还是追求一种纯互联网战略。例如亿创证券（E*Trade）、美林证券（Ameritrade）等在线经纪商在这方面起着示范作用，它们的纯互联网战略的成本较低，从而能够对每笔交易收取更低的手续费。这种经营模式以 E*Trade 为典型代表，因此又称 E*Trade 经纪模式。这种模式完全以 Web 方式提供纯虚拟的投资与服务，交易完全在网上进行，公司并无有形的营业网点存在。由于这类公司的营业成本低，故其能够以尽可能低的折扣吸引对价格敏感而对服务要求不高的自助投资者。虽然它不提供投资咨询服务，但它以前所未有的低廉的交易费用获得了巨大的成功。

（二）我国网上证券交易模式

我国的证券交易模式或多或少是向美国学习的。应清醒地认识到，我国的国情与美国差别大，技术发展水平存在差距，金融制度也不同，证券监管与交易制度存在差异。此外，我国证券市场尚处发展阶段，证券公司的经营管理水平和投资者的成熟程度还相对落后。这些因素都会影响网上交易模式的选择。

我国的证券公司先后采取过下述三种模式为客户提供网上证券交易服务：

1. 通过 IT 公司的网站或其他财经网站提供服务

该模式如图 11-2 中的模式 1 所示。这种模式是由证券公司全权委托 IT 公司，包括网上服务公司、资讯公司或软件系统开发商等负责开设网站，为客户提供投资资讯；而证券

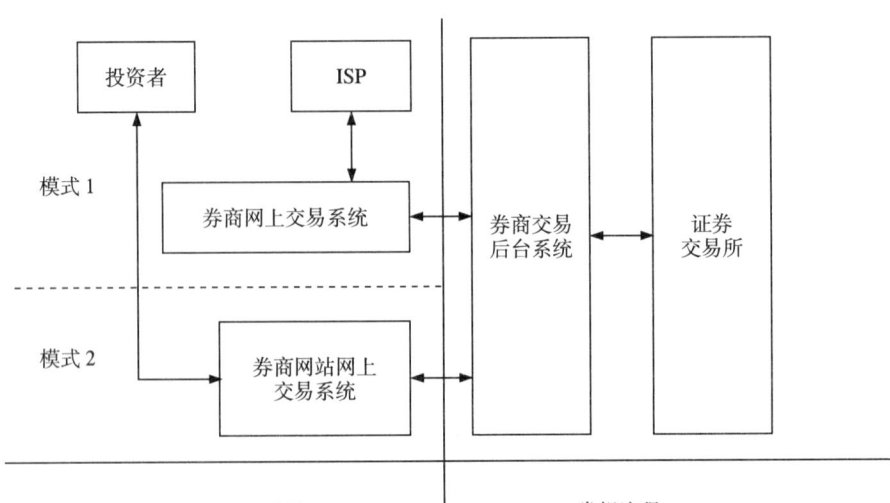

图 11-2　通过 IT 公司的网站或其他财经网站提供服务示意图

公司则以营业部的身份在后台为客户提供网上交易通道。初期开展网上交易的券商多采用
这种模式。

在这种模式下，证券公司只需要与 ISP 签订协议，接入该网站即可开通网上交易。网
上交易软件由 IT 技术厂商开发。投资者在交易时进入该网站，然后从众多可选择的券商中
选择自己开户的公司进行交易。当初中国证券网、康熙胜券、99Stock、股票之星等网络商
吸引证券公司加盟，为客户提供网上证券交易服务，就属于这种交易模式。

2. 券商自建网站提供服务

该模式如图 11-2 中的模式 2 所示。鉴于网上交易的发展前景，国内一些大券商纷纷
建立本公司的内部网络，开设自己的网站，使证券营业部直接和互联网连接起来。这样，
客户可直接通过券商网站上的网上交易系统下单、委托交易或查询，实时接收有关股市行
情、成交反馈结果等信息。券商可在网站上直接为客户提供各种特色服务，如股市模拟操
作、国内外宏观信息报道、本公司证券分析师对市场的分析讲解等，为客户提供个性化的
信息服务。闽发证券、华夏证券等券商创立的网上交易就采用这种网上交易模式。许多券
商在 2000 年后，也就是中国证监会出台《网上证券委托暂行管理办法》后，开通的大部
分网上交易系统也都采用这种模式。

3. 券商与银行合作提供服务

采用这种方式时，券商与银行之间建立专线连接，并在银行主机房设立转账服务器，
用于网上证券交易的查询，证券交易过程中储蓄账户临时冻结，以及银行账户和证券保证

金之间的即时划转。采用这种方式可充分利用银行的营业网点拓展客户，可将投资者的资金账户和储蓄账户合一，投资者只需凭有关证件到银行的任一网点办理开户手续，就可通过银行柜台、电话银行、网上银行等方式进行股票交易，实现包括开户、买卖、存取款、查询等整个股票交易过程。招商银行和国通证券、河北证券合作，联合推出用招商银行的"一卡通"直接进行买卖股票就是采用这种模式的一个系统。

五 网上证券对未来证券市场发展的影响

随着网上证券业务的不断推广，证券市场将逐渐从"有形"的市场过渡到"无形"的市场，远程终端交易、网上交易将会成为未来证券交易方式的主流。网上证券对未来证券市场发展的影响主要表现在如下方面：

（一）证券市场的发展速度加快

证券市场是一个快速多变、充满朝气的市场。在证券市场的发展过程中，网上证券作为证券市场创新的一种新形式，发挥了积极的推动作用。其表现是：证券市场的品种创新和交易结算方式的变革给网上证券建设提出了新的需求，网上证券建设又为证券市场的发展创新提供了技术和管理方面的支持，两者在相互依存、相互促进的过程中得到快速发展。

（二）证券业的经营理念在实践中发生了变化

未来的证券公司将不再以雄伟气派的建筑为标志，富丽堂皇的营业大厅不再是实力的象征，靠铺摊设点扩张规模已显得黯然失色，取而代之的是依托最新的电子化成果积极为客户提供投资咨询、代人理财等金融服务，发展与企业并购重组、推荐上市、境内外直接融资等有关的投资银行业务，努力建立和拓展庞大的客户群体将成为其主营目标。

（三）证券业的营销方式在管理创新中不断变化

未来的证券公司的市场营销将不再依赖于营销人员的四面出击，而将集中更多的精力用于网络营销。通过网络了解客户的需求，并根据客户的需求确定营销的策略和方式，再将自己的优势和能够提供的服务通过网络反馈给客户，从而达到宣传自己、推销自己的目的。在未来网络互联、信息共享的信息社会里，证券公司将不再单纯依靠自身力量发展业务。

（四）证券业的经营策略发生了变化

在未来网络互联、信息共享的信息社会里，证券公司将不再单纯依靠自身力量发展业务，而是利用自身优势与银行、邮电等行业建立优势互补的合作关系。各行业在优势互补、互惠互利的前提下联手为客户提供全方位、多层次的立体交叉服务。这种合作会给各方带来成本降低和客源增加的红利，从而达到增收节支、扩大业务的目的。

（五）传统证券中介的地位面临严重的挑战

在未来网络互联、信息共享的时代，企业可绕过证券金融机构，直接通过互联网公开发行股票募集资金，甚至自己开展交易活动。例如，美国电子股票信息公司自 1996 年起开始利用互联网为客户提供股票交易服务；又如美国春街啤酒厂作为全球第一个在互联网上发行股票的公司，直接在网络上向 3500 个投资者募集了 160 万美元资本，在网络上发展了一套交易制度来交易该公司的股票，该公司还进一步计划成立一个网络投资银行，专门做网络上公开发行的股票交易业务。在网络技术迅速发展的今天，金融机构如果无法适应网络技术的发展，无疑将成为最大的输家。

第四节　网络保险

自改革开放以来，中国保险业年均增长速度达 30%，是国民经济中发展最快的行业之一。从 1980 年全部保费收入只有 4.6 亿元，到 2022 年共实现保费收入 4.6 万亿元，中国保险业的市场规模增长了一万多倍，保费收入稳居国际排名第 2 位，中国已逐步成为令世界瞩目的新兴保险大国。

我国国民经济的持续快速增长和社会稳定为保险业的发展提供了坚实的基础。电子商务的出现使得国内保险企业可以借助先进的技术手段缩短与国际保险公司的差距，为我国保险业提供了赶超国际保险业的大好时机。

一　网络保险概述

（一）网络保险的含义

网络保险也称保险电子商务，是指保险公司或保险中介机构以信息技术为基础，通过互联网进行保险经营管理活动的经济行为，包括对企业的经营管理、对客户关系的管理，逐步实现电子化、信息化、智能化和虚拟化。

从狭义上讲，网络保险是指保险公司或网络保险中介机构通过互联网为客户提供个性化的保险服务和综合金融理财服务，所有保险产品的销售和服务全部在网上实现。同其他行业开展电子商务的情况不同，保险的经营活动仅仅涉及资金和信息的流动，不涉及物流配送及相关问题。保险作为一种特殊商品，与一般物化商品存在如下显著区别：①保险是一种承诺，属于诺成性合同，也是一种格式合同。②保险是一种无形产品。保险商品的表现形式是契约。③保险是一种服务商品。保险服务是保险企业为客户提供的从承保到理赔的全过程服务，这种服务主要是咨询服务。

保险产品的上述特点使得它特别适合在网上经营，通过互联网技术和电子商务平台，网络保险实现了在线上平台为客户提供保险购买、理赔、查询等服务的全程在线操作。

（二）网络保险的业务流程

保险的整个业务流程包括保险信息咨询、保险计划书设计、投保、核保、缴费、承保、保单信息查询、保全变更、续期缴费、理赔、给付等。所有过程都可在线运作。通过保险公司的网络服务系统，客户足不出户就可方便、快捷地获取从公司背景到具体保险产品的详细情况，并对多家公司进行对比，自由选择适宜的保险公司及所需险种。这不仅避免了与保险中介打交道的麻烦，还可从网上获得低价高效的服务。此外，网络保险还可充分利用网络的优势整合相关资源，为客户提供医疗咨询、法律咨询、汽车救援修理等增值服务，以拓宽保险服务的范围。

从广义上讲，除通过互联网开展保险服务外，网络保险还包括保险公司利用互联网进行的内部管理，对公司员工和代理人的培训，与公司股东、代理人、保险监督机构等相关人员和机构的信息交流等企业活动。

网上保险服务需要通过开放性的互联网、保险公司的内部网络和其他相关部门的业务网络组成一个完整的电子商务运作环境；需要投保人、保险公司、认证中心、银行、医院等合作伙伴，以及工商税收部门、保险监管机构、互联网服务提供商等的通力合作，才能有效地推进保险电子商务的发展。图 11-3 中的 CA 为从事保险电子商务的投保人、合作伙伴颁发数字证书和提供认证服务，银行为其客户（投保人）提供网上保险的支付服务。

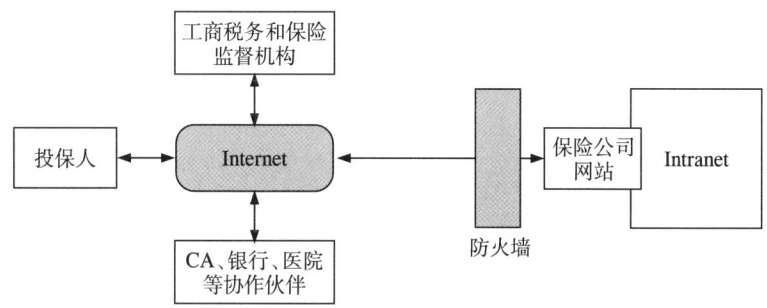

图 11-3　网络投保的运行环境

二　网络保险产品与销售渠道

（一）产品类型

网络保险的产品种类繁多，涉及生活的方方面面，以中国人民财产保险股份有限公司的产品为例：

1．机动车辆保险

为了适应保险市场的变化，人保财险 2020 年启用的机动车辆保险条款，体现了细分市场需求、细分客户群体、细分风险特性，量体裁衣，实行个性化产品、差别化费率的方案。

2．家庭财产保险

家庭财产保险产品有普通家庭综合保险、个人贷款抵押房屋综合保险、投资保障性保险等。

3．企业财产保险

企业财产保险主要有财产保险综合险、财产一切险、财产基本险和机器损坏险等。财产保险综合险是人保财险公司专为企事业单位提供保障的一个险种。任何属于被保险人所有或与他人共有而由被保险人负责的财产、由被保险人经营管理或替他人保管的财产、其他具有法律上承认的与被保险人有经济利害关系的财产都可在保险标的范围内。投保金银珠宝等珍贵物品需事先与该公司进行特别约定，但有价证券等不在本保险范围内。

4．船舶保险

船舶保险是为其船壳、救生艇、机器、设备、仪器、索具、燃料和物料提供的保险保障，分为船舶全部损失保险和包括船舶全损、部分损失、责任和费用在内的一切险。

5．货物运输保险

在我国，进出口货物运输最常用的保险条款是 C. I. C. 中国保险条款，该条款是由中国人民财产保险股份有限公司制定，中国人民银行及中国保险监督委员会审批颁布的。C. I. C. 保险条款按运输方式分为海洋、陆上、航空和邮包运输保险条款四大类；对某些特殊商品，还配备有海运冷藏货物，陆运冷藏货物，海运散装桐油，以及活牲畜、禽的海陆空运输保险条款。以上条款，投保人可按需选择投保。国内水路、陆路货物运输保险适用于国内水路、铁路、公路或联运方式，是保险货物遭受保险责任范围内的自然灾害或意外事故时，可作为凭据从而得到经济补偿的保险。

6．责任保险

责任保险有十几种产品，以产品责任险为例。产品责任险分为涉外和国内两种情况。

产品责任险承保被保险人（生产厂家和经销商）所生产、出售的产品或商品在承保区域内发生事故，造成使用、消费或操作该产品或商品的人或其他任何人的人身伤害、疾病、死亡或财产损失，依法应由被保险人承担责任时，中国人民财产保险股份有限公司在约定的赔偿限额内负责赔偿。出口商品通常根据国际惯例要求必须投保产品责任险，以满足进口商的要求。

（二）销售渠道

网络保险销售渠道相对于传统保险业而言更加丰富，借助互联网等技术，网络保险的销售可以实现多元化的营销手段，无论是从市场调研还是从促销手段，网络保险的营销能力达到了前所未有的高度。

1. 多渠道销售

除传统的保险代理人和保险公司的销售团队外，保险公司可以利用互联网平台、社交媒体渠道进行销售。保险公司可以在互联网上搭建一个全面的线上销售平台，让用户可以随时随地购买保险产品。

2. 移动端销售

随着智能手机的普及，移动端销售已成为保险销售的重要渠道。保险公司可以自建App，提供在线投保功能，让用户能够方便地查看和购买保险产品，也可以利用其他应用的生态，扩展自己的接触面，触及更多的潜在投保人。在符合广告法、保险从业规定的情况下积极开展移动端推广活动，利用社交媒体平台进行网络营销。

3. 合作

保险公司可以与互联网金融平台、电商平台、在线旅游平台等利益共同体合作，借助互联网提供更进一步的增值服务。例如，与在线旅游平台合作，为用户提供旅行保险产品；与电商平台合作，为用户提供网络购物保险。

4. 大数据驱动的渠道选择

通过大数据分析用户的行为和偏好，建立用户画像，对具有潜在需求、高质量的潜在用户实现精准营销，并建立有效的客户关系管理。同时，通过大数据也可以获取最受用户欢迎的传播渠道和传播方式。例如，通过分析用户在社交媒体上的兴趣和关注领域，选择合适的渠道进行精准营销。

5. 提供在线客服支持

保险公司可以建立一个高效的在线客服系统，为用户提供即时的咨询和售后支持。可以利用人工智能技术，开发智能客服机器人，解决用户的常见问题。此外，还可以通过在线聊天、语音通话等方式提供个性化的客户服务。

三 网络保险业务的运营模式

常见的网络保险的运营模式有以下几种：

1. 传统保险公司转型

传统的保险公司把线下的保险业务纳入线上，通过互联网平台和移动端应用进行销售和服务。传统保险公司可以建立自己的线上销售平台，为用户提供在线投保、理赔和客户服务等功能。如中国平安、泰康等发展时间久、知名度较高的保险公司，其代表有中国平安保险公司，泰康人寿保险公司的"泰康在线"网站。

2. 纯互联网保险公司

纯互联网保险公司是指互联网销售为主要渠道的保险公司，减少传统渠道的使用和运营成本。这些保险公司通过建立自己的在线销售平台，提供个性化的保险产品和在线服务，并通过互联网渠道进行销售和理赔，如水滴保险商城、众安保险等。众安保险和水滴公司都是从成立起便开始经营互联网保险业务。水滴公司成立于2016年，旗下的"水滴保"平台为其互联网健康险平台，"水滴保"保险业务只是水滴公司三大业务的其中之一。水滴公司不断通过水滴筹业务积累客户，向水滴商城引流，其众筹业务是服务于保险业务的。

3. 互联网保险平台

互联网保险平台是一个中介服务平台，不直接承保，而是通过合作保险公司的产品和服务进行销售和分销。这些平台通常提供多家保险公司的产品选择，为用户提供比较和选择最适合的保险产品。腾讯微保是拥有巨大的用户流量的保险销售平台，主要在其平台向客户展示保险产品，利用广告、社交媒体等渠道宣传保险产品，将客户的偏好与保险产品的形态、服务体验相匹配，最终将客户引流给不同的保险公司。微保官网显示，其合作伙伴包括泰康在线、众安保险、平安保险等50家保险公司。

四 网络保险的优势

相对于传统保险业来说，网上保险有许多明显的优势：

（一）降低经营成本、提高经营效率、减少承保风险

传统保险营销模式效率低、成本高，而网上保险可节省中介环节、降低营运成本，提高效率，同时避免代理人夸大保险责任导致的理赔纠纷，减少承保风险。我国保险业尚未充分发展，国内保险企业通常通过员工或保险代理人销售保单，但这种营销模式效率不高、成本较高。以人寿保险为例，每份保单所均摊的营运成本占保费的 30% 或更高。在这种代理—委托关系的营销机制中，客户完全处于被动地位，只是通过保险营销人员的讲解了解保险知识，缺乏与保险公司的直接交流。如果保险营销人员素质不高，急于获取保单而一味地夸大投保的益处，隐瞒不足之处，就会由于信息的不对称和代理契约的不完善而导致保单销售中出现大量人为风险。这种人为风险会对保险公司和保户造成双重利益损害，从长期看也会损害代理人的自身利益。保险业的发展因此受到很大的影响。因此，我国保险业市场虽然潜力巨大，有待于大力开发，但受传统保险经营方式的影响，我国保险业长期处于低水平运作状态。

网上保险服务可在很大程度上克服传统保险营销模式产生的问题，调动国民的投保积极性，进一步开发保险市场，促进保险业的发展。提供网上保险服务后，投保人不必通过营业网点和代理人，而是直接同保险公司进行交流，提高了效率，减少了中间环节，节省了佣金和管理费用。经营成本的降低为保险费率的降低创造了空间，而保险费率的降低可以吸引更多居民购买保险。

网上保险还可以帮助保险公司快速获得顾客反馈信息，掌握市场动态，及时调整经营战略。

（二）提高保险服务质量

网上保险突破时空限制，提供全天候服务、个性化保险产品、多家保险公司和多种产品的选择、实现"一站式"服务，并且所有服务都经过严格审查，可有效提高服务质量。同时，网上保险可防止中介环节侵犯投保人隐私。客户在网上投保，告别了信息短缺、选择单一及被动无奈的状态，可以主动选择和实现自己的投保意愿，无须消极接受保险中介的硬性推销，还可以在多家保险公司及多种产品中进行比较和选择，大大减少了投保人投保的被动性、盲目性、局限性和随意性。网上保险服务可实现"一站式"服务。网上保险服务提供的是一种由保险公司直接监控的、规范的、标准的、统一的保险服务，其服务的所有内容都是经过公司的严格审查后制定的，可有效提高服务质量、树立公司的形象和信誉，避免传统保险营销方式中出现的服务质量受人员素质影响的现象。

（三）提高保险企业的管理水平

保险公司可以在网上了解到更多的保险技术、保险市场反馈信息和保险人才等信息，形成完善的保险要素的结合，使保险产品具有更强的竞争力。保险企业的信息化不仅提高了经营效率，还可使管理科学化，有效提高企业的管理水平和决策水平，也有利于监管部门加强对保险业的有效监管。

习题

1. 什么是网络金融？网络金融有哪些特征？

2. 中国网络金融的发展经历了哪几个阶段？

3. 什么是网络证券？网络证券包括哪些业务？

4. 简述网络组证券的优势。

5. 简述我国网上证券交易的典型模式。

6. 简述常见的网络保险的运营模式。

第十二章 金融科技

本章学习重点

- 掌握金融科技的概念及发展历程。
- 了解国内金融科技的发展特点。
- 了解金融科技的分类方法及每种不同分类的相关内容。
- 掌握金融科技监管的意义及主要监管方向。
- 了解国内金融人工智能的发展特点及前景。
- 了解金融大数据的概念、来源及应用。
- 了解国内金融大数据的相关标准。
- 了解金融云的发展历程、现状及作用。
- 了解金融区块链的作用和应用前景。

当前全球迎来新一轮的科技革命和产业变革，各项新技术不断取得新突破，对全球经济、产业体系及人类生活已经产生了广泛而深远的影响。金融科技作为科技驱动的金融创新，已成为全球金融领域竞争与合作以及金融资源布局的焦点。实践表明，金融科技在提升金融服务效率、便利人民群众日常生活等许多方面正发挥着积极的作用。因此，了解金融科技发展动向，促进科技与金融的深度融合，能对国民经济发展产生极大的推动作用。

第一节 金融科技概述

一 概念

金融科技是技术驱动的金融创新，技术为手段，金融为目标。金融科技一词最早是花旗银行 1993 年提出，由 Finance（金融）+Technology（科技）合成而来。根据金融稳定理事会（Financial Stability Board，FSB）2017 年《金融科技对金融稳定的影响》，金融科技是指技术带来的金融创新，能够产生新的商业模式、应用、流程或产品，从而对金融服务的提供方式产生重大影响。中国人民银行《金融科技（FinTech）发展规划（2019—2021年)》也参考了上述定义，指出"金融科技是技术驱动的金融创新，旨在运用现代科技成果改造或创新金融产品、经营模式、业务流程等，推动金融发展提质增效"。具体见图 12-1。

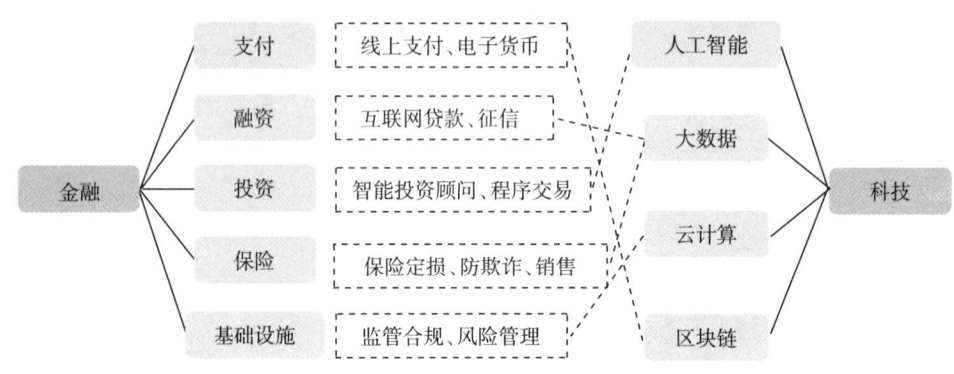

图 12-1　金融科技是金融服务与底层技术深度融合

相比欧美一些经济发达体来说，中国的金融科技起步较晚，但是目前已经处在全球领先地位。纵观中国金融科技发展，可分为金融信息化、互联网金融、金融与科技深度融合三大阶段。

（一）1.0 金融信息化

20 世纪 80 年代经济全球化、金融自由化催生大量复杂金融服务需求，金融机构设立 IT 部门，银行卡、ATM、证券交易无纸化等快速普及，金融服务与电子信息技术初步融合，起到提高业务效率、降低运营成本的作用。1993 年国务院在《国务院关于金融体制改革的决定》提出"加快金融电子化建设"，金融信息化提上日程。

（二）2.0 互联网金融

2000—2010 年全球信息爆炸、互联网红利快速上升，金融机构围绕互联网拓客营销，金融服务从线下转移到线上，极大地丰富触及范围和应用场景，减少信息不对称，销售渠道和业务模式大变革。在中国，2013—2015 年互联网金融达到高峰，P2P、移动支付、网上开户遍地开花，互联网银行、证券、保险等纷纷设立。

（三）3.0 金融科技深度融合

2011 年以来，随着人工智能、大数据、云计算、区块链技术作用于决策、风险定价、资产配置等环节，深刻改变金融服务方式和逻辑，对传统金融机构和监管发起挑战。中国由于人口基数庞大、移动通信和物流基建发达，在全球金融科技竞争格局中处于第一梯队。

二　国内金融科技发展特点

2015—2019 年，全球金融科技投融资金额从 649 亿美元增至 1503 亿美元，年均增速达 23.4%，投融资数量从 2123 宗增至 3286 宗。2018 年伴随着一批大型融资事件落地，金融科技投融资达到阶段性高点，此后市场降温。2020 年上半年，因疫情导致跨境并购中断，金融科技仅获 1221 笔交易、256 亿美元投资。国内金融科技发展呈现出以下一些特点：

1. 从投资渠道看，风投表现较为强劲

金融科技主要投资者包括风险投资（VC）、私募（PE）和并购，平均所占份额为 40%、3%、41%。风险投资是风险投资机构对初创企业股权投资，是反映金融科技投资市场领先指标。近 5 年，风险投资支持的金融科技投资金额从 178 亿美元增至 393 亿美元，2020 年上半年为 200 亿美元，超过同期水平。

2. 从业态看，支付科技占四成，保险科技次之

金融科技投向业态包括支付、保险、监管科技、数字货币、财富管理、网络安全等领域，2020 年上半年占比分别为 38%、9%、7%、5%、1%、3%。支付科技涉及领域广泛，从大众消费到医疗、房地产、跨境交易等细分赛道，均对支付流动性、安全性提出较高要求，投资者热情高涨。

3. 从企业看，中国金融科技市场格局寡头化

不同于其他国家和地区金融科技以中小型公司为主，中国金融科技市场结构趋向少数大型企业主导。《2020 胡润全球独角兽榜》显示，18 家金融科技行业独角兽企业估值共计 16340 亿元。表 12-1 为 2020 年中国金融科技独角兽企业。

三　分类

（1）按照应用模式的不同，巴塞尔银行监管委员会对将金融科技分为支付结算、存贷款与资本筹集、投资管理、市场设施四类。这四类业务在发展规模、市场成熟度等方面存在差异，对现有金融体系的影响程度也有所不同。

①支付结算类。主要包括面向个人客户的小额零售类支付服务和针对机构客户的大额批发类支付服务。

表 12-1 2020 年中国金融科技独角兽企业

公司	经营领域	估值（亿元）	成立年份	互联网巨头股东
蚂蚁集团	平台	10000	2014	阿里
陆金所	平台	2700	2011	腾讯
微众银行	信贷	1500	2014	腾讯
京东数科	平台	1300	2013	京东
苏宁金服	平台	500	2006	苏宁、阿里
万得	资讯、软件	300	2005	
银联商务	支付	200	2002	
度小满金融	平台	200	2018	百度
连连数字	支付、清算	140	2009	
PingPong	境内、跨境支付	140	2015	
WeLab	消费信贷	100	2013	阿里
空中云汇	跨境支付	70	2016	腾讯、阿里
岩心科技	消费信贷	70	2015	阿里（蚂蚁）
易生金服	支付	70	2011	
联易融	供应链金融	70	2016	腾讯
水滴	众筹	70	2016	腾讯
挖财	基金销售	70	2009	
中关村科金	消费金融、软件	70	2007	

②存贷款与资本筹集类。主要包括 P2P 网络借贷和股权众筹，即融资方通过互联网平台，以债权或股权形式向一定范围内的合格投资者募集小额资金。

③投资管理类。主要包括智能投资顾问和电子交易服务，前者是运用智能化、自动化系统提供投资理财建议，后者是提供各类线上证券、货币交易的电子交易服务。

④市场设施类。既包括客户身份认证、多维数据归集处理等可以跨行业通用的基础技术支持，也包括分布式账户、大数据、云计算等技术基础设施。此类业务的科技属性较为明显，大多属于金融机构的业务外包范畴。

在上述四类业务中，前三类业务具有较明显的金融属性，一般属于金融业务并纳入金融监管。第四类并不是金融行业特有的业务或技术应用，通常被界定为针对金融机构提供的第三方服务。

（2）按照服务领域划分，金融科技企业为金融行业提供支撑服务的具体领域可以分为五大类：客服、风控、营销、投资顾问和支付，具体见表 12-2。

表 12-2 按照服务领域划分金融科技参与者类型

类型	具体内容	代表企业
客服	利用大数据和人工智能技术，通过自动化和智能化客服，实现客服效率和质量的双提升，并实现与精准营销的有机结合，助力客服从成本中心向营销中心转变。	腾梭科技、兴业数金等
风控	运用大数据、机器学习和人工智能等技术，实现智能风控，降低业务坏账率，提高放贷效率。	法捕快、飞贷、鲸算科技等
营销	利用大数据和人工智能进行智能营销，建立个性化的顾客沟通服务体系，实现精准营销。	恒生电子、恒银金融等
投资顾问	基于算法和模型，实现智能投资顾问，规避市场风险，获得最大化收益。	中金公司、平安证券等
支付	基于大数据和人工智能技术，将人脸识别、指纹识别等智能识别技术应用于支付领域，实现支付技术的创新发展。	财付通、汇付天下等

（3）按照金融科技参与者技术所用不同，可将其划分为云计算、大数据、人工智能和区块链技术四大类。

四 监管方向

近年来，国内金融科技生态也发生了较为深刻的变化。在监管导向方面，审慎创新和风险防控的监管要求进一步强化，尤其是针对大型互联网平台公司的监管，从反垄断、数据安全、持牌经营等多方面都出台了一系列重要政策。

（一）强调金融科技稳妥发展，明确金融业务要持牌经营

2021 年的政府工作报告明确提出要"强化金融控股公司和金融科技监管，确保金融创新在审慎监管的前提下进行"。同时，在"十四五"规划纲要中，也提出"探索建立金融科技监管框架，稳妥发展金融科技，加快金融机构数字化转型。强化监管科技运用和金融创新风险评估，探索建立创新产品纠偏和暂停机制"。从政府工作报告重点工作表述的转变以及"十四五"规划纲要的部署中可以看到，规范、审慎、稳妥发展将成为金融科技的监管共识。

同时，监管政策表明，金融科技将进入"双重回归"时代，即金融机构坚守金融服务定位，金融科技公司回归科技服务本源，金融科技公司开展金融业务必须持牌经营。表12-3 为 2014—2021 年间政府工作报告关于对"互联网金融"和"金融科技"的表述。

表 12-3　2014—2021 年间政府工作报告关于对"互联网金融"和"金融科技"的表述

时间	关键事件	详细描述
2014 年	互联网金融首次被写入政府工作报告	报告指出,要促进互联网金融健康发展,完善金融监管协调机制
2015 年	互联网金融新业务得到高度重视	2015 年政府工作报告要求"促进互联网金融健康发展"
2016 年	提出规范互联网金融发展	将"规范发展互联网金融,整顿规范金融秩序,坚决守住不发生系统性区域性风险的底线"列为工作重点
2017 年	互联网金融风险开始关注	对互联网金融等累积风险要高度警惕
2018 年	互联网金融监管成为常态	健全互联网金融监管,进一步完善金融监管,提升监管效能
2019 年	未提及互联网金融	——
2020 年	未提及互联网金融	——
2021 年	强化金融科技监管	强化金融控股公司和金融科技监管,确保金融创新在审慎监管的前提下进行

（二）强化互联网平台类金融科技企业监管，反垄断力度进一步加强

近年来,平台型企业快速发展弥补了传统金融服务的不足,但其混业经营模式也带来了垄断风险、信用风险、数据安全风险等问题,引发监管关注。在此背景下,国务院、央行发布《国务院关于实施金融控股公司准入管理的决定》《金融控股公司监督管理试行办法》等文件,明确了金融控股公司的准入管理、股东和股本管理规范、股权结构要求等,将所有金融业务纳入监管,对上述平台类金融科技公司形成了有力的监管约束。

2020 年 11 月,国家市场监督管理总局发布《关于平台经济领域的反垄断指南(征求意见稿)》,对不公平价格行为、限定交易、大数据杀熟、不合理搭售等情况进行了明确界定。同时在金融科技细分领域,央行发布《非银行支付机构条例(征求意见稿)》,强化支付领域反垄断监管。而在信贷、保险、理财等细分领域也均出台监管细则,以牌照管理、限制并购等预防式手段为主。随着反垄断监管的趋严,头部平台类金融科技企业的无序扩张行为得到规范和遏制,金融科技市场环境得到进一步优化。

（三）金融科技业务监管要求更加细化，金融数据治理成为关注重点

围绕"金融活动全面纳入监管"这一政策基调,2020 年以来监管部门在各个细分领域不断补位。在信贷领域,《网络小贷暂行办法》《规范商业银行互联网贷款业务的通知》

等细则先后落地，厘清了网络小额贷款业务的定义和监管体制，明确网络小额贷款业务注册地、注册资本、业务经营规则等方面要求；在保险领域，银保监会发布《互联网保险业务监管办法》《保险代理人监管规定》等要求，明确非保险机构不得从事互联网保险业务，并对保险各业务提出规范流程；在资管领域，央行、银保监会发布《关于规范商业银行通过互联网开展个人存款业务有关事项的通知》，叫停第三方平台存款业务；在支付领域，《非银行支付机构客户备付金存管办法》出台，明确各方职责，强化备付金管理；在征信领域，《征信业务管理办法（征求意见稿）》对机构运营资质、采集行为等做出严格要求，加强信息主体权益监管。

第二节 人工智能

一直以来，中共中央、国务院高度重视人工智能等先进技术的应用，先后制订了《新一代人工智能发展规划》等系列指引，鼓励和推动金融产业智能化升级。当下，人工智能作为数字化转型升级的重要手段之一，全方位融合赋能金融行业的业务领域和场景应用、助力金融行业升级的序幕正式开启。

从应用范围来看，目前人工智能技术在金融产品设计、市场营销、风险控制、客户服务和其他支持性活动等金融行业五大业务链环节均有渗透，已经全面覆盖了主流业务场景；从技术价值来看，深度融合金融业务场景的人工智能技术正逐步解决行业痛点问题，在实现业务流程自动化、弥合信息差、构建普惠金融方面发挥着关键作用，已经在获取增量业务、降低风险成本、改善运营成本、提升客户满意度方面进入了价值创造阶段；从应用场景来看，以生物特征识别、机器学习、计算机视觉、知识图谱等技术赋能下的金融行业，衍生出智能营销、智能身份识别、智能客服等多个金融人工智能典型场景。

一 金融人工智能发展概述

金融和人工智能的全面融合，正在逐步赋能金融业务链，提升金融机构的服务效率，拓展金融服务的广度和深度，使得人工智能在金融行业不断实现价值创造。

（一）发展背景

1. 国家宏观政策、领域和地方规范意见相继出台

2021年，《中华人民共和国国民经济和社会发展第十四个五年规划和2035年远景目标纲要》中指出，要健全具有高度适应性、竞争力、普惠性的现代金融体系，有序推进金融创新，稳妥发展金融科技，加快金融机构数字化转型。这标志着金融领域的科技创新与数字化建设将迈入多领域、深层次探索与实践的新阶段。

银保监会在 2019 年 12 月发布的《关于推动银行业和保险业高质量发展的指导意见》中提出，既要充分利用人工智能强化业务管理、改进服务质量、降本增效方面的能力，同时要发挥人工智能在打击非法集资、反洗钱、反欺诈等方面的积极作用。中国证券业协会在 2020 年工作要点中指出，要大力推进人工智能技术在投行业务领域的应用研究，同时要制定保荐承销机构远程工作标准。

地方积极响应中央战略布局，因地制宜出台扶持政策。在中央统一宏观政策指导下，各地结合自身区域特点和行业发展状况因地制宜出台相关政策，通过人才补贴、鼓励创新、招商引资、设立专项投资基金等方式推动智能金融的特色化发展。其中，《北京市促进金融科技发展规划（2018—2022 年）》《加快推进上海金融科技中心建设方案》均提到要在智能金融的发展创新中发挥龙头作用，利用自身人才技术优势将发展重点集中在智能金融的技术研发攻关和创新试点；而《成都市金融科技发展规划（2020—2022 年）》《重庆市人民政府办公厅关于推进金融科技应用与发展的指导意见》等将关注要点集中在利用人工智能进一步推进普惠金融，降低中小企业的融资成本。

2. 行业标准规范逐步完善，推进市场成熟化发展

2019 年 10 月 28 日，中国人民银行和国家市场监督管理总局出台的《金融科技产品认证规则》将金融科技产品的认证流程、监督模式、认证标志、查询系统等标准化。2021 年，中国人民银行正式发布《人工智能算法金融应用评价规范（JR / T0221—2021）》，规定了人工智能算法在金融领域应用的基本要求、评价方法、判定准则。由此可见，相关部门正在大力推进智能金融行业的标准化改革，提高行业准入门槛，鼓励合规企业自主创新，充分参与到规范化的市场竞争当中，推动行业健康可持续发展。

（二）发展环境

1. 以需求为导向，识别传统业务行业痛点凸显

以银行、保险和证券业为代表的传统金融行业，在业务、资金、客户、风控和营销方面，痛点集中在三方面：一是人工成本高，无法有效覆盖所有客户，无法为客户定制化金融服务；二是信息不对称造成信息孤岛，无法有效降低潜在风险；三是获客难、转化低，远程交易操作困难，流程烦琐。结合金融业务链核心业务环节，不同阶段具体对应各自的痛点和需求：产品设计与市场营销环节，重点关注如何获取增量业务；在风险控制环节，强调降低风险成本；在客户服务环节，注重提升客户满意度；在支持性活动方面，如何降低运营成本。

2. 以智能为目标，提升金融数字化水平

针对金融行业存在的切实痛点，人工智能技术深度融合业务场景，在实现业务流程自动化、解决信息不对称和构建普惠金融等方面发挥着巨大的价值创造力。

金融行业存在大量的信息录入、核验、提交等简单重复性工作，人工智能技术可将人工操作实现流程自动化，提升操作精准度，降低了人工成本。另外，传统金融业务场景中存在着大量信息不对称问题，人工智能技术与金融业务场景深度融合，很大程度上是在解决了数据孤岛、大数据分析效率问题，在客户量大、数据复杂、精准度要求高的金融领域产生巨大价值。智能投资顾问、智能营销等典型服务，利用人工智能技术提升线上线下用户服务范围和效率，提供定制个性化服务和投资方案，全新赋能数字普惠新发展模式。

3. 以服务为核心，聚焦业务五大核心环节

综合银行、保险、证券行业业务共性，金融核心业务链可归纳为五大环节：产品设计、市场营销、风险控制、客户服务、支持性活动（人力、财务、IT 等）。银行业务，围绕产品与解决方案、营销与销售、风险管控与审核、客户管理与服务，核心业务链可以总结为产品开发及定价、资金揽贷、市场营销、客户服务环节。保险业务，围绕产品开发、营销与销售、核保定价及承保、保单管理与服务、理赔、资产管理，核心业务链可以总结为产品开发、市场销售、渠道开拓与维护、客户服务、投资管理环节。证券业务，围绕证券发行、投资决策支持、销售和交易、清算结算与托管、报告与数据分析，核心业务链可以总结为产品开发、营销、定价、承销、募集、交易环节。

🔲 金融人工智能发展现状

目前，人工智能与金融行业深入融合，金融行业数字化、智能化改革已经初见成效，金融人工智能整体呈现业务智能价值创造，细分行业技术应用和采纳度存在差异性，行业发展成熟度呈现阶梯分布以及体系逐渐完善等现状。

（一）聚焦金融业务核心需求，发挥技术创造力优势

人工智能技术赋能主要聚焦金融业务链上五大环节的需求，在获取增量业务、降低风险成本、改善运营成本、提升客户满意度四类金融业务场景方面价值创造的能力突出。

获取增量业务。生物特征识别技术在获取增量业务方面表现得最为突出，另外，知识图谱、计算机视觉技术结合，可以通过智能精准营销，在金融机构获取增量业务方面发挥价值创造的能力。

降低风险成本。通过智能防控应对操作风险、内控建模应对合规风险、有效预警来防范交叉风险，以机器学习、知识图谱为基础的智能风控体系，有效地为金融机构降低风险成本发挥价值。

改善运营成本。通过机器人流程自动化（Robotic Process Automation，RPA）技术实现各类场景流程自动化，从而有效降低人力投入，此外智能语音、计算机视觉应用于智能票据审核、电话服务助理，都成为金融机构有效改善运营成本的关键技术。

提高客户满意度。生物特征识别技术可以高效获取用户身份信息，改善用户交易体验；自然语言处理、智能语音、计算机视觉等技术结合可以为客户提供智能的交互体验，从而有效提升客户满意度。

（二）细分行业需求存在差异，技术采纳成熟度不同

银行、保险、证券行业存在众多共性场景，针对不同领域还有个性化需求。一方面，身份识别、智能风控、智能营销、智能客服、智能合规、智能运营六大场景已经实现银行、保险、证券三类领域全覆盖；另一方面，由于面向服务对象和业务的内容的不同，智能理赔和智能投资顾问分别成为保险行业和银行业单一使用场景，银行与证券行业均已落地智能投资研究（投研）。

人工智能技术在金融主要场景基本实现全覆盖，细分行业场景应用成熟有所差异。目前，从细分行业角度看，银行业人工智能技术应用广泛且落地场景价值能力突出，多业务场景采纳度高；证券业和保险业在人工智能场景应用成熟度相对较低，还存在较多只在单一业务场景采纳应用。

机器学习和语音、视觉感知技术采纳度较高，细分行业对于各类技术采纳度具有鲜明的行业属性。不同细分领域对于技术采纳度有各自的特点，银行领域，机器学习技术有效地在大客户精准吸储，信贷风险防控方面创造较大价值，相对技术采纳度较高；保险领域，拥有服务全流程强标准化、客户群大、业务量多、执行重复度高等特征，对于 RPA技术有较大的需求；证券领域，基于知识图谱建立趋势模型，为客户提供智能投资顾问服务成为有效的技术价值增长点。

（三）目前已经较为成熟的智能金融场景

对人工智能在金融行业落地，据国家相关部门统计，系统梳理出了八大相对成熟的智能场景，如图 12-2 所示。

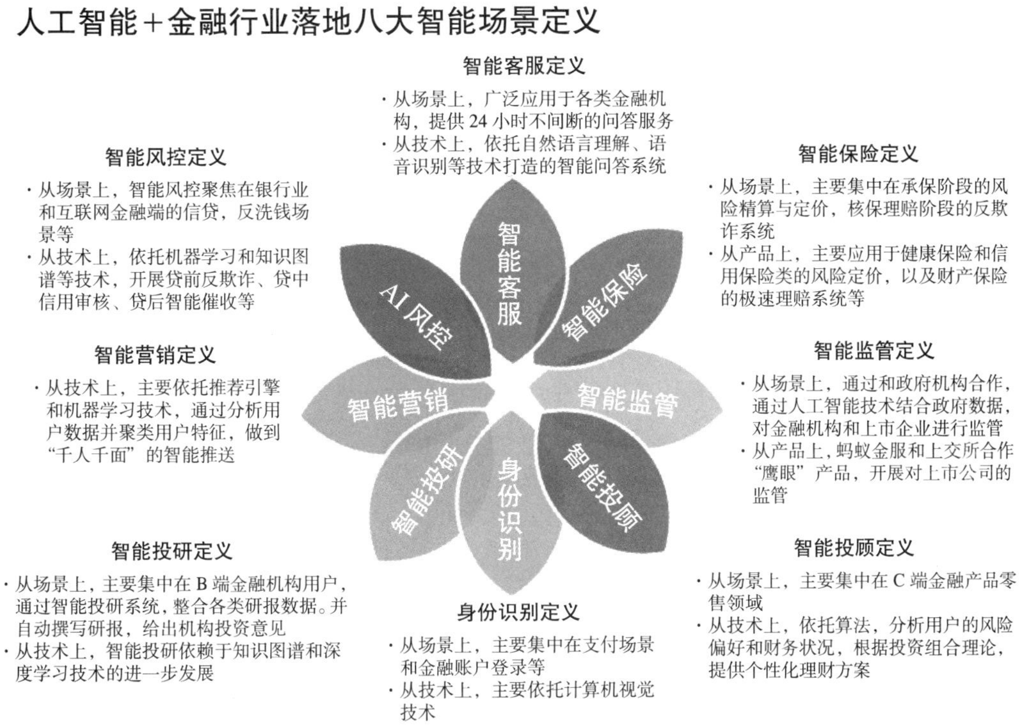
人工智能+金融行业落地八大智能场景定义
智能客服定义
· 从场景上，广泛应用于各类金融机构，提供 24 小时不间断的问答服务
· 从技术上，依托自然语言理解、语音识别等技术打造的智能问答系统
智能风控定义
· 从场景上，智能风控聚焦在银行业和互联网金融端的信贷，反洗钱场景等
· 从技术上，依托机器学习和知识图谱等技术，开展贷前反欺诈、贷中信用审核、贷后智能催收等
智能保险定义
· 从场景上，主要集中在承保阶段的风险精算与定价，核保理赔阶段的反欺诈系统
· 从产品上，主要应用于健康保险和信用保险类的风险定价，以及财产保险的极速理赔系统等
智能营销定义
· 从技术上，主要依托推荐引擎和机器学习技术，通过分析用户数据并聚类用户特征，做到“千人千面”的智能推送
智能监管定义
· 从场景上，通过和政府机构合作，通过人工智能技术结合政府数据，对金融机构和上市企业进行监管
· 从产品上，蚂蚁金服和上交所合作“鹰眼”产品，开展对上市公司的监管
智能客服
AI 风控
智能保险
智能营销
智能监管
智能投研
身份识别
智能投顾
智能投研定义
· 从场景上，主要集中在 B 端金融机构用户，通过智能投研系统，整合各类研报数据。并自动撰写研报，给出机构投资意见
· 从技术上，智能投研依赖于知识图谱和深度学习技术的进一步发展
身份识别定义
· 从场景上，主要集中在支付场景和金融账户登录等
· 从技术上，主要依托计算机视觉技术
智能投顾定义
· 从场景上，主要集中在 C 端金融产品零售领域
· 从技术上，依托算法，分析用户的风险偏好和财务状况，根据投资组合理论，提供个性化理财方案

图 12-2　人工智能+金融行业相对成熟的场景

三　金融人工智能发展前景

（一）技术方面

基础技术能力创新突破将成为金融人工智能发展的新驱动力。未来在神经网络与大数据的加持下，知识计算、多模态融合、隐私计算等技术有望成为金融机构智能分析决策的基础，实现金融行情自学习，不仅可以对趋势行情进行预测，还可以实时做出智能决策，打造高效精准的交易体系，为金融行业创新发展提供技术驱动力。

工程化平台和体系支持能力建设，成为金融人工智能发展的重点方向。随着机器学习开发（Machine Learning Operations，MLOps）解决方案和数据治理能力的不断提升，MLOps 将成为实现金融人工智能工程化的通用解决方案，衍生出更多与模型相关的开发、运维、权限管控、数据隐私、安全性和审计等金融应用场景。

（二）应用方面

人工智能逐步渗透业务链五大环节，业务赋能逐步升级。在产品设计环节，融合人工智能技术衍生出智能投资顾问与智能投资研究场景应用。通过深度的机器学习、智能图谱与计算机视觉等技术，金融机构在优化资产配置、提供收益率更高的理财产品等方面为客户提供服务；在市场营销环节，融合人工智能技术衍生出智能营销场景应用，以机器学习、知识图谱等技术构建精准营销、智能推荐模型，千人千面的个性化服务大幅提升理财产品销售成功率，推动普惠金融发展；在风险控制环节，融合人工智能技术衍生出智能风控场景应用。通过机器学习、自然语言处理、计算机视觉、RPA 等多技术运用，智能风控已经在反诈骗、反洗钱、资金流向监控等多维度展开全方位风险防控；在客户服务环节，融合人工智能技术衍生出智能身份识别、智能客服、智能理赔等多场景应用，不仅可以在高峰时段覆盖更多客户，而且可以高效准确解决需求，很好地提升了客户满意度；在支持性活动环节，融合人工智能技术衍生出智能合规与智能运营场景应用，客户服务与支持性活动环节中的融合场景对于主流人工智能技术的使用采纳率更高，互动性更强。

第三节　大数据

大数据（Big Data），是以新处理模式对大量多样的数据集合进行捕捉、管理和处理，使之成为具备更强的决策力、洞察力和流程优化能力的生产资料。近年来，随着大数据技术的广泛普及和发展成熟，金融大数据应用已经成为行业热点。目前，金融大数据在交易欺诈识别、精准营销、黑产防范、消费信贷、信贷风险评估、供应链金融、股市行情预测、股价预测、智能投顾、骗保识别、风险定价等涉及银行、证券、保险、支付清算和互联网金融等多领域的具体业务中，得到广泛应用。对于大数据的应用分析能力，正在成为金融机构未来发展的核心竞争要素。

一　金融大数据的来源与应用

（一）来源

金融大数据的应用能够有效提升金融业务效能、优化资源配置、强化金融风险控制能力、促进金融业务的创新发展，在银行业、证券行业、保险行业、支付清算行业和互联网金融行业都得到广泛的应用。具体落地应用场景包括信贷风险评估、交易欺诈识别、精准营销、供应链金融、运营优化、智能投资顾问、量化投资研究、风险定价、金融反欺诈、反洗钱等不同金融行业的多种具体业务场景。

金融数据的来源主要分为三种：一是金融机构业务经营过程中收集和产生的数据，包括金融机构的用户基本信息、用户在机构内金融行为数据等，例如银行中的用户资产负债情况、资金交易记录、信用数据等；二是金融机构通过外部采购或共享获取到的数据，包括来自第三方机构的数据，如电商、运营商、支付、设备，以及政务开放数据等；三是金融机构通过互联网获取到的公开数据，例如企业的舆情数据等。这些不同来源的金融大数据通过整合、分析、挖掘等发挥出重要的数据价值。

（二）应用

金融大数据的主要应用包括金融用户画像、金融统计分析、金融建模等。通过对金融大数据进行分析，可以为金融机构实现精准的客户画像，使得金融机构可以从具体业务角度出发对用户进行分析，更好地了解用户的需求，或更精准地寻找目标用户，此外也可以基于用户画像的深度分析，为开发出适合目标客群的产品提供数据支撑，或是指导开展适合的营销活动。例如，在银行业务中，可以基于银行丰富的交易数据、个人属性数据、消费数据、信用数据、客户数据等，提取出客户的消费特征、兴趣爱好、社交需求、信用等级等大数据客户画像标签，基于这些客户画像可有效地通过实时营销、交叉营销、个性化推荐等来寻找信贷分期客户、高端资产客户、理财客户等不同业务产品的潜在用户，也可以实现客户生命周期管理，包括新客获取、客户流失预防、客户挽回等。

通过基于金融大数据的精细分析，可以优化运营。例如通过金融大数据分析可监控不同市场推广渠道，进而调整渠道和优化推广策略；通过对客户行为进行分析，分析出客户的个性特征和风险偏好，智能化分析和预测客户需求，对产品进行创新和服务优化等。

此外，金融大数据与人工智能技术深入融合实现智能金融，贯穿金融机构服务的全流程，包括使得金融机构可以优化业务，例如应用生物识别等技术在手机银行、智能柜台等方面，使得业务流程更为精简高效，同时为人们提供多样性的优质金融服务，应用智能客服提高与客户的沟通效率、降低运营成本、提升用户体验。在金融风控场景，通过人工智能系统快速、准确识别金融活动的异常行为；通过量化分析和机器学习模型、深度学习模型等人工智能技术，构建用户信用模型与欺诈风险模型，快速预测用户风险，提升金融机构的风险识别能力与效能；通过人工智能技术学习以往数据规则，利用模型和算法，发现业务数据中潜在漏洞，优化金融风控策略等。在金融精准营销场景，针对不同场景通过人工智能技术构建用户分群模型、个性化推荐模型等，降低金融机构的营销成本，提升营销的效益。

在这些金融大数据的应用中，金融行业数据的共享、开放逐步成为趋势，通过跨机构间的数据安全共享，挖掘出更大的金融数据价值。与此同时，对这些跨机构间合作的数据的隐私性、安全性的需求也日渐强烈，数据安全已成为当前金融数据应用的一个重要议题。被认为解决隐私保护、数据安全问题，实现金融数据"可用不可见"的隐私计算技术也逐步运用到金融数据应用中。

金融行业作为数字化基础设施最完善、跨机构数据协同需求最高、合规要求最严格的一个行业，必然成为隐私计算技术落地应用的天然场景，也是目前隐私计算技术应用最广泛的领域。金融联合风控、联合营销、存客运营、反欺诈、反洗钱等多种金融应用场景均已开展基于隐私计算技术的应用示范，并获得显著成果，实现了跨机构、跨界的金融数据流通，提高了金融机构的风险防范能力和金融业务效能。

二　金融大数据的政策与标准

（一）政策

金融数据的技术融合应用目前处于加速探索阶段，各种政策、法令法规、标准近年来相继制定。

2019年8月，中国人民银行发布了金融科技领域首份顶层文件《金融科技（FinTech）发展规划（2019—2021年）》，明确了六大重点任务，包括加强金融科技战略部署、强化金融科技合理应用、赋能金融服务提质增效、增强金融风险技防能力、加大金融审慎监管力度、夯实金融科技基础支撑，为金融科技发展指明了道路。

2020年4月，中共中央、国务院正式发布《关于构建更加完善的要素市场化配置体制机制的意见》，首次把数据作为一种新型生产要素写入文件，与土地、劳动力、资本、技术等传统要素并列为五大生产要素，明确了完善要素市场化配置的具体方向与举措。2020年5月，中国人民银行与国家市场监督管理总局签署的《数据共享合作备忘录》，旨在加强跨地区、跨部门数据要素有序流转与融合应用，为加快建立现代中央银行制度、推动金融数字化转型、优化营商环境打好基础，是金融行业落实《中共中央、国务院关于构建更加完善的要素市场化配置体制机制的意见》的一个有力举措。

同时，各种数据安全相关的政策法规相继制定和颁发，将保障数据安全放到了重点突出的位置。2015年7月发布实施的《中华人民共和国国家安全法》首次将数据安全纳入国家安全的范畴。2016年11月发布的《中华人民共和国网络安全法》（2017年6月1日实施）明确了个人信息的定义与范畴，并对网络服务中的个人信息保护问题做出系统的规定，鼓励开发网络数据安全保护和利用技术，促进公共数据资源开放，推动技术创新和经济社会发展。2021年6月发布的《中华人民共和国数据安全法》（2021年9月1日正式实施），从法律层面清晰定义了数据活动、数据安全，提出国家将对数据施行分级分类保护、开展数据活动必须履行数据安全保护义务承担社会责任等，是我国首部以"数据"或"数据安全"命名的法律，被认为是数据要素国家战略的基本法，同时强调了数据安全是数字中国重要战略举措的根本保障，预示我国数据开发与应用将全面进入法治化轨道。2021年8月发布的《中华人民共和国个人信息保护法》（2021年11月1日起施行），将"个人信息受法律保护"上升至公民基本权利的层面，明确个人信息处理应遵循合法、正当、必要和诚信原则，在严格保护个人敏感信息的前提下保障信息质量和安全，标志我国数据安全和个人信息保护进入监管新时代。

（二）标准

在金融领域，金融数据广泛应用，同时对金融数据的安全与监管也得到加强，各种面向金融行业的法规与标准相继制定。

2018年5月，金融监管机构发布《银行业金融机构数据治理指引》，明确了金融机构的数据治理架构、数据管理、数据质量控制、数据价值实现、监督管理等要求，引导银行业金融机构加强数据治理，提高数据质量，充分发挥数据价值，提升经营管理水平，由高速增长向高质量发展转变。2021年1月，金融监管机构发布了《中国银保监会监管数据安全管理办法（试行）》，旨在切实加强监管数据安全管理，防范监管数据安全风险，要求监管数据在采集、处理、存储、使用等活动（以下简称监管数据活动）中，均应处于可用、完整和可审计状态，未发生泄露、篡改、损毁、丢失或非法使用等情况。2021年2月，中国人民银行发布了《金融业数据能力建设指引》，规定了金融数据应用中的数据战略、数据治理、数据架构、数据规范、数据保护、数据质量、数据应用、数据生存周期管理能力域划分，明确相关能力项，提出每个能力项的建设目标和思路，为金融机构开展金融数据能力建设提供指引。2021年9月，中国人民银行发布了《征信业务管理办法》，在征信领域规范了个人信息保护及信息主体各项合法权益。未来，中国人民银行将在确保个人隐私和数据安全的前提下，探索实现更精准的数据确权、更便捷的数据交易、更合理的数据使用，继续激发市场主体活力和科技创新能力。

三 金融大数据未来发展趋势

（一）龙头企业提质降本

在当今激烈的市场竞争环境下，包括分销商在内的国内大数据金融企业面临着前所未有的挑战和机遇。

一方面，在大数据金融行业的竞争下，企业和企业之间展开了"肉搏战"，价格战已经到了极限，使得大数据金融行业的许多企业难以继续，而那些龙头企业也在将他们的手从市场上移开。另一方面，国内大数据金融市场的快速增长带来了巨大的市场增长空间。在同样的市场环境下，能够抓住机遇的企业发展迅速，大数据金融行业的一些企业经不起市场的考验，必然会出现整合或发展困难，经营难以持续。

大数据金融行业的一些龙头企业的优势在于，他们可以通过减少单店规模来接近社区和客户。通过门店之间的连锁关系扩大企业规模，统一企业形象；通过集中采购共享技术、管理、客户等各种资源，可以有效降低单分散终端销售的运营成本。而产品质量提高的趋势越来越明确，也带来更多的发展空间。然而，目前国内模式似乎鲜有赢家。大多数是由大数据金融行业的供应商建立的松散产品销售联盟，以推广其产品。这些特许连锁组织只能简单地实现形象的统一和部分产品的集中采购。

（二）差异化经营

一个成功的大数据金融业商业模式，首先要有明确的定位和思路。市场定位必须准确，应该冷静地分析自己的优劣势、机会和威胁。要有明确的发展思路和成熟的战略战术。

在大数据金融行业业务流程的思维转变方面，业务模式应该是灵活的，走特色经营之路，即差异化经营战略。为了保持持续创新，应该在业务上与竞争对手形成明显的差异，而这种差异正是客户所需要的。

（三）整合技术服务

转变经营理念是走大数据金融业经营之路的前提。在这一方面，行业企业需要在技术和服务方面做出更多努力，以迎接大数据金融行业新时代的到来。在技术和服务方面，第一要务是要建立完善的信息管理体系，包括新产品信息、技术信息、竞争对手信息、客户信息、市场信息等，并对收集到的信息进行及时的分析、处理和沟通。

（四）转变增长动力

大数据金融企业应当建立完善的内部管理制度和各项工作流程。加强现场管理的重要性，严格执行完整的内部管理制度，是大数据金融企业发展的基础；健全科学的工作流程是企业正常运营的前提；严格的现场管理是企业工作标准的体现。

有效地从"销售产品"转变为"销售服务"，大数据金融企业的差异化经营，只能从服务上取得成效。产品可以创造价值和利润，服务可以创造更高的价值和更大的利润。然而，随着大数据金融行业的进一步成熟和发展，行业竞争将日趋激烈。经营管理不善，行业利润下降，将淘汰一大批经营者。具有实力、技术、管理和战略眼光的大型大数据金融企业将在激烈的市场竞争中脱颖而出。

第四节　云计算

云计算（Cloud Computing）是将原本在本地服务器进行的计算转移到云端，按需使用，具有计算高效、成本低廉的特点。按照服务方式，云计算分为 IaaS（将 IT 基础设施作为服务交付）、PaaS（将数据库等平台作为服务交付）、SaaS（将应用解决方案作为服务交付）。截至 2022 年下半年，中国金融云美金市场规模达到 46.3 亿美元，同比增长 18.6%；人民币市场规模达到 322.8 亿，同比增长 28.6%。

一　金融云概述

（一）发展背景

1. 角色定位驱动

2017—2021 年，我国数字经济规模实现翻倍增长，产业数字化持续扮演数字经济发展的动力引擎。数字化进程中，金融行业始终扮演独特的角色。首先，金融行业与实体经济的发展相辅相成，金融行业为其他行业用户提供稳定的支付体系与流动的资金支持，是实体经济健康、平稳运行的发展血脉。其次，我国金融行业已经基本完成数字化进程，步入大规模社会化连接驱动的技术渗透和生产转型阶段。金融机构上云，可以将银行、保险、证券、互联网金融的丰富业态实现资源聚合、共享和重新分配。借助云上通道，更加弹性、泛在、轻量的金融服务将触达产业链上下游的参与者，使实体经济层面产业数字化升级催生的金融服务需求得到更好的满足。图 12-3 为云计算与基础资源和新兴技术之间的关系。

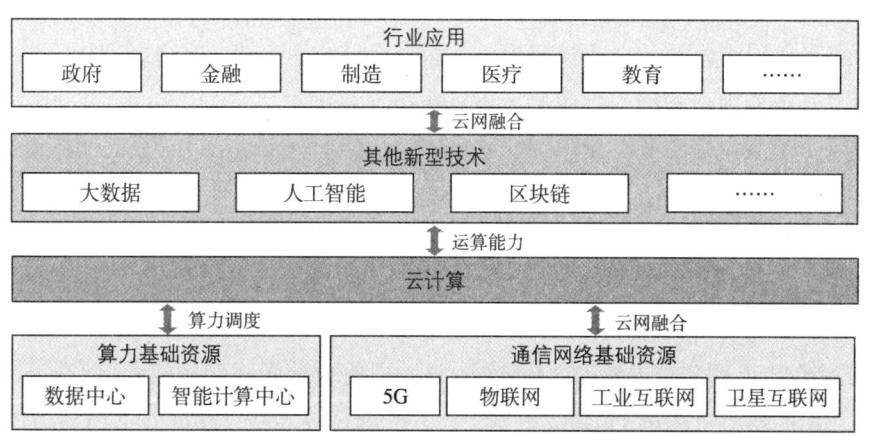

图 12-3　云计算与基础资源和新兴技术之间的关系

2. 技术发展驱动

我国金融行业早在 20 世纪 70 年代便开始信息化建设，已经拥有非常强大、复杂的 IT 体系。其中，基于大型机和小型机的集中式架构，依托其强大的 RAS（Reliability、Availability、Serviceability）特性被金融机构广泛应用。随着数字化转型的深入发展，集中式架构通过纵向增加单机资源的"烟囱式"部署模式使金融机构的 IT 系统变得冗重复杂，造成硬件高配低用、新旧系统整合困难、新应用部署周期长等问题。云计算通过将计算、存储、网络虚拟化，并建立相应的资源池进行负载均衡管理，使计算资源像水、电一样弹性供给，大大提升了金融机构对 IT 资源的利用效率。当前，我国金融机构凭借 IT 系统的领先性，积极实践并采纳前沿科技，从非核心应用出发，逐步向集中式和分布式有机融合的架构体系转型。

3. 业务模式驱动

业务渠道方面，传统金融业务的线上化迁移与互联网业务模式的广泛渗透，使业务交易规模与业务每秒峰值呈现几何式增长；经营思维方面，金融机构的经营模式更加聚焦于用户长链价值的深度挖掘，实现了从产品驱动理念到体验驱动理念的转变。在此背景下，金融云作为新的前端平台，可以提供灵活集约、弹性扩容的存储、传输、计算能力，为业务规模的高并发、客群数据的深度挖掘、产品服务的敏捷开发提供稳定的底层支撑。此外，随着云计算价值在实践过程中被金融机构的不断认可，云原生的价值也受到越来越多金融机构的重视并被提上建设日程。

（二）发展历程

1. 萌芽起步：应用软件开发

2006—2014 年是金融云发展 1.0 阶段，以行业应用软件开发为核心，推动金融行业基础设施升级。它采用成熟的企业级架构，全面支持计算、存储、网络虚拟化，支持资源调度和管理，并支持虚拟数据中心服务，对外提供金融服务云。

该阶段以应用软件服务商为主，提供各类应用服务软件平台，平台为银行及各金融机构提供新一代互联网银行、银行核心系统、支付平台、新一代客服中心、票据平台、信贷平台等云服务，并有效匹配不同金融业务生命周期、流程、运营模式。

2. 探索实践：分布式架构

2014—2020 年是金融云发展 2.0 阶段，该阶段符合分布式架构的金融产业云。以云计算为支撑，帮助金融机构的 IT 系统整合入云，实现快速交付，降低业务启动门槛。同时，金融云通过标准化的异地灾备、专线接入等增值服务，满足金融业务在安全上的建设标准，进而帮助金融客户不再关注硬件设备的运维，真正回归到业务价值本身。

它具有如下特点：低成本、高弹性、高可用、安全合规，帮助金融客户实现从传统IT 向云计算的转型；在提供高性能、高可靠、高可用、高弹性的计算能力之外，还能助力金融客户进行行业业务创新，提升业务竞争力；为金融客户提供优质网络带宽资源，提升互联网用户覆盖范围和用户体验。

3. 应用深化：拓展场景、联结产供

2020—2030 年是金融云发展 3.0 阶段，随着金融服务下沉到相关非金融服务中，打造一站式服务与极致消费体验，敏捷响应、高效满足特定客群需求。金融场景生态建设，对金融机构战略布局、产品设计、营销运营、风险管控、技术应用、人才组织等方面提出了更高的要求。

此外，目前我国的金融服务已经与教育、医疗、交通、文旅、交通等产业链进行了有机结合，各种创新产品层出不穷，市场竞争也极为激烈，无论是中小微金融服务，还是供应链金融，各家机构都在纷纷发力。在这种情况下，金融云作为基础设施的价值，就更为凸显。

大型银行已经打造了非常大的云计算的智能化平台，集合了大数据、人工智能、区块链技术等基础服务和应用，还打造了组件化能力平台，这些除给自己使用以外，在金融云3.0 时代，也可以联结产业云，与其他中小机构、金融机构共同使用。

金融云 3.0 能联结产业链、供应链、联动场景生态，如产品应用、客户体验、产业上下游交易行为、市场变化、行业趋势、宏观环境等，为各型金融机构构建出客户全景视图、产品全景视图、交易全景视图、市场变化及行业趋势全景图等。

图 12-4 为中国金融云发展历程。

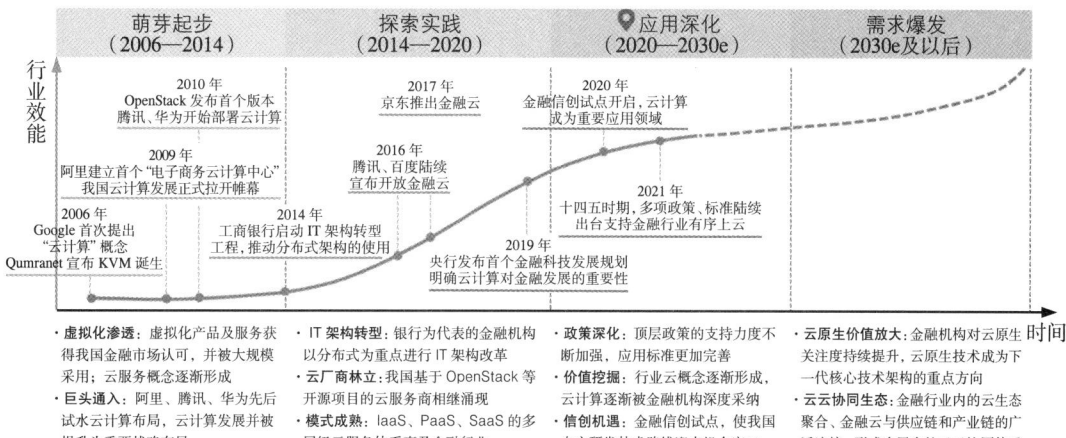

图 12-4　中国金融云发展历程

二　金融云发展现状及作用

（一）发展现状

1. 云计算在金融行业步入应用深化发展的中期阶段

我国金融行业前期经历了漫长的信息化建设阶段，虚拟化技术在金融行业的广泛渗透，为中后期云计算的蓬勃发展做了良好铺垫。伴随互联网巨头相继布局云计算，以及传统金融机构围绕新型技术的新一轮 IT 改革，加速了云计算在金融行业的应用实践。同时，相关政策与标准的完善，也使我国金融云行业进入有据可依、有序发展的新阶段。未来，伴随着金融信创带来的巨大机会敞口，与云原生应用的成熟和金融云产业协同生态的建立，使金融云市场有望迎来新的需求爆发。

2. 参与方纷纷入局，"云厂商＋IT 服务商"成为典型服务组合

根据各参与主体的发展背景与业务重心，我国金融云市场形成了以综合型云厂商、产品型云厂商、传统 IT 服务商、金融科技子公司为主的市场竞争格局。其中，云厂商凭借自身在互联网金融领域深厚的技术积累与服务经验，从硬件资源或业务角度切入，迅速占领金融云市场；传统 IT 服务商深植传统金融业务数字化转型需求，在深厚客群基础之上发力云服务；大型金融机构在金融云市场不仅仅扮演采购方的角色，其旗下成立的科技子公司也会将对内积累的技术、业务、资源等方面优势经验打磨为云产品，赋予行业客户。也正是因为资源禀赋的不同，各参与方之间往往通过战略合作的方式实现技术资源、客群资源、生态体系的互惠共享，为市场提供更加完善、开放的金融云服务。

3. 2021 年金融云行业市场规模 394 亿元，预计 2025 年突破千亿元

金融机构加速云计算在业务领域的应用并持续推动技术创新，存量系统上云率进一步提升。头部金融机构对自主可控及底层技术能力建设的要求较为严苛，通常采用自研与外采两种模式并行的方式；中小型金融机构相对更加注重金融云解决方案带来的增益，往往以解决方案为切入点布局云计算技术实践；互联网金融机构对公有云的接受度相对较高，基于公有云搭建的渠道管理及营销获客系统的应用效能也逐步扩大。

（二）金融云发展特点

1. 能显著降低金融机构 IT 成本

根据相关调查报告显示，95％的企业认为使用云计算可以降低企业的 IT 成本。其中，超过 10％的用户成本节省在一半以上，另外，超四成的企业表示使用云计算提升了 IT 运行效率，IT 运维工作量减少和安全性提升的占比分别为 25.8％和 24.2％。

金融云 3.0 以"公有云＋专有云＋混合云"的混合数字基础设施模式作为整体架构的基础，金融机构能自主选择哪些应用程序和服务可以迁移到公有云、哪些需要保持私有，使用混合云的总体成本要远低于使用私有云或专用托管数据中心的成本，可以满足金融机构对基础设施的更多需求。

金融云服务商提供的金融云专区，提供 SaaS 化的服务，做成本地化的工具和产品，放在技术平台上作为支撑。金融云服务商还会提供一些线上的业务增长解决方案如指导性的营销策略等，金融机构通过账号登录，就在可以在金融云专区中使用这些服务，和本地私有云对接后，可服务于本地化的业务。这些都大大降低了大小金融机构总体 IT 运营成本。

2. 实现 IT 工具和服务迅速交付

根据中国银行业协会《2020 年中国银行业服务报告》显示，中国非接触式交易量已达到 3708.72 亿元，有 90.88％的银行业务是离柜交易，个人信贷等业务亦全面线上化。银行业务正在从"稳态"加速向"稳态＋敏态"转变，在保障系统高可靠的同时，更要提升业务快速创新能力。

而把 IT 基础设施交由专门的金融产业云去承载，就可实现按需、敏捷、弹性获得算力以支撑应用创新。在这个过程中，金融云的底层的平台完全交给云服务商进行建设，可使金融机构的人员将专注力放在业务和应用的创新上。

统一的金融云平台可对底层基础软硬件资源进行统一管理，利用容器、微服务等技术实现应用的快速部署和应用开发的拆分，低成本定制开发适配多种业务场景和职能需求的 IT 工具产品，从而实现 IT 工具服务的敏捷交付和自服务式使用。

3. "金融云＋产业云"接入场景生态

银行数字化转型之战，势必也是生态建设之战。生态闭环一旦形成，其他金融机构将难以复制这一模式，由此形成难以跨越的"护城河"。

每个金融机构的辐射范围不一样，要准确把握机构的优势、能和本地什么样的产品结合，需要极强的本地市场洞察。场景智慧金融包括供应链型企业和平台型企业。中小银行不可能全部靠自营完成获客，必须通过场景金融和平台，去触达客户，再将能力输出到这些平台上。

通过平台型企业，就可以通过模块化的能力，实现为客户提供线上化、一体化、快捷化的综合金融服务，构建一个与客户有效互动、场景真实、数据驱动的金融服务生态。

三　金融云未来发展趋势

（一）信创浪潮革新底层基础设施，国产自主技术路线成为采用趋势

我国金融行业 IT 转型早期，以威睿公司（VMware）为首的虚拟化服务受到广大金融机构的青睐。2015 年左右，以开放式云端平台（OpenStack）为代表的云计算开源项目的持续火热，使云端的强大服务能力得到进一步释放，国内大量基于云计算开源项目的服务商相继涌现。但近年来，随着国际上核心技术"卡脖子"事件频繁发生，我国金融信创试点不断深化，外资服务商提供的闭源虚拟化服务及云计算服务，成为金融云行业存量市场的转型重点。自主研发、自主可控的国内技术路线被金融机构逐渐采纳成为大势所趋，为我国金融机构云化发展提供稳定持续的动能。

（二）云原生成为重要战略技术趋势，驱动资源云化解耦至业务云化

云原生作为一套先进架构理念与管理方法的集合，已被越来越多的金融机构视为下一代核心技术架构的重点方向。伴随实践应用的逐渐成熟，企业对云原生的运用呈现出从容器、服务网格、无服务器环环相扣的阶梯式发展。容器作为云原生架构的底层技术，可以实现毫秒级的弹性响应和异构环境部署的一致性，为上层服务交付与应用开发做良好的铺垫。云原生将云端资源层层抽象，将通用技术能力模块化下沉至云平台，使云服务的重心更加聚焦于上层业务的逻辑实现，使业务开发人员可以更加专注于高价值的业务开发。云原生轻量化、松耦合、强韧性等特点，大幅降低了金融机构上云、用云的心智负担，极大地释放了云端的发展红利，使未来应用可以更多地在云上进行开发。

（三）跨云机制不断完善，共建金融行业内外部多层级云协同生态

单一云平台往往无法满足金融机构所有的业务需求，多云战略部署以及跨云生态连接已经逐渐成为行业共识。一方面，金融机构内部公有云、私有云、专有云等部署模式的多云互联，以及不同厂商云平台的统一纳管，有助于金融机构动态调整上云、用云策略，并提高对优质云端资源的使用效率；金融行业内部的云生态聚合，可以扩大金融云服务的集群效应，使更多中小金融机构也可以享受云端发展红利。另一方面，金融机构对于金融云的期盼将不再仅仅局限于底层的能力支撑，而是希望以金融云为触手，联结产业链上下游生态，在挖掘细分场景市场机会的同时，消除金融机构与实体经济间的信息鸿沟。未来，随着政策指引、标准保障、技术能力的不断完善，金融行业内外部的跨云协同壁垒将被逐渐打破，以"金融生态云"为中心的多层级协同互联体系有望建成。

第五节 区块链技术

区块链技术是一种去中心化的、分布式的数据库技术，具有安全、透明、不可篡改等特点。区块链技术的核心是由多个节点组成的共识网络，每个节点都具有完全相同的副本，因此避免了单个节点的崩溃或者被攻击造成数据的丢失。

区块链技术是金融科技领域最具挑战性的创新之一，因为区块链技术从根本上颠覆了传统金融的固有逻辑、运行模式和业务范围，突破了约定俗成的无数的条条框框的限制，踏入了此前无法涉及的一系列全新的应用领域。

一 概述

（一）特性及当前发展情况

中国人民银行《金融分布式账本技术安全规范》中对分布式账本技术的定义是密码算法、共识机制、点对点通信协议、分布式存储等多种核心技术体系高度融合形成的一种分布式基础架构与计算范式。区块链的核心技术之一便是分布式账本，除分布式账本技术之外还有着非对称加密、共识机制以及智能合约。正是这几个核心技术，赋予了区块链去中心化、开放性、独立性、安全性以及匿名性的特征。区块链的这五种特性，能够助力构建数字经济信任基础设施，形成产业链多方之间分布式网络的推动，实现更加强劲、绿色、健康的全球发展。

（二）区块链技术在金融领域的优势

从目前我国金融科技发展的具体情况来看，金融行业的发展在诸多领域和业务办理方面都实现了与互联网信息技术以及高新科学技术的有机融合发展，包括银行业、保险行业、证券行业正在逐步推进数字化进程。数字化技术提高了金融行业发展的效率和水平，在一定程度上维护了信息安全，但也滋生出具有新特征的金融风险。这些现象的出现，对金融行业从业人员提出了更高的要求。从业人员应当提高自身能力，采取有针对性的举措完善金融行业发展制度规范，为金融行业发展营造良好的内部和外部环境，促进互联网信息技术与金融行业的双向良性互动。

金融行业与互联网高新科技融合的核心特征在于数字化技术在金融领域的应用。而数字化技术具有的优势之处，主要体现在以下方面：

1. 信息安全性

基于数字化技术的网络安全的运行原理是由不同节点各自担任数据记录任务，通过节点间相互传递所需数据，从而形成数据量庞大而准确的数据网络。在进行数据传递的过程中，下一个节点会对上一个节点所传递数据的真实性加以检验。因此，数据造假行为比以往更难实现。数字化技术既保障了数据传递的效率，也保证了数据的真实性和准确性。在这个过程中，数据信息不断累加且交替传播，最终将会形成一个统一的数据信息库，运用到后续的经济活动当中。综上所述，数字化技术在金融行业业务信息管理活动中的应用将有效维护网络信息安全，为网络运行提供可靠的信息资源保障，推动金融行业业务信息管理活动的开展。

2. 去中心化

数字化技术所构建的网络与传统网络最大的区别是具有去中心化的特点。在这一特点下，数字化技术所构建的网络中每一个节点都是平等的，并且每一个不同节点所对应的工作也有所不同，有些节点专门进行数据记录工作，有些节点则进行传输任务，也有些节点同时进行上述两项工作。通过不同功能的节点之间的相互协作，完成整个网络系统的运行。在这种模式下，当其中某一节点受到损坏不能正常运行和完成相应的工作时，就会有其他节点代替其工作内容，而不影响整个网络系统的正常运行。综合以上特点和情况来看，数字化技术构建的网络所具有的去中心化特点作为一种优势，将为金融行业运行提供可靠的网络技术支持，进一步提高金融行业业务信息管理活动开展的效率和水平。

二　应用现状

在金融行业的各个领域中，银行业是数字化转型较为全面而广泛的行业之一。目前，我国已有多家银行陆续构建自己的金融科技子公司。随着大数据时代的到来，数字技术早已渗透并参与到银行运营的方方面面。灵活运用数字技术可以完善银行的风控体系、加强银行的风控水平、增强银行的数据分析能力。现阶段以下几种业务已初步实现数字化改革：一是互联网移动支付。其主要创新领域包括信息安全、图像及人脸识别、支付、清算实时性协议、综合类支付服务业务、跨境支付平台应用场景业务落地等。二是小额信用贷款。利用投资资金和数据驱动的网络在线数据平台将投资资金直接或者间接地借贷给用户和小型企业。三是金融理财服务业务。金融科技公司对理财信息的收集和处理呈现出系统化、智能化和自动化趋势。这既包括前台的投资决策，也包括中后台的风险控制管理和运营机制管理，共同为投资决策提供参考。

保险行业的数字化尚在进行中。目前已有多家保险公司实施数字化发展战略，通过数字化技术对保险业务进行优化，使风控、服务和精算水平得到提升。在现阶段保险行业的转型中，正不断使用数字化技术促进核心保险环节转型。通过数字化技术的应用，可以更加精准地对用户的需求进行分析，从而推送更加完善的保险方案。此外，数字化技术还可以提高核保效率，使保险工作更加便捷和高效。

证券行业的数字化技术应用还处于萌芽阶段。在监管层的支持下，许多大型券商加大了数字化技术的投入，通过与优秀的科技企业合作，提升证券企业的运行效率和服务水平。数字化技术的运用，一方面可以提升客户价值的挖掘能力，使客户服务更加精准细致；另一方面可以加强证券企业的服务水平，优化用户体验。

三 未来发展趋势

作为一个高新技术行业，区块链技术有着不同的技术特点。区块链系统由数据层、网络层、共识层、激励层、合约层和应用层组成。基于上述技术特点，区块链技术未来可以解决金融行业中存在的以下几方面问题：

（一）信用

金融的本质是信用中介。信用体系的建设可以提升社会运行效率、减少无用劳动，简化和优化社会流程。但是衡量一个人信用的维度非常多且复杂。区块链金融的本质就是解决信用问题。区块链金融具有点对点交易、分布式账本以及不可篡改的特点。在此基础上进行交易，具有速度快、成本低的优势。借助区块链技术，对金融行业从事的票据业务信息进行搜集和整理，实现票据信息的可追溯，从而降低信息不对称问题，提升交易用户间的信任。

（二）风险

金融风险包括非系统性风险和系统性风险。非系统性风险指除系统性风险之外的偶发性风险，也称残余风险，来自企业内部的微观因素。系统性金融风险指从事金融活动或交易所在的整个系统因外部因素冲击或内部因素牵连，而发生剧烈波动、危机或瘫痪，单个金融机构不能幸免。通常表现为国家、地区性战争或骚乱，全球性或区域性的石油荒，国民经济严重衰退或不景气等。这些因素单个或综合发生，导致所有证券商品价格都发生动荡，断裂层大、涉及面广，人们根本无法事先采取针对性措施加以规避或利用，即使分散投资也丝毫不能降低其风险。

（三）知识产权保护

分布式存储技术能够提升知识产权服务效率。当任何区域的数据库出现问题时，其他节点仍然可以正常工作。同步更新机制保证整体网络的同步性与一致性；共识机制的特点是使得公有链、私有链以及联盟链等多种信息共享。私有链能够保证该区块链由某个组织和机构全权控制；联盟链是在控制过程中受到预选节点控制的区块链，其既促进联盟主体之间的技术交流、转移，又确保了数据的私密性；公有链可供所有主体进行信息搜索、查询等活动。智能合约保证了新兴技术的可追本溯源特性，一旦开始执行产权服务，合约逐条完成后即刻生效，并可进行查询；时间戳保证数据来源、更新的可靠性，使产权得到基础性保护。

（四）资产证券化

资产证券化有几个细分场景：一是固定资产证券化，包括房地产、生产企业的固定资产等。借助区块链技术，可以将固定资产的价值进行数字化，形成适用于区块链环境下的价值数据，进而实现一定程度的通证化，达到资产证券化的效果。二是公司组织收益证券化，比如股权、收益权、分红权、代币流通增值收益权等。借助区块链技术，将公司组织所从事的经济活动、未来收益以及延伸收益进行证券化，实现内部流通。三是供应流通资产证券化，包括汽车金融、石油、钢材、塑料等。借助区块链技术，保证流通效率提高，加速资产价值的流转速度。四是消费权益证券化。将商业活动中的会员消费积分体系、销售激励机制以及类分销代理销售体系区块链化，使消费者的消费返现、中间商代理销售权益在内部体系中流通，参与价值流转，并进行价值的二次增值。区块链技术在中国资产证券化市场中的应用存在巨大潜力，资产证券化的各个领域，包括证券化产品的设计与发行，证券交易、清算结算等各流程、各环节都可以通过区块链技术被重新设计和简化，带来一系列潜在优势。

📝 习题

1. 简述国内金融科技的概念及发展历程。

2. 金融科技有哪些分类方法？每种分类包含哪些内容？

3. 简述国家对金融科技监管的意义，结合你的认识谈谈应该从哪些地方出发对金融科技进行监管。

4. 简述国内金融人工智能的发展特点及前景。

5. 简述金融大数据的概念、来源及应用。

6. 简述金融云的发展历程、现状及作用。

7. 结合本章介绍，请谈谈你对金融区块链的应用方向及各自特点的看法。

第十三章　网络金融新模式

本章学习重点

- ● 了解众筹的概念、国内众筹的发展历程及每个阶段的特点。
- ● 了解众筹的分类及每种分类的特点。
- ● 了解小贷模式起源及发展历程。
- ● 掌握各种不同模式的风险。
- ● 掌握各种不同模式的监管方向及监管内容。

互联网金融的发展作为国家新兴的商业模式,以"互联网+支付""互联网+借贷""互联网+理财"三大主流模式作为渠道开展,同时,随着社会的发展,我国对于互联网金融的监管也通过相关政策的出台不断地进行完善。其中互联网金融指传统金融机构与互联网企业利用互联网与信息通信技术实现资金融通、支付、投资和信息中介服务的新型金融业务模式。

如今的互联网金融相比起过去已经不再以简单的网络业务形式开展,而是成为网络技术与金融业务紧密结合的有机整体,同时传统金融机构与互联网金融机构之间产品性质与服务的差异也在不断地缩小,新模式的不断涌现也使得经济的活力越来越强。

第一节　众筹模式

众筹的雏形最早可追溯至 18 世纪,当时很多文艺作品都是依靠一种叫做"订购"的方法完成的。例如,莫扎特、贝多芬采取这种方式来筹集资金,他们去找订购者,这些订购者给他们提供资金。当作品完成时,订购者会获得一本写有他们名字的书,或是协奏曲的乐谱副本,或者可以成为音乐会的首批听众。类似的情况还有教会捐赠、竞选募资等,但上述众筹现象既无完整的体系，也无对投资人的回报，不符合商业模式特征。

一 概述

（一）概念及起源

众筹商业模式，有时候也被译为大众集资、众融或者众募，也可以把它看成是众包商业模式的变形体。众筹就是指若干具有经济实力的人在经过了解和选择之后，通过互联网平台将资金投入经过审核的小型企业或项目的发起人，以实现项目的发展和投资者期待资金的增加的一个商业融资模式。通常来说，众筹既可以由单人完成，也可以由多人合作完成，只要是以公开的网络平台进行，都可以被确定为众筹融资模式。

（二）众筹的特点

（1）低门槛。无论何种身份、地位、职业、年龄、性别，只要有想法有创造能力都可以发起项目。

（2）多样性。众筹的方向具有多样性，在国内的众筹网站上的项目类别包括设计、科技、音乐、影视、食品、漫画、出版、游戏、摄影等。

（3）依靠大众力量。支持者通常是普通的草根民众，而非公司、企业或是风险投资人。

（4）注重创意。发起人必须先将自己的创意（如设计图、成品、策划等）达到可展示的程度，才能通过平台的审核，而不单单是一个概念或者一个点子。

（三）国内发展历程

1. 众筹 1.0

相对于国外众筹模式的发展，国内的众筹平台起步较迟。2011 年国内首家智能设备众筹平台"点名时间"将美国知名众筹网"敲门砖"（Kickstarter）平台的运营模式运用到中国，标志着众筹正式进入国内。2011 年至 2013 年是中国众筹行业的 1.0 时代。

2011 年，点名时间将众筹带进了中国，并在短时间内引起了人们的注意和兴趣。不仅是某个商品，在创立早期，出版、影视、音乐、设计、科技、公益、个人行为等项目都可以在点名时间上发布，一时间，该平台吸引了很多初创企业和个人在此展示自己的创意作品。

众筹虽然是个舶来品，但随着时间的推移也很快入乡随俗。这一时期，追梦网、众筹网、乐童音乐、淘梦网、天使汇、觉 JUE. SO 等多个众筹平台开始出现在人们的视野，但是想成为下一个点名时间又谈何容易。因此，在 1.0 时代，人们既能看到众筹平台争先恐后出现的景象，也能看到它们接二连三地宣布停止更新和关站的画面。

正当中国众筹即将进入瓶颈期的时候，国内电商巨头的入局打破了这种尴尬的局面。它们开始利用自身平台的优势书写中国众筹的新规，正式开启 2.0 时代。

2. 众筹 2.0

2013 年众筹网的成立，成为当年我国互联网众筹行业最为重要的一个事件，也成为众筹进入快速发展期的标志。

2013 年年底到 2015 年，是中国众筹 2.0 时代的开端。大平台相比小平台更具有用户和技术优势，而且众筹是一块不可多得的"大蛋糕"，电商巨头的入局完全在意料之内，另外，电商的发展也证明了人们消费水平的提高。这意味着众筹仍有上升的空间。

众筹 2.0 时代与众筹 1.0 时代最大的区别在于，一是万物皆可筹，二是平台更懂得如何抓住用户的心。淘宝、京东、苏宁等电商巨头在这一时期充分利用了自身的数据优势，通过对用户进行分析，了解平台用户对哪些产品感兴趣，从而有针对性地进行产品开发，即在众筹前了解用户所需所想。这样既能保证产品的受欢迎度，也能有效提高更广泛用户的参与热情。因此，2015 年被称为中国互联网众筹元年，根据不同属性，几百家众筹平台相继建立起来。2016 年轻松筹推出健康互助业务，希望能帮到更多的大病患者。

此后几年，很多领域也都开始使用众筹模式，如众筹科研经费、众筹影视、汽车众筹、电子产品众筹、文化创意众筹、农业众筹等，取得了不错的效果。越来越多的企业在积极探索如何在自己的行业领域进行众筹，这也使众筹一度成为金融热词。

3. 众筹 3.0

随着经济条件的改善、消费能力的提高，用户对产品的体验和参与度有了更高的追求，他们更注重自己众筹的这个产品是否能提升生活的舒适度和好感度，用户心态的变化加速了众筹 3.0 时代的到来。

目前，国内众筹平台的竞争已经进入白热化阶段，以"小米有品"为代表的新电商平台也都在积极巩固自己在众筹领域的实力和地位。另外，为了鼓励和加速"中国制造"出境，小米有品于 2019 年与世界知名众筹平台达成合作，此次合作不仅可以为国内消费者带来优秀的国际项目，同时还可以将国内的优秀产品输送到世界各地。

从众筹 1.0 时代到众筹 3.0 时代，中国众筹业在飞速成长，更有越来越多的"中国制造"开始崛起并走向世界，而众筹平台在其中的作用也愈加凸显，一方面是帮助制造企业找到行业切口，另一方面则是帮助中国创新产品被中国人民看到、被世界人民看到，直至让人们如愿过上向往的美好生活。

二 众筹模式分类

我国目前存在的众筹模式主要有债权众筹、股权众筹、回报众筹、捐赠众筹四种。

（一）债权众筹

债权众筹是投资者用一定的资金暂时换取项目或公司一定比例的债权,之后再收回对应的本金和利息。目前国内有两种:一种是投资者对项目或公司进行投资,获得其一定比例的债权,未来获取利息收益并收回本金;另一种是 P2B 企业债。这种众筹形式目前在国内尚处于探索期。

债券众筹模式下,投资者一般是小额投资者,所以投资者主体还是自然人,筹资者通常是法人。借款人的主要义务有:

（1）依约使用借款的义务。借款用途是投资者斟酌决定是否投资的关键,也是确保合同期满后,筹资者能否还本付息的客观要求。所以,如果筹资者没有按照合同约定的用途使用款项,投资者可以提前收回投资或者解除合同。

（2）依约支付利息的义务。

（3）依约返还借款的义务。投资者的主要义务是借款的利息不得预先在投资款项中扣除。

（二）股权众筹

股权众筹是投资者对项目或公司进行投资后,从项目或公司得到一定比例的股权。股权众筹由项目方、投资方、平台方和第三方四者共同构成。从是否担保来看,可分为两类:无担保股权众筹和有担保股权众筹。无担保股权众筹是指投资人在进行众筹投资的过程中没有第三方的公司提供相关权益问题的担保责任,国内基本上都是无担保股权众筹;有担保股权众筹是指股权众筹项目在进行众筹的同时,这种担保是固定期限的担保责任。但这种模式国内只有贷帮网的众筹项目提供担保服务,尚未被多数平台接受。

当下,根据我国特定的法律、法规和政策,股权众筹从运营模式可分为凭证式、会籍式和天使式三大类:

1. 凭证式众筹

凭证式众筹主要是指在互联网通过买凭证和股权捆绑的形式来进行募资,出资人付出资金取得相关凭证,该凭证又直接与创业企业或项目的股权挂钩,但投资者不成为股东。

2. 会籍式众筹

会籍式众筹主要是指在互联网上通过熟人介绍,出资人付出资金,直接成为被投资企业的股东。

3. 天使式众筹

与凭证式、会籍式众筹不同，天使式众筹更接近天使投资或 VC 的模式，出资人通过互联网寻找投资企业或项目，付出资金或直接或间接地成为该公司的股东，同时出资人往往伴有明确的财务回报要求。

（三）回报众筹

回报众筹也称奖励众筹，是指项目发起人在众筹平台或其他信息平台发布展示项目，投资者在预设的时间内达到或者超过预先设定的目标金额时，即为募集成功，发起人将会以实物或者服务的方式给予投资者相应的回报，若募集资金未达到预先设定的目标金额，则需将全部金额退还给所有投资者的众筹模式。

回报式众筹多以商品回报投资者，也就是人们用预付款购买其商品，众筹成功了，邮寄商品给投资者；众筹失败了，退回全部资金给投资者。它具有以下特点：

（1）回报众筹模式颠覆了传统商品生产与流通的固有流程，相当于把"生产—销售—回笼资金—再生产"的传统模式转变成"募集资金—试制—生产—发货"的模式。

（2）回报众筹平台具有包容性，创业者可以实现真正的创新。投资者的情感因素经常超过产品质量、功能、耐用度等客观因素，很难说其投资行为符合等价交换规律。他们在众筹平台上寻找的是价值共鸣。创业者得到充足的资金和热情的支持，在宽松的氛围下可以更好地发挥自己的才能。

（3）回报众筹平台具有社交性。它是主流的众筹模式，通过"领投＋跟投"模式，领投人对项目进行投资决策，合格投资人进行跟投，降低投资项目的风险，再通过丰富的项目管理，通过查看领投、跟投、项目动态、项目附件、信息披露、放款情况、分红记录等功能全方位管理项目。

（4）回报众筹是互联网金融的热门品种，有着巨大的市场潜力。随着国内互联网金融热潮再次掀起，大量企业纷纷搭建众筹平台抢滩市场。

（四）捐赠众筹

捐赠众筹是指投资者与筹资者之间的法律关系本质上属于赠与合同关系。《中华人民共和国合同法》规定："赠与合同是赠与人将自己的财产无偿给予受赠人，受赠人表示接受赠与的合同。"

捐赠众筹中，投资者是赠与人，筹资者是受赠人。投资者向筹资者提供资金后并不求任何回报，筹资者也无须向投资者提供任何回报，因此捐赠众筹具有无偿性。在众筹中介上发布的慈善项目，本质上是筹资者向投资者发出的要约，只要投资者以某种方式承诺，双方即达成意思一致，也即筹资者接受赠与。投资者做出承诺的具体形式应当是其在众筹中介上向筹资者筹资账户打款的行为。只要投资者的打款行为完成，那么这一赠与合同即告成立。合同成立后，投资者和筹资者依照赠与合同的规则取得相应的权利义务。

捐赠众筹平台可以有三种方式来运营：

（1）由用户个人发起公众募捐，但是根据《中华人民共和国公益事业捐赠法》，个人向公众募捐都是"不合法"的。

（2）由捐赠众筹平台根据《基金会管理条例》设公募基金会，代替有资金需求的一方向公众发起募捐。

（3）上述的微公益模式。由有公募资格的非官方组织（Non-Govenmental Organization, NGO）发起、证实并认领，捐赠众筹平台仅充当纯平台作用。

第二节　小贷模式

互联网金融小贷公司是指利用互联网技术和通信网络，以小额贷款为主要业务形式，对个人或小微企业进行融资支持的金融机构。

一　起源与发展历程

（一）起源

20 世纪 70 年代初，现代小额信贷诞生了，一些实验项目向贫困妇女提供小额信贷，开展微型生产经营活动。这些先驱者包括孟加拉国的乡村银行、拉美的行动国际和印度的自我就业妇女协会银行。20 世纪 70 年代至 80 年代，国际上一些机构开始实施小额信贷项目，主要是各类金融机构和非政府组织，创造了 100 多种不同的信贷模式。

20 世纪 80 年代，全球小额信贷项目在不断改进创新，掀起了小额信贷的高潮，形成制度主义和福利主义小额信贷两大阵营。

20 世纪 90 年代初，小额信贷快速发展，其服务内容也从单一的资金借贷扩展到了保险、汇款、信托等金融范畴，"小额信贷"开始被"微型金融"所取代。

1995 年 6 月，世界银行"扶贫协商小组"成立，推动了世界小额信贷运动进入了一个新时期，推动了小额信贷走向国际化、规范化。原来一些在"扶贫协商小组"工作过的专家，还组建了咨询公司，参与小额信贷事业。

2005年，联合国正式提出"普惠金融体系"这一概念。普惠金融，即在总结小额信贷和微金融发展经验的基础上，将原本零散的小额信贷产品和服务进行整合，使之能够面向更多的客户并提供更为丰富的金融服务，让那些传统金融不能覆盖的客户享受更广泛的金融服务。

现在，传统小额信贷和较大规模的金融体系的边界开始模糊，一些国家、一些商业机构也在进行小额信贷经营。人们越来越强调应建立为普通人服务的普惠型金融体系。

（二）发展历程

根据中国政府扶贫政策和扶持"三农"政策的变化和要求，到目前为止，当今中国小额信贷的发展大体可分为以下阶段。

第一阶段：1981年到1993年，完全的项目小额信贷试验阶段。在此阶段，小额信贷只是作为国际援助机构扶贫项目的一个组成部分或者一种特殊的资金使用方式，在较小的范围内试验。

第二阶段：1993年年底到1996年10月，项目小额信贷与非政府组织小额信贷共同试验阶段。在此阶段，小额信贷开始从项目小额信贷向机构小额信贷转变，试验的范围进一步扩大。其主要发展模式为，国际援助机构提供运作资金和技术，由国内的非政府组织进行操作，以非政府组织形式开始运行。日后由政府部门和正规金融机构开展的小额信贷项目均在很大程度上吸取了非政府组织小额信贷的经验。

第三阶段：1996年10月至2000年，政策性小额信贷扶贫项目阶段。为实现千年扶贫计划和21世纪扶贫任务，我国政府机构和中国农业银行主导的"政策性小额信贷扶贫项目"开始发展起来。其主要借鉴非政府组织小额信贷的技术和经验，以国家财政资金和扶贫贴息贷款为资金来源，以扶贫贴息贷款的形式直接发放到户，主要分布在农村地区。

第四阶段：2000年至2005年6月，正规农村金融机构小额信贷阶段。在促进"三农"发展的战略背景下，我国正规农村金融机构开始大规模介入小额信贷领域，小额信贷的目标也从"扶贫"领域扩展到"为一般农户以及微小企业服务"的广阔空间。我国农村合作金融机构在人民银行支农再贷款的支持下，开始发放"小额信用贷款"和"农户联保贷款"。

第五阶段：2005年6月至今，探索商业性小额信贷阶段。在促进农村金融市场开发和改革的背景下，由私人资本投资的商业性信贷机构即小额贷款公司开始在试点地区出现。同时，为促进小企业发展、增加就业机会，许多商业银行也开始通过专门的信贷窗口推行小企业贷款。在国家金融管理部门的推动下，由商业性资本或正规商业银行投入和经营，我国小额信贷试图于"政策性目标和商业性资本"之间，走出一条新路。

二 小贷的主要模式

（一）以空壳公司为形式的资金掮客模式

这类模式大多是原来就职于正规小额贷款公司有小额贷款公司经验、对小额贷款公司业务流程十分了解或有一定投资人资源的个人完成的。他们通过一些人脉资源寻找资金需求方，然后对接手中一些投资人放贷资源，或者直接再转给一些投资贷款公司，通过赚取介绍费或抽成方式获利，唯一的优势就是投入小、成本低，相对于运营公司而言更自由，劣势在于比较散漫、无法持久，属于投机行为的一种运作方式。

（二）以吸储转贷为形式的赚取息差模式

这类模式一般都会成立一家投资类公司，或许以高额回报，或通过赠送礼品吸引民众参与投资放贷，然后将汇集的资金自用或再加码放给想借钱的人赚取息差。这类公司一般会通过一些真假不等的融资项目做掩盖，使表面上看似合法不涉及资金，实际上属于变相吸储。优势是手里会有可掌控的资金，劣势在于公司吸收来的钱需承担给客户不断付息的成本，将压力转嫁到了自身，一旦资金出口端匹配不出去或放出去的钱出现问题，很容易导致资金链断裂。这种模式可以说属于明确的法律违规问题。

（三）以线下 P2P 为形式的债权转让模式

这类模式以公司负责人个人名义先放贷给借钱方，获得一定数量债权后再根据期限、额度等分散打包成类似理财产品，销售给不同的投资人然后回笼资金，再发展新客户，如此往复循环。该类模式的优势在于具有一定的杠杆性，利用自有资金很容易撬动更多业务，劣势是首先需要一定的自有资金来获得首批债权得以循环，其次分散打包的匹配上比较烦琐，需做精细，再就是这类模式因信息不透明也广受质疑。

（四）以信息对接为形式的单纯中介模式

这类模式操作比较守规，属于真正的点对点对接。主要是将借款双方需求信息匹配，且让双方直接面谈资金、利息、流向，高度透明，同时还要求借款者以动产、不动产抵（质）押进行担保托底。此过程中他们不接触资金、不参与担保，但会协助对借款人还款能力、借款用途进行审核和贷后督催，如此独立第三方角色也就不存在设立资金池的压力，会客观评估业务风险和均衡借款双方利益，既让投资人权益得到保障，也降低了借款者融资成本。虽然居间收入利润率相对低，但这种持续性和规范性让他们知名度日渐提升、凝聚了大批投融资客户，并迅速得到全国同行的学习复制。

（五）以介入担保为形式的居间担保模式

这类模式属于单纯中介模式的变种或升级，也曾是小额贷款市场的典型代表模式之一。在原单纯中介模式"一对一""不摸钱""透明化"基础上附加上"担保代偿"。从担保代偿而言，虽然有利于对投资人的保护，但由此一来的有偿担保必然增加借款人压力和还款风险，同时代偿也考验公司的风控能力和经营压力。严格意义上讲，担保资质在额度上具有一定局限性，本身这种无限制担保方式在法律上也说不通，具有很大的政策风险。

第三节　各模式风险与监管

一　众筹模式

（一）风险分析

1. 法律风险

我国经济法相关法条规定满足以下行为之一，皆被认定为"非法或变相吸收公众存款"："未经有关部门依法批准或者借用合法经营的形式吸收资金；通过媒体、推介会、传单、手机短信等途径向社会公开宣传；承诺在一定期限内以货币、实物、股权等方式还本付息或者给付回报；向社会公众即社会不特定对象吸收资金。"

由于众筹以互联网为融资媒介，公开宣传在所难免，平台以实物或股权作为投资回报，且投资者多为陌生人，分别满足上述条例中第 3、4 条。如此分析，众筹"非法集资罪"证据确凿。即便有一些奖励式众筹网站大玩文字游戏，宣称其为"预售+团购"模式，标榜自己是"预付费模式的电子商务平台"，严禁任何形式资金回报，但仍难逃其"非法集资"之名。

2. 信用风险

信用是金融产品风险定价的重要依据。众筹模式的信用风险具体表现在两个方面：一是发起人信用风险；二是项目原创性风险。鉴于对发起人身份信息的审核由众筹平台完成，审核标准不对外公开，加之尚未实现平台与央行征信系统数据共享，项目信用风险高企。发起人有动机利用虚假身份进行融资，筹得资金后卷款"跑路"，其刑事和经济责任难以追究。较低的违约成本和平台自身的监管漏洞，为诈骗等违法行为的滋生提供了温床。

项目内容的原创性方面，众筹平台展示项目多涉及影视、音乐、摄影、书籍等文化科技领域，属于无形资产范畴，存在知识产权问题，因此项目内容的原创性至关重要。然而，项目内容的剽窃行为却时有发生。

3. 经营风险

经营风险指项目经验不善、无法兑现承诺的风险。把项目所融资金投入生产，实现货币资本向产品资本转化，是众筹的最终目的。有关统计数据显示：中国创业企业的失败率高达 70%，平均寿命不足三年，七成企业熬不过一年，众筹项目也无不例外。究其原因，一方面是此类众筹项目多属于小本微利，保本艰难；另一方面是投资者都追求"参与感"，在经营管理上存在主体松散、决策权不明晰等问题。

（二）监管

众筹模式在国内进入监管的时间并不长，为了保证该行业健康、有序发展，国务院多个部委都先后下发过相应的监管办法、意见等行业规范文件。

2014 年 12 月 18 日，中国证券业协会起草并下发《私募股权众筹融资管理办法（试行）（征求意见稿）》，把股权众筹分为公募众筹和私募股权众筹，定义合格投资者的门槛，股权众筹平台的准入标准等。该办法列出了九条股权众筹平台的禁止性行为，如不得进行股权代持，不得进行证券的转让业务等。

2015 年 7 月 18 日，中国人民银行等十部委发布的《关于促进互联网金融健康发展的指导意见》指出，股权众筹融资必须在中介机构平台进行，股权众筹融资方应为小微企业，应披露必要信息，投资者应具备风险承受能力，进行小额投资。股权众筹融资业务由证监会负责。

2015 年 7 月 30 日，中国证券业协会发布《场外证券业务备案管理办法》，明确私募股权众筹是场外证券业务，开展私募股权众筹并接受备案的主体主有证券公司、证券投资基金公司、期货公司、证券投资咨询机构、私募基金管理人等五类。该文件属于行业自律性规则。

2015 年 8 月 7 日，中国证监会发布《关于对通过互联网开展股权融资活动的机构进行专项检查的通知》，明确定义股权众筹的概念，把市场上通过互联网形式开展的非公开股权融资和私募股权融资行为排除在股权众筹的概念之外。股权众筹明确为，通过互联网形式进行公开小额股权融资的活动，把公开、小额、大众作为股权众筹的根本特征，规定

"未经国务院证券监督管理机构（即证监会）批准，任何单位或机构不得开展股权众筹融资活动"。

2015 年 8 月 10 日，中国证券业协会发布《关于调整个别条款的通知》，将《场外证券业务备案管理办法》第二条第十项"私募股权众筹"修改为"互联网非公开股权融资"。

综合上述，根据我国目前监管思路，股权众筹分为两种：一是公募类型的股权众筹融资，目前采取牌照管理。京东金融的"东家"、腾讯"众创空间"、蚂蚁金服的"蚂蚁达客"和平安集团旗下的深圳前海普惠众筹交易股份有限公司取得了公募股权众筹试点的资质，2015 年 6 月 9 日，蚂蚁金服获上海市黄浦区工商部门颁发的全国首张公募股权众筹营业执照。二是互联网非公开股权融资。依规进行中国证券业协会的备案管理、合规经营、健康发展。具体包括向中国证券业协会会员部提交申请为会员，接受一个证券从业者的资格、要求和自律规定。向中国证券投资基金业协会提交申请成为私募基金管理人登记。

（三）监管建议

（1）出台相关法律法规确立众筹融资行为的合法性。目前关于众筹融资行为的争议，多数在于对此模式的合法性存在疑问。以我国现有法律，众筹平台上的融资行为，始终无法回避"向不特定的对象发行证券"以及项目宣传方式上的公开性，导致众筹融资行为一直游走在法律的边缘。因此，发展众筹融资的前提是给予其合法的地位，肯定众筹平台的合法性，划清其与非法集资等犯罪行为的界限，承认其在一定条件下，可以通过广告方式进行项目推介。

（2）建立融资项目评级评价机制。为了防止平台通过诱导投资和欺诈客户行为发生，众筹平台应委托第三方评级机构对融资项目进行风险评级，独立的第三方评级公司会利用其自身的技术优势和专业经验对融资企业及项目领导素质、投资合理性、产业政策、市场前景预测等方面进行评价，同时还要对项目发起企业按合同约定如期履行债务或其他义务的能力进行评价，最后给出融资企业违约风险的大小，以评级报告的形式呈现给投资者，能让投资者借助专业评级机构服务客观地评价项目，做出科学的投资决策。

（3）制定融资项目信息披露制度。融资项目信息披露是控制众筹风险的重要环节。在信息披露方面，目前由于缺乏法律的强制性要求，多数众筹融资平台的信息披露很不充分，造成投融资双方的信息不对称，往往使得投资者处于非常不利的位置。因此，为了加强对投资者权益的保护，必须从制度层面建立融资项目信息披露制度，详细规定创业者通过平台向投资者披露企业和项目的情况，加强操作和融资的透明度，确保投资人掌握足够的信息，解决信息不对称问题。另外，考虑到在众筹平台上的企业性质、发展阶段及融资需求存在差异，可以对不同阶段或者不同融资等级的企业设定差异化的信息披露义务。

二 小贷模式

（一）风险分析

1. 征信与内部欺诈的综合风险

从企业外部考虑，传统征信系统与小额信贷信用体系有所出入，基于传统金融行业发展起来的征信系统的客户定位、服务方向、信用理解都与小额信贷有所差别，导致不少小贷公司即使拥有接入征信系统的权利也会选择自建系统或者采用第三方专门提供给小额信贷的征信系统。同时，职权范围缺乏科学分割，很多公司的业务办理只需要两三个人经手即可完成流程，甚至是一人完成整体业务操作的也不在少数，而且人员缺乏流动性，易形成团体，进行不正当行动容易操作且不易察觉，导致风险相应升高。

2. 心理风险

心理风险是指与人的心理状态有关的无形的因素，它指由于人的不注意、不关心、侥幸或存在依赖保险的心理，以致增加风险事故发生的概率和损失幅度的因素。目前中国的小额信贷面临较高的心理风险主要是三个方面的原因造成的。一是国家扶贫政策方面的原因，在小贷兴起之前，国家对于扶贫的政策主要是补贴为主，直到近几年才转变为以小额信贷模式为主，所以农民与低收入者对于小贷仍然存在不正确的认知，把小贷与补贴相互混淆，即使明确区分了小贷与补贴的区别，但是许多人仍先入为主地认为这是国家补贴政策，即使不还也没有关系，导致还款积极性不高，从而引起坏账；二是小额信贷企业面临严重的熟人化现象，导致业务人员在执行过程中没有展现出足够的职业性，整个借贷过程与客户的主要接触者是业务人员，如果业务人员的态度不够严肃，没有表现出足够的职业性，体现公司借贷审批及贷后措施的严谨、严肃，很容易给客户造成公司制度松懈的印象，从而降低还款积极性；三是小额信贷由于规模原因，还有许多没有接入银行征信系统的公司存在，且内部也没有完善的信用系统，这也是导致心理风险偏高的主要原因之一。

3. 公共关系风险

小额信贷企业作为民间资本的代表之一，从一开始其公共形象就面临着巨大的挑战，一方面民众更加倾向于国有银行进行资金处置，另一方面也容易将小额信贷与高利贷混为一谈，这对于小额信贷的业务规模和坏账率都具有较大的负面影响。然而，公共关系风险与上述其他风险的独特之处在于其是一种行业风险，不仅仅由行业特色决定，相比之下，受行业整体影响更大，大多数小额信贷公司很难在降低公共关系风险中起决定作用，其更加依靠整个行业的良好运行、优良剩余、政府的行政管理、社会观念的开放等外部因素。

（二）监管

为保障经济快速安全发展，同时也为了保障普惠金融的安全、有序，自 2005 年以来，国务院及各部委、省、自治区、直辖市等发布了上百个关于小额贷款方面的文件，主要内容如下：

2005 年 10 月 11 日，国务院发布《中共中央关于制定国民经济和社会发展第十一个五年规划的建议》，明确表示确立我国小额信贷监管的框架，对于防范金融风险，促进小额信贷的发展，进而促进农村经济的发展有很重要的意义。这是关于国内发展小贷业务的纲领性文件。

2020 年 9 月 16 日，银保监会发布《关于加强小额贷款公司监督管理的通知》，对小额贷款公司的业务范围、对外融资比例、贷款金额、贷款用途等方面提出要求，包括小额贷款公司应当主要经营放贷业务；小额贷款公司通过银行借款、股东借款等非标准化融资形式融入资金的余额不得超过其净资产的 1 倍；小额贷款公司发放贷款应当遵循小额、分散的原则，对同一借款人的贷款余额不得超过其净资产的 10% 等。这一文件明确指出了小贷发展方向。

2020 年 10 月 26 日，中国互联网金融协会发布《网络小额贷款从业机构反洗钱和反恐怖融资工作指引》，明确了在客户身份识别、大额交易、可疑交易报告、交易记录保存、合规管理等方面，从业机构开展反洗钱和反恐怖融资工作应当遵循的操作性规范。

2022 年 5 月 26 日，中国人民银行印发《关于推动建立金融服务小微企业敢贷愿贷能贷会贷长效机制的通知》，从制约金融机构放贷的因素入手，按照市场化原则，进一步深化小微企业金融服务供给侧结构性改革，加快建立长效机制，着力提升金融机构服务小微企业的意愿、能力和可持续性，助力稳市场主体、稳就业创业、稳经济增长。这也被视为党中央大力发展经济、促就业保民生的坚定决心。

（三）监管建议

第一，尽快出台信贷业务准入的相关规章制度。国内的金融法规禁止包括非政府组织在内的非金融机构提供任何类型的金融服务，绝大多数小额信贷机构都登记注册成为非政府组织，但非政府组织小额信贷至今尚未获得正式的合法身份。小额贷款项目经常需要"协商"出一个临时的法律身份，因为没有正式的程序和规章来确定谁是小额贷款机构，所以很多小额贷款项目利用捐赠人和地方政府之间的协议作为非正式的经营许可。因此，应尽快出台信贷业务准入的相关规章制度，赋予其经营只贷不存小额信贷业务的合法性。信贷行为的准入管理应相对简单，并确保较高的透明度。

第二，加快信贷调整。市场经营条件下长盛不衰的企业不多，有前瞻性地加大信贷退出力度，才能有效防止信贷资产质量恶化。在客户退出上，要切实实现"三个转变"：一是由事实风险退出向潜在风险退出转变。前移风险关口，动态跟踪各类贷款迁徙变化趋势，提高对发展趋势的预见性。二是由被动性退出向主动性退出转变。统筹规划，尽早打算，通过催收、核销、审批控制等手段，主动压缩规模小、效益低、前景差、风险高的企业贷款余额。三是由战术性退出向战略性退出转变。信贷结构调整不能操之过急，必须掌控好节奏和力度。

第三，取消利率上限。贷款利率的设定必须能够覆盖资金的成本、贷款的损失和经营的成本。资金的成本和贷款损失的成本与贷款的数量成比例，而经营成本并不随贷款数量成比例变动。对于小额信贷机构来说，由于每笔贷款发放的金额相比于正规的商业银行的贷款额度要小，经营成本必然要高于商业银行，因此，除非小额信贷机构能够索取的利率高于正常银行利率，否则小额信贷机构很难达到财务的可持续性。我国现在的目标是建立商业性的小额信贷机构，因此应尽快取消利率限制。

习题

1. 简述众筹的概念、国内众筹的发展历程及每个阶段的特点。
2. 众筹模式有哪些分类及每种分类的特点。
3. 简述小贷模式的分类及每种分类的特点。
4. 简述众筹模式和小贷模式的风险。
5. 简述众筹模式和小贷模式的监管方向及监管内容。